北咨咨询丛书　丛书主编　郭俊峰

政府投资建设项目全过程管理

——以投资管理为核心

主　编　王革平

副主编　朱迎春　刘松桥　吴振全

中国建筑工业出版社

图书在版编目(CIP)数据

政府投资建设项目全过程管理：以投资管理为核心 / 王革平主编．—北京：中国建筑工业出版社，2020.12（2025.7 重印）
（北咨咨询丛书 / 郭俊峰主编）
ISBN 978-7-112-25570-2

Ⅰ.①政… Ⅱ.①王… Ⅲ.①政府投资—基本建设项目—项目管理—研究 Ⅳ.①F284

中国版本图书馆 CIP 数据核字（2020）第 190508 号

责任编辑：毕凤鸣 封 毅
责任校对：焦 乐

北咨咨询丛书
丛书主编 郭俊峰
政府投资建设项目全过程管理——以投资管理为核心
主 编 王革平
副主编 朱迎春 刘松桥 吴振全
*
中国建筑工业出版社出版、发行（北京海淀三里河路 9 号）
各地新华书店、建筑书店经销
逸品书装设计制版
北京中科印刷有限公司印刷
*
开本：787 毫米 ×1092 毫米 1/16 印张：27 字数：481 千字
2021 年 6 月第一版 2025 年 7 月第八次印刷
定价：**88.00** 元
ISBN 978-7-112-25570-2
（36599）

北咨咨询丛书编写委员会

主　编：郭俊峰

副主编：韩力涛　张晓妍　王革平　王建宙　张　龙　朱迎春　迟晓燕

委　员（按姓氏笔画排序）：

卜海峰　刘松桥　米　嘉　李　东　李纪宏

陈永晖　孟兆辉　钟　良　高振宇　郭文德

黄文军　龚雪琴　康　勇　颜丽君

从书总序

改革开放以来，我国经济社会发展取得了举世瞩目的成就，工程咨询业亦随之不断发展壮大。作为生产性服务业的重要组成部分，工程咨询业涵盖规划咨询、项目咨询、评估咨询、全过程工程咨询等方面，服务领域涉及经济社会建设和发展的方方面面，工程咨询机构也成为各级政府部门及企事业单位倚重的决策参谋和技术智囊。

为顺应国家投资体制改革和首都发展需要，以提高投资决策的科学性、民主化为目标，经北京市人民政府批准，北京市工程咨询有限公司（原北京市工程咨询公司，简称“北咨公司”）于 1986 年正式成立。经过 30 多年的发展，北咨公司立足于首都经济建设和城市发展的最前沿，面向政府和社会，不断拓展咨询服务领域和服务深度，形成了贯穿投资项目建设全过程的业务链条，一体化综合服务优势明显，在涉及民生及城市发展的许多重要领域构建了独具特色的咨询评估理论方法及服务体系，积累了一批经验丰富的专家团队，为政府和社会在规划政策研究、投资决策、投资控制、建设管理、政府基金管理等方面提供了强有力的智力支持和服务保障，已成为北京市乃至全国有相当影响力的综合性工程咨询单位。

近年来，按照北京市要求，北京市工程咨询有限公司积极推进事业单位转企改制工作，并于 2020 年完成企业工商注册，这是公司发展史上的重要里程碑，由此公司发展进入新阶段。面对新的发展形势和要求，北咨公司紧密围绕北京市委全面深化改革委员会提出的打造“政府智库”和“行业龙头企业”的公司发展定位，以“内优外拓转型”为发展主线，以改革创新为根本动力，进一步巩固提升“收放有度、管控有力、运营高效”的北咨管理模式，进一步深化改革，建立健全现代企业制度，进一步强化干部队伍建设，塑造“以奋斗者为本”的企业文化，进一步推动新技术引领传统咨询业务升级，稳步实施“内部增长和外部扩张并重”的双线战略，打造政府智库，加快推动上市重组并购进程，做大做强工程咨询业务，形成北咨品牌彰显的工程咨询龙头企业。

我国已进入高质量发展阶段，伴随着改革深入推进，市场环境持续优化，工程咨询行业仍处于蓬勃发展时期，工程咨询理论方法创新正成为行业发展的动力和手段。北咨公司始终注重理论创新和方法领先，始终注重咨询成效和增值服务，多年来形成了较为完善的技术方法、服务手段和管理模式。为贯彻新发展理念，北咨公司全面启动“工程咨询理论方法创新工程”，对公司 30 多年来理论研究和实践经验进行总结、提炼，系统性梳理各业务领域咨询理论方法，充分发挥典型项目的示范引领作用，推出《北咨咨询理论方法研究与实践系列丛书》(简称“北咨咨询丛书”)。

本丛书是集体智慧的结晶，反映了北咨公司的研究水平和能力，是外界认识和了解北咨的一扇窗口，同时希望借此研究成果，与同行共同交流、研讨，助推行业高质量发展。

本书序

当前，我国正处于全面深化改革的战略机遇期，以供给侧结构性改革为主线，全面贯彻新发展理念，着力构建现代化经济体系。在工程咨询领域，日益增长的高品质建设需要与建设单位管理能力及参建单位服务能力不足间的矛盾日益突显。只有加快工程咨询高质量发展步伐，才能有效破解这一矛盾。这一转型具体包含三方面转变：一是从“要素驱动”向“创新驱动”转变，二是从“重视数量”向“提质增效”转变，三是从“规模扩张”向“结构优化”转变。我想这本书正是在工程咨询高质量发展转型道路上所做出的探索，诠释了上述三大转变过程。

政府投资建设项目关系国计民生，往往具有很强社会关注度及影响力，对项目管理服务也有着超乎一般的要求。这本书紧密依托大量政府投资建设项目实践，全面介绍了项目管理服务的全过程。从把握项目质量、进度控制，发挥政府投资效益等方面深刻阐述了项目管理的丰富内涵，明确了项目管理的服务方向，找出了项目管理的重点问题，突出了项目管理的服务特色。可以说，为政府投资建设项目组织实施提供了整体解决方案。本书注重理论创新与具体实践相结合，从政府方、业主方、服务方的三方视角构建面向共同治理的管控模式，着力依托典型政府投资建设项目案例展示项目管理服务的规律。

多年来，北京市工程咨询有限公司坚持以为政府服务为中心，强化咨询过程的组织支撑与能力支撑，顺利完成了众多极具影响力的重大建设项目的咨询任务。在贡献出巨大社会价值同时，也实现了自身跨越式发展。公司超前谋划，发挥综合性咨询优势，坚持将项目管理业务作为优先发展的方向。在以往形成全链条咨询业务体系基础上，探索“项目管理 +N”服务模式，全面拥抱全过程工程咨询时代的到来。在本书编著过程中可以看到，公司从事项目管理服务的团队是一支有能力、肯吃苦、能拼搏的出色队伍。他们胸怀历史责任担当，投身项目建设管理一线，实事求是，将理论与实践相结合、相促进，这本书诠释出了他们身上所具备的咨询工匠精神，我为公司能有这样一只专业的项目管理队伍而感到自豪！

郭俊峰

2020 年 10 月于北京

前言

新时代，伴随我国经济由高速增长转向高质量发展阶段，高标准、高品质的工程建设需求日益提升。尤其对于政府投资建设项目，管理难度越来越大。然而，有关投资管理等典型管理问题仍尚未得到有效解决，不少项目实施中的难题仍困扰着各参建单位。在工程建设领域深入推进改革过程中，在各级政府及相关行政主管部门主导下，正通过完善监管机制、规范管理过程、引导服务创新等举措，着力推进工程建设向高质量发展迈进。本书坚持问题导向，以投资管理为核心，紧密结合项目实践，着力揭示项目管理规律，系统阐述全过程管理的做法，前瞻性探索信息化与新技术应用思路，以期为项目管理实践与研究人员提供思路借鉴。

全书分八章组织编排，第一章从政府投资建设项目管理典型概念辨析入手，系统梳理项目管理发展主线，破解如何构建全过程咨询服务体系等关键问题。第二章重点解析政府投资建设项目“以投资管理为核心”的根本理念，分析阐述以投资管理为核心基本思想，系统梳理新时代政府投资项目投资管理思路。第三至七章则以政府投资项目建设时序为主线，分别从项目前期决策、设计、招标合约、施工及收尾管理共五阶段，全面介绍管理要点，通过典型案例详细剖析项目管理良好实践与做法，简明、实用，具有一定可操作性。第八章则重点结合当代信息与新技术的快速发展，分析提出在工程建设全过程管理中的融合与应用思路。

为了全面展现政府投资建设项目全过程管理特征，系统剖析投资管理核心要义，本书呈现出“123456”六方面亮点。“1”指一个核心，即“以投资管理为核心”，结合政府投资建设项目特点，突出“投资管理”在全过程管理各知识领域核心地位；“2”指“两个维度”，即从“管理过程”和“管理要素”两维度入手系统揭示全过程管理规律；“3”指“三个视角”，即从政府监管、建设单位管理和参建单位服务审视管理问题；“4”指当前主流项目管理咨询机构业务的“四个抓手”，即“以投资管理为核心”“以招标合约管理为手段”“以设计管理为主线”“以施工管理为重点”，全面保障项目业务有序开展；“5”指“五个环节”，即项目前期决策、设计、招标合约、现场及收尾；“6”指“六种成果”，即解答了政府投资建设项目系列棘手难题、提炼了政府投资建设项目系列咨询方法、梳理了政府投资建设项目管理系列对策措施、探索了政府投资项目管理系列管理工具、整理了政府投资建设项目管理系列服务资源、总结了政府投资建设项目系列典型案例。

本书由公司组织公司专家及业务骨干人员编写，其中第一章由王革平、朱迎春、吴振全、米嘉编写，第二章由王革平、朱迎春、黄胜春编写，第三章由米嘉、祝贺、刘松桥编写，第四章由张剑、马振梅、邹海云编写，第五章由朱迎春、吴振全编写，第六章由陈永晖、张学军、李仁涛、李飞编写，第七章由黄胜春、曹福强、张学军、陈文姣编写，第八章由吴振全、康苹、张雅超编写。本书编写过程中还得到了公司各级领导和全体员工的大力支持，在此一并表示感谢。由于书籍编写时间仓促，疏漏之处在所难免，请读者不吝指正。

书籍编写组

2020 年 7 月

目 录

导读

历经多年发展，工程建设项目管理无论在方法论还是在项目实践方面均取得了长足发展。面对高质量发展，工程建设领域面临巨大机遇与挑战。新时代，广大工程建设项目参与者迫切需要统一思想认识。为此，本章将首先围绕政府投资建设项目管理若干典型概念展开辨析，澄清常见词汇的内涵。系统回顾工程建设项目发展历程，揭示我国工程建设项目管理的发展规律，探寻可持续发展轨迹。还将全面阐述有关政府投资建设项目管理核心内容，以便于更加牢固把握管理的重点，从而高效推进项目管理进程。还将进一步地系统阐述工程建设项目相关法律、法规与标准体系，确保对政府投资建设项目管理必须参照的依据形成更加清晰的认识。此外，本章还将就面向“项目管理”构建全过程工程咨询服务体系的创新模式进行探讨，分析有关信息化与新技术在工程建设领域的融合问题等。最重要的是，本章还将围绕我国全面深化改革历程，梳理改革相关政策文件，以明确工程建设项目管理的发展方向。

第一章

政府投资建设项目全过程管理概述

第一节　工程建设项目概念辨析

在工程建设领域有很多典型的专业词汇，如“工程”与“项目”、“工程管理”与“项目管理”、“项目法人”与“建设单位”等。对于这些词汇概念，学术界与工程实践领域往往有着不同的理解。一般而言，学术界偏于在一定条件内对概念做出严谨、精确的阐述，而在工程实践领域则偏重对词汇概念持一般性理解。需指出，很多词汇在概念上是通过工程建设领域所颁布的法律法规方式进行统一的。然而，即便如此，随着工程建设领域的发展和时间的推移，有些专业词汇内涵发生了较大变化，这种情况也使得人们对概念的理解和认识了出现模糊、疑惑甚至分歧，也可能形成了对某些词汇的个人固有认知。这一节将围绕若干常见专业词汇进行辨析，旨在使人们对概念的认识更加清晰，消除分歧、解答疑惑、统一思想。

一、工程管理与项目管理

(一)关于工程与项目

2018 版《现代汉语词典》对“工程”一词的两种解释是：①土木建筑或其他生产制造部门用比较大而复杂的设备来进行的工作；②某项需要投入巨大人力和物力的工作。著名的“三峡工程”，从 1919 年孙中山先生提出设想，则一直处于工程管理讨论状态，直到 1989 年才编制完成《长江三峡水利枢纽可行性研究报告》，从而以项目方式运作起来，正式进入了项目管理阶段。

《中华人民共和国招标投标法实施条例》第二条指出：“工程建设项目”是指工程及与工程建设有关的货物和服务，其中所称的工程是指建设工程，包括构筑物和构筑物的新建、改建、扩建及其相关的装修、拆除、修缮等，所称的工程建设有关的货物是指构成工程不可分割的组成部分，且为实现工程基本功能所必需的设备、材料等；所称的工程建设有关的服务则是指为完成工程所需的勘察、设计、监理等服务。

《建设工程质量管理条例》和《建设工程安全生产管理条例》均在第二条指出：“建设工程”是指土木工程、建筑工程、线路管道和设备安装工程及装修工程。而

《国民经济行业分类》GB/T 4754—2017 认为建设工程行业和建筑行业内涵等同，作为我国国民经济行业划分的 20 个门类之一，建设工程行业可定义为专门从事房屋建筑、土木工程建筑、安装、装饰工作的生产部门。根据目前的产业分类、专业分工，建设工程类型可以划分为建筑工程、市政工程、机电工程、公路工程、铁路工程、民航机场工程、港口与巷道工程、水利水电工程、矿业工程、通信与广电工程 10 类。此外，住房和城乡建设部关于房屋建筑和市政基础设施建设项目《建设工程工程量清单计价规范》中提到：工程项目由单项工程、单位工程、分部工程和分项工程组成。

总体看，“工程”一词概念范围宽泛，工程建设项目则相对具体。然而，工程建设项目中包含的“工程”是指“建设工程”，而这一概念在《招标投标法实施条例》中有所特指，与《建设工程质量管理条例》中提及的“建设工程”涵义不同。

（二）关于工程管理与项目管理

中国工程院在工程管理科学发展现状研究报告中对“工程管理”做了界定，即为实现预期目标、有效地利用资源，对工程所进行的决策、计划、组织、指挥、协调和控制。工程管理作为学科属于管理学门类，是管理科学与工程一级学科下的二级学科，而项目管理是工程管理二级学科下的一个专业类别。项目管理是工程管理一个重要组成部分，是采用项目管理方法对建设工程进行的管理，并通过管理过程确保项目建设目标的实现。

根据《建设工程项目管理规范》GB/T 50326—2017，“建设工程项目管理”是指运用系统理论和方法，对建设工程项目进行的计划、组织、指挥、协调和控制等专业化活动，简称项目管理。由于“工程”与“项目”概念的差异，工程管理与项目管理的区别主要表现在工程管理的概念更为宽泛。实践中，对于政府投资建设项目而言，只有当建设项目完成了立项手续，即取得立项批复文件后，才正式宣告项目成立，而以项目取得立项为标志，所实施的管理才能够正式称为项目管理。在大多数情况下，工程管理并不特指某一具体项目，而更多则是对建设领域的工程实施管理的泛指。

二、政府投资与财政性资金

（一）关于政府投资

《政府投资条例》第二条指出："政府投资"是指在中国境内使用预算安排的资金进行固定资产投资建设活动，包括新建、扩建、改建、技术改造等。政府投资应当投向市场不能有效配置资源的社会公益服务、公共基础设施、农业农村、生态环境保护、重大科技进步、社会管理、国家安全等公共领域的项目，以非经营性项目为主。政府投资按项目的安排以直接投资方式为主。对确需支持的经营性项目，主要采取资本金注入方式，也可以适当采取投资补助、贷款贴息等方式。全国造价工程师执业资格考试培训教材《建设工程计价》指出："固定资产投资即为工程造价，包括建设投资、建设期利息两个部分，其中建设投资又进一步分为工程费、工程建设其他费和预备费"。显然，固定资产投资是从建设项目总投资口径定义的。在建设总投资构成中，固定资产投资是主要组成部分。为此，固定资产投资又可理解为：为了特定目的，以达到预期收益的资金垫付行为，其资金来源不仅包括政府投资资金，还可能包括非政府投资资金。

（二）关于财政性资金

《政府采购法》第二条所称的"财政性资金"是指纳入预算管理的资金。包括预算资金和预算外资金。财政预算资金是指年初预算安排的资金和预算执行中财政追加的资金；预算外资金是指政府审批的各类收费或基金等。2011 年 1 月起，中央各部门各单位的全部预算外收入纳入预算，全面取消了预算外收入。为此，财政性资金明确为纳入预算管理的资金，即通过"预算管理"来界定财政性资金。预算包括一般公共预算、政府性基金预算、国有资本经营预算、社会保险基金预算。有关《政府采购法实施条例》所界定的"财政性资金"定义是对《政府采购法》中的"财政性资金"的解释，仅适用于界定政府采购范围，不适用于其他财政管理领域。

政府投资是一种预算资金，也是固定资产投资建设活动所特指采用的资金来源。而财政性资金的应用范围则不仅仅限定于固定资产投资项目，其应用领域则更加广泛。狭义看，政府投资概念的内涵较窄，而财政性资金则更为宽泛。

三、项目法人与建设单位

（一）关于项目法人

改革开放以来，我国先后试行了各种方式的投资项目责任制度。但有关责任主体、责任范围、目标和权益、风险承担方式等的界定并不十分明确。为了改变这种状况，建立投资责任约束机制，规范项目法人行为，明确其责权利，提高投资效益，依照《公司法》，原国家计划委员会于 1996 年 1 月制定颁发了《关于实行建设项目法人责任制的暂行规定》（简称《规定》）。根据《规定》，国有单位经营性基本建设大中型项目必须组建项目法人，实行项目法人责任制。《规定》明确了项目法人的设立、组织形式和职责、任职条件和任免程序及考核和奖惩等要求，这便是项目法人概念的来源。

（二）关于建设单位

何盛明编纂的《财经大辞典》对“建设单位”概念的解释是：执行国家基本建设计划，组织、督促基本建设工作，支配、使用基本建设投资的基层单位。一般表现为行政上有独立的组织形式，经济上实行独立核算，编有独立的总体设计和基本建设计划，是基本建设法律关系的主体。其权利和义务包括：执行国家有关基本建设的方针、政策和各项规定；编制并组织实施基本建设计划和基本建设财务计划；组织基本建设材料、设备的采购、供应；履行基本建设工作的一切法律手续；负责与勘察设计单位签订勘察设计合同，负责与施工单位签订建筑安装合同；对竣工工程及时验收、办理工程结算和财务决算。实践中，建设单位就是项目申请立项、组织建设管理的实施主体，这个概念贯穿于项目建设各阶段，在工程建设领域相关法律法规中，建设单位频繁出现。其中对于房屋建筑与基础设施工程而言，施工总承包单位称为承包人，而建设单位则称为发包人，在招标环节则称为招标人。此外，建设单位是《建设工程质量管理条例》《建设工程安全生产管理条例》等国家法律、法规及政策性文件所通用的词汇。总体而言，建设单位更加针对建设阶段实施管理的主体，而项目法人则不仅仅包含建设阶段，其范围更加广泛，且这一称呼一方面为项目法人责任制度所应用，强调了法律赋予的责权利，另一方面更强调了项目产权的归属性质。

四、建设阶段与管理内容

（一）关于项目建设阶段

根据中国（双法）项目管理研究委员会编著的《中国项目管理知识体系》（C-PMBOK2006），项目管理的阶段划分包括：项目概念阶段、开发阶段、项目实施阶段、项目结束阶段。根据建设部《工程建设项目实施阶段程序管理暂行规定》（建建〔1995〕第494号）中规定，工程建设项目实施阶段则包括施工准备阶段、施工阶段、竣工阶段。施工准备阶段分为工程建设项目报建、委托建设监理、招标投标、施工合同签订；施工阶段分为建设工程施工许可证领取、施工；竣工阶段则分为竣工验收及保修等。

（二）关于管理内容

1. 建设前期阶段管理内容

本阶段从项目酝酿策划开始，直到取得项目立项批复为止。一般情况下，项目立项批复的标志性依据是取得项目建议书批复。严格意义上讲，本阶段尚未进入真正的项目管理阶段。项目管理需以项目确立作为前提，即有了项目才能谈得上项目管理，此阶段的项目尚处于酝酿与策划阶段，围绕项目必要性的论证而展开，最终通过合理决策程序完成项目的立项工作。但实践中，大多数项目特别是政府投资建设项目，项目酝酿与策划阶段工作也被纳入项目管理范围，其主要有两点原因：一是从广义上讲，项目酝酿与策划也的确可以理解为项目全生命周期的第一步，且是重要一步；二是无论是整体项目推进，还是从后续项目实施的主体视角看，这一阶段都与项目正式产生后的工作密不可分。

项目决策阶段核心工作是论证项目的必要性与基本使用需求。主要工作是项目建议书的编制与评审。此项工作是统揽本阶段的整体工作，是所有工作的出发点和归宿点。按照相关规定，政府投资建设项目的建议书应委托具有相应资信的专业咨询单位编制。

项目建议书（又称初步可行性研究报告、预可行性研究报告）是建设单位就新建、扩建事项向投资行政主管部门申报的书面申请文件，是项目建设单位根据国民经济发展、国家和地方中长期规划、产业政策、生产力布局、国内外市场、所在地的内外部条件，提出的某一具体项目的建议文件，是对拟建项目提出的框架性总体设想。

由于项目初期各方面条件不够成熟，因市政、环保、交通等各专业咨询意见仍未办理。很多情况下仅依据规划条件而对项目提出具体建设方案是不够明晰的。因此项目建议书主要论证项目建设必要性，有关建设方案和投资估算内容比较粗略，通常与项目最终实际投资偏差约为 20%。虽然如此，但是仍不能忽略项目建议书编制的重要性和严肃性。项目建议书在项目建设过程中具有重要核心作用，是项目建设单位上报审批部门决策的依据，也是项目批复后编制项目可行性研究报告的依据，是项目投资设想变为现实投资建议的依据，还是项目发展周期初始阶段基本情况汇总的依据等。

2. 施工准备阶段管理内容

包括设计和其他准备工作两方面。在设计方面，主要是从项目立项完成（取得项目建议书批复）到初步设计完成。从项目全过程管理视角看，设计阶段是整个项目生命周期中最重要，也是最复杂的阶段。其重要性是由于设计工作需随着项目逐步推进，逐渐明确项目实施的若干重要因素，包括：一是明确项目功能需求，需求是整个项目最核心内容，直接决定着项目建成后能否圆满实现预期，是否充分发挥投资效益。二是确定项目建设方案，这里所指方案不仅是建筑设计方案，还包括工艺、系统、重要设备与材料选用方案等。对于政府投资项目，方案的确定意味着建设内容、建设规模、建设标准的确定。三是明确项目建设条件，主要包括项目交通、用地、市政接入条件等。四是确定项目建设投资，在上述三个关键内容明确基础上，项目概算投资也将随之确定。对于政府投资建设项目，经批准的初步设计概算是项目投资管理的红线，原则上项目最终结算和决算金额均不能突破经批准的初步设计概算总金额。

项目的设计通常是按两条主线并行推进，一条是以功能需求和设计为主的技术线，另一条是以建设条件落实和各类行政审批手续办理为主的审批线，两条线紧密关联，其关键交点是可行性研究报告和初步设计成果。相对而言，可行性研究报告的重要性和复杂性高于初步设计成果。本阶段中需协调的单位多，除了建设单位以外，还包括以下 4 类：①政府主管部门，即负责建设项目审批的所有政府主管部门，包括发改、规划、国土、环保、交通、节能、人防等；②市政管理部门，即水电气热通信等行业主管部门；③重要咨询服务单位，即包括勘察、设计单位；④专业咨询服务单位，即包括可研编制、招标代理、环境评价、水影响评价、交通评价等专业咨询服务单位。

在施工准备方面，从取得初步设计概算批复开始，直到取得工程建设施工批准文件为止（建设行政主管部门核发的施工许可证或项目行业主管部门核发的开工批准文件）。与设计工作相比，施工准备事项相对较少，且变化和不确定性也相对较低，但是技术含量和重要性却极高。为项目后续顺利施工创造了基础条件，具体主要从审批、设计、合同、造价、现场条件五方面展开，上述五方面同样也为项目施工行政监管创造条件。

首先从审批内容上，项目前期两个重要的审批文件，即建设工程的规划许可和施工许可都在本阶段办理完成。其中工程规划许可是所有前期审批中最复杂也是最难协调的一项审批事项，因为《建设工程规划许可证》是规划主管部门根据前期规划审批成果和各相关主管部门的意见，对工程项目规划和设计成果的最终审批，其审批成果明确了项目涉及规划的所有细节。一旦确定则成为工程最终验收的控制性依据，就具有很强的法律效力。《建设工程规划许可证》也是建设行政主管部门实施审批以及后期工作开展的重要依据，包括工程招标、开工手续办理、施工图审查、树木移伐、大市政报装等。

从设计成果上，本阶段应在取得初步设计批复基础上完成全部施工图设计，并通过专业机构的强制性审查及消防、人防等政府相关行政主管部门审核。施工图是工程施工技术基础，也是工程造价的根基，在施工图设计上应遵循经批准的初步设计概算的进一步深化完善，原则上不允许再发生较大变化，特别是涉及功能、规模、标准等内容。有些政府投资建设项目由于施工图设计相对经批准的初步设计概算的内容发生了变化，而造成项目实际投资失控以至于决算无法申报与审批。在投资方面，工程量清单和招标控制价是本阶段重要经济文件。作为投标人报价基础，也是项目实施阶段对项目实施投资管控的依据。在招标合约方面，通过法定招标程序选优施工总承包及监理单位是项目管理的关键事项。在现场实施方面，“三通一平”（临时水、临时电、道路接通、场地平整）通常是建设单位的职责范围。“三通一平”条件落实的效率与效果将直接影响施工进度与投资管控。综上所述，全过程项目管理在施工准备阶段需要把握好施工图设计——规划许可办理——招标——开工准备这一工作主线上的关键事项，统筹做好以下工作包括：组织设计单位按照初步设计批准的建设内容和投资完成施工图设计；办理设计成果政府相关主管部门的审查；落实建设用地手续，办理工程规划许可；组织造价咨询单位进行工程量清单和控制价的编制，并对其成果进组织招标代理单位，完成施工总承包单位和监理单位的招标；拟定施工、监理合同，与中标单位签订委托合同；办理施工许可手续；落实现场建设条件并组织开工准备等。

3. 施工阶段管理内容

本阶段自项目开工建设直到完成所有施工工作并验收为止（一般为主要参建单位联合签认的竣工验收文件，不包括政府建设主管部门的最终验收文件）。工程实施阶段的主线是工程的施工建设。与开工前各阶段相比，建设单位角色有了明显转变，虽然其建设主体地位和法人职责不变，但是更多工作的执行者和组织者转变为了施工总包单位。

在本阶段，随着工程施工推进，穿插投资与进度管控、现场生产质量安全管理、设计深化、专业工程分包、重要设备与材料采购等诸多任务。全过程项目管理在本阶段的宗旨是对施工总包单位实施有效管理，高效推进工程施工进程。具体内容包括：①进度管理：即编制项目总控制进度计划；审核设计进度计划；审核施工单位的施工总进度计划；审核各级进度网络计划；审核监理单位的进度控制措施；督促并审核各参建单位制订的月 / 周工作计划；督促各参建单位建立进度计划的管理体系；检查和落实进度计划。②造价管理：即过程全面监控投资执行情况，审查监理单位提交工程款支付报告、现场变更计量成果等文件，以及变更洽商文件、暂估材料价格报告、施工单位索赔报告等经济文件。审查专业工程招标清单和控制价。③设计管理：即结合施工进度计划安排，组织专业工程的深化设计；对工程中出现的设计变更进行审核；根据施工中出现的具体情况及投资管控的要求，组织设计单位进行设计优化与调整。④合同与采购管理：即制订采购计划，组织分包招标，确定分包范围，起草合同文件及其补充协议；审查合同签订对象；参与合同谈判、制定合同谈判方案、策略；检查合同履行情况；收集、整理合同执行中的往来函件；检查、分析、总结合同执行情况；解释合同执行中的争议问题；处理合同索赔事件。⑤质量安全管理：即审核监理单位的监理大纲、监理规划、监理实施细则；审核施工单位的施工组织设计、专项施工方案；对监理、施工单位质量管理和工作质量检查；督促组织监理单位履行现场质量安全管理职责。⑥档案管理：即管理建设单位档案资料并督促各参建单位按规程收集管理各自建设档案，竣工后统一组织向档案管理部门移交。⑦协调管理：即督促各参建单位履行合同约定完成相应专业工作，协调各参建单位关系，保证项目各既定目标顺利实现。

4. 项目竣工阶段管理内容

本阶段从工程施工验收合格开始，直到取得政府决算批复为止，是在工程所有合同约定建设内容实施完成且参建单位内部验收合格的基础上，对工程整体的各方面专业进行正式验收并最终投资核算过程。全过程项目管理主要包括验收和结算两方面。①竣工手续办理：即在参建各方验收合格的基础上，办理工程规划、人防、消防、防雷、档案等各专项验收手续；申报政府建设工程主管部门进行最终验收。②工程结算管理：即组织编制竣工结算及决算，对结算进行审核，配合完成政府结算决算审计。

五、组织结构与管理模式

美国项目管理协会在《项目管理知识体系指南》(PMBOK 指南)(第六版)指出：项目的组织结构是一种事业环境因素，它可能影响资源的可用性，并影响项目的管理模式。组织结构类型包括职能型、项目型以及位于这两者之间的各种矩阵型结构。其中矩阵型组织兼具职能型和项目型组织特征。在实践中，对于工程建设项目的管理是通过项目经理部来组织的，有些大型项目管理单位是通过实施“PMO+项目经理部”方式形成了具有企业管理特点的矩阵型组织机构，或针对大型工程建设项目的复合型组织结构等。

对于政府投资建设项目，常见的项目管理组织形式则一般为直线形式。项目管理模式则是从项目管理关系的角度对项目管理过程的概括性描述。实践中，常见的政府投资建设项目管理传统模式如表 1-1-1 所示。

政府投资建设项目传统管理模式一览表 **表 1-1-1**

模式名称	适用情况说明
项目法人模式	适用于各种国有经济主体投资的经营工程项目，项目法人为依法设立的独立性机构，对项目实行全过程负责
指挥部型模式	一般是临时从政府有关部门抽调人员组成，负责人通常为政府部门的主管领导，工程项目完成后，该工程项目的指挥部即告解散。又称作筹建办、筹备办等模式
专业机构模式	由一个专门机构负责某一类或几类政府投资项目的实施管理工作，如其特点是管理单位长期专职管理某些类别的政府投资项目，并具有一定专业性
城投公司模式	作为政府连接建设市场的载体，城投公司的组建是有效地盘活了城市资产，解决了城市经营的资金融通问题
代建单位模式	代建模式是指政府通过招标投标等方式，选择专业化的项目代建单位负责项目建设的组织实施，承担项目管理相关责任，项目竣工后移交给使用单位的项目建设管理制度

可以显见，项目组织结构与管理模式概念有所不同。项目组织结构强调项目内部关系，而管理模式则强调项目内外部关系。项目组织结构相比管理模式更微观，

结构形式较为固定。而项目管理模式则相对灵活。项目组织结构与管理模式共同形成项目管理机制。

六、政府投资建设项目特征

（一）关于公共性

政府投资建设项目代表了公共利益，具有十分明显的公共性特征。从深层次看，公共性特征决定了政府投资建设项目多方参与性。重大项目建设投资大、具有很高社会影响力。公众的迫切需求与期望决定了政府投资建设项目实施周期的紧迫性与建设计划的优先级。公共性需求同样带来较高的建设品质要求。在行政监管方面，通过优化调整建立更加科学高效的监管机制，依托于行政公权力对建设过程实施调度管理。强化监管依据性，不断完善监管保障体系。在项目治理方面，建设单位既作为政府投资建设管理的代表主导建设管理全过程，同时又作为市场主体，公平参与相关市场交易活动。政府投资建设项目复杂性还决定了其治理的风险程度。为此，政府投资建设项目必须首要确立合理管理模式，依托于科学管理方法与手段，履行规范的管理制度。在参建单位服务方面，政府投资建设项目对参建单位能力提出了更高要求，往往通过履行法定招标程序优选勘察、设计、施工总包及监理等参建单位。

（二）关于规划性

所谓规划性是指政府投资建设项目的实施必须以国家发展战略为依据，紧密依托于国家行业、区域等总体发展规划开展。《政府投资条例》第八条指出：县级以上人民政府应当根据国民经济和社会发展规划、中期财政规划和国家宏观调控政策，结合财政收支状况，统筹安排使用政府投资资金的项目，规范使用各类政府投资资金。具体项目的建设过程则是发展规划落地的过程。在审批制度改革条件下，政府投资建设项目以储备方式纳入建设计划。通过对与行业、区域发展密切相关的项目优先安排资金等方式，加快项目组织实施。由于规划需求的迫切性，政府投资项目建设周期十分紧张。在行政监管方面，规划性决定了政府投资建设项目需各相关部门联合审批，通过政府主导协同调度方式有效推进建设进程。也需要联合协调解决重大问题、处置和化解重大管理风险。在建设管理方面，政府投资建设项目需周密安排建设计划，提早开展立项论证，充分开展建设与管理准备。在各参建单位需要进一步提升服务效率，采取必要措施落实项目管理进度要求，以科学周密的项目管理策划为基础，确保管理问题得到及时有效处置。

（三）关于规范性

政府投资建设项目高品质要求决定了管理过程的规范性。规范性是指项目建设全过程要遵守法律及标准体系的规定，履行基本建设程序，以确保建设与管理更加科学。政府投资建设项目所使用的国库资金来源于税收，从这一层面看，政府投资建设项目的建设单位并非“真正业主”，而是政府委托其项目组织建设与管理，为纳税人负责是对政府投资建设项目必须实施规范管理的根源。有必要参照相同、相似项目管理方式和经验做法，确保建设过程、成果的规范性。在行政监管方面，保证政府部门审批与监管过程有据可依，监管决策履行必要程序，符合相关制度安排，通过程序化过程来确保监管客观性。监管裁量权需确立必要基准，实施全过程需执行审计或相关行政检查。在项目治理方面，建设单位应增强管理决策严谨性，加强决策论证与分析，建立健全项目管理制度，丰富项目管控机制，防范政府投资建设项目管理、法律、社会等重大风险，要合法、合规组织项目建设管理过程。在参建服务方面，应全面遵守建设项目管理制度，各参建单位应依托企业管理标准化及资源支撑创新业务操作体系。

（四）关于调节性

政府投资建设项目涉及服务国家发展的各个领域，其中尤其是社会资本不愿涉及的行业领域，例如污染防治、园林绿化、垃圾处理以及投资较大的基础设施或芯片、软件等高技术领域等。所谓调节性就是政府对市场的调控特性，固定资产投资及财政预算资金安排的项目成为政府引导经济发展的调控手段。总体看，既包括按照国家战略需要从需求侧调节，又包括引导参建单位实现创新服务的供给侧调节。原国家计划委员会于 1996 年制定颁布了《关于实行建设项目法人责任制的暂行规定》，提出国有单位经营性基本建设大中型项目必须组建项目法人，实行项目法人责任制，政策明确了项目法人的设立、组织形式和职责、任职条件和任免程序及考核和奖惩等要求。这是政府针对建设项目市场主体的制度安排。2019 年颁布的《政府投资条例》则从一定程度上强化了项目投资监管。在工程建设领域高质量发展过程中，必须坚持监管能力建设为先，充分发挥政府部门在全面深化改革中的引领作用，政府投资建设项目治理必须与监管保持协同。在项目治理方面，着力创造各参建单位围绕建设单位管理的协同局面，依托政府投资建设项目构建良好市场环境，为构建高标准市场体系创造了条件。

（五）关于效益性

政府投资建设项目最终是要确保实现项目立项目标。效益性是指对于政府投资建设项目注重投资绩效，确保投资效益最大化。项目建设本身不是最终目的，项目需要尽快发挥经济效益。为此，确保项目尽快投入使用并实现运营，例如医院建设项目要尽快实现接诊，学校建设项目尽快竣工以免延误学生开学。确保政府投资项目更好地发挥效益，具体而言，首先是要明确科学的投资目标，明确建设资金的必要性，项目立项与投资论证以规划为依据，考虑影响投资的所有因素并实施投资决策综合性咨询，对项目投资估算、初设概算实施严格的审批。其次是要始终确保政府投资资金处于可控状态，在项目实施过程中，项目方案得以持续优化，技术经济性得到合理保证，价值工程、限额设计等思想贯穿始终。再次是要确保建设项目实施过程中市场交易活动竞争充分，达到优选委托状态。最后是要项目建设过程更要保障质量最佳，要前瞻性地防范化解重大风险，确保项目顺利验收并完成决算，为后期项目运营维护创造条件。

第二节　工程建设项目管理发展历程

工程建设领域是我国项目管理理论与服务发展比较充分的领域之一，至今已形成了丰富的理论与业务成果。项目管理是管理学领域分支，项目管理业务则是工程咨询的重要组成部分。总体看，工程建设项目管理发展历经了学术与业务服务两主线，期间伴随我国社会主义制度的完善与经济社会发展的影响，呈现出鲜明阶段性特征。本节梳理我国工程建设项目管理发展主线，总结探究主线关系及阶段划分，旨在明确工程建设项目管理对我国发展所作出的贡献，探究当前工程建设项目管理中出现的问题，明晰工程建设项目管理所处的发展阶段，展望工程建设项目管理发展的明天。

一、项目管理发展的决定性因素

（一）发展的主线

我国工程建设项目管理发展的学术主线反映出项目管理理论与学科发展的脉络。多年发展成果包含项目管理学科完善、学术人才培养、理论体系形成等。项目管理在这条主线的发展形成了我国独具特色的工程建设项目管理理论体系。工程建设项目管理发展的服务主线展现了项目管理业务发展的脉络。项目管理作为典型工程咨询业务，管理咨询机构为项目建设单位提供有偿管理咨询服务，行政主管部门依法实施过程监管。多年发展成果包括项目管理业务形成、执业技能人才培养、业务服务体系建设等。伴随这条主线，项目管理同样形成了独具中国特色的工程建设项目管理业务体系，涌现出一大批具有品牌影响力的咨询服务机构。纵观工程建设项目管理在我国的长足进步，正是由于实践与理论相互影响关系，促进两主线同步发展、关系密切。具体而言，我国工程建设项目实践需要管理理论的指导，而管理理论创新与发展也需要面向项目实践总结与提炼。实践与理论相互作用关系决定了两主线发展的同节奏。

（二）决定性因素

从根本上决定我国工程建设项目管理两主线发展的国家层面因素主要包括：计划时期经济政策，宏观调控、改革开放后社会主义市场经济政策、国际项目管理理论、投资体制改革政策、我国加入世界贸易组织、深化市场化改革及高质量发展系列政策等。学术线层面决定性因素主要包括：国际项目管理理论引进、基础理论形成与应用、学术团体组织建立、学科建设与发展、学术交流活动、纵向学术期刊创办与学术研究等；服务线层面决定性因素主要包括：关系国计民生的系列重大项目、建设领域改革进程、法律形成与国家制度安排、咨询业务创新与发展、管理模式与方法应用、行业团体组织设立、执业资格制度与人才培养、横向行业期刊创办与行业交流活动、国际认证体系引入等。

二、学术发展主线与阶段划分

钱学森的系统论、控制论思想和华罗庚的统筹法、优选法思想为我国早期工程建设项目管理理论形成奠定了基础。而后，项目管理学术团体组织即中国优选法统筹法与经济数学研究会成立，在该团体组织下，形成了《中国项目管理知识体系》和《中国项目管理知识体系纲要》，并组织了一系列项目管理类学术活动，为学科发展营造了良好环境。同步，我国引进国际项目管理协会的 IPMP 认证体系。在教育与学科发展方面，陆续设立工程硕士、工程管理硕士专业学位。在管理科学与工程一级学科下，进一步设立工程管理二级学科。部分开设项目管理的院校专门针对我国项目管理技术与应用联合提出《中国项目管理技术和应用体系》，彰显出中国项目管理应用特色。此外，中国工程院会同多个重要学术团体及国家相关部委联合主办了多届“中国工程科技论坛”，作为高端学术研讨平台将项目管理理论与创新发展推向了新高度。有关项目管理学术主线发展里程碑如表 1-2-1 所示。

项目管理学术主线发展里程碑一览表　　　　表 1-2-1

年份	主要里程碑	主要机构或人物	备注
1954	《工程控制论》出版	钱学森	改革开放前，著名科学家、数学家的基础理论思想，为我国工程建设项目管理理论形成奠定基础
1965	《统筹方法平话与补充》	华罗庚	
1971	《优选法平话与补充》	华罗庚	
1978	《项目管理的技术—系统工程》发表	钱学森	
1991	中国优选法统筹法与经济数学研究会宣告成立	双法学会	学术团体组织，同年组织第一次国内学术会议
1995	中国项目管理国际会议	双法学会	第一次国际会议
1998	“工程管理”专业设立	教育部	于 1998 年正式成为管理科学与工程一级学科下设专业
2000	中国工程科技论坛	中国工程院等	第一届会议
2001	《中国项目管理知识体系》形成	双法学会	同年中国加入世贸组织，从此国际学术交流更加活跃，知识体系形成
2002	《中国项目管理知识体系纲要》	中国项目管理国际会议学术委员会	联合倡导
2003	工程硕士学位设立	国务院学位委员会	侧重工程应用
2010	工程管理硕士专业学位设立	国务院学位委员会	中国工程院提议
2010	《中国项目管理技术和应用体系》	清华大学等部分高校联合	为中国的项目管理事业而开发的应用体系
2012 年至今	历届中国项目管理国际会议、中国工程科技论坛	双法学会、中国工程院等	为项目管理理论发展提供平台，国际交流活跃、奖项多、成果丰富、会议规模大

在学术主线上，项目管理大致历经四个阶段：第一阶段，1954—1990年，可称为基础理论形成阶段。以钱学森、华罗庚相关理论思想为代表；第二阶段，1991—2002年，可称为理论体系形成阶段，以双法学会成立、国际IPMP体系引入、中国项目管理知识体系形成为标志。第三阶段，2003—2011年，可称为管理学科发展阶段，以工程硕士、工程管理硕士专业学位设立、推广国内为主的学术交流及进一步丰富项目管理技术与应用体系为里程碑。第四阶段，2012年至今，可称为理论体系发展阶段，以中国工程院主导的中国工程科技论坛主办、相关学术专著与系统化的理论成果形成为标志。

三、服务发展主线与阶段划分

不同于学术主线发展，工程建设项目管理服务主线依托于国家经济社会发展，集中反映了国家发展的迫切需要，是紧密伴随国家陆续开展的一系列重大建设项目以及社会主义市场经济体制完善中而形成的。总体看，从中华人民共和国成立后到改革开放前，我国借鉴苏联做法形成了“指挥部”模式，到初次引入项目管理思想的鲁布革水电站工程，再到行业团体组织——中国建筑业协会工程项目管理专业委员会成立，到由其主导形成中国工程项目管理知识体系以及针对工程建设项目所形成的一系列制度安排，项目法人责任制、项目经理负责制、项目代建制、施工总承包制等，再到当今全过程咨询、信息化与新技术融合发展等。工程建设项目管理服务主线内涵丰富、成果丰硕，有关项目管理服务主线发展里程碑如表1-2-2所示。

工程建设项目管理服务主线发展里程碑一览 表1-2-2

年份	主要里程碑	相关单位	重要意义
1950	国务院长江水利委员会成立	国务院	部署三峡水利枢纽工程
1958	中共中央关于三峡水利枢纽和长江流域规划的意见	国务院	确立三峡水利枢纽的修建
1986	国务院关于学习推广鲁布革工程管理经验	国务院	学习项目管理思想
1992	中国建筑业协会工程项目管理专业委员会成立	中国建筑业协会工程项目管理委员	行业团体组织成立
1993	代建制在深圳等地试行	广东省地方政府	探索新的管理模式
1995	《施工单位项目经理资质管理办法》	原建设部	项目经理负责制

续表

年份	主要里程碑	相关单位	重要意义
1996	《关于实行建设项目法人责任制的暂行规定》	原国家计委	国有单位经营性基本建设大中型项目必须组建项目法人，实行项目法人责任制
1997	中华人民共和国建筑法	全国人大	工程建设领域法律
1999	PMP 引入中国	国家外国专家局	美国项目管理协会
1999	中华人民共和国招标投标法	全国人大	市场主体优选
2001	《中国工程项目管理知识体系》出版	中国建筑业协会工程项目管理专业委员	为业务体系的形成提供指导
2002	《建设工程项目管理规范》	原建设部和国家质检局	对业务体系进行规范
2002	建造师执业资格制度暂行规定	人事部、原建设部	发布相关执业资格制度
2003	关于培育发展工程总承包和工程项目管理单位的指导意见	原建设部	推行总承包制度并培育市场主体
2004	国务院关于投资体制改革的决定	国务院	完善政府投资体制，规范政府投资行为等
2005	《建设项目工程总承包管理规范》GB/T 50358—2005	原建设部	规范总承包管理
2013	关于全面深化改革若干重大问题的决定	中共中央	确立市场资源配置的决定性作用
2016	关于进一步推进工程总承包发展的若干意见	住房和城乡建设部	推进工程总承包
2017	关于促进建筑业持续健康发展的意见	国务院	鼓励全过程咨询、提倡工程总承包
2019	关于推进全过程工程咨询服务发展的指导意见	国家发展改革委、住房和城乡建设部	推进咨询模式创新发展
2019	中共中央关于坚持和完善中国特色社会主义制度、推进国家治理体系和治理能力现代化若干重大问题的决定	中央政治局	推进国家治理体系治理能力现代化
2020	关于构建更加完善的要素市场化配置体制机制的意见	国务院	促进高质量发展提出六大要素市场化配置

工程建设项目管理在服务主线上同样经历了四个主要发展阶段：第一阶段，1955—1990 年，可称为试点摸索阶段，以借鉴苏联模式组织重大项目建设、实施国家宏观调控、推广鲁布革水电站项目管理经验为主要标志。第二阶段，1991—2003 年，可称为制度形成阶段，以行业团队组织建立、引入美国项目管理协会 PMP 认证体系、形成中国工程项目管理知识体系与管理规范、推行项目法

人责任制等制度安排及相关法律体系形成为标志。第三阶段，2004—2012 年，可称为全面发展阶段，以我国投资体制改革、工程建设制度体系发展、市场主体项目管理业务开展为里程碑。第四阶段，2013 年至今，可称为深化改革高质量发展阶段，以推进工程总承包、全过程咨询服务创新、信息化与新技术融合及工程建设领域深化改革要求落地等为标志，有关工程咨询行业的典型重大项目如表 1-2-3 所示。

近年来我国部分重大项目成就一览　　表 1-2-3

类型	项目名称	项目介绍
水利工程	“南水北调”工程	分东、中、西三条线路，规划最终年调水规模为年调水量 448 亿立方米
区域开发	曹妃甸开发区	是商务部确定的国家级经济技术开发区之一，毗邻京津冀城市群，规划面积为 14.48 平方公里
	西部大开发	范围包括 12 个省、自治区、直辖市，三个单列地级行政区，面积为 685 万平方公里
	上海临港新城	总面积为 873 平方公里，包括了 386 平方公里核心承载区和 456 平方公里战略协同区。是上海沿海大通道的重要节点，海运、空运、铁路、公路、内河、轨交构成了十分便捷的综合交通优势
	四川灾后重建	四川纳入国家灾后恢复重建总体规划 29692 个项目；纳入省重建规划 12 个重灾县和 91 个一般受灾县 13647 个重建项目。用 3 年左右时间，使灾区的基本生活条件和经济社会发展达到或超过灾前水平的重建目标
	天津滨海新区	滨海新区位于天津东部沿海地区，环渤海经济圈的中心地带，总面积 2270 平方公里，人口 263 万人，是中国北方对外开放的门户、高水平的现代制造业和研发转化基地、北方国际航运中心和国际物流中心、宜居生态型新城区，被誉为“中国经济的第三增长极”
公路工程	“五纵七横”国道主干线	总规模约 3.5 万公里，贯通首都、各省省会、直辖市、经济特区、主要交通枢纽和重要对外开放口岸；约覆盖全国城市总人口的 70%。连接了全国所有人口在 100 万人以上的特大城市和 93% 的人口在 50 万人以上的大城市
航天工程	世界最大 500 米口径球面射电望远镜	接收面积 25 万平方米，口径 500 米，反射面总面积约 25 万平方米。作为世界最大的单口径望远镜，将在未来 20～30 年保持世界一流地位
	中国载人航天工程	1992 年 9 月 21 日，中国政府决定实施载人航天工程，并确定了三步走的发展战略。第一步，发射载人飞船，建成初步配套的试验性载人飞船工程，开展空间应用实验。第二步，在第一艘载人飞船发射成功后，突破载人飞船和空间飞行器的交会对接技术，并利用载人飞船技术改装、发射一个空间实验室，解决有一定规模的、短期有人照料的空间应用问题。第三步，建造载人空间站，解决有较大规模的、长期有人照料的空间应用问题

续表

类型	项目名称	项目介绍
桥梁工程	港珠澳大桥	港珠澳大桥东起香港国际机场附近的香港口岸人工岛，向西横跨南海伶仃洋水域接珠海和澳门人工岛，止于珠海洪湾立交；桥隧全长55千米，其中主桥29.6千米、香港口岸至珠澳口岸41.6千米；桥面为双向六车道高速公路，设计速度100千米/小时
枢纽工程	上海虹桥交通枢纽	总占地面积超过130万平方米，站房总建筑面积约24万平方米，设高速和城际普速两个车场，共16站台30股道
电力工程	“十一五”国家电网建设	发电装机容量从2005年年底的5.17亿千瓦增加到2010年底约9.5亿千瓦；建成了1000千伏特高压交流试验示范工程和±800千伏特高压直流示范工程；建设和投产了一批跨区电网工程；电源结构和布局进一步优化；节能减排成效显著
	西电东送工程	“西电东送”指开发贵州、云南、广西、四川、内蒙古、山西、陕西等西部省区的电力资源，将其输送到电力紧缺的广东、上海、江苏、浙江和京、津、唐地区。西电东送工程是中国实施西部大开发战略，将西部地区资源优势转化为经济优势的重大举措，是西部大开发的标志性工程和骨干工程，由南、中、北三大通道构成
铁路工程	青藏铁路工程	青藏铁路起于青海省西宁市，途经格尔木市、昆仑山口、沱沱河沿，翻越唐古拉山口，进入西藏自治区安多、那曲、当雄、羊八井、拉萨。全长1956千米，是重要的进藏路线，被誉为天路，是世界上海拔最高、在冻土上路程最长的高原铁路，是中国新世纪四大工程之一，2013年9月入选“全球百年工程”，是世界铁路建设史上的一座丰碑
	京沪高速铁路	线路由北京南站至上海虹桥站，全长1318公里，纵贯北京、天津、上海三大直辖市和冀鲁皖苏四省，连接京津冀城市群和长江三角洲城市群两大城市群，设23个车站
煤炭工程	安徽两淮亿吨级煤炭基地	其将新增920万吨的原煤开采能力，成为华东地区最大的“工业能源粮仓”
核电工程	浙江三门核电项目	三门核电项目规划建设6台125万千瓦的核电机组，总装机容量750万千瓦，分三期建设。一期工程于2009年4月19日正式开工，是我国三代核电自主化依托项目，也是浙江省有史以来投资最大的单项工程，其1号机组是全球首台AP1000核电机组，于2018年9月21日投入商业运行；2号机组于2018年11月5日具备商运条件
港口工程	长兴岛造船基地	规划面积10平方公里，年造船量达到800万吨以上超过韩国蔚山造船基地跃居世界第一
房建工程	中国国家体育馆—鸟巢工程建设	总占地面积21公顷，建筑面积258000平方米，场内观众座席约为91000个。2008年奥运会主体育场，国家标志性建筑
	北京新机场工程建设	航站楼面积70万平方米，机位数量268个，航线数量328条，通航城市124个，旅客吞吐量313.5074万人次（2019年），货邮吞吐量7362.3吨（2019年）

续表

类型	项目名称	项目介绍
房建工程	北京新机场工程建设	2018 年，航站楼及停车场工程获颁三星级绿色建筑设计标识证书和节能 3A 级建筑认证，是中国第一个节能建筑 3A 级项目。大兴机场建设项目获中国项目大会所颁 2018 年度国际卓越项目管理（中国）大奖金奖
	北京城市副中心工程建设	北京城市副中心建设是为调整北京空间格局、治理大城市病、拓展发展新空间的需要，也是推动京津冀协同发展、探索人口经济密集地区优化开发模式的需要而提出的。规划范围为原通州新城规划建设区，总面积约 155 平方公里。外围控制区即通州全区约 906 平方公里，进而辐射带动廊坊北三县地区协同发展

四、工程建设项目管理总体发展阶段

尽管两条主线发展阶段脉络的决定性因素不同，但均是在我国历经计划经济、改革开放、投资体制改革、深化改革及高质量发展过程中相伴发展。也正是由于理论与实践相互关系原理，探寻工程建设项目管理的阶段过程中有必要将两主线发展叠合考虑。总体看，我国工程建设项目管理发展经历四个主要阶段：第一阶段，1950—1990 年，可称为初步探索阶段。在这 40 年间，我国工程建设项目管理发展比较缓慢，但却初步形成了我国工程建设项目管理的发展特色。在这一阶段，我国工程建设项目管理形成了基础理论，借鉴了国外的项目管理思想，完成若干有代表性的重大项目。第二阶段，1991—2002 年，可称为体系确立阶段。虽只有短暂 10 年，但却是我国工程建设项目管理发展最关键时期。在该阶段，学术与行业组织宣告成立，两条主线发展高速并进，引入国外项目管理体系基础上，确立我国项目管理理论与服务体系。在行政主管部门主导下，形成了项目管理相关主体制度与法律体系，学术活动与行业交流初步展开。第三阶段，2003—2012 年，可称为全面发展阶段，同样虽只有 10 年，但却是我国工程建设项目管理发展最充分的阶段，有关工程建设领域的制度机制走向成熟，学科体系更加完备，学术与行业交流十分活跃，有关项目管理理论和服务体系成果更加丰富。第四阶段，2013 年至今，乃至今后很长一段时间均称为高质量发展变革阶段。我国工程建设项目管理根据国家深化改革与高质量发展要求，将彻底变革。无论在行政主管部门监管机制上，还是在建设单位组织的科学管理中，以及广大参建单位提供服务方面，彻底实现深刻变革。通过贯彻新发展理念与新技术创新驱动，全面带动工程建设领域项目管理学术与服务发展，实现质量、动力和效率变革。

历经 70 年，伴随中国特色社会主义制度丰富与发展，我国工程建设项目管理历经了四个阶段后实现了长足发展。虽然历程艰辛，但却成绩辉煌。工程建设项目管理发展为国家建设贡献了力量，我国经济与社会发展也为工程建设项目管理持续提供了动力。当前工程建设领域深化改革进程加速推进，工程建设高质量发展为未来项目管理发展明确了可靠方向。相信不久将来，工程建设项目管理必将在推进我国国家治理体系和治理能力现代化建设中发挥着更加重要的作用。

第三节　政府投资建设项目的管理重点

一般而言，政府投资建设项目的建设周期长、难度大，具有广泛社会影响力。对管理重点环节的准确把握是高质量开展政府投资建设项目管理的基础。深入剖析管理重点环节则有利于对项目管理过程的驾驭，以及有效防范化解项目建设重大风险。实践中，建设单位往往未能抓住管理重点环节，或未能给予足够重视，从而对项目复杂局面掌控力度不足，风险应对束手无策。管理重点环节应在紧密围绕政府投资建设项目特性，充分结合项目各阶段实施特征，并在充分考虑项目各管理领域要求基础上确立。可以说，管理重点环节的确立标志着项目管理最优路径的形成。

一、管理重点环节的确立

（一）重点环节确立

管理重点环节应在政府投资建设项目全过程管理所有事项范围内探寻，并始终围绕建设阶段而确立。一般而言，项目建设历经决策、施工准备、施工及竣工收尾等具体阶段。管理重点环节应至少包括管理策划、建设手续、投资、设计、招标与合约、施工现场及收尾管理环节等。对于政府投资建设项目，强调以投资管理为核心，突出体现了政府投资建设项目内在特性。投资管理作为政府投资建设项目管理中心理念，贯穿于项目管理始终。管理策划与手续办理体现了项目实施的规划性、规范性及政策调节性，限额设计与价值工程思想贯穿其中。招标合约与现场管理则重在规范各主体行为，彰显了政府投资建设项目规范性。而收尾管理则重在成果交付与投资收口，为政府投资建设项目在建设阶段画上句号。

（二）重点环节关系

总体而言，以投资管理为核心思想有效保证了政府投资资金的落地。通过重点环节间的紧密联系形成了系统管理过程。以项目策划为引领思想使得项目策划与手续办理围绕投资展开，考虑了影响项目投资所有影响因素，并实施决策综合性咨询。以设计管理为主线思想使得项目技术经济因素有效融合。以招标合约管理为手段思想则旨在明确各参建单位责权利，将管理要求充分纳入合同条件。以现场管理为重点思想就是要以项目实体成果顺利交付为目的，确保项目质量、进度、投资、安全管理目标实现。以管理制度为抓手旨在确保项目管理规范开展。以收尾管理为标志则强调了项目顺利实现竣工验收，及时完成决算十分必要。总体来看，上述各环节具有较强逻辑性，反映出全过程项目管理内在规律。按照项目管理学：计划、组织、指挥、协调、控制的管理职能划分，则建设项目管理策划属于指挥功能，投资管理属于计划功能、设计与合约管理属于组织或协调功能，而手续办理、现场施工、项目收尾等则属于执行功能。

二、管理重点环节的要求

政府投资建设项目的本质特性对各管理重点环节提出了根本要求，为如何组织开展管理指明了方向。总体看，包含了政府部门行政监管、建设单位的项目管理和参建单位的咨询服务三方面要求。

（一）投资管理要求

落实行政主管部门审批要求，投资决策符合行业发展规划要求，不突破经批准的投资估算及初步设计概算。确保项目政府投资执行过程合法合规，坚决落实国家投资监管政策要求。依照建设时序合理确定投资计划，确保项目投资持续优化，并始终处于可控状态。使得政府投资效益最大化，努力提供物有所值的建设与咨询服务。

（二）管理策划与手续办理要求

项目管理实施过程与政府监管保持协同，落实各项监管要求，使得行政部门有效调度，恪守行政监管制度安排。采取科学管理方法，识别重大风险，排除负面影响因素，确保重点问题得到有效解决。项目建设手续办理合法合规，前期各项工作准备充分，合理把握管理时机。确保各参建单位对建设管理形成有力支撑。

(三) 设计管理要求

全面履行行政主管部门关于技术层面监管要求，包括落实经项目专项评估、评价行政审批意见，遵守规划、国土、消防、人防、园林等行政许可，及法律、法规与标准、规范要求等。确保技术、经济管理联动，实现各阶段限额设计。按照既定计划编制设计成果，开展必要论证。大力推行设计总包模式，激发设计主体提供有价值服务等。

(四) 招标合约管理要求

按照法定方式组织缔约，严格履行法定程序，落实缔约监管相关要求。确保对招标合约活动的提早谋划，明确委托时序，确立主体关系，将精细化管理要求纳入合同条件，构建面向合同约束的管控体系。确保缔约响应最大化，充分实现竞争优选过程，引导参建单位提供优质服务等。

(五) 施工管理要求

执行行政主管部门针对项目质量、安全及进度方面的监管要求。确保项目按既定计划推进，现场管理处于可控局面，及时处置风险及排除项目推进负面影响因素。各参建单位严格遵照项目管理制度开展工作，具有突发事件处置能力，确保提供管理协同服务等。

(六) 收尾管理要求

组织做好项目竣工收尾，并全面协助行政主管部门监督检查。开展项目总结，组织做好项目竣工验收，及时完成价款结算，合法合规编制项目决算。对于参建服务单位而言，及时完成项目全部收尾工作，落实建设单位关于项目收尾管理的各项要求。

三、重点环节的具体做法

面对政府投资建设项目管理重点环节根本要求，应进一步明确管理思路，有针对性地制定可行的管理方案，以确保管理目标实现。一方面要针对重点环节明确对策，另一方面要抓住各环节关系，探寻管理整体解决方案。

（一）以投资管理为核心

以投资管理为核心思想是指：平衡投资管理与各领域管理关系，坚持投资管理优先原则。确保为项目投资管理营造良好环境，坚持技术经济管理因素深度融合，持续开展经济论证与优化。提倡价值工程深度应用，全面借助信息与新技术提升投资管理效能。项目前期阶段要做好投资管理各项准备，努力实现投资管理各项前置条件。着力做好投资决策综合性咨询，确保投资估算科学合理。深入实施功能需求管理，及时组织并有针对性编审初设概算，确保投资管理目标科学合理。项目实施阶段应准确编制投资计划，抓住缔约环节良好时机，确保管理要求充分纳入合同条件，尤其要锁定合同价款相关约定。要充分激发交易主体活力，确保价款充分竞争。在控制价等经济文件编制、工程计量计价过程中开展“多算”对比，优化相关设计成果及技术条件，确保限额设计深度展开。要充分考察市场环境，确保材料设备优质优价。推行精细变更管理，推进科学变更控制。项目后期要及时整理投资管理文件，总结投资管理经验做法，系统分析投资增加诱因，组织做好项目结算与决算工作，以及全面分析评价投资管理效果等。

（二）以管理策划为引领

以管理策划为引领思想是指：确保建设单位管理时刻处于积极主动局面，全面争取项目管理的优势地位。要充分借助行政权力调度推进顺利实施。确立项目科学合理管理目标和建设计划，明确各参建单位主体责任和管理关系。以投资管理为核心，深入贯彻价值工程理念。以设计管理为主线，深度推进限额设计。以合约管理为工具，将项目管理要求纳入合同条件。以现场管理为重点，科学开展工程进度、质量、安全等管理。以收尾管理为标志，确保项目竣工验收、结算与决算工作及时完成。充分抓住全过程管理内在关系，确保将各类技术事项合理前置，实现项目决策科学化。确保估算审批、概算申报、施工总承包招标等重要事项准备充分，并行推进管理事项，把握关键工作成熟时机。充分通过进度、造价、质量、安全等要素管理叠加效应实现管理目标。

（三）以设计管理为主线

以设计管理为主线思想是指：强调技术经济有效融合，持续开展技术经济优化。实施设计总包模式，明确设计义务与违约责任，重点强化设计经济责任。确保设计单位在项目实施各阶段为建设单位提供管理协同服务。通过合理确定支付方案，利用经济手段引导服务成效实现。在项目前期，科学开展功能需求管理。通过对部分设计环节的适当前置，结合专项评估、评价结论，在满足行政监管要求基础上，为项目投资决策综合性咨询提供有力支撑。有针对性地考虑项目特点，积极开展多方案比较，确保初步设计概算编制系统、完整。在项目实施阶段，快速推进深化设计，确保各类设计成果满足包括暂估价分包管理在内的各方面需要。在项目收尾阶段，强化设计变更，加强技术论证，保证项目专项检测与验收顺利开展，为项目决算创造条件。

（四）以合约管理为工具

以合约管理为工具思想是指：围绕项目一般性咨询服务、勘察、设计、施工总承包、监理以及暂估价工程内容缔约，全面策划合约管理方案，分解主体责任。在项目前期阶段，周密编制合约管理方案，就重点、难点问题提出对策。科学编制合约规划，明确项目建设内容、委托范围及履约时序，确立参建主体责权利及管理关系。在项目实施阶段，要充分抓住合同委托时机，有针对性定制招标文件。规划竞争性缔约活动，激发合同主体竞争活力，谋划优选条件，确保招标诉求最大化和投标响应最优化。周密制定招标合约活动计划，规范开展招标合约活动档案管理，防范化解重大风险，前瞻性预测并化解履约风险。在项目收尾阶段，要积极开展招标合约管理评价，着重面向量化指标的评价过程，凸显招标合约活动在项目建设中重要作用的同时，做到持续改进。

（五）以施工管理为重点

以现场管理为重点思想是指：结合施工管理周期长、参建单位数量多、突发事件多等特点，强化履约管理和制度建设，严格按照法律法规和监管要求开展管理。理顺各参建单位管理关系，依托监理单位开展施工管理，排除影响因素和现场干扰，积极推进公用市政接驳，充分发挥政府协调调度机制作用，有效推进项目实施进程。在施工前期，重点做好三通一平、手续办理、设计交底等准备工作。施工过程中，强化质量、安全、进度等管理，并与投资管理方保持密切协同，确保各项管理制度有效落实，按计划推进暂估价工程招标，科学实施工程变更管理，把关材料设备质量，强化论证管理等。尽早开展公用市政接驳，强化现场风险应对能力。此外，还应持续开展履约评价，确保各类管理有效改进。

（六）以收尾管理为标志

以收尾管理为标志核心思想是指：确保项目竣工验收、结算、决算及移交顺利完成。对项目建设过程进行全面梳理，对管理过程进行全面总结，对重大问题开展系统分析，项目实施与管理效果进行最终评价。合理确定项目验收事项，科学安排验收时序，积极配合验收检查，及时组织验收整改。对重大问题再论证，落实目标要求，进行最后完善。项目结算过程中，要整理价款支付过程资料，组织做好必要谈判，组织签订结算过程文件。要全面梳理参建主体违约责任，必要时，提出违约追偿方案及合同争议处置方案等。在组织项目决算过程中，要应深度开展两算对比，就投资管理成效实施全面评价，对超投资原因全面分析，确保投资管理有据可依。做好固定资产投资与其他财政性资金内容的管理衔接。配合主管部门做好对项目实施的行政检查，并持续改进。

政府投资建设项目管理范畴广泛、特征鲜明，其管理具有较强内在规律，找准政府投资建设项目管理重点环节，实施可行的对策措施是探寻政府投资建设项目管理路径的过程，更是项目建设管理中所面临的首要问题。从政府投资建设项目特性出发，重点明确重点环节管理要求，探寻促进政府投资建设项目高质量发展的良好做法，将有效促进政府投资建设项目全过程管理持续健康发展。

第四节　工程建设项目法律、法规与标准体系

工程建设项目组织与管理过程复杂，涉及管理领域广、管理事项多、关联性强，这些因素致使其所涉及法律、法规与标准体系变得十分庞大。法律、法规和标准体系在规范项目建设与管理活动中发挥着重要作用。经过多年发展，体系已逐渐成熟，内容系统性强，对建设组织管理过程调整成效显著。然而，在面临当前我国深化改革背景下，体系中诸多内容需要被迫随之优化调整。对于政府投资建设项目而言，各参建单位在建设全过程不同阶段、多方面应受到了体系的强力约束，其公共性属性更是决定了建设与管理需以体系为准绳。新时代随着法律、法规与标准体系的优化，必将助力推进工程建设高质量发展。

一、法律、法规与标准体系的作用

法律、法规和标准体系在工程建设项目建设与管理中发挥着基础性作用。正是由于体系的存在，有效保障了工程建设项目的顺利推进及最终目标的顺利实现。

（一）维护参建主体合法权益

工程建设项目实施过程中参建主体众多，主要包括建设单位、各类咨询服务、施工及材料、设备供应商等。管理利益是建设单位根本利益，经济利益则是其他各参建单位的根本利益。工程建设项目相关法律、法规与标准体系通过明确各参建主体责任、权利和义务，从技术、经济等多个层面通过强有力的约束方式确保彼此利益诉求的实现。

（二）维护建设与管理秩序

行政主管部门与项目间形成了监督管理关系，而建设单位则与各参建单位间形成了项目管理关系，各参建单位为项目提供咨询服务，并与建设单位的项目管理保持协同。法律、法规与标准体系通过对各类主体责权利约定及管理关系进一步规范了协作行为，分别从程序和实体等角度对建设与管理过程提出了相关要求，确保了项目建设与管理有序开展。

（三）明确项目建设管理要求

法律、法规与标准体系不仅确立了项目尤其是政府投资建设项目实施的原则与方向，更通过从技术、经济、监管、项目管理等方面对项目实施和管理过程提出要求，使之成为项目建设与管理的基本依据，保障了项目建设过程的科学性与规范性，为建设和管理目标实现奠定基础。

（四）规范工程建设交易活动

法律、法规与标准体系规范了法定招标、政府采购及面向非法定招标与采购活动的委托过程。对于政府投资建设项目而言，更是通过交易过程调整了政府与市场的关系，为构建高标准市场体系和建设现代化经济体系奠定基础。

（五）顺应改革要求促进高质量发展

法律、法规与标准体系有效规范了监管过程，引导建设单位科学开展项目管理，督促各参建单位提供有价值服务并持续提升。在深化改革条件下，着力破解工程建设领域主要矛盾，通过落实改革要求，完善标准与规范体系为高质量发展奠定基础。

二、法律、法规、标准体系与项目的关系

工程建设项目法律、法规与标准体系通过调节参建单位关系、保障交易主体权益、规范建设与管理行为、维护基本建设程序秩序，从而为项目顺利实施与科学管理提供有效保障。工程建设项目建设与管理为法律、法规与标准体系的形成与逐步完善提供持续驱动力。行政主管部门主导并推进深化改革，在监管体制机制优化过程中，通过确立项目建设管理目标、明确科学管理要求，以及各参建主体不断创新和提升服务能力的过程，为法律、法规与标准体系优化与完善指明了方向。可以说，工程建设项目与法律标准体系相互促进、相互影响。

三、法律、法规与标准体系的内容

工程建设项目法律体系构建了工程建设项目所必须参照的具有强制力要求的文件体系的框架和具体内容，涵盖领域广、涉及专业多、专业性强、深度要求高、系统严谨，具有可扩展性及动态调整等特性。

（一）法律体系

从法律位阶上看，按照效力等级依次为：宪法大于法律，法律大于行政法规，行政法规大于地方性法规、部门规章、地方政府规章且又大于本级和下级地方政府规章。工程建设项目法律、法规明确了建设与管理原则、方向，其内涵包括了法条的要义和初衷，是地方性法规、部门规章、地方政府规章等下位法制定的依据。而地方性法规、部门规章、地方政府规章则是对法律、法规的进一步补充和细化，充分考虑了地方工程建设项目特点和面临的主要问题。主要用于调整地方性工程建设项目建设与管理构成。相比而言，工程建设项目法律、法规相对稳定，而地方性法

规、部门规章、地方政府规章则相对调整较为频繁。

（二）标准体系

根据《中华人民共和国标准化法》规定，国务院标准化行政主管部门统一管理全国标准化工作。国务院有关行政主管部门分工管理本部门、本行业的标准化工作。县级以上地方人民政府标准化行政主管部门统一管理本行政区域内的标准化工作。县级以上地方人民政府有关行政主管部门分工管理本行政区域内本部门、本行业的标准化工作。推荐性国家标准、行业标准、地方标准、团体标准、企业标准的技术要求不得低于强制性国家标准。国家鼓励社会团体、企业制定高于推荐性标准相关技术要求的团体标准、企业标准。

四、法律、法规与标准体系发展主线

（一）总体主线

法律、法规与标准体系主线沿着工程建设项目实施全过程展开。着重对项目建设所涉及的过程事项、要素管理及各参建主体关系等予以调整。体系围绕项目基本建设程序、行业监管与行政许可以及项目审批制、法人责任制、监理制、招投标制等建设领域各项主要强制性制度安排展开。沿着工程建设项目全过程，从工程建设项目行政审批制度改革各阶段梳理，有关法律与标准体系主线内容如表 1-4-1 所示。

工程建设项目全过程法律、法规与标准体系总体主线内容一览　　表 1-4-1

项目阶段	适用典型法律、法规类型	适用标准、规范类型
项目储备阶段	土地管理法、城市房地产管理法、城乡规划法等，以及上述各法律对应的条例等	国土、规划领域相关标准、规范等
项目策划生成阶段	环境保护法、水土保持法、水污染防治法、防洪法、道路交通安全法、防震减灾法、节约能源法等，上述法律对应的条例、政府投资条例等	环境保护、水土保持、道路交通、防震减灾、节约能源、投资管理与工程造价等领域的标准、规范等
项目审批阶段（立项用地规划许可、工程建设许可、施工许可、竣工验收四阶段）	行政许可法、审计法、招标投标法、政府采购法、民法典（合同编）、建筑法、文物保护法等，以及各类法律对应相关条例如建设工程安全生产管理条例、建设工程质量管理条例等	各类建筑设计标准、规范，工程建设项目建设阶段设计等各领域标准、规范等

（二）具体主线

在工程建设项目管理全过程中，法律、法规与标准体系的总体主线是针对项目事项内在科学规律和项目管理客观要求而形成的。按照项目建设所涉及的专业和管理领域，法律、法规与标准体系又可具体分为五条主线，包括监管、技术、经济、交易及施工，如表 1-4-2 所示。法律、法规与标准体系在各主线上深化，并通过各具体主线间内在联系确保对项目建设过程形成约束。其中监管主线是引领，有效确保政府审批要求的落实与建设目标实现。技术与经济主线是核心，通过技术与经济因素管理，确保项目始终处于可控状态。交易主线是保障，通过缔约过程调整管理关系，明确参建单位服务属性。施工主线则是成果，各主线实施最终成效在施工主线上最终得以验证。

工程建设项目法律、法规与标准体系的具体主线内容一览　　表 1-4-2

主线类型	主要的建设与管理内容	法律、法规与标准体系内容
监管主线	各类建设手续办理、各类行政许可审批、过程行政监督与检查、主管部门协调调度等	行政许可法、审计法和工程建设项目审批、行政监管制度等为首的体系等
技术主线	有关国土、规划、各类评估评价、各类方案咨询、外市政报装咨询、勘察、设计及技术论证、其他各类咨询服务与管理过程等	土地管理法、城市房地产管理法、城乡规划法、环境保护法、水土保持法、水污染防治法、防洪法、道路交通安全法、防震减灾法、节约能源法和相关标准、规范等为首的体系等
经济主线	投资估算、设计概算、清单及控制价等经济咨询服务与管理过程等	政府投资条例、各类经济文件编审规程、工程量清单计价规范等为首的体系等
交易主线	各类咨询服务的委托、各类材料与设备的采购、各类法定招标与采购活动等	民法典（合同编）、招标投标法、政府采购法以及有关招标采购改革制度等为首的体系等
施工主线	施工总承包施工过程、分包施工过程、工程变更、洽商、外市政接驳等施工过程等	建筑法、文物保护法及各类法律对应相关条例如建设工程安全生产管理条例、建设工程质量管理条例等为首的体系等

随着深化改革持续推进，以供给侧结构性改革为主线，坚持贯彻新发展理念，在推进工程建设高质量发展进程中，工程建设项目标准与规范体系将发生深度变革。最终行政监管体制机制得以优化，市场主体活力被激发，交易秩序更加规范。伴随信息化与新技术在工程建设领域广泛应用，项目建设与管理相关技术得到深刻发展，项目建设投资得到有效管控，投资效益进一步提升，建设效率与施工效果也将更加显著。随着法律、法规与标准体系对于工程建设项目调整能力的逐渐增强，其必将为我国国家治理体系和治理能力现代化建设作出更大贡献。

第五节　工程建设项目管理发展展望

以供给侧结构性改革为主线，贯彻新发展理念，实现工程建设项目管理的质量、动力和效率变革。以项目管理服务为引领，深入推进全过程工程咨询服务模式创新，确保咨询价值实现和服务效果提升。推进信息化与新技术在工程建设项目管理领域深度应用，凸显项目管理服务效果充分显现。进一步深化市场化改革，贯彻落实特别是党的十九大以来中央针对工程建设领域所颁布的系列文件精神，确保政府监管效能不断增强。以建设单位所实施的全过程项目管理为中心，构建各参建单位与之协同的工程建设组织体系，全面实现工程建设项目高质量发展。

一、“项目管理 +N”的全过程咨询模式

（一）全过程咨询模式特点

《工程咨询行业管理办法》（国家发展和改革委令 2017 年第 9 号）指出：全过程工程咨询是指采用多种服务方式组合为项目决策、实施和运营持续提供局部或整体解决方案以及管理服务。《关于推进全过程工程咨询服务发展指导意见》（发改投资规〔2019〕515 号）则指出：全过程工程咨询是对工程建设项目前期研究和决策及工程项目实施和运行的全生命周期提供包含设计和规划在内的涉及组织、管理、经济、技术等各方案的工程咨询服务。综合来看，以上两个文件均强调了全过程工程咨询业务并非独立咨询业务，强调其是跨越项目整个阶段的多元、多样业务的融合过程。为此，相比独立咨询服务而言，全过程工程咨询业务具有管理性、系统性、统一性、针对性等特性。

（二）“项目管理 +N”模式科学性

项目管理业务为引领的全过程工程咨询业务体系是更加科学的，有必要实施“项目管理 +N”服务模式。其中“N”是指非项目管理类咨询业务，“项目管理 +N”是指项目管理牵头与其他某类业务通过融合实现综合管理咨询服务。显然，项目管理业务的引领有效突破了非项目管理类业务牵头融合的局限，充分发挥了其

管理站位与建设单位视角所带来的效应与作用。各类业务在融合中实现了协同、优化与统筹，咨询合力效果得以显现，形成了完整的咨询服务业务体系。或者说，全过程工程咨询业务体系就是“项目管理 +N”服务模式下所形成的完整的咨询服务业务序列。

在“项目管理 +N”模式下，项目管理方成为全过程工程咨询业务牵头人。从建设单位视角，建设单位将包括管理在内各咨询服务打包委托给“项目管理 +N”服务主体，建设单位对服务主体释放了自行管理的权限，项目管理与被融合的其他业务形成“管理 + 咨询”业务的统一整体。相比独立咨询，这种委托方式强调了基于项目管理服务的集成，强化了服务主体责任、权利和义务。从服务主体视角，其内部业务具有“管理 + 咨询”的性质，进而将呈现出内部管控与组织实施间的对立情形，这也恰恰有利于服务主体内部形成有效的管控方式。

二、信息化与新技术的应用

贯彻党的十八大以来国务院推进信息化发展相关精神，落实创新、协调、绿色、开放、共享的发展理念及国家大数据战略、“互联网 +”行动等相关要求，实施《国家信息化发展战略纲要》，增强工程建设领域信息化发展能力，项目管理业务与信息化新技术的应用将进一步凸显业务价值，促进尤其是政府投资建设项目“以投资管理为核心”的全过程管理业务特色形成，从而有效引导客户需求转变及正确导向的建立。从可持续发展视角看，当前，信息化新技术应用是诠释咨询企业核心价值的重要抓手。面对行业高质量发展机遇，实现行业引领，咨询企业也必须强化手段支撑，以手段创新带动业务创新及咨询企业管理水平的提升。项目管理软件系统部署的咨询应用是企业发展战略纵深发展的重要举措，是打造业务产品、塑造品牌影响力的必由之路。按照当前信息化应用发展规律，将项目管理信息化分成了基础信息化、新技术应用与互联互通集成化发展、智慧型项目管理三个阶段。

项目管理业务内容广泛，易受多种因素影响，组织灵活度高、实施难度大。伴随工程建设领域高质量发展步伐逐渐加快，项目建设品质要求不断提升，建设过程复杂性日益增强，以信息化方式开展项目管理显得十分必要。从经营管理视角看，信息化是生产管理的必然选择。当前，行业咨询业务规模越来越大，涉足的建设领域更加广泛。项目管理信息化将有效确保生产管理更加规范、标准。经过多年发展，工程建设领域已经积累了丰富的项目管理经验，形成了较为系统的管理类咨询理论方法，也为信息化应用开展奠定了基础。随着应用的深度融合，项目管理信息化将从基础信息化、新技术应用与互联互通集成化发展逐渐向智慧型项目管理演进。新技术应用与互联互通集成化阶段，是跨越式发展、形成体系的阶段。BIM、地理信息系统、遥感、全球定位、物联网、5G 等技术在项目管理中充分应用，以项目管理单位为核心搭建施工方、设计方、监理方等参与的“互联网 + 项目管理”协同工作平台，对外深度对接施工方数字化模型系统，对内集成项目管理单位的财务、绩效、成本等内部应用，形成体系完善、融合创新、互联集成的项目管理系统。

三、工程建设项目管理高质量发展

（一）工程建设领域制度变革与改革要求

随着我国经济发展转入高质量发展阶段，工程建设领域政策密集颁布。这些政策涉及深化改革的各个方面，对于工程建设领域政府监管、项目组织实施、咨询服务均产生了重要影响。党的十九大以来工程建设领域制度发展与改革要求如表 1-5-1 所示。

党的十九大以来工程建设领域主要政策文件一览表　　表 1-5-1

政策文件名称	深化改革具体内容与要求	颁布日期
《国务院办公厅关于促进建筑业持续健康发展的意见》	培育全过程咨询、完善招标投标制度、加快推行工程总承包、建立统一开放市场、加强承包履约管理、推广智能和装配式建筑、提升建筑设计水平、加强技术研发应用、完善工程建设标准	2017-2-24
中共中央办公厅国务院办公厅印发《关于创新政府配置资源方式的指导意见》	创新政府配置资源方式、推进公共资源交易全过程电子化、建立健全信息服务机制、加强和完善信用监管、加强和完善协同监管、加强和完善动态在线监管、加强和完善全过程监管建立健全法律法规和配套制度	2017-1-11
《国务院关于在市场监管领域全面推行部门联合“双随机、一公开”监管的意见》	坚持全面覆盖。将“双随机、一公开”作为市场监管的基本手段和方式，取代日常监管原有的巡查制和随意检查，形成常态化管理机制	2019-2-15
《国务院办公厅关于推进全过程工程咨询服务发展的指导意见》	提出全过程咨询两阶段、明确投资决策综合性咨询和实施阶段全过程咨询发展方向	2018-3-27

续表

政策文件名称	深化改革具体内容与要求	颁布日期
《国务院办公厅关于全面开展工程建设项目审批制度改革的实施意见》	精简审批环节、规范审批事项、合理划分审批阶段、分类制定审批流程、实行联合审图和联合验收、推行区域评估、推行告知承诺制、加强事中事后监管、加强信用体系建设、规范中介和市政公用服务	2019-3-26
《政府投资条例》	项目前期工作的深度达到规定的要求。政府投资项目所需资金应当按照国家有关规定确保落实到位。政府投资项目不得由施工单位垫资建设，建设投资原则上不得超过经核定的投资概算	2019-5-5
《国务院办公厅转发国家发展改革委关于深化公共资源交易平台整合共享指导意见的通知》	坚持统一规范，推动平台整合和互联共享、坚持公开透明，推动公共资源阳光交易。实行公共资源交易全过程信息公开。保证各类交易行为动态留痕、可追溯、坚持服务高效，推动平台利企便民。健全平台电子系统。强化公共服务定位。精简管理事项和环节。实施协同监管。强化信用监管。开展智慧监管	2019-5-29
《国务院办公厅关于加快推进社会信用体系建设构建以信用为基础的新型监管机制的指导意见》	建立健全信用承诺制度、积极拓展信用报告应用、全面建立市场主体信用记录、深入开展公共信用综合评价、深入开展失信联合惩戒、探索建立信用修复机制、充分发挥“互联网＋”、大数据对信用监管的支撑作用	2019-7-16
《国务院关于加强和规范事中事后监管的指导意见》	深入推进“互联网＋监管”、提升信用监管效能、提升信用监管效能、对重点领域实行重点监管、加强政府协同监管、规范涉企行政检查和处罚	2019-9-12
《国务院办公厅转发住房城乡建设部关于完善质量保障体系提升建筑工程品质指导意见的通知》	完善全国建筑市场监管公共服务平台，加强信息归集，健全违法违规行为记录制度，及时公示相关市场主体的行政许可、行政处罚、抽查检查结果等信息，并与国家企业信用信息公示系统、全国信用信息共享平台等实现数据共享交换。建立建筑市场主体黑名单制度，对违法违规的市场主体实施联合惩戒，将工程质量违法违规等记录作为企业信用评价的重要内容	2019-9-24
国务院《优化营商环境条例》	国家持续深化简政放权、放管结合、优化服务改革，最大限度减少政府对市场资源的直接配置，最大限度减少政府对市场活动的直接干预，加强和规范事中事后监管，着力提升政务服务能力和水平，切实降低制度性交易成本，更大激发市场活力和社会创造力，增强发展动力。政府及其有关部门应当按照国家关于加快构建以信用为基础的新型监管机制的要求，创新和完善信用监管，强化信用监管的支撑保障，加强信用监管的组织实施，不断提升信用监管效能	2019-10-23
《中华人民共和国招标投标法》修订草案	共计八个修订方向：①推进招投标领域简政放权；②提高招投标公开透明度和规范化水平；③落实招标人自主权；④提高招投标效率；⑤解决低质低价中标问题；⑥充分发挥招投标促进高质量发展的政策功能；⑦为招投标实践发展提供法治保障；⑧加强和创新招投标监管	2019-12-3

（二）工程建设项目管理的高质量发展

1. 发挥政府监管的引导作用

市场化改革中，政府部门明确改革目标，全面主持工作，创新监管体制机制，不断增强监管能力。监管能力决定着社会需求满足与实现程度，更影响着改革的力度与成效。作为宏观能力，监管能力是工程咨询高质量发展的根本，在三个能力中处于统领地位，为建设单位开展项目管理及咨询企业拓展服务指明了方向，引导着全过程项目管理及咨询服务能力建设并形成有力调节。为此，监管能力提升必然带动工程建设行业快速发展，工程建设项目管理高质量发展要充分发挥政府监管的引导作用。

2. 发挥项目管理的协同作用

项目管理能力是项目法人的根本能力，直接决定了项目组织实施的成败。鉴于项目法人在工程知识结构、管理认知以及实践经验等方面的局限。聘请专业管理咨询机构是提升管理能力的重要且直接的手段。专业化管理咨询机构通过运用先进管理理念及科学有效的管理手段确保项目顺利推进。各参建单位围绕建设单位及管理咨询机构的管理协同过程有效确保咨询服务能力正向提升。以投资管理为核心，以合约管理为工具，通过实施精细化管控过程，各类咨询服务得以有效集成，咨询效能实现最大化。相比监管能力，全过程项目管理则属于中观能力，其提升集中体现在通过监管的有效引导与约束上。为此，工程建设项目管理高质量发展要充分发挥项目管理的协同带动作用。

3. 发挥咨询服务的支撑作用

在监管能力引导下，咨询服务主体与建设单位密切协同，咨询服务能力得以充分展现并提升。咨询服务主体对政府监管及建设单位管理过程形成了全面支撑。从性质上看，咨询服务能力是全过程监管及项目管理的支撑能力。项目实施中，咨询服务机构既要直接满足建设单位各类管理需要，又要落实政府部门对项目建设的各项强制要求。在工程咨询高质量发展能力建设中，咨询服务能力是相对直接而处于底层的微观能力。充分发挥咨询服务能力就是满足项目管理多样性、一体化、综合性要求或需要，有效确保了政府监管改革成效及项目管理目标的实现。为此，工程建设项目管理高质量发展要充分发挥咨询服务的支撑作用。

导读

本章所述政府投资建设项目投资管理主要针对政府使用财政预算安排的资金进行投资的固定资产投资建设项目。政府投资项目的投资管理应采取有效技术经济手段和管理方法，加强风险管控，规范管理，尽最大可能提高投资经济效益和社会效益，实现人民对美好生活的向往。2019 年 7 月 1 日起施行的《政府投资条例》（国务院令第 712 号），将政府投资管理纳入了法治化轨道。对政府投资的依法管理、科学决策、贯彻高质量发展等方面提出了新的要求。为实现政府投资项目投资的有效控制，建设单位急需引入一家围绕投资管控的项目管理单位。项目管理单位通过在工程建设的全过程融入价值工程的理念，充分考虑建设各阶段对投资的影响因素，运用技术与经济融合的方法，并借助现代信息技术助力政府投资建设项目的投资管控。

第二章

以投资管理为核心的政府投资项目管理内涵

第一节　政府投资的相关概念与基本原理

本节通过阐述政府投资的概念和特点，简要介绍政府投资在项目建设中从立项到实体基本过程。在分析政府相关部门和项目建设单位对于投资管理职责范畴基础上，协助建设单位开展投资管理，为其提供专业化的管理和技术支撑。在政府投资项目建设投资管理中运用价值工程理念，通过技术经济分析，对项目全生命周期成本进行全方位深化管理，为政府投资决策、设计方案确定提供更系统、更科学的技术支持。

一、政府投资的概念及特点

政府投资是指在中国境内使用预算安排的资金进行固定资产投资建设活动，针对新建、扩建、改建、技术改造等项目，具有若干鲜明特点。第一，政府投资的方向为市场不能有效配置资源的社会公益服务、公共基础设施、农业农村、生态环境保护、重大科技进步、社会管理、国家安全等公共领域的项目，以非经营性项目为主。第二，政府投资应当遵循科学决策、规范管理、注重绩效、公开透明的原则。第三，政府投资以直接投资为主，对确需支持的经营性项目，主要采取资本金注入方式，也可以适当采取投资补助、贷款贴息等方式。从根本上说，政府投资用的是纳税人的钱，涉及社会公众的切身利益。因此对政府投资的管理，应采取有效的技术经济手段和管理方法，进行规范管理，加强风险管控，以提高投资决策的科学性、合理性以及项目建设方案的可行性。投资过程须公开透明，并严格遵守政府投资的建设程序，尽最大可能提高政府投资的经济效益和社会效益。

二、政府投资的形成过程

（一）政府投资的审批管理

投资行政主管部门或者其他有关部门根据国民经济和社会发展规划、相关领域专项规划、产业政策等，对政府投资项目立项过程进行审查，作出是否批准立项的决定。政府投资项目应依次报批项目建议书、可行性研究报告、初步设计概算。只有上一环节工作完成后才能进入下一环节审批。对建设内容单一、投资规模较小、技术方案简单的项目可将项目建议书与可行性研究报告合并申报。

（二）政府投资的计划管理

政府固定资产投资项目全部纳入政府投资计划管理。投资行政主管部门对其负责的政府投资活动编制政府投资年度计划。各行业、领域的主管部门对其负责安排的本行业、本领域的政府投资项目，编制政府投资年度计划。政府投资年度计划须明确项目名称、建设内容及规模、建设工期、项目总投资、年度投资额及资金来源等事项。政府投资年度计划与本级预算相衔接，财政部门根据经批准的预算，按照法律、行政法规和国库管理的有关规定及时、足额拨付。

（三）政府投资项目建设实施

政府投资项目的实施应落实项目法人制、招标投标制、监理制、合同制等制度安排。建设单位办理完成项目开工手续后，按照投资主管部门或者其他有关部门批准的建设地点、建设规模和内容组织项目实施。若发生重大变更，需按照规定的程序报原审批部门审批。政府投资项目的建设投资额度原则上不得超经审批的初步设计概算。同时投资行政主管部门对项目的实施进度、资金支付、招标投标等事项采用在线监测、现场核查等方式监管，监督项目是否按投资计划进行。政府投资项目建成后，应按照国家相关规定即要求组织竣工验收、结算和决算等。

（四）政府投资的决算审批及后评价

政府投资项目竣工结算完成后，建设单位负责编制竣工财务决算报告，报投资行政主管部门，投资行政主管部门委托第三方咨询机构对决算进行审核。经政府审批的金额作为最终项目投资，并计入新增固定资产。投资主管部门或者其他有关部门按照国家有关规定选择有代表性的已建成政府投资项目，委托中介服务机构就成本管控情况开展后评价。

三、投资管理的主要工作

（一）政府部门及建设单位的主要工作

从政府投资项目的建设过程可以看出，政府部门对政府投资项目的投资监管主要工作包括：投资计划管理、审批管理及在线监管等。建设单位主要承担的工作包括：申报项目建议书、申报可行性研究报告；申报初步设计文件和初步设计概算；组织开展勘察、设计、施工、监理招标，与中标单位签订合同；编制项目资金使用计划；办理开工手续，组织项目实施；审核设计变更和洽商进行资金支付；组织初步验收，提出竣工验收申请，申报决算等。

（二）项目管理单位的主要工作

受建设单位的委托，专业化的项目管理单位作为技术支撑方，协助建设单位开展项目投资管理。主要管理内容包括项目前期策划，办理审批手续，编制合约规划，组织招标与合同管理，对勘察、设计、施工、监理等各参建单位实施管理，组织项目实施、竣工验收、项目移交等；审核投资估算、初设概算、招标控制价文件，编制资金使用计划，审核设计变更、洽商、工程款支付，组织竣工结算审核等。

四、价值工程的概念及对政府投资建设项目的作用

（一）价值工程的概念

价值工程简称 VE（Value Engineering）理论起源于美国，始于第二次世界大战末期，由美国通用电气公司采购部的麦尔斯首先提出。价值工程就是通过各相关领域的协作，对所研究对象的功能与费用进行系统分析，以提高所研究对象价值的思想方法和管理技术。其目的是以研究对象的最低寿命周期成本可靠地实现使用者所需功能，以获取最佳的综合效益。尽管在不同文献中的文字描述可能不同，但定义中表达的思想和方法的精髓是一致的。美国价值工程师协会对 VE 做的定义是：VE 是一种系统化的应用技术。通过对产品或服务的功能分析，建立功能的货币价值模型，以最低的总费用可靠地实现必要的功能。一般认为，价值工程是以产品功能分析为核心，力求用最低的寿命周期成本实现产品的必备功能，从而提高价值的一种有组织、有计划的创造性活动和科学管理方法。功能与寿命周期成本的关系式可理解为“价值 = 功能 / 成本”。

（二）建筑产品的价值

建筑产品的价值不能单纯从功能、成本来考虑，或者说不是功能、成本的简单

综合。比如，在项目前期策划过程中，影响价值的因素还要考虑到技术条件、经济实力、历史底蕴、文化背景、社会环境等。这些影响因素并不能全部量化，价值评价标准也在不断随着经济、社会的发展而不断变化。因此，很难确定或给予某个建筑产品一个特定的价值。为了便于管理，我们通常可以提前明确项目功能实现的若干个目标，以此作为衡量项目投资管理取得的效果。运用价值工程进行管理的实际实施过程中，通常做法是综合考虑项目干系人利益实现程度。也就是，在公平、公正前提下，以项目资源的最优配置方式尽量完成项目干系人的利益诉求。因此，价值工程管理的目的就是达到项目功能的实现与工程投资付出的最佳匹配状态。

（三）价值工程理念在政府投资项目建设中的运用

政府投资项目不能单纯地以降低成本来提高建筑产品的价值，需考虑到其特有的公益性，不断满足人民对于美好生活向往的需求。在政府投资项目建设的投资管理中引入价值工程的理念，主要任务是在基于满足建设项目所应有的特定性能及使用功能的同时优化项目整个生命周期的成本。特别是在政府投资项目的决策策划和设计阶段，通过技术经济分析，对项目全生命周期成本进行全方位的深化管理，为政府投资决策、设计方案确定提供更系统、科学的技术支持。

第二节　投资管理在政府投资项目实施中的地位与作用

政府投资建设项目的相关参建单位在项目建设的各个阶段对于投资管理的责任不同，事项内容也不尽相同。项目实施阶段，政府各部门的职责由审批变为监管，而建设单位在项目建设过程中，缺乏专业性和系统性解决问题的抓手，不能全面有效地落实投资管控的管理职责。由此，在政府投资建设项目中由建设单位引进一家专业化的管理单位，进行以投资管理为核心的全过程项目管理尤为重要。专业项目管理单位在项目实施全过程中提供专业化咨询服务，对各参建单位依法依规进行有效管理，及时纠偏，为建设单位有效进行投资管控，落实管理职责提供有力支撑。

一、政府投资建设项目的投资管理责任

政府投资建设项目按照时间的先后顺序将建设过程划分，即项目决策阶段、项目设计、项目招标、项目施工、项目收尾阶段。政府投资建设项目投资管理责任，从广义上看，即是在上述五个阶段中所应承担的投资管理的职责。这些职责贯穿于项目建设各个阶段，并实现各阶段间责任的衔接。在政府投资建设项目的阶段，由于工作事项不同，各阶段的参与方所承担的工作不同。因此从狭义上看，投资管理的责任源于各方承担的投资管理任务来落实其投资管理责任。

政府部门的管理主要是由财政、审计、发改、监察及各相关部门按各自职责对投资项目进行审批、监督和管理。包括对项目投资的审批，招标投标、合同订立的监管，关键岗位管理人员的监管，施工现场，资金使用、结算监管和决算管理等。

建设单位对工程建设的全过程实施管理，按照政府批复推进投资落地、开展投资管控，包括与各参建单位签订合同，并对建设工程施工、监理等单位履行合同等情况进行日常管理。按照工程建设进度进行建设资金的申请与支付等。如果在建设过程中涉及发生重大设计方案变更等事项，履行相关程序，在办理有关手续后，方可组织实施。

二、实施全过程投资管理的必要性

（一）政府投资管理的问题

从项目建设的整个过程来看，投资行政主管部门在项目决策阶段对投资管控发挥着重要作用，但政府的投资管控职责并非贯穿于工程建设全过程。从招标投标、合同订立起，政府的职责从审批管理变为监管，而建设单位在项目实施阶段承担主要的投资管理责任。从项目建设的各阶段及各参与方的投资管控职责看，缺少一个贯穿项目投资管控的参与方。从管理力度上看，投资管理从项目实施阶段开始，力度不足，职责难以落实，缺少抓手。一是从招标完成进入工程施工阶段后，建设单位受工程建设的质量、进度等多个目标影响，多以牺牲工程投资来保全其他管理目标。二是建设单位投资管理的能力不够，大多数情况不具有开展投资管理的专业技术能力。在众多参建单位中承担有投资管理职责的监理单位，其重心是对工程质

量、安全和进度的管理，因此配备的投资管理人员不足，且监理单位在前期阶段未介入工程项目，从实施阶段开始管理时，投资管控的主要环节已经完成，失去了管控最佳时机，增加了后期管理难度。

（二）政府投资建设领域的法制化建设

加强和改进政府投资管理必须依据法律、法规与标准体系。长期以来我国政府投资领域主要依据规范性文件、部门规章和地方相关规定进行管理，权威性不足、指导性不够、约束性不强。不仅难以适应政府投资管理的新需要，也不符合深化依法治国的实践、加快建设法治政府的新要求。目前，国家对于政府投资的法律依据是国务院出台的《政府投资条例》（国务院令 712 号），已于 2019 年 7 月 1 日起正式施行。这是我国关于政府投资管理的第一部行政法规，也是投资建设领域的基本法规。该条例对政府投资范围、政府投资的主要原则和要求、政府投资决策程序等方面做出了明确规定。其中“第十二条”指出：经投资主管部门或者其他有关部门核定的投资概算是控制政府投资项目总投资的依据。“第二十三条”则指出政府投资项目建设投资原则上不得超过经核定的投资概算，上述条款对投资管控的依据及投资管控的目标均提出了明确的要求。

为贯彻落实《政府投资条例》，各地方理顺投资管理职责，加强成本管控，北京市为提高政府投资项目的投资效益，相继出台管理规定。例如，北京市发展改革委和财政局联合发文，《关于印发加强市级政府性投资建设项目成本管控若干规定（试行）》（京发改〔2019〕990 号），明确指出投资概算是控制市级政府投资项目总投资的依据。项目建设原则上不得超过经核定的投资概算，将投资管控责任纳入建设单位及其主要领导的管理职责等。

三、投资管理对参建单位的作用

（一）投资管理对建设单位的作用

以北京为例，北京市发展改革部门会同财政部门联合颁布《关于印发加强市级政府性投资建设项目成本管控若干规定（试行）》（京发改〔2019〕990 号）文件，明确提出了建设单位可以聘请具有与工程规模相适应的管理单位对工程设计、采购、施工进行管理的全过程项目管理模式。为政府投资的科学决策、有效管控，发挥政府投资的效益提供支撑，对项目实施的组织方式的选择提供了依据。

为做好政府投资项目投资管控，建设单位急需引入全程参与工程建设、围绕项目投资对工程建设的全要素进行管理的第三方机构，即以投资管控为核心成为建设单位投资管控职责得以落实的有力抓手。

以投资管理为核心，通过融入价值工程的理念，分析工程建设各阶段对投资的影响因素，运用技术与经济相结合的方法。建设单位是整个项目组织建设与管理的核心，当其自身力量不足时，应当引入专业化项目管理单位，使其可以从繁琐的具体管理事务中解放出来，以便于在项目管理顶层设计、统筹推进、关系协调等涉及全局问题及投资决策等重大方面倾注更多精力。

（二）投资管理对参建单位的管控

对建设单位委托的设计、施工、监理单位而言，项目管理单位对工程投资进行管控提升了建设单位对参建单位管理的力度。项目管理单位负责协助建设单位落实各参建单位的投资管控要求。包括通过加强限额管理，优化设计方案，减少设计变更，从源头进行投资管控；敦促监理单位对工程质量和进度管理严格履职、对隐蔽工程和工程量变更的严格审核，落实现场管理责任，为投资管控获得实时的依据性资料。会同监理单位监督施工单位按图施工、诚信履约等。

四、投资管理对于项目实施各阶段的作用

（一）全过程控制

全过程控制体现在投资决策、设计、招标投标、施工和竣工收尾等每一个阶段的具体管理中，而且每一阶段的管理均缺一不可。一般认为，投资决策和设计阶段对整个工程投资的影响分别为 75%~95% 和 35%~75%。而以往在工程实践中偏重于施工阶段的投资管控效果往往不佳。当投资决策完成后，设计阶段成为投资管控的关键。有效控制工程项目投资，应该将控制重点转移到建设前期阶段上来，尤其要抓住投资决策和设计两个关键性环节。

（二）主动控制

投资管理重在“预控”。在项目决策阶段，要建立科学的决策体系，通过多方案技术经济比较，择优确定最佳建设方案，合理确定投资估算。项目从决策到设计阶段，投资管理随着设计方案不断深入。在项目设计阶段，通过在合同中明确

限额设计责任，推行设计标准化、利用价值工程原理开展技术经济分析。严格按照政府审批的投资估算，开展初步设计，按照政府审批的初步设计概算开展施工图设计。

（三）依法、依规

投资管理要依法依规开展，如在招标阶段，协助建设单位开展清单及控制价的审核。严格履行招标投标程序，通过市场竞价，优选施工承包商。在公平、公正的前提下，通过合同条款设计，将实施过程中的投资管控责任分解到各参建单位。

（四）及时纠偏

通过建立健全投资管理的目标体系保障投资管理有序进行。在实施过程中要定期分析实际值与目标值差异，并采取有效措施及时纠偏。在施工过程中，即时结合变更、洽商情况动态统计投资成本。分析预估结算价与投资目标偏差，查找原因及时采取纠偏措施，确保最终整体投资管控目标实现。

（五）不断提升

项目实施的每一个阶段，要开展阶段性总结。通过阶段性对分项投资管理成果与投资管控的目标对比分析，总结投资管理的经验，提升投资管理水平。在项目收尾阶段，需对整个建设项目全面总结，通过对建设规模、市场因素、技术因素、环境因素、建设地点、政府或行业规定、项目实施过程等方面，积累形成造价数据库，为政府投资项目管理提供有力支撑。

第三节　新时代政府投资项目投资管理要求

2016 年 10 月，国务院公布了《企业投资项目核准和备案管理条例》，将企业投资项目纳入了法治轨道。2019 年 7 月 1 日起施行的《政府投资条例》（国务院令第 712 号），将政府投资纳入法治轨道。《政府投资条例》是我国政府投资领域第一部行政法规。《政府投资条例》的发布，从政府投资的依法管理、科学决策、贯彻高质量发展要求等方面，对政府投资管理提出了新要求，对规范政府投资行为、充分发挥政府投资作用、提高政府投资效益具有十分重要的意义。

一、新时代政府投资项目投资管理的要求

（一）投资管理应依法规范管理

《政府投资条例》的颁布与实施，把政府投资决策、管理和监督等行为纳入了法治化轨道，实现了我国政府投资项目法治建设的重要突破，改变了政府投资领域无法可依的局面。《政府投资条例》明确了政府投资范围、程序、概算约束力、投资决策、项目实施、监督管理等方面要求，突出了政府投资项目的公共性特征，明确了项目建设投资原则上不得超过经批准的投资概算。

（二）投资管理应加强科学决策

提高政府投资决策的科学性，可从以下几方面入手：一是加强政府投资资金管理的计划性。统筹安排和监管使用政府投资资金。二是规范政府投资项目的决策程序，明确报批文件的审查事项和审查依据。如项目建设必要性、项目技术经济的可行性以及项目主要建设条件等。三是政府投资决策需遵循项目建设周期和建设内容的客观规律。项目建设周期要客观合理，不搞面子工程和形象工程。建设内容方面，各行业主管部门应会同建设、规划与国土等行政主管部门，依据建设标准、设计规范、建设定额等，分类编制政府投资项目功能建设标准清单。明确项目基本功能、建设规模、面积指标、建筑标准、建筑装饰、设备设施、智能化系统等标准。投资行政主管部门依据项目功能建设标准清单编制投资指导清单，明确单项、单位、分部、分项工程区间造价，作为编制、评估、审批项目建议书、可行性研究报告、初步设计概算的依据。四是政府投资决策应充分发挥工程咨询行业作用。工程咨询行业具有深入投资实践、掌握一手材料、专家资源丰厚等优势，工程咨询行业应持续提升为政府投资项目管理服务的能力和水平。

（三）投资管理应贯彻高质量发展的要求

当前我国经济正处于由快速发展向高质量发展的历史性转变阶段。高质量发展对如何规范政府投资项目的投资管理提出了更高要求。政府投资管理应以提高科学决策能力为引领，降低政府投资的风险。以完善政府投资项目的组织实施方式为要求，提升政府投资的效益。以创新驱动为根本，保证政府投资项目质量、效益的可

持续发展。

要对政府投资项目推行全过程项目管理模式，探究以投资管理为核心的项目管理咨询方法，既能为政府完善投资决策提供重要依据，也能规范投资项目全过程的管理行为。通过从项目投资决策、勘察设计、招标投标、项目实施、竣工收尾进行全过程、全方位的深入管理，广泛应用价值工程等管理理念的渗透，大数据、云计算、区块链等新技术，有效提升投资管理的能力，实现政府投资的高质量发展。

二、政府投资审批制度改革试点

党的十九大、十九届四中全会对深化“放管服”改革和持续推进审批制度改革提出了明确要求。各地相继出台了一系列文件和措施，如北京市公共服务类建设项目投资审批改革试点的“一会三函”模式，就是推进建设项目投资审批改革的一项重要举措。

（一）“一会三函”审批模式简介

2016 年 8 月，北京市人民政府印发了《北京市公共服务类建设项目投资审批改革试点实施方案》（京政发〔2016〕35 号），明确提出了要积极开展公共服务类建设项目投资审批改革试点，着力推进北京城市副中心建设。“一会”是指市政府召开会议集体审议决策；“三函”是指前期工作函、设计方案审查意见函、施工意见登记函三份文件。建设单位只需满足“一会三函”四项前置条件即可开工建设，其他各项法定审批手续在竣工验收前完成即可。“一会三函”模式的范围最初就设置了限制，适用范围包括北京城市副中心的道路、停车设施、垃圾和污水处理设施以及教育、医疗、养老等公共服务类建设项目，中央国家机关在京重点建设项目参照执行。之后，北京顺义、昌平区内一些市政项目、冬奥配套项目等陆续采用了“一会三函”模式。

（二）“一会三函”模式的投资管理风险及投资管理建议

“一会三函”模式旨在加快推动项目开工建设，对提高审批效率起到了积极作用。但实施过程中，部分项目片面追求工期，工作程序不规范，前期论证不深入，存在边设计、边审批、边施工的问题，甚至在实施过程中出现较大调整和拆改，造成投资失控。部分项目由于片面缩短了工程开工前的准备时间，造成设计时间较短，施工图质量不高，工程招标清单编制质量难以保证，工程施工过程中产生大量的设计变更，以至于造成投资增加、投资管理难度、工作量均增大。另外，这些政府投资项目在进行“一会三函”程序办理的同时，仍需按照常规的基本建设程序审批。“一会三函”程序与基本建设审批程序之间会有时间差，在这个时间差内如果发生建设标准的变化，将影响到工程的建设费用，投资也将随之变化。

为规范“一会三函”项目的审批工作，北京市发展改革委和财政局联合发文《关于印发加强市级政府性投资建设项目成本管控若干规定（试行）》（京发改〔2019〕990 号），明确规定“一会三函”项目未批复可行性研究报告的项目不得开展施工招标，不予办理施工登记意见函。“一会三函”项目应于可行性研究报告批复后三个月内完成初步设计概算编制，报市发展改革委审批。未批复初设概算的不得开展基础工程施工。因此对于“一会三函”项目应做好建设程序办理的统筹管理。协调好“一会三函”文件与常规基建程序审批流程办理的节奏，加快常规基建审批程序的办理，尽量缩短“一会三函”与常规审批程序的时间差。加强设计管理，优选设计团队，落实限额设计。严格招标图纸及招标控制价的审核，施工过程中加强设计变更洽商的管理。总之，“一会三函”审批在推动工程建设的同时，对工程投资管理的统筹安排和预控水平提出了更高的要求。因此对于“一会三函”项目的投资管理，需要从立项开始进行全过程服务，需要既懂政府投资的建设程序，又懂工程技术、经济的专业化团队来承担此项任务。项目建设过程的实践证明，建设单位聘请具有投资管理专业经验的全过程项目管理单位，协助建设单位对“一会三函”模式的建设项目进行全过程管理，为推动项目建设、做好投资规划与管理起到了积极的作用。

三、PPP 项目的投资管理

（一）《政府投资条例》对 PPP 模式的影响

PPP（Public-Private-Partnership）模式是指政府与社会资本之间，为了提供某种公共物品或公共服务，以特许权协议为基础，彼此之间形成一种合作式伙伴关系，并通过签署合同来明确双方的权利和义务，以确保合作的顺利完成，最终使合作各方达到比预期单独行动更为有利的一种合作形式。《政府投资条例》规定了政府投资范围以非经营性项目为主，国家完善有关政策措施，发挥政府投资资金的引导和带动作用，鼓励社会资金投向前款规定的领域。这表明在政府投资发挥主要引导作用带动下，社会资本进入了政府投资领域。《政府投资条例》规定政府投资的方式以直接投资为主，对确需支持的经营性项目，主要采用资本金注入，也可适当采用投资补助、贷款贴息等方式。项目如果涉及政府投资或资本金注入、投资补助、贷款贴息等方式的，均应按照《政府投资条例》的规定对政府投资项目实施监督管理。

（二）PPP 项目的问题及投资管理建议

国家发展改革委于 2019 年颁布了《关于依法依规加强 PPP 项目投资和建设管理的通知》（发改投资规〔2019〕1098 号），规范了 PPP 项目的投资决策程序。该通知中对要求拟采取 PPP 的项目，要严格论证项目可行性和 PPP 模式必要性，旨在从源头上规范 PPP 项目。同时《政府投资条例》规定了投资限额，提出初步设计概算超过经批准项目投资估算 10% 的，需重新评定。《财政部关于推进政府和社会资本合作规范发展的实施意见》（财金〔2019〕10 号）文件，则提出了对 PPP 项目政府出资的财政限制，PPP 项目列支的财政支出部分，不得超过本级公共预算的 10%。

《政府投资条例》及政府各部门规章规范了 PPP 项目的立项、投资限额，为 PPP 项目规范和健康发展提供了法规支持。PPP 项目产生社会资本方后，社会资本方投资设立的项目公司是 PPP 项目的实施主体和 PPP 项目的合同签订主体。一般 PPP 项目的立项单位为政府行业主管部门，由政府行业主管部门与 PPP 项目公司签订合同。目前，在 PPP 模式下，设计、施工、监理单位均由项目公司委托，政府如何对 PPP 项目的进度、质量、安全、资金支付进行管理；如何避免偷工减料，如何实事求是审核 PPP 项目所形成的固定资产，以及如何避免 PPP 公司虚报 PPP 项目资产等，这些问题还需要在项目实践中持续探索。从项目管理单位对 PPP 项目的进度、质量、安全、资金支付、竣工结算监管实践来看，这种项目实施的管理模式，有利于政府与社会资本方的合作，并奠定了公开、公平、公正的合作基础。

第四节　以投资管理为核心的项目管理思路

国家发展改革委、住房城乡建设部《关于推进全过程工程咨询服务发展的指导意见》(发改投资规〔2019〕515号)中指出:“改革开放以来,我国工程咨询服务市场化快速发展,形成了投资咨询、招标代理、勘察、设计、监理、造价、项目管理等专业化的咨询服务业态,部分专业咨询服务建立了执业准入制度,促进了我国工程咨询服务专业化水平提升。”政府投资项目全过程项目管理,须根据政府投资项目的客观规律,按照建设程序循序渐进地开展各项工作。以投资管理为核心的项目管理单位,正是针对项目全过程各个阶段投资管理的要求,充分发挥其在知识、信息、专业技术人员等方面的优势,运用其在组织、沟通、协调等管理方面的特长,为建设单位提供科学、规范、专业的项目管理服务。项目管理单位提供管理咨询服务中,对建设单位委托的事项进行分析和研究,运用价值工程的管理理念,开展技术经济分析,提出管理方案、建议及采取的措施为建设单位提供支撑。针对建设工程项目规模大、结构复杂、建设过程信息量庞大等特点,项目管理咨询与现代信息技术的深度融合,将会更进一步展现项目管理咨询服务的能力和水平。

一、制定建设项目全过程项目管理咨询规程

当今社会对项目管理的要求越来越高,专业化的项目管理公司承接项目管理业务,提供全过程的专业化咨询管理服务是项目管理咨询服务发展的趋势。项目管理作为专业化咨询,需制定建设项目全过程项目管理咨询规程,规范项目管理咨询单位承担建设项目全过程项目管理咨询的内容、范围、格式、深度要求和质量标准等,提高全过程项目管理咨询成果质量。另外,还需配套推出项目管理服务取费相应文件,以引导项目管理服务发展。

二、以投资管理为核心的政府投资项目管理咨询要点

项目管理服务应贯穿项目建设的全过程。每个阶段管理应明确投资管理的目

标，分析影响投资实现的因素，制订相应预控措施。通过有效控制影响因素，确保投资目标实现。

（一）决策阶段管理要点

在决策阶段，项目管理单位协助建设单位进行项目立项调研，梳理建设单位的需求及项目行业发展趋势，合理制定投资管控目标。该阶段影响工程投资的主要因素是项目选址、建设规模、标准、功能需求、估算水平等。项目管理单位应充分发挥项目策划能力，协助建设单位梳理主要的功能，并通过同行业的调研预测行业发展，合理确定建设标准。通过多方案论证，制定切实可行的投资目标。协助建设单位委托可研编制单位，并组织编制可行性研究报告。项目管理单位针对可研编制单位出具的可研报告，出具预评审报告。预评审在技术方面重点考虑建设项目的必要性、选址的可行性、建设规模的科学合理性以及建设标准是否充分考虑了建设项目的实际情况等。预评审对建设方案的规范性、实用性、经济性、安全性等方面以及项目的组织实施方案提出相应的意见和建议。预评审在经济方面重点对投资估算编制的规范性与完整性、估算指标的准确性与合理性，分析是否有重计项和漏项，以及投资估算的精度是否满足控制初步设计概算的精度要求等。通过技术与经济结合开展预评审，由此确定出投资最低且能够实现预定功能的方案，或功能最强且投资限额合理的方案。可研预评审报告将供建设单位决策使用。可研报审后，协助建设单位配合可研审批，经投资主管部门审批的投资估算，将作为设计阶段投资管控的依据。

（二）设计阶段管理要点

设计阶段，项目管理单位协助建设单位按照政府审批的投资估算组织开展限额设计。首先应将限额设计的要求纳入设计合同条款，并在合同中明确责任和奖惩，激发设计单位及人员开展投资管控的主动性，增强经济意识。要求设计单位投入能力较强团队，并确保设计理念与建设单位功能需求及行业发展相融合。尽量采用标准化设计，减少对建筑外观造型不切实际的追求，摒弃过于安全保守的做法，避免过多的功能闲置。项目管理单位组织设计单位对初步设计的技术性、功能性以及经济性进行综合评价，并对设计单位编制的初步设计概算进行审核。主要审核概算所反映的建设规模、建设标准、建设内容与可研审批的符合性，概算编制依据规范性，编制方法的正确性，工程量的准确性，定额套用的正确性、适宜性，费用计取的规范性等，并对初步设计概算与投资估算进行对比分析。初步设计概算审核完成后，项目管理单位协助建设单位报送投资主管部门审批，经投资主管部门审批的初步设计概算作为项目投资管控的目标。

（三）招标阶段管理要点

招标阶段，项目管理单位协助建设单位编制完成合约规划，依法合规开展招标、采购工作。在合约规划的整体框架下，编制招标采购工作方案，审核具体合同段的招标文件及合同，将建设单位投资管理的要求落实到合同中去。重点针对设计、施工、监理合同进行审核，包括合同委托的工作范围、质量、进度、安全、投资管控的要求、人员配备、工作程序、规则、合同价款支付及价款风险范围、调价条款等。同时应加强对施工招标图纸的质量、工程量清单及控制价文件编制质量管理。项目管理单位还组织对招标图纸进行审核，包括重点审核招标图纸应与批复初步设计在范围、规模、标准、使用功能等方面的一致性，以及图纸深度是否满足工程招标的清单控制价的编制要求。重点审核工程量清单描述是否与图纸相符。对于招标控制价文件，审查的重点是从编制规范性、暂估工程内容合理性、暂列金安排的科学性等方面。对招标控制价与初步设计概算进行对比分析，及时优化设计成果，以确保招标控制价控制在审批概算之内。此外，通过招标竞价，中标单位的合同价也成为项目实施阶段投资管控的目标之一。

（四）实施阶段管理要点

实施阶段，对投资的影响因素较多，工程质量、进度、安全等均会对投资产生较大影响。项目管理单位协助建设单位重点从以下几方面开展工作。第一，要做好计划编制，配合建设单位编制包括工程进度、设计进度、暂估招标等里程碑进度计划。要求施工单位在以上计划里程碑的条件下编制年、季、月计划。第二，检查施工单位质量、安全管理体系的建设情况，专项工作方案的编制情况。第三，督促监理单位对计划、方案的审核以及检查施工单位落实，对计划和各专项方案执行中的问题及时采取纠偏措施，减少变更、索赔产生。第四，建立动态投资管理计划体系，以中标合同价为投资管控目标，编制投资管控计划。项目施工过程中建立动态投资管理台账，将质量验收合格的工程纳入计量，并审核支付。第五，及时审核变更洽商，重大设计变更应进行多方案技术经济分析后实施。结合变更洽商情况对整体投资进行阶段性预估，与项目的投资管控目标进行对比分析，出现偏差及时采取纠偏措施，确保本阶段投资管控目标的实现。

（五）收尾阶段管理要点

竣工移交工作是结算的前提，只有竣工验收合格、完成移交的工程方能最终完成竣工结算。项目管理单位通过分别制定竣工验收、结算、移交的三项工作方案，明确各参建单位的职责及工作开展程序、内容，建立工作推进机制，统筹推进竣工验收、移交及结算工作。竣工资料及图纸等技术资料与竣工结算要完美结合，实事求是反映工程投资，促使项目投资管理成果落地。项目竣工结算完成后，项目管理单位应对建设项目投资形成的过程从项目立项、设计、招标投标到竣工结算进行认真分析和总结。尤其是竣工结算体现了项目管理单位投资管理的最终成果，项目管理单位要将竣工结算和批复概算进行对比，形成投资分析报告。通过对各类费用组成和指标进行分析，积累工程造价数据，提升后续政府投资项目管理水平。

导读

对于政府投资建设项目而言，实施科学化的项目管理是十分必要的。由于建设实施过程受诸多因素影响，加之建设内容繁杂，项目管理工作往往异常复杂。政府投资建设项目管理具有更加丰富的管理知识领域，且不同领域归属不同类别，领域间相互关联度强。做好项目管理策划有助于管理人员锁定管理工作范围，认清管理内在规律，明确项目管理目标。管理策划思想为建设项目管理策划指明了方向，使得项目科学策划成为可能，它是建设项目管理工作的顶层设计，有效确保建设项目始终处于正确实施轨道并保持良好管理运行态势。

第三章 项目管理策划与建设程序管理

第一节　项目管理策划概述

政府投资建设项目管理是一个需专业化团队协同完成、复杂而综合的系统性工作，具有实施周期长、影响因素多、技术难度大等特点。管理过程涉及广泛知识内容，时常超出计划安排，范围不断蔓延，且具有较强的动态变化性。针对项目管理进行科学策划的过程是必不可少的，通过科学策划将大大提升管理效果，扭转上述不利情形，降低项目实施与管理难度，使得项目管理过程与实施局面时刻处于受控状态。可以说，管理策划是管理工作中最有价值的部分。实践中，仍有不少建设工程项目并未实施科学策划，这大多源于工程人员缺乏对策划重要性的足够认识，或受限于自身能力而缺乏科学、系统实施管理策划的方法与手段。

一、项目管理主要特性

（一）管理内容的系统性

项目管理内容至少包含全过程、全要素两个主要方面，其中过程方面是指项目管理所涉及的任务事项实施的过程，如项目建设手续办理、招标采购管理、设计及现场管理等。要素方面是指能够体现管理目标或控制过程的因素，如造价、进度、质量、安全等。项目管理内容的系统性表现为全过程与全要素方面内容的相互关联，即全要素管理融于全过程管理中，即每个过程管理存在于所有的要素方面管理过程中，例如在招标采购过程管理领域均存在进度、质量等各要素管理内容。同样，完整而全面的要素管理是通过过程管理各方面得以实现的。每个过程管理领域所包含的要素管理目标与过程管理目标相统一。项目管理内容的系统性还表现为通过针对各参建单位的管理来完成全过程与全要素方面的管理过程。通过确定各种角色的分工与职责，并将针对全过程、全要素各方面设计和颁布一系列制度，以及通过角色制度执行来实现项目管理的完整过程。项目管理内容的系统性决定了它类似系统工程的工作性质。了解项目管理内容的系统性有利于工程人员更加全面、深入地掌握项目管理内涵，从而更好地开展策划工作。

（二）管理过程的动态性

不同项目具备不同属性与特点，项目所处环境条件也不尽相同。在项目实施中，其自身状态及环境是无时无刻不发生变化的。建设项目的管理过程实质是对复杂系统活动的管控过程。项目管理过程的动态性就是权变应对项目环境变化的特性。动态性给管理工作带来巨大难度，为工程人员在探寻管理方法通用性及内在规律方面造成了障碍。首先，全过程管理方面具有动态性，典型的是项目手续办理、招标采购管理、现场协调管理中，不同阶段各类始料未及的突发事件使得管理计划被迫调整。其次，在全要素管理方面领域，无论是造价、质量、进度还是安全管理，科学管理决策提出往往需要依赖对一定周期项目实施规律的分析，典型的是即便目前某要素管理的效果十分乐观，但随着时间推移，潜在风险将可能导致管控方向与目标严重偏离。了解项目管理过程的动态性同样有利于工程人员认清管理工作的本质，以便更加科学地开展管理策划。

（三）管理局面的脆弱性

项目管理局面是指项目在围绕管理目标推进过程中管理工作所处的状态，它反映出管理工作进展的顺利程度。可以说项目实施越接近目标状态管理局面越良好。项目管理局面是各种因素对项目综合叠加影响的结果。其中，项目实施主体、行政主管部门等作为项目实施最重要的干系人，其对管理局面的影响巨大。管理局面的脆弱性是指管理局面受到各类因素影响而迅速向着不利方向转变的特性。影响局面的因素十分广泛，可以说任何与项目实施相关的因素均可能对局面产生影响。影响因素的微小变化也可能导致原本良好的局面向未知方向发展。项目局面的脆弱性，一方面表现为当管理过程的一个方面受到不利影响时，管理内容系统性导致该因素迅速波及其他关联工作，进而影响整个局面的过程；另一方面表现为当项目管理局面进展到一定不利程度时，扭转项目局面所付出的代价将大大高于确保项目始终处于良性局面的成本。可以说，项目每况愈下的局面往往难以扭转，而处于良性局面状态则有利于控制。了解项目局面脆弱性，有利于工程人员重视项目策划过程，努力为项目管理营造良好局面。

二、项目管理策划的含义

政府投资建设项目管理策划是指在具体项目管理实施前，由专业化项目团队依据以往项目经验并充分结合项目自身特点，有针对性地对所组织的管理过程实施的顶层设计部署。主要包括目标、策略、实施方案等具有战略指导性思想的形成过程。科学的策划成果，一方面源于以往项目实践中有价值实施经验的总结，另一方面是以项目环境为基础对未来发展趋势、风险预测与识别提出的应对措施。可以说管理策划过程是站在全过程、全要素管理的视角，针对项目重点、难点及关键问题实施主动性、前瞻性的分析决策过程。它以项目实施目标及管理利益实现为基本出发点，深刻地决定着项目实施进程、方向与管理局面。为此，只有实施科学的管理策划，才能克服项目实施过程始料未及的困难，才能完成集约高效的科学管理过程，才能充分展现专业化项目管理的价值以及顺利实现建设项目管理目标。

三、项目管理策划的原则

具体项目管理的策划应重点把握若干原则：首先，目标导向原则，合理的目标体系的建立，是项目管理策划的第一步，也是科学策划的基础。管理策划的立足点都是以顺利实现项目管理为目标；其次，重点突出原则，有效而合理的管理策划应围绕项目管理的核心目标开展，对于重点管理内容要精准深入剖析，但不一定完全涉及项目管理的所有细节；最后，实用可行原则，项目管理策划要立足项目自身，着眼科学管理，服务项目推进。

四、项目管理策划的内容

对项目发展方向与局面具有影响的管理工作内容均可以被纳入管理策划的范畴。项目管理策划可分为管理总策划及专业策划两方面。总策划是相对于专业策划而言的，是从项目总体角度提出的具有全局性、纲领性的管理工作指导思想。专业策划是指从全过程、全要素视角提出的各管理工作相互关联的、具有对项目全局深远影响的管理指导思想。例如招标采购管理策划有关合约规划工作，决定着项目实施的局面与成效。有关项目管理策划主要内容详见表 3-1-1。制度设计、合约规划、实施模式、团队分工等是策划重点内容。

政府投资建设项目管理策划主要内容一览表　　　　表 3-1-1

类型	序号	策划事项	详细说明
项目总体策划	1	明确项目内容对应建设主体、主要工作范围与责任	须明确项目标的内容所对应的所有建设主体，明确项目管理工作的范围以及管理工作的主要责任等
	2	识别参建单位主要分工与职责，明确主要管理思路	对各参建单位的主要分工、职责进行识别，分别对各参建单位的管理思路进行明确，以便于实施管理与工作协同等
	3	项目管理团队组织机构设置	设置与项目规模、难度相匹配的团队机构，明确相关负责人及各类人员的岗位职责等
	4	明确项目实施与管理目标	明确项目实施目标与管理目标，确定实现目标的工作原则、管理角色定位与管控基本思想等
	5	理顺行政管理协调模式	确定针对项目直接行政主管部门或机构，并理顺项目相关事项的协调机制，借助行政领导力解决项目难点问题，协调超出项目层面难题，推进项目进程。通过行政领导力影响并调动参建单位资源配置与调度能力等
	6	颁布项目管理制度体系	根据各参建单位分工，围绕全过程、全要素管理需要，设计并颁布项目管理制度体系等
	7	确定项目管理信息化平台或操作工具	为使得管理操作便利、高效，可采用信息化手段，确定管理平台或操作工具等
	8	识别干系人并制定应对措施	识别项目干系人，关注干系人核心利益、需求或要求，这对各干系人制定相应的应对措施等
	9	确定项目管理运营方案	为满足项目经理部人员日常工作、生活等需要，项目经理部应编制运营管理方案，以确保项目经理部正常运行等
	10	环境分析与影响因素识别	对项目环境条件进行全面分析，识别制约项目进程的影响因素或障碍等
	11	制定针对项目行政检查的配合方案	针对各行政主管部门对项目开展的检查、稽查以及项目招采过程中可能导致的投诉等过程，拟定相关配合方案等
	12	制定应急处置预案	开展不良风险预测，识别风险，针对项目可能遇到的突发事件制定应急处置的预案，如安全、质量事故或突发极端天气等
招标采购合约管理策划	1	开展招采合约规划	结合项目环境因素，以管理目标高效实现为出发点，将项目全部内容分解为可缔约的事项。主要内容包括：①缔约时间安排；②合同主体及相互关系；③合同类型及合同事项分类；④合同委托方式等
	2	建立招标采购与合约管理制度	主要包括缔约文件审批、签章、事项协调与决策、相关会议、文本管理等制度

续表

类型	序号	策划事项	详细说明
招标采购合约管理策划	3	具体合同缔约管理方案	主要包括缔约前置条件获取、招标方式确认、招标范围确定、资格条件设置、交易平台确定、监管主体及体制确认、评审代表拟派方案、评审方法确定、合同条件约定、招标文件其他内容确定、联合招标方案、缔约进度计划与保障措施、缔约市场条件分析以及招标采购过程中相关事项协调、分析合同段项目管理需求与要求并通过缔约方式向受托方提出等
	4	招标采购代理委托与管理	以项目实施目标为中心，从项目管理全过程视角选择具有服务能力强的招标采购代理机构，并在委托合同中提出相应服务要求，以及对招标采购代理机构的工作作出评价等
设计管理策划	1	实施设计总包模式	由一家设计人独立牵头完成自行实施及分包内容、必要前置工作内容、关联经济与技术工作内容、过程管理配合服务内容以及总包管理服务内容等
	2	组织功能需求梳理及设计任务书编制	将项目全部功能需求进行梳理，获取完整的功能需求成果，确保功能需求的完整性与稳定性。组织编制完成设计任务书，提出完整而全面的设计技术与商务要求及任务等
	3	设计管理工作相关制度设计	包括限额设计管理、设计履约管理、总包模式管理、成果提交、设计变更、设计论证制度设计等
	4	编制设计管理工作方案	方案包括设计管理工作重大问题或方面，如限额设计、费用支付、合同条件及违约责任确定、BIM 实施要求、设计任务、团队配置与资格、设计工作与成果提交计划、履约评价要素等
建设手续办理策划	1	编制手续办理计划	确定办理建设手续的全部内容与步骤以及各间的时序，并结合项目现状，针对项目基础与环境特点，提出加快办理手续的措施。探索借助外力促进手续办理，或采用分包方式将部分办理工作外包等
	2	编制具体手续办理方案	根据需要编制具体手续办理提出必要方案，分析影响手续办理因素并提出应对措施，探索提高手续办理效率和效果的方法等
监理管理策划	1	实施监理总包工作模式	将项目中各专业监理工作纳入统一监理人的分包管理，并通过缔约过程及制度等方式进行部署实施
	2	实施针对管理的协同工作模式	针对专业化的全过程、全要素项目管理，将监理人协助管理所需开展的工作进行梳理，并通过缔约过程及制度等方式进行部署实施
	3	实施工作组模式	针对项目管理过程中关于招标采购、造价管理、进度质量管理等过程要素管理，要求监理单位牵头组成工作组并组织各类专题协调会议被称为工作组模式，该模式通过缔约过程及制度等方式进行部署实施
	4	确定监理团队人员最低资格要求	确定监理团队人员规模、组成及人员资格等提出要求，确保监理团队能够满足上述管理模式要求等

续表

类型	序号	策划事项	详细说明
监理管理策划	5	确定监理合同条件	将上述监理管理模式、人员要求等纳入合同条件，确定违约责任及义务，确定履约评价要素等
投资管理与造价控制策划	1	编制资金使用计划	梳理项目资金使用需要，并编制资金使用计划等
	2	颁布投资管理制度	颁布投资管理及造价控制所需的各类制度，如工程费用支付、费用保证担保等
	3	编制投资管理工作方案	二次计量、两算对比、反不平衡报价、概算费用事项合并计取（如检测费、代支付方式）、同档次三类品牌、限额设计、认质认价、投资主体、投资范围、计量范围、措施费用计取、履约评价与费用支付关联、工程保险、保证担保、资金来源、管控方法、投资优化、投资记录（台账）等
现场与协调管理策划	1	颁布现场管理制度	围绕现场施工安全、进度、质量等颁布相关制度等
	2	编制驻现场管理方案	针对建设单位、项目管理人员驻现场办公、与外围单位协调部署，构建监理人为核心的管理模式，构建现场管理质量、安全责任体系，进度管控措施，识别现场管理风险与应对措施，施工障碍识别与拆改移协调管理方案，外市政协调方案，施工内容与季节影响分析与安排，施工工序时序安排等
信息与档案管理策划	1	颁布档案管理制度	围绕档案管理编制档案管理的制度，例如文件签章、流转、存放、借阅制度等
	2	制定档案管理方案	编制档案管理方案，涉及的内容包括：档案管理的基本要求如份数、形式等，档案管理的信息化方案，档案室布局与文档存放环境要求，档案管理费用需求与部署等

政府投资建设项目管理策划是管理工作的核心，决定着项目实施的成败，其丰富的内涵及广泛的内容值得工程人员不断深入探索与研究。项目管理内容的系统性特点有力地解释了管理策划的适用性，项目管理过程的动态性特点有效地考量了管理策划的可行性，项目管理局面的脆弱性特点则鲜明地印证了管理策划的必要性。重视管理策划工作并以此为中心实施项目管理，不断改进策划方法与手段，必将使政府投资建设项目管理更加规范、科学，并促使建设行业发展迈上新台阶。

第二节　项目管理策划重要事项

项目管理策划用于指导全过程项目管理工作，顺利实现项目宏观及微观的管理目标。通过项目管理合同约定项目管理范围，将全过程管理目标转化为具体工作任务，选择适当的项目管理组织结构，制定科学合理的项目管理工作计划、项目管理制度及流程等是项目顺利实施的前提和保障。

一、项目管理目标体系

项目开始至项目完成，通过项目策划与项目管控，使项目的费用目标、进度目标和质量目标得以实现，由此可见建设工程的项目策划与实施后的有效管理是项目建设成功的前提。项目管理策划决定项目能否成功实施，为项目实施指明了方向，提供了指导。以解决项目管理中“做什么”“谁来做”“何时做”“怎么做”“怎么控”“何时完”等问题，也为接下来项目实施各阶段特别是施工阶段管理打下良好的基础，同时也检验管理策划方案的成效和好坏。科学的管理策划具体实施时会使工程各阶段顺利衔接，项目整体实施将平稳有序，对实现工程的质量、进度、造价等目标有极大的促进作用。确定项目管理目标对项目策划至关重要。对于政府投资项目项目管理目标既有宏观层面的目标，也有微观层面的具体目标，需要综合考虑。宏观方面，项目建设要全面落实党中央、国务院关于全面深化改革的重大决策部署，实现行业或区域中长期发展规划，确保满足行业主管部门的监管要求。微观方面，从项目层面考虑，围绕项目建设单位或项目法人管理利益，实现项目立项及可研论证的主要要求，确保建设过程顺利推进。项目管理微观目标主要指的是项目管理工作的具体化指标。为了高效率地完成项目任务，项目管理单位必须将项目任务分解成许多具体的指标。项目管理目标必须协调一致，不能互相矛盾。

（一）项目要素管理目标

质量管理目标：按照合同约定的质量标准进行项目建设，确保项目按合同质量要求交付使用。

安全管理目标：按照安全生产法律法规、合同约定的安全标准进行项目建设。本着安全第一、预防为主的原则，管控可能对人身造成伤害、健康造成损害的危险源及风险。

投资管理目标：在项目投资批复范围内得到合理控制。

进度管理目标：通过运用科学的控制措施，完成工程实体和工作服务所需要的合理时间，确保项目按期交付使用。

（二）项目阶段管理目标

（1）前期手续办理目标：工程建设手续合规完整，符合基本建设流程要求。

（2）招标采购管理目标：招标、采购过程公平、公正、公开、合法。

（3）设计管理目标：运用限额设计及价值工程的理念开展设计管理工作，获得满足建设单位功能需求的、技术经济合理的设计方案。

（4）现场管理目标：现场管理目标是保证工程项目安全顺畅地推进，在合理工期内获取技术经济最优的工程项目，资料完整清晰。

二、项目管理工作范围

对于建设内容或资金来源相对复杂的建设项目，项目管理策划中管理范围的分析和界定至关重要。在管理目标深入分析的基础上，合理准确界定项目管理范围和具体工作内容是项目管理策划的另一项重要工作。管理工作一般包括以下几项内容：

（一）前期手续管理

对项目进行详细的环境调查，分析其规划情况。编写可行性研究报告，进行可行性研究分析和策划。明确报建事项及确定报批工作计划，确定对各报建事项人员分工，组织项目审批手续办理工作等。

（二）设计管理

项目设计管理主要包括设计招标阶段的管理和设计履约管理两部分。招标阶段最重要的是组织设计招标文件的编审，其中包括对文件中合同条件、设计任务书、设计标准与要求等部分的编审。设计履约管理，包括制定详细而有效的设计工作计划要求，在设计管理过程中跟踪计划落实情况并及时跟踪设计工作进度计划；审核各设计阶段的设计文件；管控设计变更，检查设计变更合理性等。

（三）投资管理

对项目总投资进行分解，分析总投资目标实现的风险，编制投资风险管理的方案、编制各种投资管控报表；编制设计任务书有关投资管控的内容及各阶段资金使用计划并控制其执行；根据投资计划控制指标进行限额设计管理；评审项目初步设计概算及施工图预算，采用价值工程方法，挖掘节约投资的潜力；进行投资计划值和实际值的动态跟踪比较。

（四）招标采购管理

初步确定整个项目的合同结构、策划项目的发包方式；编制项目总体招标采购管理专项计划；编制项目总体招标采购管理工作办法（管理制度）；编制（审查）具体合同段招标采购管理工作方案；（协助）委托招标代理机构；实施招标采购管理（包括：审核招标采购管理工作过程文件、记录招标采购工作过程信息、协调招标采购过程事项）；招标过程中制订风险管理策略；评价具体合同段招标采购工作等。

（五）合同管理

主要包括合约规则编制、合同文件管理以及合同履约管理等。合约规则依据项目前期技术文件并结合项目具体情况编制，组织合同文件的编审；组织有关合同的交底；按照合同约定由项目经理部组织开展对合同相关方的履约评价；组织合同变更管理工作，合同争议发生时，视合同争议程度和性质，组织合同争议处理；对合同准备、订立、执行、变更等过程涉及的有关事项做出记录，形成合同台账等文件，跟踪记录合同执行情况等。

（六）施工管理

编制项目施工进度规划，确定施工进度总目标，明确相关各方职责；组织设计交底、检查施工准备工作落实情况；审查施工组织设计、人员、设备、材料到位情况；办理开工所需的政府审批事项；审核和检测进场材料、成品、半成品及设备的质量；审核监理组织架构、监理规划；编制施工阶段各年度、季度、月度资金使用计划并控制其执行；检查施工单位安全文明生产措施是否符合国家及地方要求。

（七）竣工收尾管理

组织编制项目竣工及结算计划，确定项目验收、移交及结算目标，明确相关各方职责等；项目完成后，在施工单位自检合格并达到竣工验收条件及监理单位组织预验收合格基础上，提交工程竣工报告，复核竣工结算，总结合同执行情况，整理竣工资料；组织编制重要设施、设备清单及使用维护手册，组织对项目运行、维护人员的培训，督导施工单位根据合同和有关规定编制回访保修工作计划。

三、项目管理工作分解

随着我国经济快速发展，固定资产投资逐年增加，大型基础设施、公用事业、工业等建设工程项目的规模及复杂性也在增加，要求项目管理单位具备更高专业能力和管理能力。为适应建设复杂工程项目的管理需要，在项目规划的过程中，往往借助于工作分解结构（Work Breakdown Structure，简称 WBS）、建立合同网络图等方法明确项目工作内容及各参建单位的分工。

WBS 就是把一个项目，按一定的原则分解，项目分解成任务，任务再分解成一项项工作，再把一项项工作分配到每个人的日常活动中，直到分解为一项独立的工作单元，是一种层次化的树状结构。

WBS 是项目管理策划的重要内容，起着确定工作范围、计划控制深度的作用。制定项目管理目标后，将这些具体目标分解成各个可具体执行的组成部分，通过各种有针对性的技术、经济、组织和管理措施，保证各个分解目标的实现，进而实现项目的整体目标。WBS 总是处于计划过程的中心，也是制定进度计划、资源需求、成本预算、风险管理计划和采购计划等的重要基础，例如成本管理，可以把成本费用分摊到各个 WBS 上。WBS 同时也是控制项目变更的重要基础。WBS 可详细描述项目管理范围、可交付成果等，能够为项目管理单位提供项目管理工作基础框架、不同层次的数据信息，帮助确定每项工作的资源配置，有利于进行工作分配，有利于对项目的有效管控。

WBS 随着项目规模的差异所起的作用不尽相同。规模较小的项目只需要很简单的 WBS 结构，结构的划分清晰简洁。项目规模越大越复杂，WBS 也越重要，准确完整地进行项目工作分解，有利于避免遗漏重要工作。WBS 的层次不超过 10 层，建议在 4~6 层。对大型项目而言，工作分解结构通常可以分为六级，一级为工程项目，二级为单项工程，三级为单位工程，四级为分部分项工程，五级为工作包，六级为作业或工序。一般情况下，项目管理需要完成前三级的工作分解，四到六级分解由承建单位进行编制。通过编码体系将 WBS 结构化，确定各管理要素的层级关系、组别等，也有利于将组织结构、成本、进度、合同等联系起来。确定项目的 WBS 结构需要多专业协作，往往不可一蹴而就，需要经过多次反馈、修正。

四、项目管理组织结构

项目管理组织结构是管理目标能否实现的决定性因素，在项目的前期策划阶段，根据项目的建设规模及内容，确定适应本项目的组织结构、组织分工和工作流程组织，使得在项目建设中任务清晰、职责明确、指令通达，从而项目建设可以顺利进行，最终完成项目目标。建立高效率的项目组织结构是项目成功的组织保证，也是项目管理的首要主旨。合理科学的管理组织结构是所有管理工作能够顺利高效开展的组织基础，研究并设立项目管理组织机构，是项目管理统筹策划的重要工作内容。

（一）项目管理组织结构设置原则

对于建设单位来说，建立项目管理组织本身并非目的，而是达到目的的手段。由于工程项目的性质不同、规模大小不同、建设内容及技术复杂性程度不同、建设地点不同以及各地区经济发展水平、建设条件、社会文化乃至风俗习惯等都有很大区别。因此，项目管理组织形式也应因地制宜，甚至多种形式并存，不能模式化或强求一律。总的要求是从项目的实际出发，选择和确定项目的管理组织，保证项目稳定、高效、经济地运行。组织结构设置应遵循如下原则：

（1）目标导向原则：组织管理要从确保项目目标的实现出发，项目组织结构的合理设置是实现组织管理规范化、流程化、可控制的基础，因目标设事、因事设岗、因责授权的方式组建项目管理团队。

（2）管理幅度原则：项目管理组织注重管理幅度的科学性。适当的管理幅度，加上适当层次划分和适当的授权，是建立高效率组织的基本条件。

（3）权责对等原则：项目管理单位完成某项工作，必须拥有相对应的管理权力。在工作当中，权利与责任必须大致相当。

（4）命令统一原则：加强项目建设各环节的统一管理，不能多头指挥。上下级之间的上报下达都要按层次进行，一般情况下不得越级。

（5）效果与效率原则：项目管理组织须做到机构及人员精简，管理工作要有成效，以人员、资金的最优结合收获最大效果。

（二）组织结构选择

组织是为了完成计划和目标而成立具有领导作用的组织结构全过程，主要目的是建立一套与工程项目的目标相适应的组织结构。往往根据项目管理组织本身的特征以及管理目标的不同来选择合适的组织结构，不存在适合于所有组织的万用型组织结构。项目管理组织结构的基本形式分为直线型组织结构、矩阵型组织结构、功能型组织结构。下面主要介绍前两种结构。

1. 直线型组织结构

直线型组织结构又分为职能型组织结构、项目型组织结构。

（1）职能型组织结构，是目前最普遍的项目组织形式。它是一个标准的金字塔形组织形式，自上而下实行垂直领导。采用这种组织结构时，项目是以部门为主体来承担项目的，一个项目由一个或者多个部门承担，一个部门也可能承担多个项目。这个组织结构适用于技术比较成熟的项目。优点是决策迅速、命令统一、机构简单、权责分明、组织稳定，以职能部门作为承担项目任务的主体，可以充分发挥职能部门的资源集中优势，有利于保障项目需要资源的供给和项目可交付成果的质量。缺点是项目成员在行政上仍隶属于各职能部门领导，各职能部门均承担项目的部分工作，项目经理对项目成员没有完全的权力，当项目需要由多个部门共同完成时，不利于各职能部门之间的沟通交流、团结协作。

（2）项目型组织结构，部门完全是按照项目进行设置，是一种单目标的垂直组织方式。在项目型组织结构中，项目经理有足够的权力控制项目的资源。项目成员向唯一领导汇报。这种组织结构适用于开拓性等风险比较大的项目或进度、成本、质量等指标有严格要求的项目。优点是项目型组织的目标单一，完全以项目为中心安排工作，决策的速度得以加快，能够对客户的要求作出及时响应，有利于项目的顺利完成。缺点是项目型组织资源不能共享，即使某个项目的专用资源闲置，也无法应用于另外一个同时进行的类似项目，人员、设施、设备重复配置会造成一定程度的资源浪费。项目之间处于一种条块分隔状态，项目之间缺乏信息交流，不同的项目很难共享知识和经验（图 3-2-1）。

2. 矩阵型组织结构

矩阵型组织结构是职能型组织结构和项目型组织结构的混合体，既具有职能型组织的特征，又具有项目型组织结构的特征。矩阵型组织的优点是把职能分工与组织合作结合起来，从专项任务的全局出发，促进组织职能和专业协作，有利于任务

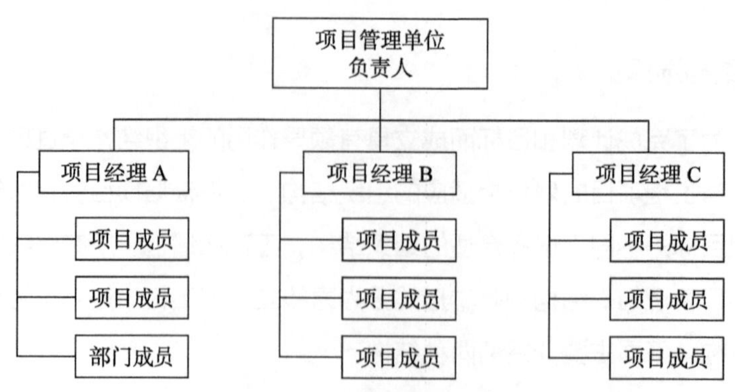

图 3-2-1　项目型组织结构

的完成；把常设机构和非常设机构结合起来，既发挥了职能机构的作用，保持常设机构的稳定性，又使行政组织具有适应性和灵活性，与变化的环境相协调；在执行专项任务组织中，有助于专业知识与组织职权相结合；非常设机构在特定任务完成后立即撤销，可避免临时机构长期化。缺点是组织结构复杂，各专项任务组织与各职能机构关系多头，协调困难；专项任务组织负责人的权力与责任不相称，如果缺乏有力的支持与合作，工作难以顺利开展（图 3-2-2）。

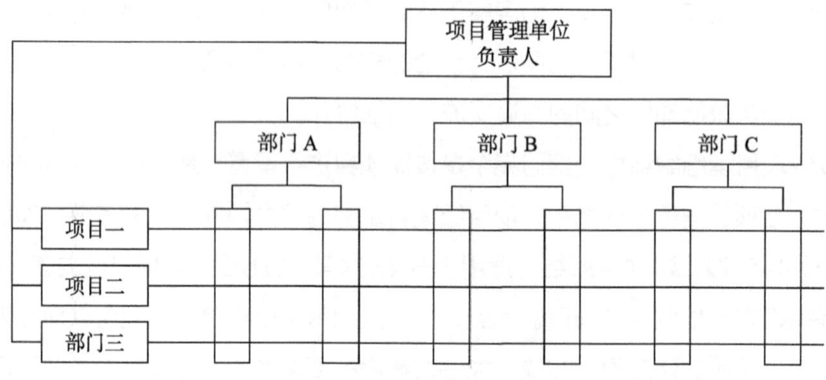

图 3-2-2　矩阵型组织结构

矩阵型组织结构是职能型组织结构和项目型组织结构的纵横叠合的矩形阵列，又分为弱矩阵型组织结构、平衡矩阵型组织结构、强矩阵型组织结构。

（1）弱矩阵型组织结构，保留了职能型组织的许多特点，项目经理主要负责组织协调而非管理，对于技术简单的项目适合采用弱矩阵型组织。

（2）平衡矩阵型组织结构，应用对于有中等技术复杂程度且周期较长的项目，需要精心建立管理程序和配备训练有素的协调人员才能取得好的效果。

（3）强矩阵型组织结构，具备专职的、较大权限的项目经理以及专职的项目管理人员。对于技术复杂且时间相对紧迫的项目，适合采用强矩阵组织。

建立科学合理的项目管理组织结构，明确参与各方的组织分工和职责，有利于与参建单位有效协同、全面提升项目管理效率和效能。

五、项目管理工作计划

计划管理是项目管理中一项重要职能，项目的计划管理是为了提高工作效率，有效合理地调度管理资源，进一步落实目标责任制，提高管理决策的科学性及评价的可操作性。

项目管理工作计划是保证项目按预期总体目标展开的纲领性文件。这里所说的计划指的是项目的总控进度计划以及各重要管理要素中以时间要素为主导的具体计划，例如审批进度计划、设计进度计划、招标工作计划、资金使用工作计划、项目施工进度计划等。项目管理的进度总控计划是在整合各专业工作进度计划的基础上，进一步统筹优化而形成的项目总体推进计划。这个计划在项目策划阶段不需要非常精确和详细，但是各项管理要素的搭接和制约关系一定要考虑充分（如审批与设计的关系、设计与招标的关系、招标与施工的关系等）。

在编制总控计划时建议使用网络计划技术进行编制，掌握和控制项目进度关键线路、关键工作，及时发现偏差并采取措施进行整改，实施纠偏。从项目前期及报建（批）工作开始至本项目结算完成为止，按照建设程序和各项工作的逻辑关系进行编制，涵盖项目建设全过程。

建立科学合理的计划管理体系，尤其是注重计划编制的前瞻性、动态性、协调性、及时性，要对计划进行充分的要素、资源、环境调查分析，预测各种因素对项目计划可能产生的影响，确保计划的合理性、高效性、可指导性。在计划执行过程中不断进行检查，将实际进度与计划进度进行对比，找出偏离计划的原因，然后制定相应的措施并加以实施。

六、项目管理重点与难点

在项目的策划管理时，除了要全面系统策划项目推进的路线、节奏和方法，还应有针对性地分析和预判具体项目在管理上的重点与难点。

（一）抓住项目独特性

尤其是本项目与其他同类项目相比存在的独特性，往往是项目管理中需要重点解决的难点。对于政府投资建设项目的独特性一般存在如下几类：

（1）功能需求独特性：政府投资项目对于建设内容和标准，国家通常都有严格的规定，但是在实际工作中有的项目（特别是社会事业项目，如医院、学校等）还客观存在着国家建设标准外的其他功能需求，这部分建设内容经常是管理过程中需要着重协调的重点。

（2）进度要求独特性：政府投资建设项目经常会由于各种因素的要求或制约，需要突破既有的工作程序甚至施工定额工期标准，如无法实现特殊的进度要求，项目整体会面临重大风险甚至失败。大致可分为以下几种情况：

重点工程的督办要求：即常见于对于政府重点工程各级主管部门和领导的进度督办要求。

客观条件制约要求：即常见于工程实施受到季节约束的项目，如雨季对防洪工程的约束，供暖季对供暖工程的约束，种植季对园林工程的约束，寒暑假对学校改造工程的约束等。

项目自身功能要求：即常见于大型活动建设项目开幕时间的约束。此类项目对进度的特殊需求是绝对刚性的，如无法实现则项目会整体失败。

（3）建设条件独特性：建设条件对项目推进的影响，是项目管理者在策划阶段需要考虑的另一重点事项，也经常是管理过程中的难点。一般影响项目实施和推进的建设条件制约因素主要包括项目的土地条件、市政条件、现场条件等。

（4）工艺技术独特性：对于政府投资项目，由于涉及政府投资效益的发挥效果，通常建议使用相对成熟的工艺技术。对于新工艺、新材料、新技术的应用应持有相对谨慎态度。如项目功能必需或政府要求建议采用的特殊或新型工艺技术，将会成为管理过程中重点关注领域。

（5）其他特殊要求。政府投资项目还可能存在其他的特殊需求，如保密性要求、政府部门分工管理造成的汇报沟通的特殊要求等。

在项目策划管理中对项目独特性难点和重点的分析是否到位准确以及相应的应对措施方案是否合理科学，会对后续的项目管理整体推进效果产生较大影响。

（二）建立项目管理机制

在项目管理过程中，要注重加强制度建设、识别管理风险，增强与参建单位的沟通。

（1）完善管理制度机制。任何项目都需要考虑管理制度的适用性、规范性、可操作性。项目管理必须依托制度和规则。在工程项目策划阶段，编制一系列有针对性的管理制度，具体包括项目管理全要素相关的手续、设计、投资、招标、合约、质量、进度、安全、档案、技术等方面的管理制度。这类制度既包括影响项目的重大决策、重大规则，也涵盖项目系统化、可量化的具体实施细则和作业指导，还包含项目的管理理念、模式和员工行为准则，有利于规范各参建单位行为。

（2）完善风险管理机制。工程项目因其施工的特殊性，各种风险系数大，一旦项目风险失控，将对企业、个人带来不良影响甚至严重后果，因此必须高度重视风险管理，排除阻碍项目开展的影响因素。通过风险识别、风险分析和风险评价去认识项目的风险，并以此为基础合理地使用各种风险应对措施、管理方法技术和手段，对项目的风险实行有效的控制，妥善地处理风险事件造成的不利后果，以最少的成本保证项目总体目标实现。

（3）完善沟通管理机制。项目沟通管理包括保证及时与恰当地产生、搜集、传播、贮存与最终处置项目信息所需的过程。每个参与项目的人都必须做好沟通准备，并且要了解他们所参与的沟通对项目整体有何影响。因此必须建立一套有效的沟通机制标准，便于项目各方沟通。沟通方式有多种，比如月例会制度、月报制度、专题会、信息管理共享平台系统及各种发文、函件等。沟通是否顺畅，关系到项目管理能否顺利进行，甚至项目成功与否。

第三节　项目建设手续办理要点

作为政府投资建设项目建设手续办理，传统情况下是以项目立项批复作为开端，以取得施工许可证批复为完成节点。整个过程涉及投资调控、规划实施、建设管理等多个政府主管部门以及建设相关部门和单位。为此项目建设手续办理，需要做到合理全面的统筹策划，充分有效的沟通咨询，科学严谨的调度资源。通过熟悉基本建设程序、建设手续外在逻辑关系和内在办理要求，才能促使工程项目建设的合法合规、进度受控，进而将抽象的项目需求转化为客观的建设指标，最终形成建筑实体。

一、建设项目建设手续办理准备

（一）项目建设手续办理策划分析

1. 存在不确定因素

建设单位在策划项目建设手续有关工作时，容易出现两方面的不确定因素：一是建设单位内部关于行业或事业规划和建设规划方案准备工作不充分，容易形成建设单位前期工作深度不够，重视行政指令而轻视建设客观规律，未给项目提供必要的论证策划空间。二是在项目立项前未与相关行政主管部门充分沟通，无法全面、清晰地掌握项目所涉及相关部门的具体规定与要求，导致推进过程中出现反复、调整前期工作事项的情形。针对上述内容对项目推进进展影响很大，需要高度重视。也要求我们策划工作进度需要适时、分层次地调整和优化工作计划，努力按照既定目标完成任务。

2. 工作时间紧迫

在大多数建设项目前期阶段，为更快更好地去完成建设任务，尽快实现投资效益，容易出现项目前期准备时间不足的状况，导致多数建设手续在策划中是按照并联同步办理的形式去组织开展工作的，任何一个环节出现变化，都会对阶段目标、甚至总体目标产生影响。所以重要环节要提前沟通、提前启动、提前应对。

（二）建设项目建设程序中工作流程策划

首先，由建设单位提出申请并提交相关材料，通过政府投资管理政策的把握以及与有关部门的事前沟通对项目建设手续进行预判，确定项目的有关办理流程，策划项目办理需提交的材料清单。其次，政府投资建设项目在项目建议书环节，一般主要涉及规划国土主管部门会对项目是否符合城乡规划、土地利用规划等内容进行校核，投资主管部门依据地区经济社会发展规划对项目进行研判，依据上述内容开展项目建议书进行行政审批，并明确项目意向，建设性质、内容、规模、位置以及匡算投资等项目内容。最后，项目立项后，会由规划国土部门办理选址意见书、用地预审意见，由投资主管部门办理可行性研究报告的批复。

政府投资建设项目在项目立项选址完成后，会根据项目前期工作推进的具体情况，可提前向国土规划部门办理开展不动产权调查、勘测定界报告及审查等技术服务工作。其中对于使用国有建设用地的项目，由国土规划部门并联办理用地规划许可证及规划条件，涉及农用地转用或集体用地征收，需要落实征地补偿安置方案；如果暂时不具备办理用地规划许可证条件的项目，由国土规划部门依据可行性研究报告的批复先办理规划条件，依据条件可以先审查方案并办理建设工程规划许可证。在项目具备满足施工需要的资金安排、施工图纸及技术资料，确定建筑施工单位后便可办理施工许可证（图 3-3-1）。

二、建设手续办理管理内涵

政府投资建设项目建设程序较长，涉及项目建设手续办理也多，其中开工前的项目建议书批复、可行性研究报告批复以及办理建设工程规划许可证、施工许可证这 4 项工作是管理的重点。项目建议书（又称项目立项申请书或立项申请报告）由项目建设单位根据需求，就某一具体新建、扩建项目提出的项目建议文件，是对拟建项目提出的框架性总体设想，它要从宏观上论述项目设立的必要性和可能性，把项目投资的设想变为概略的投资建议。项目建议书编制减少了项目选择的盲目性，为下一步可行性研究打下基础。可行性研究的主要目的是根据项目建议书批复的原则和要求，从政策、规划、需求、环境、技术、经济、投资、效益、风险等诸多方面深入进行项目建设可行性的论证和评价，最终确定方案是否可行。同时还要衡量项目方案在技术、财务等方面能否满足投资的要求，作为项目建设的依据。建设工程规划应当满足区域功能建设发展规划或者控制性详细规划的实施；保证市容、交通、绿化及市政基础设施能够顺利开展，并得到配套建设；结合项目用地所处区域的自身历史现状、生产生活生存、商业居住生活等长期需要。将局部的建设项目放到统一的空间基准条件下，整合各类规划的空间信息，统筹协调避免各规划间的矛盾差异。为此建设单位向当地政府城乡规划主管部门申请办理建设工程规划许可证。建筑工程应当按照国家有关规定要求，项目经过前期策划、规划设计、施工准备等环节后，建设单位应当按照国家有关规定向工程所在地的人民政府建设行政主管部门申请领取施工许可证。

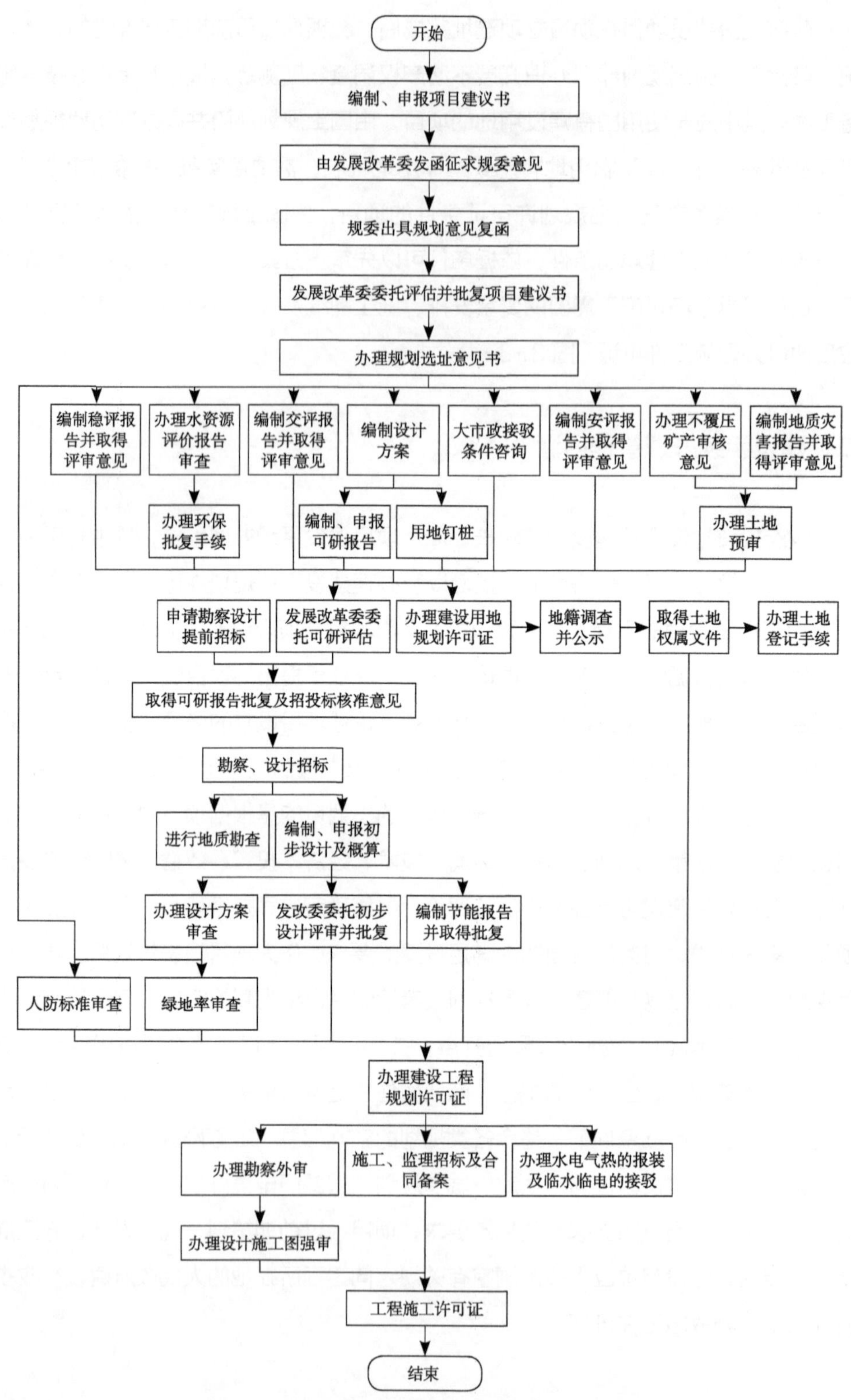

图 3-3-1　政府投资建设项目建设程序流程示意图

三、策划建设手续办理方案

（1）整理项目前期资料包括：对项目前期资料进行接收、分类整理；负责对市政和前期资料进行分析、评估，形成关于市政和前期资料的评估报告。评估报告应包括但不限于以下内容：资料完整性分析，提出缺少资料清单；市政和建设手续办理的难点分析；市政和建设手续办理的目标、计划和人员安排。

（2）制定手续办理工作计划：应根据项目的具体情况编制手续办理工作计划。工作计划中应明确以下工作内容：各阶段内所需办理的审批内容、每个审批内容办理所需的具体时间、前置条件（包括审批前置条件和设计成果条件）、办理每个审批内容的政策性文件依据。

（3）手续办理计划编制要求：结合整体项目进度计划，实事求是地编制手续办理计划。应结合委托单位对项目进度的要求编制，如实际工作进度与委托方要求有分歧无法协调时，应深入分析存在的进度差距及原因。计划中要突出明确关键路径上关键工作的报审工作。计划编制完成后要形成手续办理进度计划图。

四、建设手续所需技术评估的综合管理

（一）建设项目建设手续技术评估主要内容

具体建设项目也要从宏观调控需要，符合项目关联的交通、能源、水利、生态建设、环境保护等重要领域的发展建设规划作为项目投资决策的重要评判依据。具体表现在政府投资建设项目是否需要开展节能评估、环境评价、土壤污染治理，根据项目交通条件，研究是否需要开展交通评价；项目用地范围内文物情况，研究是否应组织文物勘察；根据地区项目用水、节水等有关要求，研究是否进行水影响评价等相关问题。这些技术评价工作直接影响着建设项目的投资标准，体现在设计方案之中。一旦项目确定建设选址，在对政策把握的基础上，充分与有关部门事前沟通，确定项目相关技术评估事项，通过多方面对项目进行定量技术分析，形成详细的专业评估和科学的方案，从而为项目决策综合目标提供有效的技术支撑。

（二）顺应工程建设项目审批制度改革要求

在工程建设项目审批进行改革过程中，手续审批由单个主管部门逐步审核的串联模式，逐渐向由多个部门同时审核的并联模式转变，审批不再像以前由一个部门审批完成为前提，而是各部门同时进行。一是调整审批时序，不将环境影响评估、节能评估、地震安全性评估等评估事项作为项目审批前置条件，并提出地震安全性评估在工程设计前完成即可，其他评估事项在施工许可前完成即可。二是转变管理方式，推行由政府统一组织对地震安全性评价、地质灾害危险性评估、环境影响评价、节能评价等事项实行区域评估。可以看出通过行政审批的改革，政府对建设项目审批提供良好的审批服务环境，不仅梳理各个阶段所涉及的建设手续，明晰权责，对其大项、子项进行规范化、标准化；而且降低各相关主体之间的沟通和协调成本，保证各环节的顺畅衔接。

第四节　建设手续办理流程

以北京市为例，北京市着力推进城市副中心建设，加快实现重大项目投资落地，不断梳理和规范固定资产投资项目办理流程。持续优化各环节之间的衔接关系以及每个环节的办理条件，基本形成了六大类项目的办理流程。重点结合政府投资建设项目建设手续办理流程，简单阐述近年来项目建设手续办理工作中北京地区提出的"一会三函"工作模式和"多规合一"协同平台的相关举措和涉及项目的建设手续办理流程。结合办理建设手续过程中有关建设手续报批的经验和方法，说明建设手续办理方面主要流程及相关前置条件，期望能够为政府投资建设项目建设手续办理提供参考。

一、北京市固定资产投资项目办理流程介绍

（一）现行北京市固定资产投资项目办理程序

1. 项目前期办理流程政策依据

北京市政府分别印发了《关于优化完善本市固定资产投资项目办理流程及相关

工作机制的通知》(京政发〔2011〕34号)和《关于进一步优化投资项目审批流程办法(试行)的通知》(京政办函〔2013〕86号),在法律法规的框架内和总结绿色审批通道经验的基础上,建立和完善截至目前北京市固定资产投资项目办理流程。其中具有鲜明特点的是,强调程序衔接与突出关键环节相结合,明确以立项、供地、规划、施工4个关键节点,进行并联审批和统筹协调的逻辑关系。

2. 现行六类项目具体办理流程

即通过土地公开交易市场取得土地开发权的企业投资项目、通过协议出让方式取得土地使用权的企业投资项目(核准类项目)、通过协议出让方式取得土地使用权的企业投资项目(备案类项目)、政府直接投资或资本金注入项目(新征占用地)(审批类项目)、政府直接投资或资本金注入项目(自有用地)(审批类项目)、土地储备和一级开发。

(二)北京市公共服务类建设项目投资审批改革试点(简称“一会三函”)

1.“一会三函”的概述

进入“十三五”后,随着非首都功能疏解项目、北京新机场、高速铁路、重点科技产业等项目全面推进。在2016年8月5日,北京市人民政府发布《北京市公共服务类建设项目投资审批改革试点方案》(以下简称“一会三函”)。积极开展公共服务类建设项目投资审批改革试点,在审批手续上尽量简化,在原有政府投资项目办理流程及相关工作机制的基础上,简化为建设单位只需满足“一会三函”4项前置条件即可开工建设,其他各项法定审批手续在竣工验收前完成即可。其中:“一会”是指市政府召开会议集体审议决策;“三函”是指发展改革部门核发的前期工作函、规划国土部门会同相关单位先行审定建设项目设计方案后出具的设计方案审查意见、住房和城乡建设部门办理的施工意见登记书三份文件。2019年7月,北京市发展和改革委员会和北京市财政局联合印发《关于印发加强市级政府性投资建设项目成本管控若干规定(试行)的通知》,该文件中提出要严格“一会三函”审批流程。包括:按照基本建设程序,“一会三函”项目在竣工验收前必须办理完成各项法定审批手续,未办理完毕的不予竣工验收。提出未批复可行性研究报告不得开展施工招标、不予办理施工登记意见函。提出“一会三函”项目应于可行性研究报告批复后3个月内完成初步设计概算编制并报市发展改革委审批,未批复初步设计概算的不得开展基础工程施工。

2.“一会三函”主要举措

实行集体审议，提高决策效率和水平。城市副中心项目和其他公共服务类项目按照规定的决策程序，需要经过前期筛选和市政府集体审议决策后，才能进入“一会三函”工作流程。优化审批流程，简化审批手续和环节，即简化建设项目前期工作启动手续。按照现有规定，经过市政府审议通过的项目，发展改革部门即可出具前期工作函，明确项目主体，拨付部分工程费用，同步开展前期工作；简化规划许可手续。在“一会三函”工作流程中将《建设项目设计方案审查意见》的效力突出出来，并作为办理施工手续在规划许可方面的前提条件，其他如用地规划许可证、工程规划许可证以及水务、交通、民防、文物等专业审查意见依法办理即可，不影响后续施工手续办理；简化划拨用地报批手续。在征地“一书四方案”和区政府用地申请函中提出供地方式，由市规划和自然资源委员会审核并报市政府批准后，办理征地批复，在征地批复中明确供地方式，并据此核发《国有建设用地划拨决定书》；简化施工审批手续。项目只要具备相关用地文件、设计方案审查意见、依法确定施工监理单位，同时现场满足施工要求，住房和城乡建设部门予以办理施工登记后，项目即可先行实施。

（三）工程建设项目审批制度改革试点（简称“多规合一”）

1. 工程建设项目审批制度改革试点的概述

2018年5月，国务院办公厅印发《关于开展工程建设项目审批制度改革试点的通知》（国办发〔2018〕33号），在文件中提出改革内容：工程建设项目审批全过程（从立项到竣工验收和公共设施接入服务）；主要是房屋建筑和城市基础设施等工程，不包括特殊工程和交通、水利、能源等领域的重大工程；覆盖行政许可等建设手续和技术审查、中介服务、市政公用服务以及备案等其他类型事项，推动流程优化和标准化。同年9月，北京市政府办公厅《北京市工程建设项目审批制度改革试点实施方案》（京政办发〔2018〕36号），对工程建设项目审批制度提出很多纲领性和创意性的想法和内容。从行政审批视角将项目实施划分为四个阶段：即立项用地规划许可阶段（包括项目审批核准备案、选址意见书核发、用地预审、用地规划许可等工作）；工程建设许可阶段（包括设计方案审查、建设工程规划许可证核发等工作）；施工许可阶段（包括施工许可证核发，建筑、人防、消防施工图审查，市政公用服务接入咨询和报装等工作）。竣工验收阶段（包括规划、国土、消防、人防等验收及竣工验收备案等工作）。其他行政许可、涉及安全的强制性评估、中介服务、设计施工图纸审核以及备案等事项纳入相关阶段办理或与相关阶段并行推进。大力推广并联审批。实行“一家牵头、并联审批、限时办结”，立项用地规划许可阶段、工程建设许可阶段由规划国土部门牵头，施工许可阶段、竣工验收阶段由住房城乡建设部门牵头，分别组织协调相关部门按照限定时间完成审批。

2. 关于“多规合一”的深刻认识

“多规合一”是一种协调、沟通、议事、服务的机制，是政府部门为建设单位在正式申报行政许可之前提供的预沟通、预协调性质的咨询服务。“多规合一”根据项目需要形成“多层次、多模块、自动触发”的组合研究方式，市、区两级的内部、外部会商模块可按照需要在研究过程中进行组合使用。从定位方面来看，“多规合一”不是行政审批的程序，更不会是政府部门的联合审批，而是政府主管部门提供一种行政服务。“多规合一”为建设项目起到全面的、多层次的项目策划的作用，同时由于每个项目的特殊性，因此它不会有固化的工作流程和要求，只能随着研判项目特点和需求的不断深入，分阶段就项目成果及存在客观情况提出有针对性的意见，明确建设单位在正式申报行政许可的工作路径，并指导下一步准备行政许可的申请材料。

从操作层面来看:“多规合一”是政府部门为建设单位在正式申报行政许可之前提供的服务，那么“多规合一”的服务适用范围涵盖本市所有的工程建设项目。“多规合一”理论上可以在正式申报行政许可之前，可以理解为在项目申请立项前即可开展工作（至少在申报可行性研究报告前）；对于已经申报有关行政许可的建设项目，在涉及行政许可需要“多规合一”机制解决或者研究有关问题的时候，建设单位也可以申请“多规合一”。“多规合一”可以说是政府部门在建设项目的决策层面和实施层面增加的衔接服务，通过协商和会商机制就建设项目的实际情况围绕多方面的规划要求、各个部门规定、涉及行业技术要求等多层次、多环节的内容，加强前期统筹和研究。

3.“多规合一”主要步骤

“多规合一”工作流程包括规划国土主管部门初审、相关部门会商、会议决策、上报批准几个环节。在接收项目申报后，规划国土主管部门开展初审环节，该环节主要审查建设项目是否符合北京城市总体规划确定的战略定位、空间布局、非首都功能疏解、用地减量、人口规模和建设规模控制等刚性要求，符合要求的项目还需要确定后续开展工作内容。项目通过初审后，建设单位编制设计方案并送交规划国土主管部门，业务部门一方面组织内部审核建设项目的土地权属情况，了解周边市政交通情况，研究设计方案、供地方式及地价水平；另一方面将设计方案推送给相关部门，征询是否需要开展相关涉及专项技术评价及其依据。在此期间，对于需要公示的项目会同步进行公示。根据建设单位提供的设计方案，结合相关部门会商意见以及公示和各类技术评价结果，形成规划综合实施方案，经相关部门会议集体研究决策后，规划综合实施方案将作为签订土地出让合同和办理相关规划审批手续的依据（规划综合实施方案涉及征地、农用地转用、规划指标、设计方案、供地方式等需要报请上级机关批准事项的，在批准之后生效）。

有关“多规合一”手续办理流程详见图3-4-1。

二、政府投资项目发展改革委审批办理内容

以北京市为例，各环节审批办理内容如下：

（一）项目建议书环节

（1）申报前置条件：建设单位报批函或请示；项目建议书；有效规划意见；对需要新征建设用地的，需提供与用地单位的征地协议；对于教育、医疗机构和重大信息化项目，需提供相应行业行政主管部门批准同意的文件。

（2）办理程序：与建设单位进行需求分析，初步进行规模估算；负责选择项目建议书编制单位，并与其签订项目建议书编制合同；组织建议书编制单位及设计方案咨询单位编制完成项目建议书，送建设单位审阅定稿；起草上报函，经确认后加盖建设单位用章；提交申请及项目建议书报送发展改革委审批部门；负责协调发展改革委开具征求规划意见的函；执征求意见函，到规划主管部门征求对本项目建设的意见。

征求意见工作可以通过如下两种方式进行：包括建设单位以公文形式提交征求意见申请；以及规划主管部门窗口正式申报规划审批意见（或多规合一协同平台初审意见）。这两种方式征求意见一种是公文交换形式，另一种是行政服务形式，其结果都可以作为发展改革委审批项目建议书的依据。取得规划主管部门同意的意见后，发展改革委启动委托评估程序；组织建议书编制单位及方案咨询单位配合评估单位完成建议书的评估工作；包括评估会议及评估意见的修改落实等；评估报告完成后，协调发展改革委尽快履行批复程序，取得项目建议书批复。

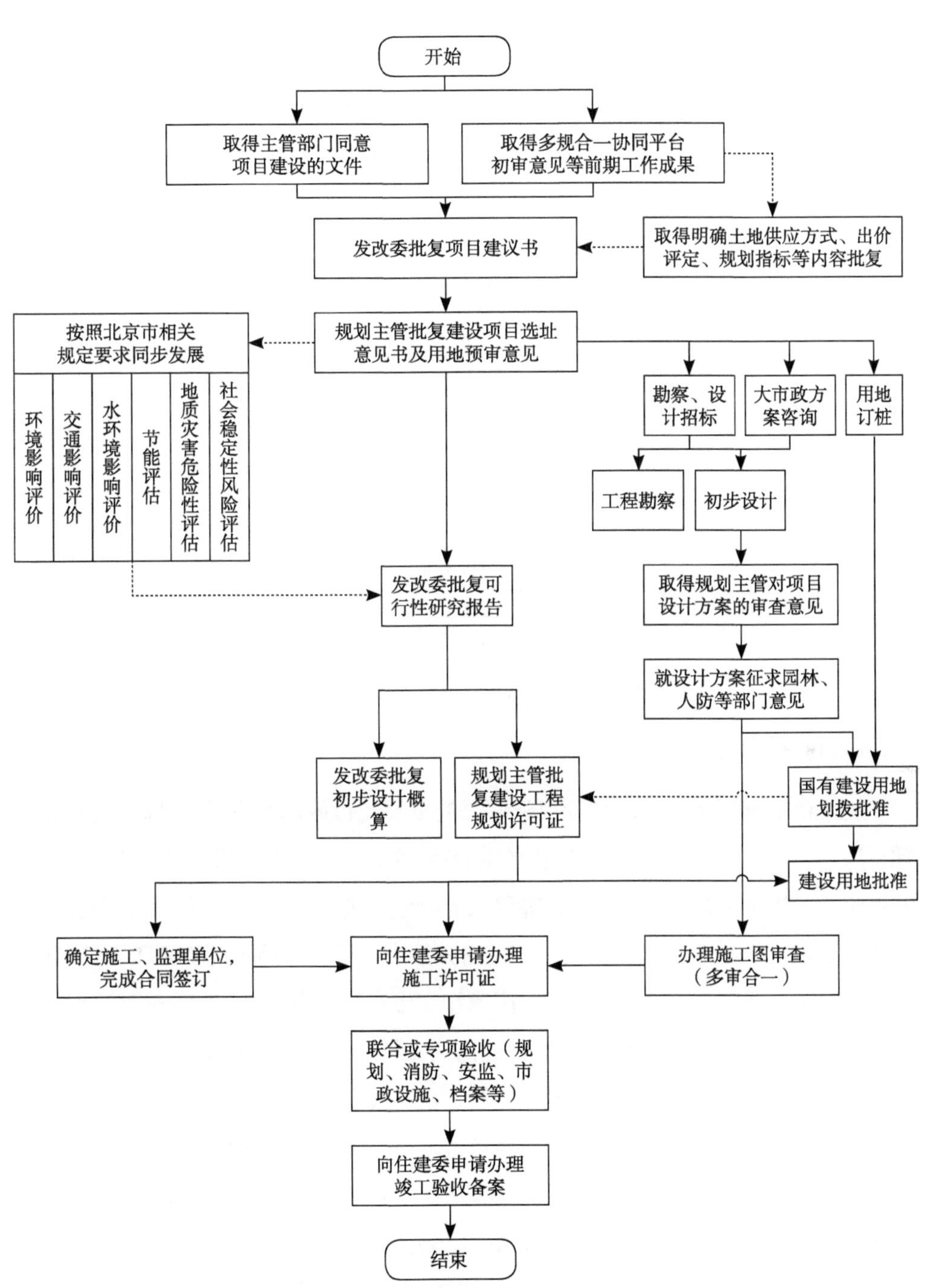

图 3-4-1 “多规合一”手续办理流程（以北京地区为例）

（3）办理流程图：项目建议书审批办理流程见图 3-4-2。

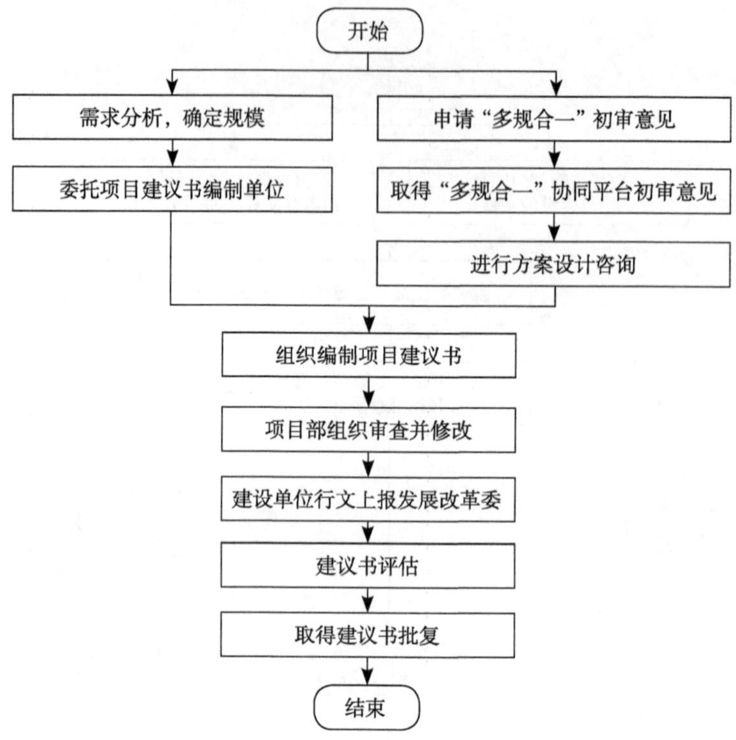

图 3-4-2　项目建议书审批办理流程图

（二）可行性研究报告环节

（1）申报前置条件：取得项目建议书的批复、有效规划意见、节能审查意见、建设项目用地预审意见、政府投资以外的资金筹措平衡方案说明材料、项目运营期费用资金筹措平衡方案说明材料、需区政府配套资金的市政府投资项目，需提供承诺资金已落实的材料，以及项目可行性研究报告。根据项目不同类型和建设条件，除了需提交上述申请材料之外，按照国家和本市有关社会稳定风险评估的文件规定需要进行社会稳定风险评估的项目，还需提交社会稳定风险评估的审查意见；水库、水资源配置调整、水资源开发、水利、水环境项目，还需提交水工程建设规划同意书；按照法律、行政法规规定对重特大项目，还需提交环评文件批复。

（2）办理程序：在可行性研究报告编制阶段，工程设计及勘察单位已经确定，设计方案已经产生，项目建设的市政条件已落实；组织可行性研究编制单位进行可行性研究报告编制的同时，到规划行政主管部门办理《建设项目选址意见书》《建设项目用地预审》；组织可行性研究编制单位、专业报告编制单位进行可行性研究报告和专业报告的编制工作；将可行性研究报告提供给各专项咨询报告的编制单位，组织其开始咨询报告的编制工作，并督促编制单位尽快取得相关批复（此工作一般由咨询报告编制单位负责，项目管理单位仅提供必要配合）；起草上报函（建设单位用章）后，将完成的可行性研究报告及各专项报告的批复意见报送发展改革部门审批；发展改革部门启动委托评估程序后，组织可行性研究编制单位及设计单位配合评估单位完成评估工作；评估报告完成后，协调发展改革部门尽快履行批复程序，取得项目可行性研究批复。

（3）办理流程：可行性研究报告审批办理流程如图 3-4-3 所示。

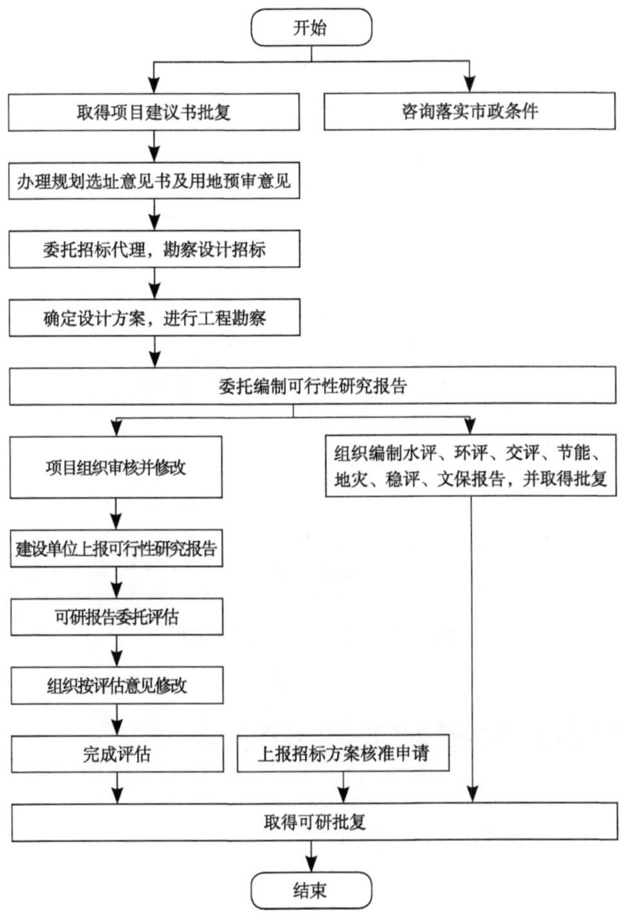

图 3-4-3　可行性研究报告审批办理流程图

（三）初步设计概算环节

（1）申报前置条件：初步设计方案、概算及图纸已编制完成；取得可行性研究报告或项目建议书（代可行性研究报告）批复。

（2）办理程序：可行性研究报告批复后，要求设计单位严格按照可行性研究批复的建设内容、标准及投资编制初步设计及概算；到规划部门同步办理项目设计方案的审查意见；初步设计及概算编制完成后，组织对成果进行审查；起草上报初设概算的申请，报送发展改革委；发展改革委启动委托评估程序后，组织设计单位配合评估单位完成评估工作；评估报告完成后，协调发展改革委尽快履行批复程序，从而取得项目初步设计概算批复。

（3）办理流程：初步设计概算审批如图 3-4-4 所示。

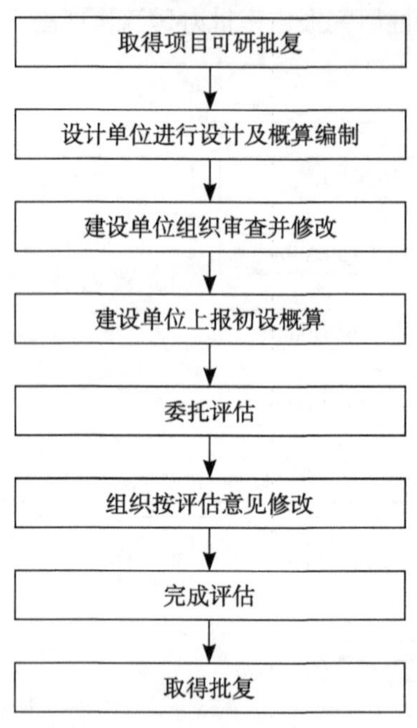

图 3-4-4　初步设计概算审批

三、政府投资项目规划主管部门审批办理内容

以北京市为例，各环节办理内容如下：

（一）选址意见书环节

（1）申报前置条件：取得项目建议书批复、属于原则上确定可按划拨方式供地的项目，用地意向基本落实。

（2）办理程序：办理选址意见书时，项目应已录入“多规合一”系统；负责购买项目用地地形图（1:500 或 1:2000），标出用地范围；起草申请函，填写申请表；建设单位按要求提供单位证件，开具委托书；申报《建设项目选址意见书》；

负责联系经办人，按要求提供补充材料；执收件单查询办理结果，取得《建设项目选址意见书》。

（二）建设工程规划许可证环节

（1）申报前置条件：取得用地批准相关手续、建筑施工图设计完成、取得“多审合一”意见。

（2）办理程序：组织设计单位按规划部门的要求上报《建设工程规划许可证》所需的图纸（含园林、人防）；起草申请函，填写申请表；建设单位按要求提供单位证件，开具委托书；申报《建设工程规划许可证》；执收件单查询办理结果，取得《建设工程规划许可证》。

（3）办理流程：建设工程规划许可证审批办理流程如图 3-4-5 所示。

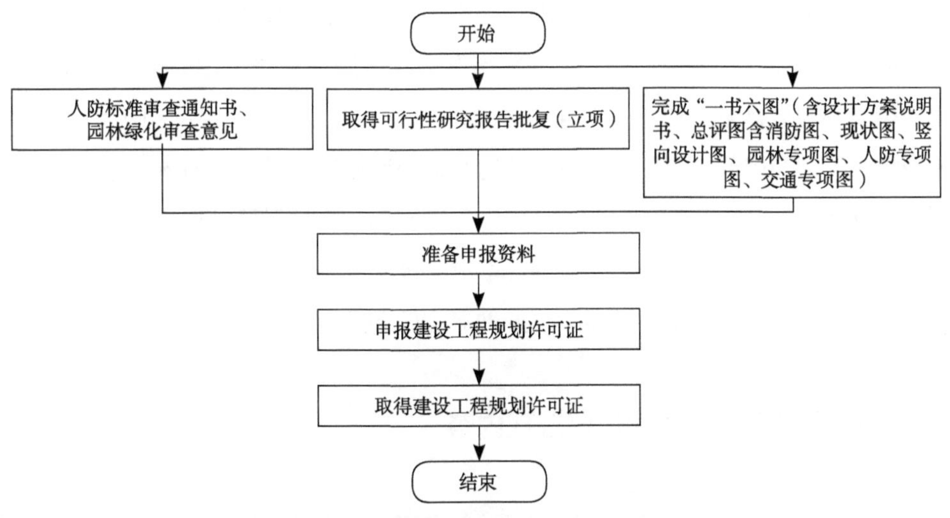

图 3-4-5　建设工程规划许可证审批办理流程图

（三）土地预审环节

（1）申报前置条件：取得项目建议书批复、属于原则上确定可按划拨方式供地的项目，用地意向基本落实。

（2）办理程序：办理土地预审时，项目应已录入“多规合一”系统；起草申请函，填写申请；建设单位按要求提供单位证件，开具委托书；申报土地预审；联系经办人员到现场勘察用地情况，按要求提供补充材料；执收件单查询办理结果，取得《土地预审意见》。

（四）土地划拨环节（包括《建设用地批准书》或《划拨决定书》审批）

（1）申报前置条件：取得土地预审意见，用地涉及地质灾害的，提交《地质灾害危险性评估备案登记表》（复印件）；取得钉桩成果报告；完成地籍调查工作，取得地籍调查成果表；签订征地补偿协议或地上物补偿协议，并按协议内容约定支付完毕补偿款。

（2）办理程序：建设单位签订征地补偿协议或地上物补偿协议，并按协议内容约定支付完毕补偿款；取得土地预审意见后，根据预审意见，如果需要进行地质灾害评价，接洽评估单位，收集相关资质、报价、取费依据，报建设单位；签订地质灾害评估委托协议；根据评估单位提出的要求，组织相关材料，配合完成评估报告编制工作；协助评估单位，到区规划主管部门办理评估报告的备案审批手续；接洽地籍测绘单位，收集相关资质、报价、取费依据；签订地籍测量委托协议；组织测绘单位完成地籍测量工作，取得地籍测量报告。报送区规划主管部门进行地籍调查，取得地籍调查成果表；填写《北京市国有建设用地划拨决定书申请表》，组织其他相关材料到规划主管部门申请办理土地划拨手续；规划主管部门初审合格后，由规划主管部门内部行文上报北京市政府；北京市政府批准后，协调规划主管部门经办人开具防洪费缴费单；执缴费单到银行缴费后，相应缴费票据交回规划主管部门经办人；协调经办人完成审批流程，取得《建设用地批准书》或《划拨决定书》。

（3）办理流程图：土地划拨手续办理流程如图 3-4-6 所示。

四、政府投资项目住建委审批办理内容

（1）申报前置条件：取得建设工程规划许可证；完成建筑工程施工图设计文件审查；完成工程招标投标，签订施工总承包及监理合同。

（2）办理程序：取得建设工程规划许可证后，组织设计单位与施工图审查单位配合，完成施工图审查工作；施工、监理招标完成后，协助签订施工、监理合同。住房和城乡建设主管部门初审合格后，配合住房和城乡建设主管部门经办人查看施工现场情况。协调住房和城乡建设主管部门完成流程，领取建设工程施工许可证。

（3）办理流程图：施工许可证办理流程如图 3-4-7 所示。

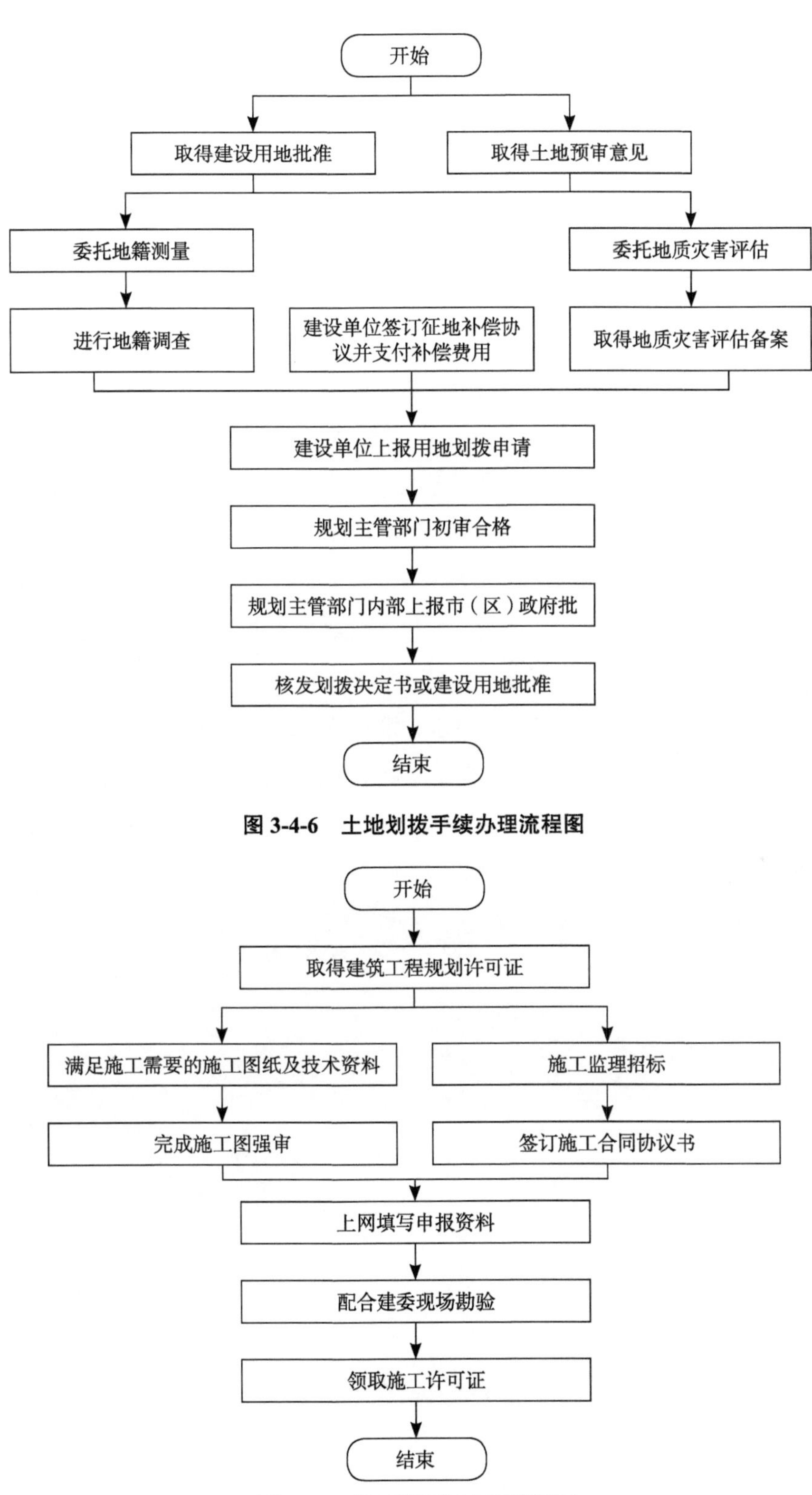

图 3-4-6　土地划拨手续办理流程图

图 3-4-7　施工许可证办理流程图

导 读

项目设计是根据建设项目管理的要求，对工程所需的技术、经济、资源、环境等条件进行综合分析、论证，编制提供设计成果的整个过程，是建设项目生命期中的重要环节，是科学技术转化为生产力的纽带、体现具体实施意图的重要过程；同时也是处理技术与经济关系、控制投资的关键性环节，对工程造价的影响程度可达75%以上。工程设计是否经济合理，对政府投资项目投资成本的确定与控制具有十分重要的意义。建设单位根据政府投资项目设计管理需求，进行设计管理对管理目标及项目效益的实现具有重大影响。本章围绕“以限额设计为要求，采用价值工程的分析方法开展政府投资建设项目的设计管理工作”，阐述建设单位如何在项目设计管理中引入管理单位，采用科学管理方法、先进的管理理念主动进行事前控制和事中、事后管控。

第四章

政府投资建设项目设计管理

第一节　项目设计管理总体方案

项目设计管理总体方案是设计管理工作开展的重要指导文件，为科学开展项目管理提供必要支撑。本节首先阐述设计管理与投资管理的关系，然后从明确设计管理目标及阶段划分入手，进而对各阶段设计需求进行分析，阐述设计工作的组织管理及措施，并分析限额设计、价值工程在设计过程中的应用，最后着重论述了设计管理中技术方案及投资评审的重要环节。

一、设计管理与投资管理的关系

政府投资建设项目的投资管理是政府及其投资主管部门关心的重要内容之一，投资管理贯穿于建设工程的始终，在各个阶段中，设计管理对投资管理的影响最大，是项目全过程中进行投资管控的关键阶段。

（一）对投资管理的影响

据相关研究显示，设计阶段对于工程投资影响程度达 75% 以上，设计方案的质量对项目投资具有重要影响，而且项目规模越大、越复杂，设计质量对投资产生的影响越大。在设计阶段对具体技术工艺、施工措施方案等的确定均对投资影响较大，在相同功能条件下，更加合理的设计可以使工程投资下降或者在投资不变的情况下，提升项目的功能品质，即优质的设计方案有助于提升项目的价值。建设单位作为项目的实施和组织单位，在专业技术方面不如设计单位及其他专业咨询单位，应当要求咨询和设计单位对项目的需求进行分析、挖掘，减少不必要的功能、增加缺失的功能以确定最优设计方案。设计单位通过与建设单位沟通，并对建设项目进行充分调研，挖掘建设单位的使用需求，在设计阶段将建设项目各种需求考虑周到，避免在施工过程或使用过程中，因增加需求产生设计变更从而增加投资。除此之外，设计对于政府投资建设项目使用、维护等费用也有很大的影响。合理的设计应对项目建设全过程的投资均做考虑，而不是仅停留在考虑节约建设期投资，而造成项目使用、维护费用增加，或者选择低价、利旧的设备设施，减少建设投资的同时也使得项目使用寿命缩短，不利于投资效益的提升。

（二）设计管理的现状

建设单位对政府投资建设项目投资管理侧重在施工阶段，对设计管理的重视程度不足，一方面为了加快进度缩短设计周期，设计单位在短时间内提供的设计成果质量难以保证；另一方面对项目需求及建设目标分析不足，造成在项目实施过程中随着认识加深发生调整。部分设计单位缺乏投资管理意识，设计过程中主要关注项目效果及强制性条文要求，设计偏保守，造成一定程度上的投资浪费。因此，建设单位委托专业项目管理单位，在设计阶段运用限额设计及价值工程的理念开展设计管理工作，获得满足政府部门功能需求的、技术经济合理的设计方案，对控制政府投资项目的投资具有重要意义。

二、设计管理目标及阶段划分

（一）设计管理目标

设计管理是政府投资建设项目管理的重要内容，由项目管理单位分析明确建设单位的功能需求，以此为目标导向，通过先进的项目管理方式、方法和手段，对工程设计关联人和事物进行组织、协调和控制，有计划地取得具有技术支撑依据的各设计阶段成果，确保工程技术经济方案合理，工程功能定位与建设成效符合建设单位功能需求及预期效果，实现项目进度、投资、功能等多方面目标。

近年来，随着城市化进程的加快，人民群众对生活环境和质量需求不断提高，政府投资建设项目增长迅速，对一些复杂及专业化程度较高的项目，由于设计管理专业化水平的差异，设计调整和变更内容较多，导致概算超估算、预算超概算、结算超预算等问题，部分项目完工后多年也未能开展决算，影响政府投资的效益。因此，设计管理的加强，有利于提高整个项目的管理水平，对保证项目质量、优化项目投资和控制项目进度均具有重要意义。

（二）设计管理阶段划分

项目设计是从最初构思设想到提供可实施落地蓝图，逐步深化、细化的过程，有其客观规律性。根据政府投资建设项目基本建设流程，结合设计阶段的划分，明确方案设计、初步设计、施工图设计及施工阶段 4 个主要设计管理阶段。根据前期取得的有关部门批复的文件，结合项目所在区域总体规划、专项工程规划等相关规划，并按照各个阶段的设计管理需求，建设单位组织开展项目各个阶段的设计工作。

三、设计总体需求

（一）方案设计阶段

1. 设计管理需求

项目方案设计是项目管理重要的组成部分，科学、严谨的方案是项目实施成败的关键。在本章节中所提的方案设计阶段主要指项目建议书和可行性研究报告的编制阶段。该阶段设计管理的需求，主要是通过方案比选，确定项目的设计内容及范围，确保方案设计安全合理、技术可行、投资可控，并完成前期相关手续的办理工作。

2. 主要解决问题

在项目管理实践中，该阶段设计管理主要解决的问题有：前期调研及资料搜集不足，导致部分方案设计存在与区域控规、专项规划等不符，或在具体实施中难以落地的问题；方案设计深度及内容不满足相关规范、标准及设计合同等要求；方案设计较为注重建设期经济和技术分析，而在项目后期运营层面上考虑不足；方案设计阶段依据建设目标和内容进行投资估算，投资未经反复校核、论证，导致较难准确地确定投资额和造价控制指标。

（二）初步设计阶段

1. 设计管理需求

初步设计阶段的设计管理需求，主要是进一步复核工程规模及标准，明确项目建设内容及具体要求，确定工程总体布置、主要建筑物结构形式及控制尺寸。要明确专项的设计要求和投资费用的标准，同时专项设计的图纸也要求达到初步设计的深度，便于控制施工图阶段的投资预算。初步设计应提出设计中存在的问题、注意事项及有关建议，其深度应能准确编制工程投资概算，并满足后续施工图设计的要求。

2. 主要解决问题

在项目管理实践中，该阶段设计管理工作主要解决的问题有：初步设计内容及深度不够，不满足相关规范、标准及设计合同等要求，不能满足后续施工图设计要求；部分设计单位存在重主体工程设计而轻附属工程设计的问题，导致附属工程设计进度和内容不能与主体工程同步和匹配；由于图纸和方案设计深度不够导致初设概算编制时无依据，概算与图纸不匹配，导致投资概算存在偏差。

（三）施工图设计阶段

1. 设计管理需求

施工图设计阶段设计管理需求，主要是形成明确的施工图纸，对工程建设内容、规模、方案等进行可实施化设计，深度满足指导施工需要。通过组织设计单位比选不同的施工技术措施和建筑材料对投资成本的影响，确定最优施工方案；另外要注意投资成本的把控，控制工程预算额度。

2. 主要解决问题

在项目管理实践中，该阶段设计管理工作主要解决的问题有：因对现场实地调查工作不到位，特别是对地下管线的位置、高程，周边市政公用设施及临近建（构）筑物等情况调查研究工作不足，可实施性差，导致在施工阶段难以实施而发生变更；前期概算编制时对项目实际情况反映不充分，且对材料上涨、通货膨胀等因素考虑不足，导致预算费用超过概算批复金额，需重新调整施工图设计；施工图设计完成后，进行预算与概算分析时发现超概情况，转而按照经济指标调整施工图纸，设计的合理性有所降低。

（四）施工阶段的设计管理

1. 设计管理需求

施工阶段设计管理是对设计成果文件进一步优化、完善、补充，并具体付诸实施，包括设计交底、工程变更以及施工安全专项设计过程中所开展的管理工作等内容。该阶段设计管理的需求，主要是加强设计意图与施工现场的联系，强化此阶段的设计管理对整个工程的质量、进度、造价和政府部门功能需求的满足有着重大影响。

2. 主要解决问题

在项目管理实践中，该阶段设计管理工作主要解决的问题有：设计单位交底不明确，导致项目实施困难；施工过程中深基坑、地下暗挖、高大模板等危险性较大部分施工专项方案存在争议，导致项目推进滞后；深化设计对专业要求较高，需要多方对比、询价确定设计方案，否则会影响项目质量和经济效益；设计变更作为该阶段的不确定因素，对投资管理要求较高，不规范、不及时的设计变更不仅会影响政府投资管控，还会对项目的质量、工期等带来不利影响。

四、设计工作组织管理

鉴于设计管理对投资管理的重要影响，建设单位根据政府投资项目设计管理需求，进行设计工作组织管理对设计管理目标及项目效益的实现具有关键意义。下面从建立管理组织、编制工作计划、确定设计单位、设计合同要求、设计管控措施等五个方面阐述设计工作组织管理。

（一）建立管理组织

政府投资项目，特别是重大项目，涉及主体多、利益诉求多元，参与的设计单位较多，沟通协调难度大。建设单位应采用有效措施组织和领导设计管理团队，建立设计管理组织体系，统筹协调各方动作。通过明确设计管理岗位人员的相关职责，清晰划分职责范围，避免设计管理缺位，提高设计管理的质量与效率。同时，建设单位应要求设计单位等相关单位成立设计工作组，并严格对各阶段的设计成果文件进行内部审核把关。

（二）编制工作计划

明确项目最初构思和意图，结合项目需求和总体计划，编制项目设计计划和确定设计单位选择标准：根据项目构思和规划要求，明确项目的功能、标准及相关规划导则等方面的要求，确定设计功能、质量目标，并明确各专业设计要求；将项目总体进度计划分解，确定设计周期目标和关键节点；根据批复的工程相关规划和近期工程建设规划等，确定设计的经济目标，并根据项目特点、现有技术条件和各专业情况确定限额设计目标。

（三）确定设计单位

1. 选择方式

设计单位的选择方式有招标选择和直接委托两种方式，无论采取哪种方式均需在项目前期阶段将招标方案进行报批，根据审批的方式来确定设计单位。

全部或者部分使用国有资金投资或者国家融资的项目，设计单项合同估算价在100万元人民币以上的按规定必须招标，并根据项目具体情况选择合适的招标方式报批。对于金额较小的设计任务或特定的设计工作，可结合历年合作情况、设计单位在本地类似业绩、设计单位资质等情况从设计单位资料信息库中选取合适的设计单位，采用直接委托的方式确定。

2. 选择流程

根据项目描述、项目前期资料、工作范围、技术标准和工期等资料编制各设计阶段任务书、协议草案和设计合同，招标的项目可将相关资料提供给招标代理单位，由其根据要求编制招标文件和设计合同。设计任务书、招标文件和设计合同均应做经济性审核。

3. 注意事项

选择设计单位时除资质、人员等硬性要求外，参考设计方案比选结果，还应注重设计单位的技术力量、短期设计任务的承受能力。设计对于工程投资影响程度达75%以上，因此设计费的投标报价仅作为确定设计单位参考的一项因素，应将技术与经济结合在一起，做到技术先进与经济合理相互融合，借助较少的投入实现经济效益的最大化。

（四）设计合同要求

1. 设计内容与范围要求

通过设计合同签订，明确双方当事人的权利和义务以及所应承担的责任，使双方的合法权益得到保证，设计合同中设计内容与范围的约定尤为重要。设计合同对设计名称、规模、范围、阶段及费用等应有具体详细的描述，便于设计工作的合理组织与投资管控。设计合同中要列出具体的设计范围、设计内容及各阶段的设计成果列表，其成果应在通过当地政府职能部门的审查后才能达到设计费用支付节点。设计合同应约定当工程设计图纸需变更及深化时采取的具体策略，合理确定深化设计界面或明确深化设计内容，避免因合同设计内容规定不明确而出现纠纷问题。对于允许以联合体形式招标投标的设计工作，合同签定时应明确联合体牵头人及参与各方主要工作内容，以及调整机制。

2. 设计质量要求

设计质量直接影响建设工程施工、设备采购，也影响工程项目后续的使用、维护，可以说设计质量是工程项目质量管理中最根本的因素。在合同内要明确设计质量要求：除项目工程满足的设计规范、规程和有关技术规定，如对采用的规范、规程和规定的某些条款按照实际情况改变时，应有详细的论证，并应报建设单位审批确认；加强前期的功能需求调研，将未来的需求功能调研和设计工作深入结合，正确处理近远期发展关系，考虑后续施工、维护方便及长期使用；成果文件要符合设计文件编制内容格式的要求，完整齐全，充分表达设计意图，技术措施无原则性重大差错；采用通用设计和通用图纸，避免各专业间配合上的矛盾、脱节或重复。

3. 设计周期要求

合理的设计周期是满足设计质量与设计深度的必要条件，建设单位和设计单位不得随意压缩设计周期。在拟定设计合同时应根据项目进度计划合理确定设计进度目标，并在合同中明确约定各阶段设计成果提交时间。目前仅建筑专业根据国家现行的设计规范、规程、标准和设计深度规定，综合考虑民用建筑近十余年来的技术发展和科技进步，按正常工程建设基本程序和法定作息工作时间以及科学合理的设计阶段、设计组织和设计条件，发布有设计周期定额，涉及建筑工程可参照执行；对其他专业，应收集并参考同类工程设计所耗费时间，考虑设计单位的基本技术装备、管理的平均先进水平以及具体工程规模及相关要求，结合实际情况确定设计周期。

4. 设计取费与激励机制

一般的建设工程设计费的取费标准是根据项目的复杂程度、专业特点、工程投资额及工程规模综合确定系数，工程设计质量的好坏、投资是否超出概算、建设项目实施情况等均未反映，使得设计人员忽略经济观念，而仅关注设计的技术性。设计费设置应建立相应的激励机制，以现有取费办法为基础，实行优质优价办法，将项目经济目标与设计费挂钩，合理设计节约的投资，根据节约情况给予奖励，而针对设计变更和超概部分，根据实际情况针对超额部分从设计费中扣除一定比例的罚金。

（五）设计管控措施

1. 重视前期准备工作，确保设计合理

建设单位应组织设计单位重视项目所在区域特有的环境及周边条件的调查分析，做好现场实地考察、相关部门沟通协调、相关人员走访、文献资料的调查以及调查成果整理等工作。同时，应注重掌握项目所在地相关规划文件，确保设计与规划的符合性。

2. 聘请项目管理单位，提高项目管理水平

为解决工程建设管理经验和专业人员不足的问题，建设单位可聘请专业公司，提高项目管理水平。项目管理单位可提供科学、专业的技术支持，填补建设单位的技术及管理短板，是项目监管工作的有力支撑；同时可有效协调联动各方积极性，有效整合各方资源，推进项目合法、合规、顺利开展。

3. 依据合同管理，约束违约行为

建设单位依据合同对设计单位进行管理，有效约束违约行为。合同条款应明确双方违约的责任及退出机制，用法律合同来约束、解决因多种因素影响设计文件不能顺利推进的问题。

4. 组织专家论证会，解决制约项目设计重难点问题

建设单位可通过采取临时聘请、固定聘请两种形式，通过组织专家论证会，研究讨论工程设计重难点问题、高新技术材料应用等事项，充分论证分析，优化设计文件，确保设计的可实施性。同时，建设单位应注重内外部力量的相互补充，多部门相互配合协调推进管理工作。

5. 强化沟通机制，提高管理效果

建设单位在与设计单位沟通时，应通过正式书面文件，明确对设计单位提出建议及要求，使过程可追溯、操作性更强。为确保项目设计工作顺利有序开展，建设单位可建立定期沟通调度汇报机制，了解设计单位编制进展情况，同时可针对项目设计过程中的重难点问题协调制定解决方案。

6. 结合 BIM 等新技术，创新管理思维

目前结合 BIM 等技术实施项目的深化设计在工程中得到广泛应用，通过深化设计将施工中可能遇到的重点、难点问题提前解决，达到精益建造的效果。随着结合 BIM 进行深化设计的应用思路正逐步从技术应用向协同管理的方向发展，建设单位可组织深化设计单位充分发挥 BIM 在深化设计管理过程中的高效性和协调性，通过协调解决各专业交叉问题、精准定位设计节点位置、设计成果可视化及立体化，提高项目设计质量，确保政府投资工程质量及投资效益的实现。

五、限额设计管理要求

（一）限额设计的含义

限额设计就是按照批复的可行性研究及投资估算控制初步设计，按照批准的初步设计概算控制施工图设计。将上阶段设计审定的投资额和工程量分解到各专业，继而分解到各单位工程和分部工程。各专业在保证使用功能的前提下，根据限定额度进行方案筛选和设计，严格控制技术设计和施工图设计的不合理变更，确保总投资在规定的限额范围内。

限额设计主要有两个角度：一是按照设计过程从前往后依次进行控制，称为纵向控制，确保限额设计可以贯穿各个设计阶段；二是对设计单位及其内部各专业设计人员进行考核，实行奖惩制度进而保证设计质量，称为横向控制，保证工程各专业、每道工序都要依据切块分解的具体投资目标值进行限额控制。通过纵横向控制使各设计阶段、各设计层面的限额设计纵横交错、环环相扣形成一个有效的控制体系。

（二）限额设计的意义

限额设计是建设项目投资管控系统中的一个关键措施。一方面，限额设计作为控制工程投资的重要手段，在设计的每个阶段对投资进行控制，抓住了工程投资的核心，达到动态控制投资的目的；另一方面，限额设计将投资管控的责任分解到设计阶段，增强设计单位实事求是编制概算的自觉性，减轻建设单位对投资管控的压力；同时，进行限额设计将技术与经济的关系统一起来，用科学的方法、态度，精准设计，改善工程设计重技术、轻经济的思想，深化设计阶段的投资管控。

（三）限额设计的目标

限额设计目标的设定应充分考虑国家和地方的有关法律法规及政策，充分了解现行市场价格体系及信息，结合建设目标，分析影响设计阶段投资的要素。目标设计应合理，过高的目标难以实现，而目标过低又会失去限额设计的意义。限额设计目标应在批复文件的基础上预留一定比例作为调节指标，在后续设计变更或价格波动时使用。限额设计总目标确定后再进行专业分解，目标分解时要合理、科学进行，忌厚此薄彼，更不能出现重建筑、轻安装的情况。一些结构选择较多、主材设备占比较大的部分，由于影响造价的因素多，节约投资的余地大，限额指标分配时相对紧凑。相反，一些工艺已确定，设计人员主观节约余地较小的部分，限额指标分配时则要相对宽松，确保限额设计目标可有效实现。另外，在后续项目推动过程中，要做好限额设计目标的动态管理和有效调节。一方面避免设计单位随意变动突破限额，另一方面针对一些不合理目标，在充分论证的前提下，做出相应的调整。

（四）限额设计控制体系

1. 方案设计阶段

方案设计阶段，在没有完全确立投资额时，限额设计主要作为一个沟通的过程。此阶段的投资估算通常是根据建设目标和内容进行估算，投资估算可按满足功能使用要求的各类建筑单方造价指标作为可行性研究的限额参考指标。在投资估算前需进行充分的调查研究和技术经济论证，认真分析、评估所用的指标和工程数量，加深可行性研究报告的深度，反复论证多个设计方案和投资，选择技术先进可靠、经济合理的方案。还可邀请设计单位参与前期相关工作，促使其对项目决策分析有全面的认识，并把握项目投资信息。

2. 初步设计阶段

初步设计属于设计实施阶段，该阶段的限额设计需要反复论证。初步设计是将批复的可行性研究阶段的投资估算进一步具体化的过程，要重视方案选择，进行多方案技术经济比较。在初步设计前，应重视设计任务书的编写，借助合理的设计任务书为设计工作提供明确的方向，围绕整个项目进行综合全面的分析，充分考虑各个影响因素。初步设计阶段，需要对技术经济指标、整个工程设计的总图方案、关键工艺流程、工程设备、主要建筑以及各种工程费用进行评价。如果出现初步设计总概算高出批准估算的情况，应当分析超额原因，要求设计单位选择更合理的设计方案，或者在满足建设目标的前提下适当降低部分建设标准或控制建设内容的数量。同时，要充分考虑到各种可能发生的费用，对工程变更、材料价格波动等因素做合理的预见性估计。

3. 施工图设计阶段

施工图设计作为整个项目设计最为关键的一部分，是限额设计进行落实的重要切入点。要求设计单位严格依据批复的初步设计方案进行设计，包含初步设计中明确的范围、设计原则、内容、项目和概算限额等。如果由于地质条件、工程材料、设备供应及价格等客观外部因素发生变化，要变更初步设计中部分方案，需经过详细核算，并确保施工图预算不突破概算。当工程的设计方案发生重大变化，或者工程建设规模、产品方案、工艺流程更改较多，超过概算较多时，按规定需修改先前的初步设计及其概算并重新报批。施工图阶段的限额设计，应着眼于对工程量的控制，基于对各专业、各工序进行投资管控目标值有序分解，完成整个施工图的限额设计，来完成预期的总限额目标任务。

4.施工阶段

施工阶段的设计管理主要是设计变更和深化设计管理。深化设计是在施工图设计阶段对于专业性很强的部分预留，待施工阶段委托专业设计单位进行深化补充，深化设计时要在施工图设计阶段预留的造价指标内进行设计。建设项目应加强对设计变更的管理，注意避免或减少变更的情况。由于初步设计阶段设计的局限及外部条件的制约，在施工图阶段或施工过程中常常出现局部修改和变更，必须控制修改、变更的幅度，并尽量将变更的时间提早，变更发生得越早，损失越小。在变更前应先进行经济分析，计算变更对造价的影响，将变更的影响控制在限额范围内。

六、价值工程应用

价值工程中价值即建设项目功能与费用的比值，计算公式：价值=功能/费用。在政府投资建设项目的设计管理中，价值工程的应用主要是在限额指标的框架下，将设计方案、材料、设备等作为价值对象，分析不同方案下对于建设项目总体功能和所在分部、分项等功能的实现程度和费用的比值，比选出每阶段限额要求下价值最高的方案，即确定建设项目的经济目标和使用功能后，分析功能和成本的关系找出问题，研究出可行的设计方案并加以实施。

（一）选取价值对象

在设计的不同阶段对研究对象的选择有所不同，方案设计阶段的价值工程应用对整个设计起到方向性的调整，研究的价值对象通常是整个项目或对项目影响较大的方案；初步设计阶段是价值工程运用的重点阶段也是效果最好的阶段，对造价影响较大或方案选择较多的部分进行价值工程管理和价值分析以取得整体价值最高的设计；到施工图设计阶段则是对细节甚至材料的选择进行价值分析、选择，施工阶段的设计管理是对施工图的深化、调整，因此该阶段的价值工程与施工图设计阶段相同，随着设计不断深入，研究对象的选择逐渐从宏观向微观转变。

（二）功能分析

功能分析包括设计前期明确功能目标和针对具体设计方案时的功能分析。设计前根据前期规划及对市场充分调研，分析明确整个项目的使用需求，根据具体使用需求明确项目的功能目标，并根据整个项目使用需求的满足度对不同的功能进行重要性排序，最终选择并保留有用、适当的功能，剔除不必要的功能目标。

在对具体设计方案进行功能分析时，分析每个方案对功能目标的满足程度，对满足情况进行比选打分，得出不同设计方案或材料选择的功能满足值，对功能目标满足程度低的方案进行修改完善，对满足基本功能目标的方案，计算具体功能系数，以便后续价值分析。

（三）成本分析

针对具体研究对象分析不同设计方案的费用。费用分析时，需对建设项目全寿命周期费用进行分析，忌重建设过程的生产成本而忽略使用成本。设计阶段分析不同设计方案的费用需以一般施工组织结合项目实际情况，采取口径一致的投资指标进行分析计算。

（四）价值分析和选择

经过对比选出价值最优的设计方案（价值系数略大于 1）。价值系数小于 1 较多，则功能性满足较差或该方案成本过高；价值系数等于 1，则代表功能和成本达到均衡；而价值系数大于 1，代表功能满足较高或成本较低。虽然价值系数大于 1 的方案更值得选择，但如果一个方案价值系数大于 1 过多则需要警惕是否存在功能实现程度不足的问题。若受限于技术和客观条件的影响，可选方案价值较低或较高，可要求设计单位调整设计方案或选择更适宜的设备、材料等改变成本和功能以提升工程的价值。不同的工程有不同的提升方法，选择合适的方式提升价值。需要注意的是，价值工程是一种系统性的活动，实施过程应该由一个组织系统地执行，建设单位在对设计方案及施工图进行评审时，可委托咨询单位从各种专业角度进行全面分析，在设计不断深化过程中，进行方案调整、完善，才能更细致、更精准地发现问题并解决。

（五）价值工程应用的注意事项

价值工程是以项目的使用功能要求为出发点，对研究对象进行功能分析，使设计成果做到功能与造价统一，在满足功能要求的前提下降低成本。在限额设计实施过程中如果由于强调限额忽视功能水平的要求及功能成本的匹配性，就会导致功能水平过低而增加工程使用和运行维护的成本，或是在投资限额内没有达到最佳功能。应用价值工程，使产量、质量与成本的矛盾得到统一。在可行性研究和初步设计阶段，加强价值工程分析，认真选择出工程造价与功能最匹配的设计方案，包含同造价水平、功能提高和造价适当提高、功能大幅度提高两种情况。在价值分析时也应注意，功能水平应以满足使用要求以获得最优的价值，而并非追求功能水平越高越好。因此，要在作出满足技术的设计方案的同时，分析设计方案的功能，剔除不必要的辅助功能。

七、技术方案及投资评审管理

近年来，政府投资在稳增长、促改革、调结构、惠民生、防风险等方面发挥了更加关键的作用，但部分投资项目因存在论证不充分、管理不统筹、设计不合理等问题影响项目的投资管控和顺利推进，制约项目效益的实现。在设计管理中，除进行设计组织管理、加强限额设计管理、应用价值工作管理外，还应对各个阶段项目加强技术方案及投资评审管理，提高设计文件质量，确保设计文件技术可行、经济合理、投资可控。

（一）评审管理目标

设计管理贯穿项目始终。在方案设计阶段，管理内容为调查了解项目前期规划及建设情况，全面掌握建设单位功能需求及建设目标，推动设计方案稳定，组织开展方案评估，形成技术经济最优方案，确定工程建设内容及标准；初步设计阶段，依据政府部门批复文件，推动设计深化及概算编制，完成概算报审，取得概算批复；施工图阶段，管理内容为在前期设计基础上，开展施工图审查工作，指导工程实施；施工阶段，组织对专业性较强部分的深化设计，协调处理因各类原因产生的工程变更，推进工程实施。

（二）评审工作组织

技术方案及投资内容的评审多以规范性、程序性为主，结合相关政策文件和项目建设目标等进行成果评审和指标评审。建设单位应督促设计单位组织开展设计内部评审，加强设计文件的内部把控。对于政府投资项目中涉及对经济、社会和环境有重大影响的项目，还应组织召开专家评审会征求相关单位及专家意见。设计单位应根据评审意见进一步优化设计文件，满足相关设计规范、标准的要求，确保技术方案的可行性、合理性、经济性及可实施性。

（三）评审工作内容

政府投资项目的设计成果文件评审是在设计过程中对技术方案及投资进行的系统的综合审查。一是检查设计方案和相关指标是否符合相关规划文件，满足政策、规范文件要求；二是检查设计内容是否符合当前阶段批复文件要求；三是对照设计任务书检查设计成果是否满足对应要求，提交成果是否齐全；四是审查设计方案实施的可能性；五是审查设计方案的经济性，是否满足限额指标。

1. 技术方案评审

技术方案评审以评价设计是否满足项目质量的要求，并根据存在的问题找出解决问题的方法，使设计问题在设计阶段得以解决。设计方案评审根据侧重点不同，应进行合规性、设计深度及可实施性评估。合规性评估是在设计各阶段对设计成果是否满足国家及地方性的规范政策，是否满足政府部门的需求，是否按相关审查意见进行修改等进行的评估；设计深度评估主要对设计文件是否满足政府规划、消防、园林等相关部门的要求并达到报审深度，是否满足施工深度的评估。建造性可实施性评估主要对设计内容是否便于施工，所选材料是否便于采购，设计是否突破各阶段限额进行的审查。

2. 投资评审

项目开展投资评审时，应注重限额设计和优化设计的有序推进，为政府部门投资的合理分配指明方向，确保实现良好的经济效益。项目的投资评审应从以下几个方面开展：投资是否符合政府投资项目政策规定；及时测算设计方案中所用材料的标准与工程量；从方案阶段开始，应将限额设计作为核心控制目标，从而在满足政府部门功能要求的基础上，实现项目的投资管控。

第二节　项目方案设计及估算管理

工程设计是从最初构思设想到提供可实施落地蓝图，逐步深化、细化的客观过程。方案设计是设计最初阶段，在本阶段通过提出项目的轮廓设想，在充分调查研究、开展必要勘察等工作基础上，对项目建设的必要性、经济合理性、技术可行性、实施可能性、环境影响性进行综合性的研究和论证，开展不同建设方案分析比选并提出推荐方案，具体成果为完成项目建议书及可行性研究报告编制，为政府部门投资决策支撑文件，并作为后续设计工作开展及投资管控的前提及依据，是整个建设项目过程中节约投资可能性最大、代价最低的阶段。本节从阶段特点及投资管控意义、方案设计管理具体内容、价值工程在方案设计阶段的应用、方案设计及投资估算编制等方面阐述政府投资项目方案设计及估算管理。

一、阶段特点及投资管控意义

（一）阶段特点

方案设计阶段是政府投资项目在决策阶段通过深入调查研究拟建项目的技术、经济、环境、社会等方面，从科学性、可能性、可行性等角度分析、论证、比较、优化拟采用的技术方案和建设方案，预测和评论项目建成后的经济效益、社会效益和环境效益，从而选定符合当地政府发展规划、适宜项目建设的设计方案，为项目决策提供依据，提高政府投资项目决策的科学性。由于本阶段是设计的前期和初始阶段，暂无已批复的投资数据，设计限额主要体现在国家、地方相关部门对政府投资建设项目规模、标准的相关规定和类似项目的投资指标，以及批复的工程相关规划。依据总体规划、专项工程规划及近期工程建设规划等文件，要求设计单位结合项目需求和当前经济水平在投资指标内采取价值分析方法进行设计。

方案设计所在的阶段决定了它具有预见性、公平性、可靠性、科学性的特点，具体表现为：方案设计必须要符合国家及行业有关经济建设法规和技术政策的条件；满足项目决策分析与评价相应阶段的深度要求；满足地区经济发展战略和建设项目功能目标、经济目标、社会目标；满足技术先进、实用，且有一定前瞻性的要求；满足技术可行性的合理性要求；满足环境友好性、资源节约型和可持续发展的要求；满足节约投资和成本控制的要求。方案设计不仅是为政府投资项目投资决策提供依据，还对后续项目设计、实施具有指导性作用，因此方案设计阶段要求设计单位借助各方面技术力量反复论证、推敲以取得科学、可靠的方案。

(二) 投资管控意义

设计方案作为建设项目实施的技术性指导文件，确定了工程的建设规模、建设标准、建设地点、生产工艺、设备选用等，还影响施工技术选择和施工投入，对投资行政主管部门确定、控制投资都意义重大。首先，方案设计阶段的投资估算是正确确定建设项目投资额计划值的关键，对投资行政主管部门和建设单位制定控制投资目标值具有重大意义，前期各项工作的核心都围绕编制符合实际的投资估算值开展，而确定的投资估算值是以后控制初步设计概算、施工图预算及施工阶段造价控制的最基础数据，对政府投资项目投资管控有一定程度的控制作用。其次，与其他后续工作相比，方案设计阶段开展的投资管控，对建设项目经济效果影响最大，是整个建设项目过程中节约投资可能性最大、代价最低的阶段。除此之外，投资估算也是投资行政主管部门对财政资金使用情况和资金使用效益等开展财务分析、经济分析的基础，投资估算的准确性直接影响财务分析、经济分析的可靠性。

二、管理工作流程及内容

方案设计阶段设计管理主要围绕项目建议书和可行性研究报告的编制及报审开展相关工作。通过前期的方案比选，从定位准确、科学合理、技术可行等方面综合考虑，确定方案设计内容及范围，进而完成前期相关手续的办理工作。政府投资建设项目的方案设计一般需通过发改、规划等行政主管部门的审查，取得批复文件，作为初步设计编制的主要依据文件。该阶段设计管理的工作流程主要包括如图 4-2-1 所示四个方面：

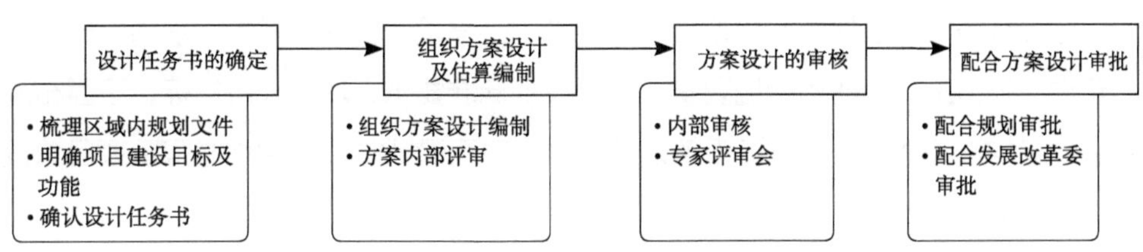

图 4-2-1　方案设计阶段设计管理流程

（一）设计任务书的确定

1. 梳理区域内规划文件

项目所在区域的总体、控制性规划等文件一般具有高度的科学性和严谨性，是该地区建设和管理的重要依据，是在充分调查区域现状情况的基础上，为实现经济、社会发展目标而制定的一定时期内的发展计划。区域的规划通常以创造与地区社会经济发展水平相适应的人居环境和社会环境为主要目标，合理进行用地布局及用地规模等的确定，安排各项公共服务设施及工程设施，是区域内建设项目的指导性、限制性文件。政府投资项目设计准备阶段，首先应充分了解所在区域的总体规划、区域控制性规划、行业专项规划等相关上位规划文件。如河道类项目根据河道工程治理规划开展设计；管线类项目根据当地的区域总体规划、雨污水排除专项规划开展设计；建筑类项目，也应该满足区位规划、地块控规的要求，明确各建筑物功能、容积率、层高等限制。

2. 明确项目建设目标及功能

在充分掌握区域规划等上位规划的基础上，建设单位应综合考虑长远及近期规划要求，确定项目的建设需求、目标及功能。通常政府投资项目的建设以达到规划相应的要求为主要目标，故结合规划确定项目的建设目标及工程是方案设计的首要任务。对于重大的项目，建设单位可聘请行业专家，明确项目设计需求的合理性及近期可实现性，以委托设计单位开展方案设计。

3. 确定设计任务书

参照国家、地方及行业等相关规范要求，建设单位应组织设计单位梳理项目的设计需求、确定设计任务书。设计任务书中应逐层细化分析项目建设目的、功能要求、投资指标及效益目标等，并对用地规模、建筑规模、建设标准、投资成本、设计要求、功能效益及完成时限等一系列内容提出要求。设计任务书作为基本设计依据之一，是项目设计最基本的要求。

（1）任务书主要内容

设计任务书应包括建设依据和项目规模、工程设计目的和任务、规划设计条件和要求、项目主要功能和使用要求、主要技术标准要求、技术经济指标、平面布局要求、结构设计要求、工艺和设备设计要求、工程设计阶段及完成时限及项目总投资限额等。

（2）任务书相关要求

设计任务书是对项目策划工作要点进行系统分析得出的决策性文件。作为政府投资项目建设目标与规划设计工作方向的主要传递文件，设计任务书应全面准确地反映策划结论的主要信息点，具有系统性、合理性、可行性。设计任务书应包括以下要求：

一是设计成果的定性要求。设计内容应符合相关专业规范要求，满足项目所在区域相关规划要求。

二是设计成果的定量要求。设计成果应符合前期对设计要求及满足任务书所提供的主要经济技术指标。

三是满足后期运营管理要求。设计成果应充分考虑后期项目建成后的管理需求。如市政管线工程应便于后期维修的要求、智能化管理的要求等。

四是其他设计要求。鼓励设计单位在满足设计要求的前提下，发挥能动性进行技术及设计创新，提高项目效益附加值。

（二）组织方案设计编制

1. 设计方案编制

（1）提供资料清单

方案设计阶段，建设单位应向设计单位提供以下材料：

①设计任务书；

②项目前期取得的手续；

③项目所在区域规划及上位规划材料；

④现有相关工程资料；

⑤工程勘察测量资料。

（2）质量控制

建设单位应与设计单位充分沟通对接项目的设计需求，组织设计单位开展方案设计。在项目方案的修改设计关键节点，建设单位应根据项目实际情况，审核设计内容的合理性和可实施性。

（3）进度控制

为确保设计单位的设计成果保质保量按时提交，建设单位可在合同中约定成果提交的主要节点，并与整体的工程推进计划相一致。

在整个设计编制过程中，建设单位要核查设计工作的进展并提出意见及建议。

在开始设计前，建设单位要审查设计单位提出的方案设计进度计划的合理可行性；在设计编制阶段，建设单位要对实际完成情况设计工作进行定期检查，对比计划进度情况，若发现偏差，要分析原因提出合理的建议措施，提高设计工作进度；对于存在严重偏差的情况，建设单位则要组织设计单位重新调整或修改原计划。

2. 方案内部评审

在完成方案设计初稿后，建设单位应要求设计单位对方案进行内部审核把关，从设计需求为切入点，结合项目所在地水文、地质、气象区域文化及周边环境等情况，根据规划要求，审查项目的安全合理及技术可行性。

（三）设计方案的审核

设计方案通过设计单位内部评审后，设计单位将设计方案报至建设单位进行审查。针对设计单位提出的两个或以上的设计方案比选情况等问题，建设单位可组织相关部门或聘请专业领域的从业人员作为评审专家进行评审从符合规划、技术可行、安全合理、投资优化等角度分析，确定推荐方案，对项目方案设计进行审核把关。评审内容主要包括项目背景及概况介绍、项目规划要求、项目用地范围、方案设计等方面，重点应说明项目设计方案及难点问题。评审可形成会议记录等书面的会议材料。评审会后，设计单位应根据评审会意见，结合项目的实际情况，修改完善方案设计，确保方案设计合理、投资可控。

（四）方案审批配合工作

政府投资项目方案设计经建设单位确定后，应报规划、发展改革委等行政主管部门进行立项报审及批复办理工作。建设单位应事先了解报审流程及要求，督促设计单位按照要求准备相关资料及文件进行报送并开展相关工作。项目的审批应依据所在地的行政主管部门制定的流程进行办理。下面以北京市为例，重点介绍建设单位配合规划、发改部门审批所开展的设计管理工作。

1. 配合规划部门审批

为精简优化审批流程，提高审批成效，北京市出台《“多规合一”协同平台工作规则》等规定，要求政府投资工程建设项目由“多规合一”协同平台策划生成，建设单位应在正式申报许可前进行“多规合一”咨询，并配合规划部门完成通过“多规合一”平台进行规划审批的相关工作。

（1）提交申请。建设单位准备项目材料，包括必要的来函公文及相关的附件，提交“多规合一”申请。建设单位通过互联网协同平台提交电子版材料、北京市规划和自然资源委委员会办公室或所属区分局办公室收发室提交纸质材料或政府服务中心大厅提交纸质材料申请。建设单位应提前进行要件完备性及设计深度核查，提交满足要求的设计文件，避免因成果提交不全不接件或深度不足打回的情况。

（2）配合审查。“多规合一”承办部门对项目基本情况进行梳理及并组织发改、住建、交通、园林绿化、环保、水务等相关部门商会，开展审核工作。建设单位应配合审核工作，对各部门及专家意见进行答疑，提交补充证明材料，组织设计单位根据初审意见完善设计方案。

2. 配合发改部门审批

（1）提交申请。建设单位向发改部门报送方案设计（可行性研究报告或项目建议书（代可行性研究报告））等相关文件。建设单位应提前组织对设计方案进行审查把关，项目规划和政策背景要求论证全面、结论可靠；市场容量及竞争力分析要调查充分、分析方法恰当、预测可信；设计方案应内容齐全、结论明确、数据准确、论据充分，满足政府部门对项目投资方向的要求。建设单位申请材料齐全、真实有效，提交的材料不齐全或者不符合要求的，建设单位应组织补齐相关文件。

（2）配合评估。发改部门委托符合资质要求的咨询中介机构进行评估。评估单位一般以组织召开专家技术审查会来启动评估工作，建设单位应配合评估单位进行现场勘查，组织设计单位做好专家会汇报准备工作，进行会中答疑，并根据专家意见完善报告；加强与评估单位充分沟通，组织设计单位及时按照评估要求完善材料、答疑；针对评估单位出具的评估结果，组织设计单位进行复核，避免缺漏项；针对其中不合理或缺漏的部分，及时与评估单位沟通，提供相关依据及证明材料，有理有据确定投资。

三、价值工程在方案设计阶段的应用

方案设计阶段，建设项目的范围、组成、功能、标准等均未明确，方案优化的限制条件少，优化内容多，对工程造价的影响最大，此阶段应用价值工程的效益最好。应用价值工程参与方案的比选、确定，可以通过优化方案设计，选取最佳的设计方案，从而确定一个合理的投资估算。虽然投资估算是政府投资建设项目进行投资管控的基础数据，对于该阶段的限额设计主要体现在各地对于不同标准、不同规模的政府投资建设项目确定的投资指标。经过分析当地类似项目投资估算指标或结合历年审核经验总结的投资指标，可大体确定建设方案的设计限额，结合国家和地方对不同政府投资建设项目规定的建设标准，运用价值分析方法进行技术、经济分析。建设单位均同时委托造价咨询单位与设计单位共同开展方案设计工作。造价人员与设计人员一同介入项目，才能在方案设计之初利用价值管理分析、比选各方案的价值。需注意的是，即使设计单位有造价人员，为了确保充分发挥造价的技术及专业水平，均应由建设单位单独委托造价咨询单位，建设单位具有造价人员的情况除外。

（一）价值对象的选择

方案设计阶段一切可能发生的费用都可以运用价值分析方法提高价值，其中应重点进行价值管理的对象如下：建设项目的资源开发条件，建设规模和产品方案，场（厂）址、线路方案，设备方案，土建工程方案，总图布置方案，环境生态保护方案，安全措施方案，社会评价。除此之外，选择建设项目中投资占比较高和对建设项目总功能影响较大的部分作为价值分析对象。经过价值分析方式对设计方案进行分析、调整后，确定具体方案，根据确定设计方案中对造价影响较大的施工技术和方案，结合规范要求提前开展价值分析，作为细化设计下阶段要求的组成部分。

（二）价值工程分析程序

选取本阶段价值对象后，根据下列程序开展应用价值工程进行方案分析、比选。

1. 功能分析与评价

罗列拟建项目所需的各项使用功能，通过功能整理系统化各个功能之间的关系，经过分析确定在拟建项目中各功能因子及影响分析。委托咨询单位或邀请相关专家确定各功能因子的重要性系数。通过重要性系数的确定，在方案设计中可以通过功能重要性，结合实际情况确定具体功能评价。如在某地农村污水治理工程的方案设计阶段，对污水处理方式的选择上，不同设计方案对建设功能产生影响的功能因子为技术可靠性、处理出水水质标准、运维监管。本书将在案例部分详细展开对两种方案价值分析的过程。

经过分析，污水处理方式需满足建设项目功能的因子有技术可靠性、处理出水水质标准、运维监管三个方面，委托项目管理单位分析各功能的重要性，进行重要性系数的确定。

2. 明确设计方案和功能系数

根据各功能，结合规划、设计、施工、使用、维护等阶段的技术经济要求，设计出几个备选方案。根据每个功能因子与项目的关系结合重要性系数，对各方案进行功能性评价，首先，根据方案对功能因子的满足情况采用 10 分制或 100 分制打分，打分结果乘以功能因子的重要性系数确定不同方案的评价分数。然后，以各方案功能评价分数占所有方案功能评价总分数的比值作为各方案的功能系数。

3. 方案成本及成本系数的确定

计算各方案全寿命周期成本，作为方案的成本。全寿命周期成本，除建设成本外，还有使用阶段的运行、维护成本。同样的，各方案成本比所有方案成本的比值作为该方案的方案成本系数。

4. 价值系数及方案的确定

根据价值工程公式，即价值 = 功能 / 成本，通过各方案功能系数、成本系数计算出方案价值系数。分析计算结果，确定优化方案。在分析计算结果时可根据价值大小来判断部分次要使用功能的必要性，去除一些不必要使用功能，补充补足的功能，最终选取价值系数大于 1 的方案。

四、方案设计编审管理

指对项目建议书、可行性研究报告等设计成果文件编制管理及审核工作。

(一) 方案设计编制管理

建设单位应组织设计单位依据项目所在地相关区域规划、上位规划等规划文件，结合项目所在地自然及周边设施环境情况，根据基础资料、建设目的、合同要求和相关规范要求，开展方案设计编制工作。

1. 编制依据

政府投资项目方案设计编制依据包括项目所在地区总体规划、上位规划及控制性规划等材料、项目前期取得的手续、方案中标通知书、项目用地红线图、地形图等；还包括现场调查收集并了解的气候气象、人文环境及周边设施情况等；方案应按照国家、地方等规范及相应行业规范进行设计，并满足设计合同要求。

2. 编制内容

方案设计应以批准的项目建议书和委托书为依据，其主要任务是在充分调查研究、评价预测和必要的勘察工作基础上，对项目建设的必要性、经济合理性、技术可行性、实施可能性、对环境的影响性，进行综合性的研究和论证，对不同建设方案进行比较，提出推荐方案。方案设计应论证项目建设的必要性，确定工程的任务及综合利用各项任务的主次顺序；应查明影响方案比选的资源开发条件；应确定建设规模和产品方案、场（厂）址及线路方案；应确定工程设计标准及工程等级等，确定设备方案；应确定总图布置方案；应初步确定劳动安全与工业卫生设计方案，基本确定主要安全措施方案；应对主要环境要素进行环境影响预测评价，确定环境保护对策措施，估算环境保护投资；应对项目进行水土保持评价，估算水土保持投资；应确定工程建设征地范围，基本确定移民安置计划，估算征地补偿投资；应对项目建设、实施与运营进行社会效益与影响分析，评价项目经济合理性。设计内容及比选要点见表 4-2-1。

设计内容及比选要点表 **表 4-2-1**

序号	项目	编制内容	比选要点
1	建设项目的资源开发条件	主要原材料、辅助材料、燃料的种类、规格、年需用量；矿产资源的品位、成分、储量等初步情况；水、电、气和其他动力供应	从资源获得的可靠性、稳定性、安全性及价格的经济性进行比选，还需考虑可能存在的风险，作为确定项目开发方案和建设规模的依据
2	建设规模和产品方案	根据市场预测与产品竞争力、资源配置与保证程度、建设条件与运输条件、技术设备满足程度与水平、筹资能力、环境保护及产业政策等确定生产规模和产品方案，列出多方案进行比选	从产业政策和行业特点的符合性、资源利用的合理性、建设条件的匹配性与适应性、收益的合理性等方面确定项目的建设规模；从国家产业政策和技术政策，市场需求和专业化协作，资源综合利用、循环经济和低碳经济要求，环境条件和生产供应条件以及技术水平和运输装备存储条件进行产品方案的比选
3	场（厂）址、线路方案	不同行业项目场址选择研究的具体内容、方法和遵循的规程规范不同，水利水电项目称场址选择，铁路、公路、城市轨道交通项目称线路选择，输油气管道、输电和通信线路项目称路径选择	需在满足各种政策、法规、技术、经济要求的前提下，在前期已确定的建设地点和地点范围内，从建设条件、投资费用（建设费用）、运营费用、运输条件和运输费用、环节保护条件和安全条件多方面进行比较，选择可使工程项目价值最大化的具体地址
4	设备方案	由多套工艺装置成的联合设备，应单独编制工艺装置分册对工艺技术进行详细叙述；对于改、扩建和技术改造项目，要叙述原有工艺技术状况，说明项目建设与原设备的关系，结合改造情况编制相关内容	设备的比选主要从设备参数、性能、能耗、环保、投资、运营费用、对原料的适应性、对产品质量的保证程度、备品备件保证程度、安装试车技术服务等方面进行论证，选择可使建设项目价值最大化的主要设备方案

续表

序号	项目	编制内容	比选要点
5	工程方案及配套工程方案	在已选定项目建设规模、技术方案和设备方案的基础上，研究论证主要建筑物、构筑物的建造方案。工程方案主要是土建工程，还包括其他工程	从建筑面积、建筑层数、建筑高度、建筑跨度、建筑物和构筑物的结构形式、建筑防火、建筑防爆、建筑防腐蚀、建筑隔音、建筑隔热、基础工程方案、抗震设防等方面比选
6	总图布置方案	包括总平面图布置、竖向布置、厂（场）内运输、厂（场）外运输和绿化等	从经济技术指标（包括场区占地面积、建筑物构筑物占地面积、道路和铁路占地面积、土地利用系数、建筑系数、绿化系数、土石方挖填工程量、地上和地下管线量、防洪治涝措施工程量、不良地质处理工程量以及总图布置费用等）和功能方面（生产流程的短捷、流畅、连续程度，内部运输的便捷程度及满足安全生产的程度）进行综合评价，以获得可使工程项目价值最大化的总平面布置图
7	环境生态保护方案	建设项目实行环境保护一票否决权，简述项目贯彻执行清洁生产、循环经济、节能减排和保护环境的原则，从源头控制到末端治理全过程采取环境保护治理措施及综合利用方案	从技术水平对比、治理效果对比、管理及监测方式对比、环节效益对比等方面进行分析，选择使建设项目价值最大化的环境保护治理措施方案
8	安全措施方案	说明采取的法律法规、部门规章和标准规范，包括国家和相关部门的法律法规和部门规章；安全相关标准规范，项目所在地对安全的有关规定和要求	针对不同危害和危险性因素的场所、范围及危害程度，从安全防护措施、满足劳动安全规范的生产工艺、防护和卫生保健措施等方面进行分析，选择可使建设项目价值最大化的安全措施方案
9	社会评价	由于项目建设、实施与运营，对社会经济、自然资源利用、自然与生态环境、社会环境等方面的社会效益与影响分析	对建设项目方案设计时拟定的建设地点、技术方案和工程方案中涉及的主要社会因素进行定性和定量分析，比选推荐社会正面影响大、负面影响小的方案

（二）方案设计审核管理

1. 方案设计的要求

政府投资项目方案设计成果文件设计应满足编制初步设计文件的需要，满足方案审批或报批的需要，满足设计合同要求，建设单位应对方案设计文件进行审查。若建设单位相关管理人员缺乏，可组织专家会对方案深度审查或委托项目管理单位来解决。方案设计文件要完整、准确，初步设计的要件应包括方案设计说明书、设计图纸、工程估算、各类批件及设计单位内审意见。方案设计深度应满足住房和城乡建设部对于相关工程类别设计文件编制深度规定。以市政工程为例，设计深度应满足《市政公用工程设计文件编制深度规定》中方案设计部分相关要求（表 4-2-2）。

方案设计相关要求一览表 **表 4-2-2**

序号	设计要件	设计深度相关要求
1	设计说明书	应包含设计说明包括概述，项目区概况，项目必要性分析，方案论证，推荐设计方案，主要工程量及设备价格，土地利用征地与拆迁，环境保护，水土保持，节能，劳动保护、职业安全与卫生，投资概算等
2	设计图纸	应包含总体布置图、方案比较示意图、管线平面图及纵断图等
3	投资估算	包含编制说明、总投资估算表、单项工程综合估算表等。具体要求详见投资编审管理

2. 方案设计审核要点

政府投资项目设计方案设计管理过程中管理要点有以下方面：

（1）设计方案应符合规划

结合所在区域总体规划、控制性规划、专项规划及项目征求各相关部门意见等相关文件，审查项目在规划层面的符合性，确保与上位规划的一致性。同时，项目也应满足当地规划设计导则要求，如北京市通州区建设项目应满足北京城市副中心规划设计导则等规划要求。

（2）设计方案应合法合规

注重审查建设标准的实现及相关规范强制性条文的执行情况，避免过分偏重细节而缺乏对项目整体设计的控制及管理。项目应符合相关法律法规及规范的要求，同时应符合当地政府的要求，如北京市新建污水处理站出水水质应符合《农村生活污水处理设施水污染物排放标准》DB11/1612—2019 相应要求。

（3）设计方案应满足建设目标及功能需求

重点审查政府投资建设项目的目标及功能是否通过方案得以实现。通过优化方案设计，确保方案设计中项目社会、生态和经济各效益目标的实现。

（4）设计方案应具有可实施性

方案设计应结合现场实际条件，确保实际施工的顺利推进。通过多个方案比选论证，从树木伐移、征地拆迁等角度进行综合考虑，择优选择施工难度较小、容易征地拆迁的方案。

（5）方案设计应确保投资可控

建设单位应根据基本的投资预算安排。要求设计单位在合理优化方案设计的基础上，对投资估算进行控制，确保不超过预算安排。

五、投资估算编审管理

建设单位根据工程规划和类似项目投资指标等确定设计限额，在对设计单位发布任务时应明确投资估算编制的要求，同时为确保投资估算成果文件的合理、准确，建设单位造价人员应对投资估算进行审核。若建设单位缺少相应专业的造价人员，应委托造价咨询单位或项目管理单位参与投资估算文件的审核。经建设单位或其委托咨询单位复核完成的投资估算按要求报送投资评审部门评审，并对评审进行动态跟踪。通过与评审部门的对接跟踪，对之前未发现的不合理的估算部分进行优化，争取合理的投资通过评审。评审后，安排设计单位根据批复的投资估算进行相应调整。

（一）投资估算编制管理

设计单位应按照经建设单位确认的投资估算计划，根据建设单位提供的基础资料、建设要求和相关规范及该地区类似项目评审情况，完成估算编制；开展投资估算的编制工作，并对编制成果负责，严格内部审核流程后，向建设单位提交审核确认的成果文件。

1. 编制依据

投资估算的编制依据包括：

（1）国家、行业及项目所在地政府及投资主管有关部门发布的相关政策与规定法律、法规、规章、规程；

（2）行业或部门有关投资估算编制办法、规定，投资估算指标、概算定额、工程建设其他费用定额、综合单价和有关造价文件等；

（3）价格和取费参考的有关资料信息，如已建成的类似建设项目技术经济指标；

（4）工程所在地主管部门发布的同期人工、材料、设备的信息价格和市场价格；

（5）影响工程项目投资的动态因素，如当前利率、汇率、税率等；

（6）项目的建设标准、达到编制投资估算深度的设计图纸和与项目建设相关的工程地质资料、设计文件、图纸等，以及其他技术经济资料。

2. 编制内容

投资估算编制可采用生产能力指数法、系数估算法、比例估算法、混合法和指标估算法，由于方案设计阶段的投资估算精度要求较高，应尽量采用指标估算的方法确定，首先估算各单项工程所需建筑工程费、设备及工器具购置费、安装工程费，然后汇总各单项工程费用后，估算工程建设其他费用和基本预备费，完成建设项目的投资估算，形成的工作成果包含以下内容：

（1）编写投资估算编制说明，主要描述以下内容：工程概况，包括建设规模和建设范围，并明确建设项目总投资估算中所包括的工程项目名称和费用，如有几个单位共同编制时，则应说明分工编制的情况。

（2）明确编制方法，根据项目特征可采用资金周转率法、生产能力指数法、比例估算法、指标估算法、建设投资分类估算法等方法进行编制。

（3）进行主要技术经济指标及投资估算分析，进行工程投资比例分析及影响投资的主要因素。分析主要工程项目、辅助工程项目及其他各单项工程的建设内容及工程量，主要材料总用量，主要设备的内容、数量、和价格等。分析工程建设其他费及税费利息的构成。

（4）资金筹措、资金总额的组成及年度用款安排。

（5）有关参数、率值选定的说明，编制投资估算遇到的问题及其他需要说明的情况。

（6）编制各项目总投资估算表、单项工程估算表、主要技术经济指标、其他费用计算表等内容。

（二）投资估算审核管理

1. 投资估算的要求

方案设计阶段，项目条件逐渐明确，投资估算应有一定的合理性、准确性和完整度，才能对项目投资具有控制作用。投资估算作为项目决策依据，批准后的投资估算对初步设计概算起到控制作用。因此投资估算的要求如下：

（1）投资估算的编制应随需要评审的可行性研究报告编制，同步上报；

（2）投资估算应由具有相应资质的单位，组织持有相关职业资格证书的专业人员编制；

（3）应结合行业特点，生产技术、工艺的成熟性，以及相关投资估算基础资料、数据的合理、可靠和完整程度，选择合适的估算方法；

（4）估算的范围应与项目设计方案确定的范围和工程内容一致；

（5）估算的工程内容和费用构成应齐全，费用计算合理，不能随意提高或降低估算标准，不得重复计算或漏项少算；

（6）估算选用的指标与具体工程存在标准或条件差异时，应进行必要的换算或调整，遵循口径一致的原则；

（7）估算内容的划分应符合行业规范，有利于后续阶段细化和管理控制；

（8）投资估算的精度应能满足控制初步设计概算要求，误差在 ±10% 以内；

（9）应对影响造价变动的因素进行敏感性分析，预估物价上涨因素和市场供求情况对项目造价的影响，保证投资估算的编制质量。

2. 投资估算审核要点

建设单位或其委托的咨询单位对投资估算的审核应坚持以估算内容合理、准确为原则，保证投资估算能合理全面体现建设项目所需投资，并能完成相关手续的报送。在对投资估算审核时，需要根据国家相关规定和地方投资行政主管部门发布的规定及历年评审经验总结汇总各类项目的投资指标作为投资估算评审的基础依据，在评审过程中结合当时物价水平、设计规范与建设标准、建设条件、工程拆改移、临时措施费等对报送估算材料进行分析、对比，重点分析超过投资指标项目的合理性及其造价构成，对造价影响较大的分项着重审核，作为价值工程和后续限额审核的重点。

（1）审核和分析投资估算编制依据的时效性、准确性和实用性

投资估算的依据材料是估算合理、准确的基础，其中类似项目的造价技术资料，相关的指标、标准等会随时间、地区、价格及定额水平而发生变化。针对这些差异必须做好定额指标水平、价差的调整系数及变动价格的调查。对于工艺水平、规模大小、自然条件和环境因素等与参考的类似工程在投资方面形成的差异应进行调整，使投资估算的价格和费用水平符合建设项目所在地和建设时期的实际情况。

（2）审核投资估算方法的科学性与适用性

投资估算的每种估算方法都有不同的准确度和各自的适用情况。如果采用的估算方法不符合项目的客观条件，或者超出了该方法的适用范围，就会导致投资估算准确性大大降低。

（3）审核投资估算的编制内容与拟建项目设计方案的一致性

投资估算中的建设内容，包括建设规模、自然条件、技术标准、环境要求等与规定是否一致，保证每一个估算项目的数据是否都有来源和依据，是否对工程内容

的量化和质化，是否有重复或漏项，计算时是否高估或低算。

（4）审核投资估算的费用项目、数额的真实性

审核各个费用项目与规定要求、实际情况是否相符，是否存在漏项或者多报的，估算的费用是否符合项目的具体情况、国家规定，是否针对具体情况做了适当的调整。

审核项目是否根据所在地材料的供应情况和交通运输情况，对材料价格的差异进行考虑，交通不便或大型设备是否考虑了可能增加的运杂费。审核是否充分预估物价波动情况，对于需引进国外设备或技术的项目是否考虑了汇率的影响，预估的波动幅度是否合理。审核对于“三废”处理所需相应的投资是否进行了估算，估算的数额是否符合实际。

第三节　项目初步设计及概算管理

初步设计是方案设计和施工图设计的中间阶段，以批准的可行性研究报告为依据，在取得可靠的基本资料基础上，遵照有关技术标准、规范开展设计。该阶段进一步复核工程规模及标准，明确工程任务及具体要求，确定工程总体布置、主要建（构）筑物结构形式及控制尺寸，提出设计中存在的问题、注意事项及有关建议，其深度应能控制工程投资，满足后续施工图设计的要求。经批准的初步设计概算是建设项目的最高限额，原则上不得突破。本节从阶段特点及投资管控意义、方案设计管理具体内容、价值工程在初步设计阶段的应用、初步设计及概算编制等方面阐述政府投资项目初步设计及概算管理。

一、阶段特点及投资管控意义

（一）阶段特点

初步设计是对设计方案的深化，需要将先前的设计方案更加细化，明确项目具体架构，形成一个基本上能够落实的设计方案，是整个设计构思逐步形成的阶段。初步设计阶段的工作以批复的可研报告及投资估算确定总投资作为限额设计的依据，在确定的限额内开展具体方案的调整、优化，结合项目总体功能和不同

方案成本，用价值管理方式选择最优的方案。由于初步设计具有明确和细化的设计内容，需要加深各专业之间的协调，并解决技术难点。初步设计的内容和精度较方案设计阶段更细致，考虑的问题更全面，但还未达到指导施工的程度，比例尺度较大。

（二）投资管控意义

初步设计阶段是在投资估算的限额下开展设计，根据初步设计图纸、概算定额、材料设备价格和各项费用定额或取费标准结合建设项目的环境、技术经济条件等资料编制和确定初步设计概算，经投资主管部门或者其他有关部门核定的投资概算是控制政府投资项目总投资的依据，政府投资项目建设投资原则上不得超过经核定的投资概算。因此初步设计阶段的投资管控有利于合理确定工程造价，加强建设单位投资计划管理，有助于建设单位合理分配投资资金，尤其对于政府投资项目来说，该阶段的投资管控强有力地保障了项目资金的合理使用。除此之外，初步设计概算作为指导和控制建设投资的依据，也有很多重要的作用：是建设单位编制建设计划，申请投资的主要依据；是项目招标、报价及签订合同的基本参照和依据；是考核方案经济合理和控制施工图预算、施工图设计的前提，是考核和评价建设项目成本和投资效果的依据。

在政府投资建设项目的后续管理中都有重要的作用：初步设计概算通常被用来作为控制工程进度结算的标准，在建设过程中控制资金支出；初步设计概算也是衡量单位工程竣工结算和项目决算控制的标准，项目建设完成后进行单位工程决算时，需核查单位工程总投资是否超出概算；项目建设完成后，进行盘点、资产移交、财务核算均需以初设概算为基础资料。

二、管理工作流程及内容

初步设计阶段是方案设计阶段的下一阶段，是开展施工图阶段设计的基本依据，也是审批项目开工及验收的重要依据，在项目建设过程中起着承上启下的作用。因此，初步设计阶段是政府投资项目基本建设程序中的重要阶段。

政府投资建设项目的初步设计文件一般需通过发展改革委等行政主管部门的审查，取得批复文件，作为施工图编制的主要依据文件。该阶段设计管理的工作流程主要包括如图 4-3-1 所示四个方面：

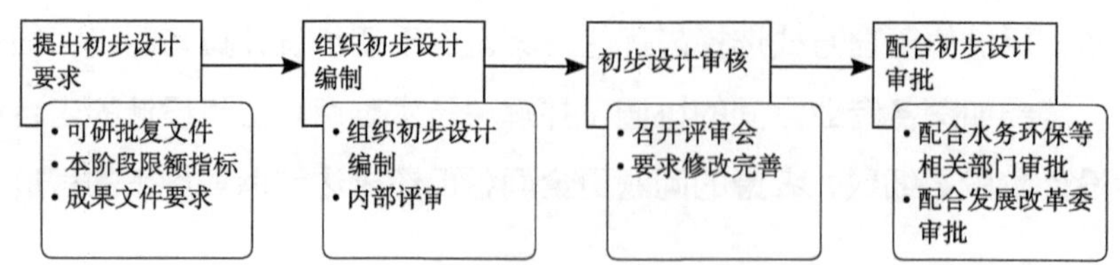

图 4-3-1　初步设计阶段设计管理流程

（一）提出初步设计的要求

在初步设计文件编制前，建设单位应根据项目的方案设计及其批复文件，向设计单位明确提出对初步设计成果文件的相关要求，包括初步设计应在可研阶段确定的总投资额下进行限额设计的要求，初步设计文件应满足工程建设审批的要求，应满足工程投资包干、设备材料采购、生产工艺、施工准备等方面的要求，同时应满足设计合同的要求。

（二）组织初步设计编制

1. 初步设计编制

（1）提供资料清单

初步设计编制阶段，建设单位应向设计单位提供以下材料：

①可行性研究报告或项目建议书（代可行性研究报告）、设计图纸及预算书；

②项目前期取得的批复文件（含规划意见复函、工程规划许可证、可行性研究方案批复等）；

③绿化、交通、乡镇等相关部门及单位的意见文件；

④工程地质勘察报告；

⑤项目所在区域规划及上位规划材料；

⑥其他为明确项目要求的基本材料；

⑦改扩建工程原始图纸、计算书和工程地质勘察报告等。

（2）质量控制

建设单位应与设计单位充分沟通对接项目的设计要求，组织设计单位根据上一阶段可行性研究报告、行政主管部门专家评审意见、批复文件、规划及环保等有关部门的意见，掌握规划设计要点、项目用地红线范围、项目周边基础设施及环境情况、工程地质条件等相关情况，开展初步设计文件编制工作。针对初步设计需解决的可行性研究方案设计中的遗留问题，应及时协调组织相关单位及其部门专题研究确定初步设计文件。在初步设计编制基本完成时，应根据项目需要，协调规划、环保、交通、供水、人防、消防等相关部门并征求对初步设计文件的意见。在项目方案的修改设计关键节点，建设单位应根据项目实际情况，审核设计内容的合理性和可实施性。

（3）进度控制

为确保设计单位的设计成果保质保量按时提交，建设单位应在合同中约定，要求成果提交的主要节点，并与整体的工程推进计划相一致。在整个设计编制过程中，建设单位要核查设计工作的进展并提出意见及建议。在开始设计前，建设单位要审查设计单位提出的初步设计进度计划的合理可行性；在设计编制阶段，建设单位要对实际完成情况设计工作进行定期检查，对比计划进度情况，若发现偏差，要分析原因提出合理的建议措施，提高设计工作进度；对于存在严重偏差的情况，建设单位则要组织设计单位重新调整或修改原计划。

2. 方案内部评审

在完成初步设计初稿后，建设单位应要求设计单位应对设计成果文件进行内部审核把关，重点审查总体方案、各专业方案、主要技术难点、投资概算等内容，确保项目设计安全合理、技术可行、投资可控。

（三）初步设计的审核

初步设计通过设计单位内部评审后，设计单位将初步设计报至建设单位进行审查。建设单位可组织相关部门或聘请专业领域的从业人员作为评审专家进行评审，从符合规划、技术可行、安全合理、投资优化等角度分析，确定初步设计方案，对项目初步设计进行审核把关。评审内容主要包括设计总体思路、总体方案、各专业方案、主要技术难点、投资概算、与方案设计变动情况等内容，评审应形成会议记录等书面的会议材料。建设单位评审后，设计单位应根据评审会意见，结合项目的实际情况，修改完善初步设计。

（四）初步设计审批配合工作

项目水评、环评文件及初步设计概算经建设单位确定后，应报水务、环保、发改等行政主管部门进行审批。建设单位应事先了解报审流程及要求，督促相关设计单位按照要求准备相关资料及文件进行报送并开展相关工作。项目的审批应依据所在地的行政主管部门规定的流程进行办理。下面以北京市为例，介绍建设单位配合发展改革委审批初步设计概算，及配合水务、环保等部门审批水评、环评等文件所开展的相关工作。

1. 配合发改部门审批

（1）提交申请。建设单位向所在地区发改部门报送初步设计方案、概算及设计图纸，可行性研究报告批复或项目建议书（代可行性研究报告）批复等相关文件。初步设计报告应根据批准的可行性研究报告进行编制，建设内容及规模应与可研一致，如有变化，需充分说明原因，提供相关依据文件；项目总概算应控制在批准的投资估算范围内，如因建设内容及规模变化，确有突破，也必须控制在10%以内。建设单位提交的申请材料齐全、真实有效，提交的材料不齐全或者不符合要求的，建设单位应组织补齐相关文件。

（2）配合评估。发改部门委托符合资质要求的咨询中介机构进行评估。评估单位一般以组织召开行业内专家技术审查会，启动评估工作。建设单位应配合评估单位进行现场勘查，组织设计单位做好专家会汇报准备工作，进行会中答疑并根据专家意见完善报告；加强与评估单位充分沟通，组织设计单位及时按照评估要求完善材料、答疑；针对评估单位出具的评估结果，组织相关设计单位进行复核，针对其中不合理或缺漏的部分，有理有据争取投资。

2. 配合水务、环保等相关部门审批

政府类投资项目在可行性研究报告完成后、初步设计编制前这一阶段，建设单位应配合水务、环保等相关部门审批，以取得项目水评、环评批复文件，履行项目基建流程。建设单位应委托水评机构、环评机构分别编制环境影响评价报告、水影响评价报告，组织水评编制单位及环评编制单位进行现场勘查，提供工程建设方案阶段成果文件及相关批复等文件，明确设定编制节点与时限，按照水务、环保部门等要求，推进报告的编制及报审工作。

（1）配合水影响评价报告审批

水影响评价报告内容应符合水土保持法、取水许可和水资源费征收管理条例、河道管理条例等相关标准、技术规范要求。包括项目建设概况、项目区概况、评价水平年、供水分析与评价、退水分析与评价、防洪及内涝分析与评价、水土流失防治分析、水影响评价结论等章节内容。建设单位配合水影响评价报告办理流程包括提交申请与水评受理、技术评审、水评审批。其中申请材料包括申请书、水影响评价报告、技术审查报告、申请人身份证明等。

（2）配合环境影响评价报告审批

环境影响评价报告的编制须符合《环境影响评价技术导则》以及相关标准、技术规范的要求。环境影响评价报告应包括建设项目概况，建设项目周围环境现状，建设项目对环境可能造成影响的分析、预测和评估，建设项目环境保护措施及其技术经济论证，建设项目对环境影响的经济损益分析，对建设项目实施环境监测的建议，环境影响评价的结论等内容。建设单位配合环境影响评价报告办理流程包括提交申请与环评受理、现场勘查、技术审核、环评审批。其中申请材料应包含环境影响评价报告、申请书、公共参与说明等。

三、价值工程在初步设计阶段的应用

初步设计阶段建设项目的功能已经基本明确，在批复的可研报告确定的投资限额下，应用价值管理方法针对具体功能比选出合适的设计方案。为了提高工作效率，减轻不必要的工作量，此阶段的价值分析主要集中在结构复杂、性能和技术指标差距大、对造价影响大的对象开展价值分析，可使得建设项目在结构、性能、技术水平、造价等方面得到优化，从而提高价值。

（一）价值对象的选择

本阶段价值对象选择时主要针对方案设计阶段确定的对造价影响较大的设计方案进行分析。对比初设概算与批复的投资估算差异，分析差异原因，尤其是其造价占比较高的部分作为投资管理的关注重点，应着重用价值工程管理方式进行分析。

（二）价值工程分析程序

1. 功能分析与评价

分析研究具体研究对象涉及的功能，进行功能的整理、分析。系统分析各功能对于建设项目使用功能的作用，根据对建设项目使用作用影响的大小进行排序，确定各功能的重要性系数。

2. 明确设计方案和功能系数

要求设计单位针对具体研究对象不同的功能进行方案设计，针对各种方案对功能的完成程度打分，再计算各方案的功能系数，各方案的功能系数 = 本方案功能评价分数 / 所有方案功能评价总分数。

3. 方案成本及成本系数的确定

计算方案的成本，综合考虑该方案对使用、运维阶段的影响，计算出各方案全寿命周期成本。计算出各方案的成本系数，即该方案的成本 / 所有方案成本之和。

4. 价值系数及方案的确定

根据价值工程公式，即价值 = 功能 / 成本，通过各方案功能系数、成本系数计算出方案价值功能系数。分析计算结果，选择价值高的方案。

（三）价值分析

在进行各方案价值分析时，最理想的方法是从几个方案中选取价值最高的方案。但并不意味着其他备选方案完全不足取，此时可以通过价值分析，确定其他方案存在的问题，选择合适的方式进行改进。当计算出的价值功能系数等于 1 时，功能系数与成本系数大致平衡，说明方案下实现功能的成本是比较合理的。当计算出价值功能系数小于 1 时，评价对象的成本系数大于功能系数，说明实现该功能的成本较低，方案的改进方向是降低成本。当计算出价值功能系数大于 1 时，评价对象的功能大于成本，说明采用当前方案是以较低的成本来获得目标功能，是理想的方案，也要警惕功能系数偏差 1 过多的情况，需要分析该种方案实现是否会降低功能实现的程度。

四、初步设计编审管理

主要指对初步设计成果文件的编制管理及审核工作。

（一）初步设计编制管理

建设单位应组织设计单位依据项目所在地相关区域规划、上位规划等规划文件及项目可行性研究报告、规划及发改等部门出具的前期批准文件，结合项目所在地自然及周边设施环境情况，根据项目地质勘察资料、建设目的、合同要求和相关规范要求，开展初步设计编制工作。

1. 编制依据

政府投资项目初步设计编制依据包括：项目所在地区总体规划、上位规划及控制性规划等规划文件；项目取得的批准文件、可行性研究报告、立项书、方案文件等前期文件；项目所在地区气候气象、地理条件、工程地质勘察报告；公用设施与运输条件；规划、用地、环保、卫生、绿化、消防及抗震等相关要求；初步设计应按照国家、地方等规范及相应行业规范进行设计，并满足设计合同要求。

2. 编制内容

初步设计应根据批准的可行性研究报告或方案设计和必要准确的勘察设计资料进行编制，要明确工程规模、建设目的、投资效益、设计原则和标准，深化设计方案，确定拆迁、征地范围和数量，提出设计中存在的问题、注意事项及有关建议，其深度应能控制工程投资，满足编制施工图设计、主要设备订货、招标及施工准备的要求。初步设计编制具体应注意对项目设计进行全面研究，进一步阐明工程在技术上的可行性与经济上的合理性，确定项目的工程规模、设计标准及各项基本技术参数；应选定电气、金属结构等设备的形式和布置；确定消防设计方案和主要设施；应复核施工方法、施工总布置及总工期，提出建筑材料、劳动力、施工用电用水的需要数量及来源；应复核项目建设征地的范围、移民安置等规划设计；应确定各项环境保护专项措施设计方案；应确定劳动安全与工业卫生的设计方案，确定主要措施；应提出项目节能设计；应提出工程管理设计；应编制工程设计概算；应复核经济技术评价指标等。

（二）初步设计审核管理

1. 初步设计的要求

政府投资项目初步设计成果文件设计深度应满足编制施工图设计文件的需要，满足初步设计审批的需要及设计合同要求。建设单位应对初步设计文件设计进行审查把关，可通过组织专家会或委托项目管理公司来开展审查工作。初步设计文件要完整、准确，初步设计的要件应包括设计说明书、设计图纸、主要设备及材料表、工程概算、有关专业计算书、设计单位内审文件等。初步设计深度应满足住房和城乡建设部对于相关工程类别设计文件编制深度规定。以市政工程为例，设计深度应满足《市政公用工程设计文件编制深度规定》中初步设计部分相关要求（表 4-3-1）。

初步设计相关要求一览表　　　　表 4-3-1

序号	设计要件	设计深度相关要求
1	设计说明书	应包含设计依据、设计总说明、各专业设计说明、有关专业的设计图纸、主要设备或材料表等。 设计总说明包括概述，设计内容，环境保护，劳动保护、职业安全与卫生，消防设计，节能，管理机构与人员编制及建设进度，水土保持，征地与拆迁，运营维护，投资概算、资金筹措计划与成本，存在问题与建议等

续表

序号	设计要件	设计深度相关要求
2	设计图纸	（1）总平面布置图：比例一般采用1:5000~1:25000，在测绘地形图的基础上，绘出现有和设计的排水（再生水）工程系统、流域范围、标示图例和风玫瑰图、进行必要的说明、列出主要工程项目表等。 （2）管线设计图：包括平面图、纵断面图。纵断面图和平面图应相互对应并进行必要的说明，末页列出主要工程量表。 平面图比例一般采用1:500~1:2000，应反映出规划道路、规划其他管线、设计管线、检查井平面位置、转角度数、控制井位坐标、水流方向、管径/沟渠断面尺寸、长度、倒虹吸等沿线主要构筑物、距道路永中（或其他）的相对位置等，标示图例和指北针，进行必要的说明。 纵断面图采用比例一般横向1:500~1:2000，纵向1:100~1:200，应表示出现况地（路）面线，设计路（地）面线，铁路、公路、河流、交叉管渠的位置等。注明管渠内底标高，长度，坡度，管径（渠断面尺寸），流量，充满度，流速，管（渠）材料，接口形式，基础类型，交叉管渠的标高，倒虹管、检查井等的位置。 （3）厂站等主要建筑物设计图纸：包括工程区域位置图、总平面图、水力流程图、厂站竖向布置图、管线综合图、主要构筑物工艺图等。 总平面图比例一般为1:200~1:500，列出构筑物和建筑物一览表、工程量表和主要技术经济指标表）；水力流程图一般为竖向1:100~1:200；厂站竖向设计图应给出挖方、填方、换填、借土等土方平衡量；管线综合图应给出相应工程量；主要构筑物工艺图采用比例一般1:50~1:200，用平面图、剖面图表示出工艺布置，设备、仪表及管道等相关位置、尺寸、标高（绝对标高）等，列出主要设备及材料一览表。 （4）主要建筑物、构筑物建筑图：包括平面图、立面图和剖面图，采用比例一般1:50~1:200，图上表示出主要结构和建筑配件的位置、基础做法及主要构件截面尺寸等。 （5）变电所高及低压供配电系统图、自动控制仪表系统布置图、采暖通风与空调系统布置图等相关专业图纸
3	投资概算	包含编制说明、总投资估算表、单项工程综合估算表等。具体要求详见投资编审管理

2. 初步设计的审核要点

政府投资项目初步设计管理过程中的管理要点有以下方面：

（1）初步设计应符合规划

进一步根据所在区域总体规划、控制性规划、专项规划及项目征求各相关部门意见等相关文件，审查项目在规划层面的符合性，确保与上位规划保持一致性。

（2）初步设计应合法合规

注重审查初步设计文件的范围、内容、规模、标准及各专业设计对相关规范标准及法律强制性条文的执行情况，同时应符合当地政府相关文件的要求。

（3）初步设计内容与建设标准应与方案设计一致

建设单位应以可行性研究报告为依据，重点关注与已批准的方案设计及其批复意见是否一致，原则上建设内容、规模、标准及方案不能随意变动或提高；若因正当理由修改调整的设计文件应向原审查部门进行重新申报。

（4）初步设计应确保项目建设目标及功能的实现

重点审查政府投资建设项目的目标及功能是否通过初步设计得以实现。通过优化初步设计，确保初步设计中项目社会、生态和经济各效益目标的实现。

（5）初步设计应具有可实施性

注重审查初步设计的可实施性。对于初步设计阶段中各专业设计加深存在的矛盾问题、项目与其他部门单位实施项目的交叉等问题，建设单位应结合现场实际条件，注重协调解决及早作出决策，确定可实施的设计方案。另外，应从树木伐移、征地拆迁等角度进行综合考虑确定方案，避免设计与实际施工脱节现象，确保实际施工的顺利推进。

（6）初步设计应确保投资可控

建设单位应根据前一阶段批复的投资估算，要求设计单位注重限额设计管理理念，在合理优化设计的基础上，对投资概算进行控制，确保投资不超过工程估算投资的 10%。

五、初设概算编审管理

建设单位根据批复文件确定初步设计的设计限额，在对设计单位发布任务时应明确初设概算编制的要求，同时为确保概算成果文件的合理、准确，建设单位或其委托的咨询单位应对概算进行审核，结合批复的投资估算和设计方案，确定投资管控额，并通过价值工程分析提出限额设计、优化投资等管理要求。经建设单位或其委托咨询单位复核完成的初设概算按要求报送投资评审部门评审，并对评审进行动态跟踪。向评审部门争取合理费用，并根据评审结果要求设计单位相应调整初步设计。

（一）初设概算编制管理

设计单位应按照初步设计工作计划开展初设概算的编制工作，并对编制结果负责，开展初设概算编制工作时，应完成内部审核流程，向建设单位提交审核确认的成果文件。

1. 编制依据

初设概算编制依据主要有：

（1）国家、行业和地方有关的法律法规或规定，尤其是当地投资主管部门发布的关于投资概算的编制方法、编制要求及概算指标；

（2）批准的可行性研究报告及投资估算、工程所在地的自然、技术、经济条件等有关资料；

（3）设计图纸，包括图纸中可计算的工程量和确定的设备型号、数量等；

（4）行业主管部门颁布的本地区本行业的概算指标或定额；

（5）一般的施工组织设计；

（6）项目涉及的设备材料供应及价格；

（7）项目所在地的环境条件，包括项目的管理、施工条件、气候、水文、地质等自然条件和项目相关的经济、人文等社会条件；

（8）项目的技术复杂程度及新技术、专利使用情况；

（9）建设单位对项目的要求和与概算有关的合同、委托书、协议书、会议纪要等其他法律法规文件等。

2. 编制内容

初设概算的组成包括建筑工程费用、安装工程费用、设备及工器具购置费用、工程建设其他费用和预备费。根据工程特点，初设概算一般采用四级概算编制（总概算、综合概算、单项工程概算、单位工程概算）或三级概算编制（总概算、单项工程概算、单位工程概算）形式，具体编制内容包含：

（1）初设概算编制说明，描述工程概况，包括建设规模和建设范围，并明确建设项目总概算中所包括的工程项目名称和费用，如有几个单位共同编制时，则应说明分工编制的情况；

（2）根据项目特征及初步设计图纸深度，建筑工程可采用概算定额法、概算指标法、类似工程预算法等，设备安装工程可采用预算单价法、扩大单价法、设备价值百分比法、综合吨位指标法等方法编制。初步设计图纸达到一定深度可根据图纸计算工程量时，采用概算定额计价法；通用设计图纸可通过编制通用图设计概算指标确定造价；选取类似工程时需与拟建项目有可比性，即在建筑面积、结构构造特征等方面要基本一致。如果选用项目与拟建项目个别部位有差异，对于有差异的部分要进行调整；

（3）进行主要技术经济指标及设计概算分析，进行工程投资比例分析及影响投资的主要因素。分析建筑工程、设备安装工程、工程建设其他费等构成，建设内容及工程量，主要材料总用量，主要设备的内容、数量和费用等。并与审定的投资估算存在的主要差异，说明原因；

（4）编制总概算表、建筑工程概算表、设备及安装工程概算表、工程建设其他费用概算表、单项工程综合概算表、单位工程概算表、工程量计算表、分年度投资汇总表与分年度资金流量汇总表以及主要材料汇总表与工日数量表等。

（二）初设概算审核管理

1. 初设概算的要求

初设概算是建设项目投资管控的最高限额和后续很多工作的依据文件、基础资料，必须严肃对待初步概算的编制，要求设计单位编制初设概算要满足以下要求：

（1）初设概算要随同需要评审的初步设计方案、初步设计图纸编制，经设计单位内部审核后同步上报。

（2）初设概算的编制人、审查人、负责人应符合专业资质的持证造价人员。其中编制人、审核人须持有注册造价师执业专用章。

（3）初设依据的基础资料要详尽、真实。编制初设概算前应对项目前期手续有充分的了解，包括已经批准的工程规模、投资规模、项目功能和工期等。还要了解工程所在地的环境情况和施工条件，掌握当地技术、材料及劳动力的市场价格。同时还应查找搜集类似工程的造价信息作为参考资料。

（4）工程量的计算要准确、完整。工程量对造价有至关重要的影响，准确的工程量才能成为工程造价可靠的参考和依据。因此要求设计单位在计算工程量之前，要熟悉各单项工程的具体情况，加强内部沟通，尤其是设计人员与造价人员要密切配合，保证概算能真实完整地反映设计内容。

（5）定额套用要正确、规范。要严格遵照相关规定与要求进行定额套用。定额套用和换算过程中，要分析建设内容与定额的适用性，通过定额说明、设计图纸和一般施工方案的对比，选用合适的定额。如果定额内容与图纸不符时要及时对定额进行调整；当项目选用的材料与定额不同时，要进行材料替换；定额内容与图纸相比有工序不足的情况，要以定额内容为基础进行补充。

（6）设备与材料价格要合理。设备材料费用在工程造价中占的比例较大，对工程造价准确性产生直接影响。设备材料来源应尽量多途径，在询价时注意材料规格和型号。在确定材料设备价格的时候，不能一味地以低价为标准，要在满足质量和需求的基础上选择合理的价格。

2. 初设概算的审核要点

建设单位或其委托的咨询公司通过熟悉批复的前期文件、设计方案和投资估算文件，对报送的初设概算与投资估算对比，以分部工程为单位分析投资差异，梳理产生差异原因，要求编制单位对不合理或依据不充分的差异进行调整，以保证调整后的成果能准确体现项目投资，并通过评审。

（1）审核概算成果文件的完整性，概算编制依据的充分性

要保证概算审核效果，需要以概算文件的适用范围、时效性、针对性、合法性作为审核重点。概算文件包含的投资内容应将方案立项、勘测、施工建设、竣工后的试运行和整个验收过程涉及的所有资金。审核概算文件是否完整，要以建设内容、规模、建设标准及与批复的可行性研究报告的一致性作为侧重点。在审核过程中，必须明确项目的建设内容是否存在重复计算或者缺项、漏项的情况。对于包括了土地费用、拆迁费用的项目，必须明确相关数据的来源，以审核数据的合法性和合理性。

（2）审核概算数据是否科学合理，深度是否满足要求

初设概算文件必须满足《建设项目设计概算编审规程》和《建筑工程设计文件编制深度规定》的相关要求。审核数据的合理性时要注意概算是否在批准的投资估算范围内，概算的内容是否与设计图纸一致。根据项目的规模、建设标准等情况，参考类似项目的技术经济指标，分析概算的合理性。最后结合市场行情和项目工期，判断概算中对于价格上涨因素的考虑是否合理。

（3）审核概算成果是否对项目后续工作具有指导性

初设概算除了要在技术上保证科学、完整、合理外，还应满足投资、建设、运营管理的实际需求，从而对项目后续的实践起到指导作用。审核人员应通过技术和经济相结合的方式并利用价值分析方法，找出初步设计文件中技术环节存在的不合理问题，并进行修正处理。

第四节　项目施工图及预算管理

施工图设计阶段是对施工影响最直接的阶段，以批准的初步设计为依据，在前

期设计和对施工现场勘查报告分析的基础上，细化设计意图。该阶段进一步形成明确的图纸，对工程建设内容、规模、方案等进行可实施化设计，深度满足指导施工需要。本阶段的预算编制，由于除财政项目要求进行预算评审外，其他项目可以批复的初设概算开展招标，在实际工作开展中，不需进行预算评审的项目对预算编审管理工作较缺乏，不利于项目投资的动态管控。本节从阶段特点及投资管控意义、施工图设计管理具体内容、价值工程在施工图阶段的应用、施工图设计及预算编审等方面阐述政府投资项目施工图及预算管理。

一、阶段特点及投资管控意义

（一）阶段特点

施工图设计阶段的主要任务是满足招标要求和施工要求，即在方案设计和初步设计的基础上，详细表达设计意图和设计结果。施工图设计要在批复的初步设计和初设概算确定的限额内进行设计。本阶段设计基本内容已经确定，主要在细节设计和施工材料的选择等方面需要进行细化，细化时运用价值管理的方法结合具体设计对功能的满足和成本，选择价值最高的方案。

施工图设计直接指导施工作业，建设项目各分部工程的详图、结构明细均需详细设计表达，作为施工和验收的依据。施工图设计成果文件包含图纸目录、设计说明和必要的设备、材料表，各专业设计图纸、大样、详图等，设计深度应满足设备材料采购、非标准设备制作和施工的需要，设计内容要在符合国家和行业规范的基础上，更细致全面和专业，与不断更新的施工技术、材料等结合，在可以提高施工效率的同时保证施工安全。

施工图设计阶段是将设计意图转化为符合国家现行规范并能在现有施工技术条件下让方案更人性、可施工的过程，具体分为三个阶段：第一个阶段是深入理解方案设计意图，对方案进行再次设计、细化；第二个阶段是在细化过程中将具体设计与施工技术、材料和项目条件结合，将方案转化成更易落地、可施工的人性化过程；第三个阶段是编制施工图预算，形成完整的成果文件。施工图设计是设计与实际施工的过渡和连接，对设计人员的基础水平要求很高。

对于专业项较强的钢结构、幕墙、机电等工程，由专业设计院在满足建设单位需求前提下，开展深化设计，对施工图进行补充与完善，使施工图纸更加符合现场实际情况，详见本章第五节项目深化设计管理。

（二）投资管控意义

本阶段的投资管控对施工阶段的投资管控有更直接的影响。施工图预算能帮助建设单位确定施工阶段的投资管控计划，并对项目施工建设投资进行全面的考核和衡量，保证设计方案达到技术与经济的结合，同时该阶段对于设计中存在问题进行优化，造成的经济损失较小。施工图预算，是确定工程招标控制价的依据，对施工合同的签订也产生非常明显的影响，为施工合同签订提供重要的依据。施工单位依据施工图纸和预算资料编制施工组织计划，控制施工进度，确定施工方案，安排施工现场的人工，调度施工材料和机械设备。可以说，施工图设计阶段的造价控制，不仅可以使建设单位对建设项目的投资管控更主动，也是项目从具体实施的角度节约成本的依据。另外，施工图预算一般作为进度款拨付和工程结算的基础文件，经济合理的文件是建设单位动态控制投资的保障。

二、管理工作流程及内容

施工图是依据已批准的初步设计文件对工程建设内容、规模、方案等进一步细化、深化及可实施化设计，用于指导项目施工建设。施工图质量的好坏直接关系项目的质量安全、建成使用及投资目标的实现。政府投资建设项目的施工图设计需通过施工图审查机构的审查，经审查合格后，方可作为建设项目施工的依据文件。该阶段设计管理的工作流程主要包括如图 4-4-1 所示三个方面：

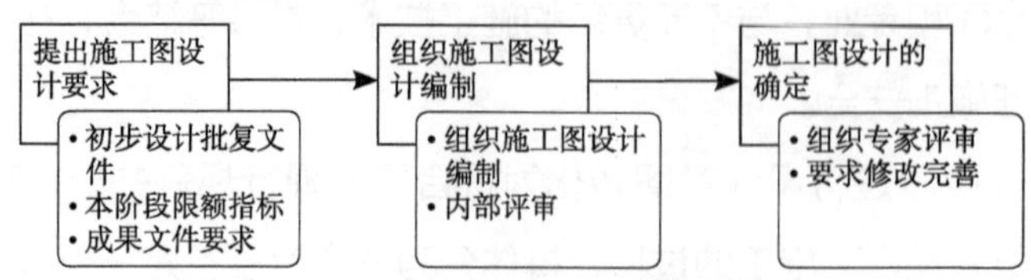

图 4-4-1　施工图阶段设计管理流程

（一）提出施工图设计的要求

在施工图设计编制前，建设单位应根据项目的初步设计及其批复文件，结合其他规划、园林、市政、环保等部门对项目的相关意见，向设计单位明确提出对施工图成果文件的相关要求，包括施工图设计应在初步设计阶段确定的概算投资额下进行限额设计的要求，施工图设计文件应满足工程建设审批的要求，应满足施工生产工艺、安装及预算编制等方面的要求，同时应满足设计合同的要求。

（二）组织施工图设计编制

1. 组织施工图设计编制

（1）提供资料清单

施工图设计编制阶段，建设单位应向设计单位提供以下材料：

①初步设计文件、设计图纸及概算书；

②项目前期取得的批复文件（含初步设计批复文件、规划意见、工程规划许可证及其他相关文件等）；

③其他相关部门及单位对初步设计的意见文件；

④审查通过的工程地质勘察报告；

⑤项目所在区域规划及上位规划材料；

⑥各专业设计提出的地形图、项目周边市政基础设施资料等；

⑦其他为明确项目要求的基本材料等。

（2）质量控制

建设单位应与设计单位充分沟通对接项目的设计要求，组织设计单位根据上一阶段初步设计文件、行政主管部门专家评审意见、批复文件、规划及环保等有关部门的意见，结合项目所在地现场实际及相关规划情况，开展施工图设计文件编制工作。施工图为初步设计的深化设计，原则上不应修改建设内容、规模、标准、范围，并确保投资可控。在项目施工图设计关键节点及制约项目设计开展的情况，建设单位应根据项目实际情况，审核设计内容的合理性和可实施性。

（3）进度控制

为确保设计单位的设计成果保质保量按时提交，建设单位应在合同中约定，要求成果提交的主要节点，并与整体的工程推进计划相一致。在整个设计编制过程中，建设单位要核查设计工作的进展并提出意见及建议。在开始设计前，建设单位要审查设计单位提出的施工图设计进度计划的合理可行性；在设计编制阶段，建设单位要对实际完成情况设计工作进行定期检查，对比计划进度情况，若发现偏差，要分析原因提出合理的建议措施，提高设计工作进度；对于存在严重偏差的情况，建设单位则要组织设计单位重新调整或修改原计划。

2. 方案内部评审

在完成施工图设计初稿后，建设单位应要求设计单位应对施工图设计成果文件进行内部审核把关，重点审查总体设计、各专业设计、工程预算及与初步设计的一致性等内容，确保项目设计安全合理、技术可行、投资可控。

（三）施工图设计的确定

施工图设计通过设计单位内部评审后，设计单位将施工图设计文件报至建设单位进行审查。建设单位可组织相关部门或聘请专业领域的从业人员作为评审专家进行评审，从符合规划、技术可行、安全合理、投资限额、可实施性等角度分析，确定施工图设计，对项目设计进行审核把关。评审内容主要包括总体设计、各专业设计、工程预算、与初步设计变动情况等内容，评审应形成会议记录等书面的会议材料。建设单位评审后，设计单位应根据评审会意见，结合项目的实际情况，修改完善施工图设计。

三、价值工程在施工图阶段的应用

经过前两个阶段的反复论证、评审，项目的使用功能和方案已经确定，施工图设计阶段是更加细化、具体化的过程，这个过程的价值管理体现在每个分部、分项，甚至是具体材料、施工方案的选择上。针对每个细节的设计均采用价值管理方法进行分析是不现实且不合理的，在本阶段建议结合限额设计指标，对施工技术成熟、材料选择多、造价占比多的部分和限额设计指标紧凑的部分引入价值工程进行分析。在施工图设计阶段，建设单位就委托造价人员介入图纸审核，在涉及造价多的材料和施工方法设计上进行价值工程分析，比选出满足功能条件的全过程成本更低的方案或选材。

四、施工图设计编审管理

主要是针对施工图设计成果文件的编制管理及审核工作。

（一）施工图编制管理

建设单位应组织设计单位依据项目所在地相关区域规划、上位规划等规划文件及项目初步设计报告、规划及发改部门出具的前期批准文件，结合项目所在地自然及周边设施环境情况，根据项目工程地质勘察资料、建设目的、合同要求和相关规范要求，开展施工图编制工作。

1. 编制依据

政府投资项目施工图编制依据包括项目所在地区总体规划、上位规划及控制性规划等规划文件；项目取得的批准文件、初步设计报告等前期文件；项目所在地区气候气象、地理条件、工程地质勘察报告；公用设施与运输条件；规划、用地、环保、卫生、绿化、消防及抗震等相关要求；施工图设计应按照国家、地方等规范及相应行业规范进行设计，并满足设计合同要求。

2. 编制内容

施工图设计应根据批准的初步设计和必要准确的勘察等资料进行编制，其设计文件应能满足施工招标、施工安装、材料设备订货、非标设备制作、加工及编制施工图预算的要求。对于技术简单、方案明确的小型建设项目，经主管部门批准，工程设计可从方案设计阶段直接进行施工图设计。施工图编制应进一步具体明确工程设计方案、技术原则、设计标准及各项基础设计参数，通过详细的设计，编制正确、完整的施工图纸；应符合工程建设强制性标准；地基基础和主体结构应符合安全性要求；消防工程应具有安全性；应符合民用建筑节能强制性标准，对执行绿色建筑标准的项目，还应符合绿色建筑标准；设计应符合法律、法规、规章等规定。

（二）施工图设计审核管理

1. 施工图设计的要求

政府投资项目施工图设计应满足设备材料采购、非标准设备制作和施工要求，满足设计合同要求。建设单位应对施工图设计文件设计进行审查。若建设单位相关管理人员缺乏，可组织专家会对设计进行审查或委托项目管理公司来解决。施工图设计深度应满足住房和城乡建设部对于相关工程类别设计文件编制深度规定。以市政工程为例，设计深度应满足《市政公用工程设计文件编制深度规定》中施工图设计部分相关要求。施工图设计的要件包括设计总说明、所有专业设计图纸、工程预算书、各专业计算书等，见表4-4-1。

施工图设计相关要求一览表　　　表 4-4-1

序号	设计要件	设计深度相关要求
1	设计总说明	设计总说明包括概述，设计内容，采用的新技术、新材料的说明，施工安装注意事项及质量验收要求，运转管理注意事项等

续表

序号	设计要件	设计深度相关要求
2	设计图纸	（1）总平面布置图：采用比例 1:2000~1:10000，图上内容基本同初步设计，而要求更为详细确切。 （2）管线设计图：包括平面图、纵断面图、各种小型附属构筑物。纵断面图和平面图应相互对应并进行必要的说明，末页列出主要工程量表。 平纵断面图一般采用比例横向 1:500~1:2000，纵向 1:100~1:200，图上包括纵断面图与平面图两部分，其他内容同初步设计，并附主要工程量表；各种小型附属构筑物详图包括排水井、跌水井、雨水井、排水口、闸井等；倒虹管、涵洞以及穿越铁路、公路等详图采用比例 1:100~1:500。 （3）厂站设计图：包括工程区域位置图、总平面图、工艺流程图、厂站竖向布置图、管渠结构示意图、各构筑物和管渠附属设备的建筑安装图、管道综合图、绿化布置图。 总平面图比例一般为 1:200~1:500，并列出构筑物和建筑物一览表、工程量表和主要技术经济指标表；工艺流程图采用比例竖向 1:100~1:200，表示出生产工艺流程中各构筑物及其水位标高关系，主要规模指标；竖向布置图包括厂区原地形、设计地面、设计路面、构筑物标高及土方平衡数量图表；管渠结构示意图表示管渠长度、管径（渠断面）、材料、闸阀及所有附属构筑物，节点管件、支墩，并附工程量及管件一览表；厂内排水管渠纵断面图标出各种排水管渠的埋深、管底标高、管径（断面）、坡度、管材、基础类型、接口方式、排水井、检查井、交叉管道的位置、标高、管径（断面）等；厂内各构筑物和管渠附属设备的建筑安装详图采用比例 1:10~1:50；管道综合图应标明各管线的平面布置，注明各管线与构筑物、建筑物的距离尺寸和管线间距尺寸，管线交叉密集的部分地点，适当增加断面图，表明各管线间的交叉标高，并注明管线及地沟等的设计标高；绿化布置图比例同污水处理厂或再生水厂平面图，表示出植物种类、名称、行距和株距尺寸，种栽位置范围。 （4）单体建构筑物设计图：包括工艺图，建筑图，结构图，采暖通风与空气调节、冷及热源机房、建筑给水排水设计图，室外管网图。 工艺图比例一般采用 1:50~1:100，包括平面图、剖面图及详图；建筑图比例一般采用 1:50~1:100，包括平面、立面、剖面图及各部位构造详图、节点大样；结构图比例一般采用 1:50~1:100，包括结构整体及构件详图；采暖通风与空气调节、冷及热源机房、建筑给水排水设计图比例一般采用 1:50~1:100，包括平面图、剖面图、节点详图、系统图；室外管网图包括总图平面图、纵断面图（比例：纵向为 1:500 或 1:1000，竖向为 1:50）、横断面图、节点详图等。 （5）电气设计图、仪表及自动控制、机械设计等相关专业图纸
3	投资预算	包含编制说明、工程总预算表、单项工程综合预算表、单位工程预算书等。具体要求详见投资编审管理

2. 施工图设计管理要点

政府投资项目施工图设计管理过程中管理要点有以下方面：

（1）施工图设计应符合规划

进一步根据所在区域总体规划、控制性规划、专项规划及项目征求各相关部门意见等相关文件，审查项目在规划层面的符合性，确保与上位规划保持一致性。

（2）施工图设计应合法合规

注重审查施工图设计文件的范围、内容、规模、标准及各专业设计对相关规范标准及法律强制性条文的执行情况，同时应符合当地政府相关文件的要求。

（3）施工图设计内容、建设标准应与初步设计一致

建设单位应以初步设计为依据，重点关注与已批准的初步设计及其批复意见是否一致，原则上建设内容、规模、标准及方案不能随意变动；若因正当理由修改调整的，调整后的设计文件应向原审部门进行重新申报。

（4）施工图设计应确保项目建设目标及功能的实现

重点审查政府投资建设项目的目标及功能是否通过施工图设计得以实现。通过优化施工图设计，确保初步设计中项目社会、生态和经济各效益目标的实现。

（5）施工图设计应具有可实施性、安全性

注重审查施工图设计的可实施性及地基、主体的安全性。施工图设计为现场施工的指导性文件，安全合理的施工图设计对工程施工有着重大的影响。建设单位应积极与有关部门沟通协调，解决制约工程目标效益实现的问题，避免设计与实际施工脱节现象，确保实际施工的顺利推进。

（6）施工图设计应确保投资可控

建设单位应根据前一阶段批复的投资概算，要求设计单位注重限额设计管理理念，在合理优化设计的基础上，对投资预算进行控制，减少工程实施超概风险。

五、施工图预算编审管理

施工图预算在投资管控过程中具有承上启下的作用，施工图预算较初步设计概算更能准确地反映设计图纸的量、价，是设计方案技术、经济两个方面的细化、量化，通过与初设概算的对比分析优化设计方案，可以使工程投资得到有效控制。在实际操作中只有不列入政府固定资产投资计划、由财政支持的项目，根据财政投资评审管理规定，由财政评审部门对预算进行评审，其他项目只需要批准初步设计概算即可开展施工招标工作，因此，建设单位未开展该类型项目施工图预算的审核工作，本节以应开展施工与预算编审管理角度介绍相关工作内容。建设单位在对设计

单位发布设计任务时应明确施工图预算编制的要求，为确保施工图的经济性，建设单位或其委托的咨询单位应对预算进行审核，结合批复的初步设计概算，确定合理的施工图预算，作为后续考核招、投标文件工程量的依据。对于需要报审的施工图预算，经建设单位或其委托咨询单位复核完成后按要求报送投资评审部门评审，并对评审进行动态跟踪。向评审部门争取合理费用，并根据评审结果要求设计单位相应调整施工图。

(一)施工图预算与招标控制价的区别

1. 二者的区别

施工图预算是由设计单位在施工图设计阶段根据施工图纸编制的，是设计文件的组成部分，既是考量评价施工图设计经济性的参考文件，也是建设单位安排施工期间建设资金计划和使用建设资金的依据。招标控制价是由招标人或其委托的造价咨询机构编制的，是招标文件的组成部分，是承包单位投标报价的基础，也是施工招标的最高限价。施工图预算编制时依据施工图纸、设计图集，相应的预算定额和地区单位估价表，项目的技术复杂程度以及项目所在地的经济人文等条件；招标控制价文件编制依据是设计文件、招标文件、工程技术、质量、工期承包范围等，以及建设工程工程量清单计价规范和一些质量验收标准。二者在编制依据上的不同，引起了主材单价的差别和取费的不同，详见表4-4-2。

施工图预算与招标控制价的区别　　表4-4-2

项目	编制时间	编制单位	编制依据	作用
施工图预算	施工图设计阶段	设计单位	(1)施工图纸、设计图集； (2)预算定额、地区单位估价表； (3)技术复杂程度及所在地的经济人文条件	(1)设计文件的组成部分； (2)考量施工图经济性； (3)安排施工期间资金计划
招标控制价	施工招标阶段	招标人或其委托的造价咨询机构	(1)设计文件、招标文件； (2)工程技术、质量、工期承包范围； (3)建设工程工程量清单计价规范； (4)质量验收标准	(1)招标文件的组成部分； (2)承包单位投标报价的基础； (3)施工招标的最高限价

2. 注意事项

施工图预算编制时需要充分考虑现场地勘情况，具体参考勘察设计阶段形成的勘察报告，施工现场地质情况对施工难度和造价可能产生的影响在编制施工图预算时有所体现。对于国家规定不招标的工程，必须编制施工图预算。不招标的工程有：涉及国家安全、国家秘密或抢险救灾而不适宜招标的；属于利用扶贫资金实行以工代赈需要使用农民工的；施工主要技术采用特定的专利或者专有技术的；施工单位自建自用的工程，且该施工单位资质等级符合工程要求的；在建工程追加的附属小型工程或者主体加层工程，原中标人仍具备承包能力的工程等。

（二）施工图预算的编制管理

设计单位完成施工图设计后应组织同步完成施工图预算的编制工作，并对编制结果负责，开展施工图预算编制工作时，应完成内部审核流程，向建设单位提交审核确认的成果文件。

1. 编制依据

施工图编制依据主要有：

（1）批准的施工设计图、说明书及相关标准图集和规范；

（2）批准的初设概算文件；

（3）相应的预算定额，项目建设地其他计价依据和政策性文件，预算编制当期的经政府或有关部门发布的造价指标、信息；

（4）合理的施工组织设计和施工方案，包括项目地质勘查情况；

（5）人工、机械、材料等价格和调价规定；

（6）项目的技术复杂程度及新技术、专利使用情况；项目所在地自然条件和社会条件等。

2. 编制内容

施工图预算由总预算、综合预算和单位工程施工图预算组成，其中，单位工程预算包括建筑工程预算费、安装工程预算费、设备及工具、器具购置费用等。各个单位工程预算构成单项工程综合预算，总预算费用除各个单项工程综合预算外还包括工程建设其他费、预备费等。编制完成的施工图预算成果应包含下列内容：

（1）子项目施工图预算编制说明，说明中具体描述工程概况、编制范围、编制依据、编制原则、取费标准、存在问题等。

（2）分析施工图预算构成，按建筑工程预算和设备安装工程分别针对计量、计价、取费等描述造价主要构成。说明建设工程其他费用的取费标准及依据，说明单位工程人工、材料、设备、机械台班等费用选取，以及其他需要说明的问题。

（3）分析施工图预算与审定的初设概算存在的主要差异，说明原因。

（4）编制各子项目总预算表、单项工程预算表、单位工程费用汇总表、单位工程预算表、单位工程工程量计算书、单位工程人材机汇总表、措施项目汇总表等。

（三）施工图预算的审核管理

1. 施工图预算的要求

施工图预算作为考量施工图经济性的参考资料，对于其准确性、合理性都有一定的要求。设计单位编制施工图预算的要求如下：

（1）对于施工图预算编制及提交评审的时间要求为施工图评审完成后的合理时间内，具体根据项目规模大小和复杂程度确定。

（2）施工图预算编制人、审查人、负责人应符合专业资质的持证造价人员。其中审查人、负责人须持有注册造价工程师执业专用章。

（3）资料要求：

①工程地质勘查文件，设计说明书、正式出版的施工蓝图（达到施工图预算编制深度）及同版本的 CAD 软件版、施工图会审记录；

②经过批准的初设概算，经批准的施工组织设计或施工方案；

③施工现场条件相关资料（地质、水文、地貌、交通、环境及标高测量等）；

④其他能对工程造价构成影响的资料文件。

（4）施工图预算的编制范围要完整、准确地反映该项目施工图中所有工作内容，应包含工程建设其他费等。

（5）施工图预算计价依据。建安工程费编制依据应包含建设项目当地的预算定额和涉及各个专业的消耗量定额及当地其他计价依据、政策性文件；经政府或有关部门发布的造价指标、信息；其他法律法规文件等。

2. 施工图预算的审核要点

建设单位或其委托的咨询公司结合初步设计概算评审情况，依据经审核的施工图、一般施工组织设计开展施工图预算审核工作，明确施工图与初步设计图纸的差异，与概算进行对比分析，就投资差异重点分析合理性，重点抽查工程量大和结构复杂的项目，综合单价、主材的合理性以及项目特征描述与施工图纸的一致性。

（1）编制依据的审查

①扩大初步设计是否完成，成果是否满足要求；

②使用的预算定额、费用定额及信息价格等是否符合相关规定；

③后续的政策、法规及调价文件是否及时执行；

④编制依据的使用范围是否合理。

（2）施工图预算内容的审查

施工图预算内容的审查主要从以下几个方面开展：

①预算是否在批准的设计概算范围内，内容是否完整，是否与施工图一致；

②结合本项目具体情况，参照类似项目技术经济指标，分析本项目预算的合理性；

③结合市场行情，考虑是否在预算中预估价格上涨因素以及预估是否合理；

④审查工程量的计算是否准确，相应的特征描述是否与图纸一致；

⑤套用的定额及缺项估价是否准确；

⑥人工、材料及设备的单价是否合理；

⑦各项取费是否合理，系数调整是否得当，工程其他费用的计算基数和比例是否符合要求。

第五节　项目深化设计管理

政府投资项目往往具有工程体量大、专业复杂交叉、施工难度大等特点，根据现有施工图等设计成果，结合现场实施条件，继续深化专项设计，细化、优化复杂节点或工艺设计，使深化设计后的图纸具备现场可实施性，满足不同专业相互协调要求，确保项目顺利推进。深化设计作为设计与施工的介质，立足于协调各个专业，发现问题、反映问题并提出建设性意见，可有效控制政府投资项目成本、缩短施工周期、确保设计可实施性。本节从深化设计范围及意义、管理工作流程及内容、深化设计管理及审核等方面阐述深化设计的设计管理工作。

一、深化设计范围及意义

（一）深化设计的范围

深化设计是指在施工图设计的基础上，结合施工现场实际情况，对图纸进行的细化、深化、补充及完善。深化设计后的图纸符合所在区域的规划、技术标准、设计及施工规范，满足设计合同要求，设计与施工达成融合，能直接指导现场施工。

对于房建项目而言，深化设计主要涉及钢结构、幕墙工程、室内精装修、弱电工程、门禁安防系统、防排烟开启系统、室外景观绿化工程、泛光照明、电梯工程及地下室支护工程等专业，主要包括以下三个方面：一是对施工图具体构造方式、工艺做法及工序安排进行优化调整，设计具备可实施性，满足项目精确按图施工的严格要求；二是对施工图详细的工艺性节点、剖面进行优化补充，对工程量清单中未包括的内容进行补漏事宜，便于准确调整施工预算；三是通过优化施工图，明确装饰与土建、幕墙等专业的施工界面，明确交叉施工内容，为各专业顺利配合施工创造条件。

（二）深化设计的意义

政府投资项目通过深化设计，可提高项目的可实施性，有利于推进项目进度，控制项目投资。

1. 提高项目的可实施性

通过深化设计对施工具体的构造方式、施工工艺做法及工序安排进行优化调整，设计具有更完善、更具有可实施性，满足现场施工要求。同时，深化设计工作强调发现问题，立足于协调各专业交叉等问题，提出建设性的解决方法，保障设计的最终具体实现。

2. 有利于推进项目进度

深化设计为设计成果的进一步深化、细化、系统化及可实施化，明确土建、安装及相关单位的工作范围，为配合各专业交叉施工提供有利条件，更利于指导施工建设，有利于推进项目进度。

3. 有利于控制项目投资

通过深化设计，设计图纸更为详尽，各节点设计更加明确，对设计图纸中未能表达详细的工艺性节点、剖面进行优化补充，对工程量清单中未包括的施工内容进行补漏，便于项目工程预算的精确化，有利于控制项目投资。

二、管理工作流程及内容

为确保项目顺利推进，建设单位应明确或组织深化设计单位根据项目专项工程的具体特征，结合合同中约定的深化设计工作内容及相关要求，制订科学合理的深化设计流程，保证深化设计及后期工作有序开展（图 4-5-1）。

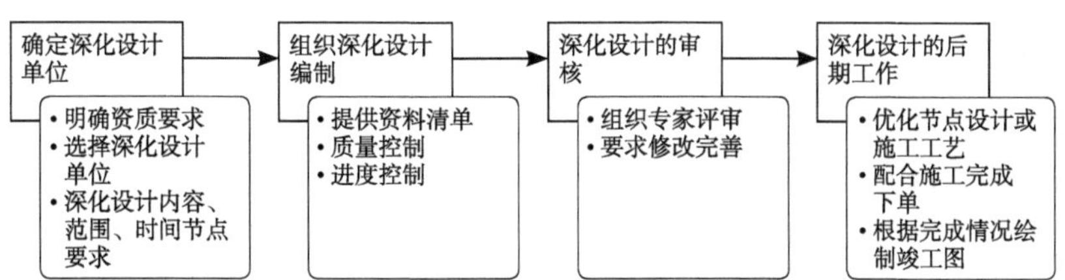

图 4-5-1　施工阶段深化设计管理流程

（一）确定深化设计单位

建设单位在组织深化设计前应根据相关法律法规等文件，明确深化设计项目所需的设计单位资质要求，确定深化设计单位，确保项目设计的质量和安全。如幕墙工程深化设计单位应符合住房和城乡建设部《建筑幕墙工程设计与施工资质标准》资质要求。建设单位在确定深化设计单位后，应在设计合同中明确提出深化设计的内容、范围及时间节点等相关要求，强化设计单位咨询职能，便于深化设计编制工作的开展。

（二）组织深化设计编制

1. 组织深化设计编制

（1）提供资料清单

建设单位需提供给深化设计单位的资料清单如下：

①施工图及预算书；

②项目前期取得的批复文件；

③审查通过的工程地质勘察报告；

④项目所在区域规划及上位规划材料；

⑤其他为明确项目要求的基本材料等。

（2）质量控制

建设单位应与深化设计单位充分沟通对接项目的设计要求，组织设计单位根据现有设计成果文件、行政主管部门专家评审意见、批复文件、规划及环保等有关部门的意见，结合项目现场实际及相关规划情况，开展深化设计编制工作。在设计单位深化设计编制过程中，建设单位应对以下文件进行审查：一是深化设计单位根据现有设计成果文件及设计说明等相关资料绘制的深化设计施工方案图，建设单位应审查图纸的合理性及对可实施性提出意见或整改建议。二是对于深化设计单位根据现场测量尺寸出具埋件布置图、立框图、龙骨平面、立面、剖面及节点详图等施工详图，若需变更，则要与设计单位沟通出具变更图纸。深化设计文件要符合相关法律法规、行业规范、设计合同等要求，同时也应满足施工的要求。

（3）进度控制

为确保设计单位的设计成果保质保量按时提交，建设单位应在合同中约定，要求成果提交的主要节点，并与整体的工程推进计划相一致。在整个设计编制过程中，建设单位要核查设计工作的进展并提出意见及建议。在开始设计前，建设单位要审查设计单位提出的施工图设计进度计划的合理可行性；在设计编制阶段，建设单位要对实际完成情况设计工作进行定期检查，对比计划进度情况，若发现偏差，要分析原因提出合理的建议措施，提高设计工作进度；对于存在严重偏差的情况，建设单位则要组织设计单位重新调整或修改原计划。

2. 深化设计内部审核

在完成深化设计初稿后，建设单位应要求设计单位应对深化设计成果文件进行内部审核把关，重点审查与原设计保持功能统一并具有连续性、合法合规等内容，确保项目深化设计安全合理、技术可行、投资可控。

（三）深化设计的审核

深化设计通过设计单位内部评审后，设计单位将施工图设计文件报至建设单位进行审查。建设单位可组织相关部门或聘请专业领域的从业人员作为评审专家进行评审，从技术可行、安全合理、投资限额、可实施性等角度分析，确定深化设计，对项目的深化设计进行审核把关。

（四）深化设计的后期工作

与一般设计阶段不同，深化设计通常与施工并行开展，根据施工现场情况，建设单位应组织深化设计单位会根据现场实施情况，优化各节点设计或施工工艺，完成下单等工作。如幕墙工程确定深化设计后，建设单位应组织深化设计单位根据现场测量尺寸，确定出具分面分区一对一编号的石材编号图、加工图及下料单，规则有序确保加工、施工过程有序进行。针对建筑工程幕墙等多工种且跨专业的系统集成专项工程，幕墙系统的实施常与通风、照明、防水、精装修、泛光等专业交叉，这些专业同时也衍生在幕墙系统上，需在幕墙上进行开孔、固定、穿线等。这就要求建设单位在管理时，加强与深化设计单位、承包单位、施工单位、供应商等相关单位的调度沟通，分析专项工程的重点和难点，及时发现并解决各方制约推进因素，如为精装修、机电等专业确定最佳固定点位、受理构件交叉点合理划分等问题，协调推进工程建设。在项目施工完成后，建设单位组织深化设计单位根据现场实际完成的情况，实测实量，进行竣工图的绘制工作。现场测量等记录可为竣工结算提供基础测量依据。竣工图完成后经施工单位等相关人员校核并盖章后方有效，建设单位需留存最终的成果文件。

三、深化设计管理及审核

深化设计是在招标控制价中相应暂估价的限额下开展设计，具体材料的选取、方案的细化等采用价值管理方式选择、确定，分析每种材料、方案对于项目功能的满足与成本的关系，通过多方询价、方案调整等设计出价值最高的方案，价值工程在深化设计管理中的应用与施工图设计阶段相同。结合深化设计的范围及意义、管理工作流程及内容，下面从深化设计的管理目标、管理要求及审核要点三个方面探讨深化设计管理的工作要点。

（一）深化设计管理目标

政府投资项目深化设计，可补充施工图设计文件中专项设计的不足，并协调各专业解决各转专业交叉施工等问题，确保设计落地实施，保障项目施工顺利开展。因此，深化设计是设计与施工之间的桥梁及介质。建设单位通过深化设计管理，对深化设计进行质量、进度、投资管控，确保政府投资项目设计合理、技术可行、投资可控，确保项目经济、社会及综合效益的实现。在质量控制方面，应严格要求设计单位按照设计相关标准及规范设计，通过组织专家论证会、引入项目管理公司等方式对设计文件进行层层把关，全面校核，确保设计能指导工程实施施工；在进度控制方面，建设单位通过组织深化设计单位制定工作计划、建立定期调度机制等方式，对深化设计工作进行进度管控，提高推进效率；在投资管控方面，建设单位应要求设计单位通过严格执行设计标准规范，运用限额设计理念，进行标准化深化设计，确保深化设计的投资可控。

（二）深化设计管理要求

1. 深化设计的内容要求

深化设计为根据项目建筑及结构条件，结合项目投资、现场条件、市场材料及产品结构，对施工图纸进一步补充、完善及优化。深化设计应在满足相关规范的前提下，经济、合理地对各专业设施及支撑与固定件综合排布，明确细部工艺及节点设计，确定各专业之间流水工序，有效指导现场施工作业，满足项目全生命周期的安全要求，科学有效地降低投资成本。深化设计内容应包括相关图纸目录、总说明、平面图、立面图、剖面图、详图及必要的计算书等。

2. 深化设计的技术要求

深化设计应符合国家、行业规范及标准等规定；应满足设计合同要求；深化设计应具有可实施性，同时确保项目的安全性及功能性；深化设计应布局合理、安全可靠；细部工艺质量应体现质感及美感；对材料及设备的采购等环节应具有针对性及指导意义；施工工艺应满足现场要求；专业设施布局应合理，间距应满足操作及检修空间需求；各专业支撑及固定设施布置应安全可靠、经济合理。

3. 深化设计的造价要求

政府投资项目的深化设计工作应注重投资管控，深化设计应严格执行设计标准规范，运用限额设计理念，进行标准化深化设计，确保深化设计的投资可控。相关经验表明，合理的深化设计可将造价降低5%~10%。因此，在一定程度上，深化设计的造价控制对项目的最终投资有着重要的影响。建设单位要对深化设计的相关工程量及投资进行核算，判定深化设计的投资是否合理，是否在项目投资范围内，确保投资可控。

（三）深化设计审核要点

深化设计的成果文件应与原设计相统一，符合相关法律法规条文及专业技术规范要求，应满足设计要求及合同要求。同时深化设计可全面指导施工建设，达到图形合一的建设成效。另外，深化设计还应满足项目后期的运行管理的要求。

1. 深化设计应与原设计统一

深化设计通常为某专项图纸的加深设计，应注意审查深化设计内容、功能、标准与原设计一致性。以建筑工程为例，对于外装饰的深化设计，应与整个建筑物的设计风格相一致，其中外墙饰面材料、颜色及风格也应与原设计相一致；对于内装饰的深化设计应在原设计的平面格局、设计思路的基础上进行设计；对于室外景观绿化深化设计应与原建筑设计相融合。

2. 深化设计应合法合规

审查深化设计时，应注重设计文件对于相关法律法规及技术规范的执行情况，是否满足强制性规范要求，是否满足国家规范、行业规范、地方规范的要求，是否满足国家规范、行业规范、地方规范的验收要求，是否符合行业的普遍做法等。以建筑工程幕墙工程为例，幕墙的深化设计文件应满足《建筑幕墙》GB/T 21056 中提出的抗风压性能、水密性能、气密性能、热工性能、变形性能等要求。

3. 深化设计应满足设计要求

深化设计是原设计图纸的细化、深化，应满足招标时标段的要求，并设计合同中对于设计范围、设计深度等相关要求，符合项目主体结构及设备等的要求，确保合同要求的项目效益功能的实现。

4. 深化设计应利于指导施工建设

审查深化设计是否有利于指导施工建设。利于指导施工建设具体包括两个方面：一是针对深化设计文件中专项设计不足的地方，深化设计应加强细节部位的大样图等设计，确保项目可实施；二是针对各专业间存在交叉问题，深化设计应协调各专业交叉问题，确保各专业间合理穿插，如建筑工程中深化设计可避免不同类型管线间的碰撞、钢结构与钢筋的冲突、设备末端与装饰效果的冲突等问题。深化设计应为工程实施进度、质量和成本的有效控制提供保障。

5. 深化设计应注重限额设计

深化设计文件中要注重设计方案、建材等选择，建设单位应结合市场最新材料、设备采购等价格，合理优化设计，确保投资管控在施工图预算等原设计文件要求的投资限额内，避免突破。

6. 深化设计应满足后期运营管理要求

深化设计应考虑设计对于后期运营管理的相关事项，确保项目建成后社会效益、经济效益及生态效益的实现。

第六节　项目设计变更管理

建设项目的实施是一个不断完善的过程，从设计阶段到招标阶段，从合同签订到竣工结算，由于项目内外部环境变化和设计方案的调整，各种计划外的经济变更都会影响项目的投资。设计变更是建设项目实施过程中为了保证设计和施工质量、完善设计、纠正错误及满足施工现场调解变化而进行的必需的设计修改工作。虽然很多政策规定限制了建设项目的设计变更，但是设计变更往往难以避免，尤其是在一些投资规模大、施工条件复杂、建设周期长、参建单位多的项目中更是屡见不鲜。

长期以来存在许多因设计变更导致“三超”现象成为政府投资项目管控难题，加强设计变更管理对于规范政府投资项目管理，控制工程质量、进度和投资，提高投资效益等有重要意义。本节从设计变更的工作内容、管理流程和工作要点进行阐述设计变更管理。

一、设计变更原因及类型

设计变更内容广泛、产生原因复杂、规律可循性差，在项目实施过程中需要明确变更原因和类型以便有针对性地、高效地进行管理。

（一）设计变更的原因

设计变更作为项目管理中不稳定的变化，是影响政府投资建设项目投资管控的不确定因素，分析其产生的原因有助于在政府投资项目管理过程中减少设计变更，本文从主、客观角度对设计变更产生的原因进行分析，实践操作中主客观因素通常是互相影响的。

1. 主观原因

引起设计变更较大的原因之一是建设单位对于项目需求的变化。由于前期项目需求挖掘不充分或政策、形势的变化，都会导致建设单位需求的变化。因政策原因导致的需求变化属于客观原因，因设计单位缺乏沟通、调研，对建设单位的需求挖掘不充分，导致项目实施过程中建设单位提出更具体的需求而变更设计则是可以避免的主观原因。设计深度不够、设计错误、设计漏项、设计不合理或设计资料输入错误等，则是由于设计单位失误引起的变更，属于设计成果质量问题，可以通过选择优秀的设计单位、要求设计单位加强内审、强化设计成果审查等方式避免。除此之外，施工过程中由于施工单位的管理水平、技术水平等欠缺，或施工单位为了获取更大利润、增加工程量等提出设计变更，也属于主观原因。

2. 客观原因

项目实施过程中设计规范的变化，影响建设项目的政策调整以及材料、工艺的更新替换和市场变化等都是引起设计变更的客观因素，虽然政策、规范、市场等客观原因不受控制，但在设计管理过程中，注意关注前沿设计理念、政策趋势和工艺变化，要求设计单位结合趋势开展设计工作，可以减少此部分的变更。

（二）设计变更的类型

根据变更发起提出方的不同，设计变更可以分为以下四类：

1. 建设单位要求的变更

建设单位在施工阶段为了进一步完善建设项目使用功能或者由于某些政策变化导致功能发生变化而要求增加或减少设计项目。这类变更如果在施工之前提出，对项目投资影响较小，如果在施工过程中提出，不仅会造成施工单位的返工，还会引起索赔。

2. 设计单位发出的变更

设计单位发出变更一般是一些完善性补救措施，即对原设计图纸差错的修正。有些是因设计规范的变化，规划部门或施工图审查机构对图纸的修改要求。也有些是因为设计阶段设计时间紧张导致设计本身存在漏项、设计专业之间存在冲突或与现场不符，需要通过设计变更进行完善。

3. 施工单位提出的变更

施工单位在施工过程中因为各种原因也会提出设计变更请求。可能引起施工单位提出变更的原因，一是施工单位在施工过程中发现图纸存在技术性错误，或出于建设项目更合理的角度提出善意的变更请求；二是施工单位试图通过变更增加工程量，以期获得最大化利润；三是施工单位在施工过程中由于施工技术或施工能力不足，为了降低施工难度、加快施工进度而要求设计单位提供技术支持的设计变更。

4. 监理单位提出的变更

除了在图纸会审阶段监理单位根据有关规范提出设计变更的建议外，在施工阶段，如果出现违反《建设工程监理规范》GB/T 50319 的情况，监理单位也应主动提出设计变更的建议。

二、管理工作流程及内容

无论由哪方提出设计变更，均应由监理单位会同建设单位、设计单位、施工单位等共同协商，经审批通过后发布正式的设计变更图纸或设计变更通知书，变更的相关资料作为项目结算的依据资料（图 4-6-1）。

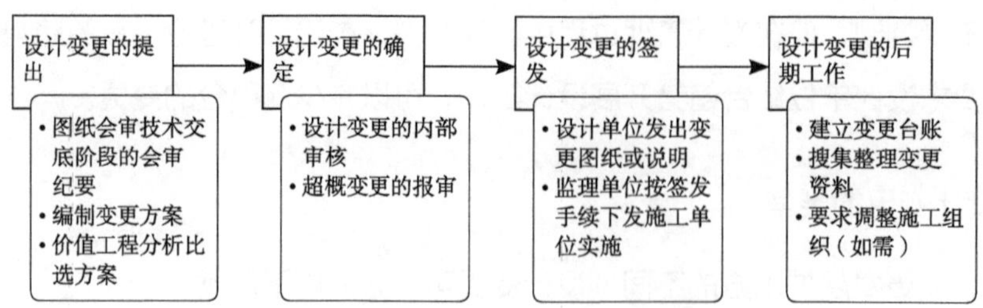

图 4-6-1　施工阶段设计变更管理流程

（一）设计变更的提出

施工图纸会审、技术交底阶段，参加会审的相关单位针对施工图纸提出的各种问题和处理意见，形成图纸会审纪要后，及时对需要完善、调整的部分进行变更，并计算变更造价。施工阶段，建设单位因政策变化或需求变化需要变更时，组织设计单位与造价咨询单位编制变更方案，采用价值工程分析方法比选出价值高的变更方案；其他参建单位当发生需要变更的事项时，及时提出设计变更意向，并组织相关人员编制变更方案、计算变更造成的经济影响。

设计变更资料包含：

（1）变更的内容，具体包括变更的理由，变更的内容，变更与原施工图设计文件袋差异等；

（2）变更对关键工期的影响及调整要求；

（3）变更的经济影响，包括变更对建设成本和资本性支出及对项目运营、使用造成的投资变化等，附必要的工程量计算书、变更预算书及相关资料等；

（4）变更后的设计图纸及相关文件；

（5）监理、设计等相关单位对变更的意见等。

（二）设计变更的确定

1. 设计变更的内部审核

建设单位组织参建单位从变更合理性、及时性、经济性等方面对变更方案进行研究、评审，计算设计变更对建设项目造成的影响，根据变更涉及的投资变化确定下一步工作。如果设计变更费用达到一定范围，根据政府投资条例需要进行专家论证或报投资主管部门审核的，需要按规定流程执行。

2. 超概变更的报审

《政府投资条例》明文规定，“政府投资项目建设投资原则上不得超过经核定的投资概算”，设计变更应控制在批复的投资概算范围内。但施工过程中确因国家政策调整、价格上涨、地质条件发生重大变化等原因产生的设计变更，导致投资概算增加的，建设单位应当提出调整方案及资金来源，并按照规定的程序报原初步设计审批部门或者投资概算核定部门核定，涉及预算调整或者调剂的，依照有关预算的法律、行政法规和国家有关规定办理。对于因上述原因变更导致概算增加的，按规定进行报批。建设单位组织项目管理单位配合评审部门进行变更的核定。

（三）设计变更的签发

建设单位确认变更意见后，由设计单位发出相应的变更图纸或说明，再由监理单位签发手续，下发到施工单位实施。严禁未经审批随意变更。

（四）设计变更的后期工作

施工过程中，建设单位管理人员或委托的项目管理单位要及时建立变更台账，对变更内容进行记录、管理。在发出设计变更后，要及时搜集整理相应的资料作为后期结算依据，如有必要还需要求施工单位就设计变更调整施工组织。

三、设计变更管理及审核

设计变更是在项目预备费的限额下、以不能超批复的施工图预算或概算指标为限开展设计变更和审核，具体变更方案的细化采用价值管理方式选择、确定，分析变更方案对于项目功能的满足与成本的关系设计出价值最高的方案，价值工程在设计变更中的应用与施工图设计阶段相同。结合深化设计的工作内容、深化设计的工作流程，下面从深化设计的审核及管理要求两个方面探讨深化设计管理的工作要点。

（一）设计变更管理目标

设计变更是设计管理中最不稳定、不确定的一部分，需要建设单位组织项目管理单位在项目实施过程中跟踪管理，要求各单位严格履行设计变更程序，做到事前变更、事中监督、事后及时计量确认。通过价值工程分析，对引起设计变更的原因、设计变更的内容和设计变更造成的影响进行分析、管理，以规范化的管理减轻设计变更对建设项目造成的不利影响，确保建设项目能按期、保质地完成，掌握变更产生的投资动态调整情况。同时，在设计变更管理过程中注意变更资料的收集管理，以备合同履约完成后针对不同变更原因进行索赔和反索赔。规范的设计变更管理应满足优化原则，以提高工程质量、缩短建设工期、节约工程成本、推进技术进步为目标，还要做到合规原则，符合国家有关工程强制性标准及技术规范，符合工程质量和使用功能要求，符合环境保护要求。另外，设计变更管理还要坚持风险分配原则，通过规范的设计变更管理规避或减小项目风险。

（二）设计变更管理要求

1. 尽量提早进行设计变更的时间

设计变更如果发生在设计阶段，只需要对图纸进行修改，不会造成其他损失，对项目投资影响较小；如果在设备采购阶段进行变更，不仅需要修改图纸，订购的设备、材料还需重新采购；如果在施工阶段发生变更，需要对已施工的项目进行拆除重建，不仅造成经济损失，还会引起施工单位的索赔。因此，应尽量将设计变更控制在设计阶段。在不可避免发生设计变更时要注意各个专业的协调，以免出现满足变更专业出现的问题，却造成其他专业的缺陷，进而引起再次变更。

2. 做好前期分析和图纸审查

建设单位的需求应在项目决策阶段通过各种论证分析得以确定，在设计阶段通过施工图纸表达出来。因此要加强决策阶段和设计阶段工作成果的审查，论证设计是否满足建设需求和使用功能，并对一定时期的需求进行预判，减少建设单位提出设计变更的情况。同时加强对设计图纸的技术审查，要求设计单位在设计阶段就完善图纸，进而减少设计变更。

3. 加强对设计变更的审查

建设单位应组织项目管理单位和监理单位从投资、功能、质量和工期等方面严格审查设计变更，并在设计变更不可避免地发生后，要及时与施工单位确定变更涉及的工程量和价款，如果变更会引起工期的变化，还需要施工单位提交变更的施工计划。

4. 加强施工准备阶段的管理

加强对施工准备阶段图纸会审、图纸交底及技术交底工作的管理，在图纸交底、图纸会审时，让施工单位充分理解设计意图，提前发现设计图纸中存在的问题，以提早设计变更的时间，减轻变更带来的损失。加强技术交底的管理，让施工管理人员更规范操作，实现设计意图，而减少因施工技术不足导致的设计变更。

（三）设计变更审核要点

建设单位组织项目管理单位在熟悉、了解项目施工情况、投资审批情况等基础上，对上报的设计变更资料进行审核，减少不必要的变更，合理控制设计变更造价，具体审核要点如下：

1. 审核设计变更内容的完整性

变更的内容，包括变更的理由、变更的具体内容、变更与原设计的差异等；设计变更对关键工期和总工期的影响及调整要求；设计变更对建设成本、运营和维护成本的影响。设计变更的内容应全面考虑，涉及多个专业的变更，各个专业应及时协调处理，防止出现变更不完全或由变更导致后续其他变更的情况。

2. 审核设计变更技术性的可行性

对设计变更引起的项目工期、质量、进度等要素进行审核。审核设计变更的必要性和合理性，确认原设计是否不能保证工程质量要求，是否属于设计遗漏或与现场不符而无法施工非改不可的设计；即使是变更要求在技术经济上是合理的，也需将变更产生的效益与引起的损失进行比较，权衡轻重，计算损失和效益时需考虑全寿命周期的情况；审核设计变更的背景和产生设计变更的原因，明确设计变更产生的提议单位、主要参与人员和时间等，针对设计变更产生的原因是施工工艺或规范的改变，或是设备选型不当以及设计单位根据情况进行提高或降低标准、设计漏项、设计失误或其他原因，明确设计变更损失的责任方，在合同履约完成后向对应责任人进行索赔。

3. 审核设计变更造价的合理性

建设单位造价人员或受其委托的造价咨询单位，要对设计变更引起的工程量变化进行核算，判断设计变更预算构成是否合理，造价变更是否在项目预备费范围内。其次经过变更前后的造价分析对比，判断设计变更在经济上的合理性，对于不可避免的变更，可采用价值管理方式对拟变更的部分进行各种方案的比选、分析，要求设计单位调整出价值高的设计。

4. 审核设计变更时间的及时性

对设计变更进行审核时，还需要结合技术、造价等因素，考虑设计变更提出的时间是否合理。尽量在施工之前提出，或是发现问题时及时提出，并收集整理设计变更提出方、提出时间等资料作为后续索赔、反索赔的依据。

第七节　设计管理典型案例与分析

政府投资资金主要投向市场不能有效配置资源的社会公益服务、公共基础设施、农业农村、生态环境保护、重大科技进步、社会管理、国家安全等公共领域的项目，以非经营性项目为主。结合北咨公司项目设计管理实操管理行为及实践经验，本节以公共基础设施类某市政管网改造及农村生活污水治理工程、生态环境保护类某河道治理工程为例，通过介绍工程案例的背景情况、问题分析与结论，阐述在方案设计、初步设计及施工图设计等不同阶段的设计管理实操作法，以使读者更好地理解本章节内容，为政府投资项目开展设计管理提供可借鉴经验。

案例一

某市政管网改造工程设计管理

（一）案例背景

该市政管网改造工程位于某超大城市下辖区县的老城区内，排水系统现状主要存在以下问题：一是排水管线大部分为合流制管网，常有污水、雨水溢流至地面，严重影响城区环境；二是排水设施落后、结构老化、内壁腐蚀严重，管线内有毒有害气体严重超标，造成路面塌陷，影响城市交通；三是排水管线设计标准偏低，大部分道路雨水重现期小于1年，经常发生积水，内涝现象严重；四是排水管道破损、淤积严重，日常维护不到位。该改造任务被列入该市年度重点建设项目，是地方政府重点推进工作任务。项目建设单位引入项目管理单位开展全过程项目管理。

通过对敷设于道路下的现有合流制管道进行雨污分流改造，建设雨水、污水管线，减少污水混合溢流入河，改善河道水质，恢复水体的生态功能及提高河道景观效果。该工程为固定资产投资项目，可研批复总投资约4.3亿元。

（二）案例问题

（1）项目开展初期，随着区域定位的改变和工程标准的提高，相关已有雨水与防涝工程规划、污水排除与处理工程规划、市政道路规划均需重新编制，在前期基础条件薄弱条件下，如何尽快明确项目建设内容及标准，制定经济合理的设计方案？

（2）该项目为政府重点投资项目，项目建设单位如何在各阶段设计中对投资进行管控？

（3）项目位于老城区，改造管线路范围内存在雨水、污水、电力、热力、燃气及通信等多种地下管线，拆迁改移复杂，投资占比较大，如何在地下管线拆迁改移设计中对投资进行管控？

（三）问题分析

问题 1

项目开展初期，区域相关雨水与防涝工程规划、污水排除与处理工程规划、市政道路规划均在编制中，需结合周边道路、再生水厂建设时序安排以及上下游管线连通情况，梳理改造基本原则，明确具体建设内容及标准。

（1）具体建设内容的确定

因区域定位改变及提高，原有的雨水、污水及处理设施规划已不适用于新的发展要求，项目建设单位委托专业规划编制单位，重新开展雨水与防涝工程规划、污水排除与处理规划、再生水利用规划编制工作，由项目管理单位配合梳理委托规划的具体范围、内容、投资指标及成果提交节点等要求。并协助建设单位梳理提供项目所在区管网测绘图、现况管网图、城区及道路积水报告、雨污水排除规划、类似项目投资造价指标等基础材料，由设计单位对老城区排水现状情况进行现场踏勘、调研。老城区内普遍为合流制排水体制，短期内难以全部实现分流制排水体制，为减少投资、提高经济效益，需分阶段分步骤地实施排水系统改造。分析本地区类似项目政府投资造价指标及对应标准，结合区域定位和工程标准要求，选取样本区间平均造价为基础值，结合具体方案要求以样本区间最高值为上限。同时，经建设单位组织多次研讨、论证、分析，明确了优先开展管线改造的道路选择原则：

一是为避免污水直排入河，优先对沿河道路实施雨污合流改造；

二是作为主要排水下游，优先实施主干路雨污合流改造；

三是优先有效解决老城区内积水、内涝问题；

四是选择具有分流制排水下游的道路，优先进行雨污合流改造；

五是实施小片区雨污合流改造，分流域逐年实现各个片区雨污分流；

六是优先选择交通影响可控的道路，避免大拆、大建。

在设计单位完成设计方案编制，报送发改部门开展立项评估前，项目管理公司受建设单位委托，从设计合理性和经济适用性等角度对设计方案开展预评估，对技术方案及施工措施进行优化。考虑工程实施条件、道路规划等因素减少改造道路数量及长度，优化了支护措施方案，调整措施投资所占比重。

最终确定改造道路总长度17km，新建污水管线17.8km，雨水管线15.8km。

（2）设计标准确定

建设单位组织设计单位，及时与规划编制进行对接，结合最新雨水、污水规划成果及排水设计相关规范要求，确定的设计标准为：主干路雨水管线设计重现期为5年一遇，次干路和支路3年一遇；主要雨水管道入河口的管内顶高程基本不低于规划要求洪水位。污水管线的使用年限较长，因此在污水管道设计标准上应充分留有余地，参照用水量标准，用水量的长远增长以及工业用水的节水等因素，根据老城区分片区不同特征采用不同的标准。

问题2

从方案设计阶段、初步设计阶段、施工图阶段不同阶段阐述设计管理的优化管理及投资管控开展情况。

1. 方案设计阶段

建设单位委托项目管理公司，在充分调查研究、评价预测、勘察工作的基础上，从项目的规划符合性、合法合规性、建设必要性、经济合理性、技术可行性、可实施性等方面进行复核，综合分析确定方案设计。

（1）方案设计优化管理

以管材比选与施工措施两个方面介绍方案设计优化管理。

①管材比选

项目管理公司在对管材选择进行评估时，针对设计单位提出的比选方案，综合考虑市政工程常用的钢筋混凝土管、钢管、HDPE管、玻璃钢夹砂管4种管材的使用寿命、抗渗性能、承压能力、经济性等条件，认为项目选用钢筋混凝土管基本合理。管材经济技术比选表见表4-7-1。

管材经济技术比选表 **表 4-7-1**

管材性能	钢筋混凝土管	钢管	HDPE 管	玻璃钢夹砂管
使用寿命	较长	较长	长	长
抗渗性能	较强	强	较强	较强
防腐能力	较差	差	强	强
承受外压	可深埋，能承受较大外压	可深埋，能承受较大外压	受外压较差，易变形	受外压较差，易变形
施工难易	较难	方便	方便	方便
接口形式	承插式橡胶圈止水	现场焊接刚性接口	电熔环焊接承插式 + 密封圈	承插式 + 密封圈承插粘结
粗糙度（*n* 值）水头损失	0.013～0.014 水头损失较大	0.013（水泥内衬）水头损失较大	0.008 水头损失较小	0.009 水头损失较小
重量管材运输	重量较大，运输较麻烦	重量较大，现场制作	重量较小，运输方便	重量较小，运输方便
价格（以 1000mm 为例，万元 /km）	便宜（80）	较贵（120）	较贵（150）	较贵（140）
对基础要求	较高	较低	较低	较低

②施工方法及措施优化

建设单位针对设计单位方案设计中的施工方法开展技术评审，从经济性、现场施工条件、工期要求等因素分析，发现部分路段施工方法应进行优化。特别是对于支护方案，聘请了结构和岩土专业专家进行函评。在与设计单位多次就支护方案、方涵、土方工程、路面拆除修复等具体方案沟通后，选定经济合理的方案。具体优化情况如下：

根据不同路段的实际情况，对明挖、顶管两种施工方式的可行性分析和经济技术进行比较，选用不同的实施方式。

关于埋深较小管线施工，考虑雨污水管线合槽施工可实现半幅路施工半幅路导行的条件、经济性、道路交叉路口交叉支线较多、部分不满足顶管施工条件等因素，选择明挖加支护施工方式。其中，通过优化支护措施方案，减少拉森钢板桩使用量；适当增加钢板桩 + 挡土板支护沟槽长度。

关于埋深较大管线施工，因覆土厚度 3.5～6.5m，若明挖支护量大，且对交通影响大，现状交叉管线多、埋深浅，综合考虑对交通、工期、支护、管线改移等因素的影响，采用小口径顶管施工方式。

（2）投资估算管理

设计单位完成设计方案及投资估算编制后，履行内部审核程序后上报建设单位，建设单位委托项目管理单位对投资估算内容开展初步评审，形成预评估报告。评审工作主要针对实施范围、管线路由管线布置、支护形式、施工措施及投资等方面提出修改意见，要求设计单位按要求修改。

项目管理单位对投资指标进行复核，报建设单位确认后，将投资单价指标提交设计单位，要求设计单位参考投资指标优化设计方案、调整投资，并将总投资额控制在已批复的投资额内。针对存在异议的内容，建设单位组织设计单位与项目管理单位召开对接会，明确综合投资指标。建设单位将设计单位调整完成的投资估算文件报投资评审部门开展评审工作，根据评审情况要求设计单位完善方案及估算内容，最终形成投资评审部门的评审报告。

经项目管理单位评估，总投资由9.2亿元核减至4.7亿元。

投资主要调整原因：一是建设范围调整，实施的雨、污水管线长度减少，核对后取消部分实施必要性不强的道路；二是沟槽支护工程，优化支护措施方案，减少支护费用较高的拉森钢板桩使用量；三是管线拆改工程，包含电力、自来水、燃气、热力、通信管线拆改，优化管线拆改方案，投资调减。

投资评审部门参考专家意见，按照现行有关工程计算方法及相关专业规范，结合近年项目的实施情况，参考信息价和目前市场价格，对该项目总投资进行了调整。评估后该项目总投资为4.3亿元（不含拆迁）。

评审调整主要原因：一是根据信息价和市场价调整人工单价、材料价格；二是调整基坑较浅的管段型钢桩＋挡土板支护方案为密挡土板，自来水管线、热力管线参考相似工程按延米长度；三是调整主体工程零星工程费，取消管线改移中的工程建设其他费、预备费及非固定资产费用；四是核减路面拆除、恢复面积，取消管线改移工程费用中与主体工程重复部分内容，取消渣土消纳费。

对比发现，建设单位通过委托项目管理单位对投资估算开展预评估，极大地减少了投资估算的核减率，提高了投资估算管控，进而使得方案设计阶段的成果更加经济。

2. 初步设计阶段

建设单位及其委托项目管理公司以批准的可行性研究报告及批复文件为基础，对项目的设计原则和标准、建设规模、建设目的、投资效益及限额设计等方面与批准的方案设计进行复核，对设计中提出的问题、注意事项及有关建议进行分析论证。同时，审查设计成果文件是否满足编制施工图设计、主要设备订货、招标及施工准备等要求，是否符合设计合同要求。

（1）初步设计优化管理

①设计文件一致性复核

审查设计文件时，主要对提交的设计资料的完整性、合理性和准确性进行分析，核查设计内容与所政府相关批复意见、要求的一致性、有效性等。

经复核初步设计建设内容与可研批复基本一致，设计标准与设计原则等与可研批复一致。但报告中需充分说明污水、雨水管线设计标准的计算方法、采用参数、依据规范标准以及分析论证等内容。针对初步设计阶段中雨水口及沉泥检查井数量较可研批复增加较多，应补充说明原因。

②部分设计优化调整

初步设计文件中，部分道路缺少支管纵断面图、雨水箱涵结构图、道路恢复平面图、放坡开槽断面图及顶管施工相关图纸，要求设计单位补充完善。检查井井盖设计应具有五防功能，并检查井防坠落装置大样图。结合上下游路段最新规划雨水管线建设情况，合理优化管网改造设计。

另外，考虑所有户线均能接入设计雨水、污水管道，建议设计单位根据道路两侧的实际情况，在现况道路路口及居民小区的街坊路口等处预留雨、污水收集支管及污泥井，预留支线管道及检查井应出路面外，并应避免与周围建构筑物矛盾。

（2）初设概算管理

设计单位根据投资估算的批复意见编制完成了项目初步设计及初设概算，经设计单位内部审核完成后报送建设单位。建设单位组织项目管理单位开展初步设计报告的评估，依据相关办法、计量计价规范及相关政策文件要求，初步审查初设概算是否以批复估算投资为限额，初设概算是否准确反映实施方案的投资以及与设计方案的一致性。针对报送文件中建设内容重复计算、缺漏项及数据来源的合理性、价格的正确性等进行初步审核并与设计单位沟通，要求对报送文件进行调整、完善。

设计单位报送概算投资额增加约4000万元，较可研批复增加9.3%。具体增加内容为：一是增加钢筋混凝土偏沟式双篦雨水口井；二是增加圆形混凝土沉泥井；三是增加沟槽支护工程措施费；四是部分路段增加顶管工作竖井。

经过各分部工程分析投资差异，总结发现需调整和待核实情况有以下几种类型：一是存在超批复文件的情况，包含工程量超批复、单价超批复以及项目存在批复中不包括的内容；二是部分工作的必要性、合理性有待论证，存在必要性不足的工序和不合理的费用；三是未按地方文件计取规费、税费；四是报送文件存在前后不一致的情况，包括人工费、材料费计价原则与编制说明不一致，工程量与初步设计图纸不一致，汇总表与明细数据不一致，存在缺漏项或缺投资明细；五是部分方案费用偏高，存在经济性优化空间；六是部分内容缺乏支撑依据，如材料费高于市场的价格但无相关价格文件，夜间施工、二次搬运、冬雨季施工在方案中未体现，缺乏计价依据，施工队伍调遣里程起点无支撑依据；七是图纸不完善或缺少必要方案，导致部分工程量无法计算、费用漏算；八是存在部分定额套用错误，重复计价费用。

（3）施工图阶段设计管理

建设单位及其委托的项目管理公司，以批准的初步设计为基础、初设概算为限额，审查设计文件与初步设计的一致性、要件的完整性、合法合规性和投资是否在概算批复范围内等，同时审查设计成果文件是否满足施工招标、安装、材料设备采购等要求，是否符合设计合同要求。

①施工图设计文件复核

审查设计文件时，主要对提交的设计资料的完整性、合理性和准确性进行分析，核查设计内容与所政府相关批复意见、要求的一致性、有效性等。

施工图设计建设内容与初步设计基本一致，设计标准与设计原则等与可研批复一致。但施工图中部分管线、方涵设计尺寸、管理高程等存在较大变化，应说明变化原因。通过进行现场调研，掌握现场周边环境及实施条件变化情况，进一步复核了管线建设的必要性及可行性。

②施工图设计优化

施工图设计文件中，应结合工程实际现场施工条件，要求设计单位进一步优化支护方案、降排水方案等施工措施；对于道路恢复，道路结构应按原状结构进行恢复，提供原状道路结构图纸。

问题 3

本项目设计管线与现况燃气、热力、电信、电力、给水、雨污水等管道存在交叉，建设单位委托地质勘察单位出具详细物探图，明确管线保护范围和管线拆改范围；组织设计单位根据不同管线性质采用了不同的保护方案，委托具有相应专业资质的设计单位出具专项管线改移方案。

1. 方案设计阶段

在方案设计阶段，对于地下管线改移方案，建设单位组织项目管理单位从要件完整性、设计深度、改移必要性、经济合理性等角度进行评审。评审发现管线改移原则不明确、改移投资不合理等问题，要求优化调整。对于下一阶段应根据详细物探资料，与各类管线产权单位及时沟通，结合现场实际情况进一步优化管线改移方案，保证工程顺利实施。

2. 初步设计阶段

本项目设计管线与燃气、热力、电信、通信、电力、自来水等现况管线交叉。主要从地下管线改移的必要性、与可研批复的一致性、方案合理性、设计深度及要件完整性等角度进行设计管理。在设计单位提交的管线改移设计文件中，发现如下问题：

设计深度方面，燃气管线未达到初步设计深度，缺少管线纵断面设计图及相关节点设计详图；缺少地下管线改移破除及恢复路面平面及横断面设计图纸，应与雨污合流工程区别计算，避免重复计量；缺少对现有管线进行保护的设计方案及相应投资；要求设计单位补充完善上述相关图件。

与可研批复一致性方面，部分道路下增加通信管道及光缆拆改、减少给水管线拆改内容等，与可研对比变动较大；对于道路增加拆改交叉处数量及管线拆改长度，要求设计单位进一步核实拆改必要性。

方案优化方面，改移后的地下管线与雨水、污水管线的安全距离不足，要求设计单位根据《室外排水设计规范》GB 50014、《建筑给水排水设计标准》

GB 50015 进一步复核管线间的安全距离；另外，部分改移管线与设计雨污水管线不存在交叉，改移性不足，要求设计单位重新论证分析改移必要性，避免后期实施超概。

3. 施工图阶段

针对设计单位提交的地下管线改移方案，结合现场实施条件，进一步从地下管线改移的必要性、经济合理性及技术可行性等角度进行复核，同时设计深度及要件应满足相关规范要求。

（四）结论

该市政管网改造工程按照先下游后上游、先干管后支管的实施时序，结合交通承载力、城市环境保障及道路规划等多方面，有计划、有步骤地有序推进，先期开展 11 条道路下的管网改造。在设计管理过程中，通过比选方案设计、调整管线路由、优化施工方法、限额控制投资等，对设计文件进行层层把关，为后期项目的实施提供了有效的技术支撑，对消除老城区黑臭水体、改善城区水体水质具有重要意义。

案例二

某河道治理工程设计管理

（一）案例背景

该河道位于某城市下辖区县的老城区，是城区周边居民日常休闲游憩重要场所，随着生活水平的不断提高，对水环境改善要求日益强烈，现状河道主要存在以下问题：一是河岸为硬性混凝土护砌，阻隔了水气及营养物质的交换，不利于河道水生态系统的恢复及构建，滨水景观效果也有待进一步提升；二是河道亲水性差，缺少人行园路及亲水平台；三是现状河道防洪标准低，不符合规划相关要求。该项目是地方政府重点建设工程，项目建设单位为当地水务部门，引入项目管理单位开展全过程项目管理。

通过项目实施，可提高河道行洪排水能力，保证防洪安全，增加河道的亲水性，改善河道两岸的滨水生态环境。该河道治理长度 5km，主要建设内容包括水利及景观绿化两部分，水利部分涉及河底清淤、主槽扩挖及挡墙砌筑、水位变动区护岸、堤防填筑及现状雨水口改造等内容，景观绿化部分涉及岸坡景观提升及绿化、慢行绿道系统及园路、景观照明等内容。工程总投资约5.5亿元，该工程为固定资产投资项目。

（二）案例问题

（1）在城市建成区河道治理设计过程中，需与哪些政府部门加强协调沟通？其重点注意事项有哪些？

（2）项目开展初期，所在区域内控规、专项规划正在编制更新，设计与规划编制同步推进，如何解决与规划冲突等问题，尽快稳定设计方案？

（3）如何在设计各阶段，加强投资管控？

（三）问题分析

问题1

在方案设计过程中，就设计方案及时征求所在区域规划、园林绿化、文保、市政市容委等部门意见，综合各委办局及专家意见，组织设计单位对方案进行了多次优化调整，使方案更加经济合理。

（1）方案编制过程中，所在区域内控规、专项规划正在编制更新，设计与规划编制同步。区域控规在河道两岸均规划有景观道路，道路红线宽20m，位于本河道蓝绿线之间，将会导致河道设计断面变陡，部分段河道缺少亲水空间。规划部门及建设单位多次组织河道设计方案与区域控规编制单位沟通对接，由于景观道路近期内不会实施，经过多次沟通对接，达成一致意见，河道巡河路结合规划景观道路，其非道路功能与河道治理结合，共同提出近远期结合的方案。

（2）河道本身为国家重点保护文物，在设计中，按照不破坏文物周边地形、地貌为原则，对河道进行治理及对周边进行景观提升，并按照相关保护规划的要求，完善河道两岸游览展示系统，梳理和河道的历史文化，进行重点展示。

（3）本次河道治理将河道边坡与绿化带融为一体，形成自然缓坡型式断面，打造清新明亮、水清岸绿的滨水景观。景观绿化方案经过规划、园林等部门及专家审查，多次实地调研，发现上游段河岸存在现状较好的树木，故本次方案以保护原有植被为主要原则，尽量利用保护现状大规格树木，适当增补乡土树种为主，对原有植物进行梳理，适当移植和补种，并减少硬化广场及建构筑物等相关设计内容。

（4）景观照明设计，征求了市政市容委的意见，照明系统方案重点突出历史文化特色，以重要节点为主，点线面相互结合，形成多层次，并与周边河道照明风格主体差异互补，建立完整连续的功能照明系统。

问题2

河道项目方案初期确定的建设内容包括河道治理、新建节制闸、新建巡河路，利用河道缓坡空间建设初期雨水截蓄廊道，新建穿河综合管廊，污水截流井改造及雨水口改造工程，建设景观绿化工程以及智慧水务工程等。项目管理单位聘请专家对方案进行预评估，避免建设资金的浪费。本项目在预评估过程中对项目建设内容的必要性、经济技术合理性及规模等进行了分析论证，对初期雨水截蓄廊道、穿河综合管廊、节制闸等通过综合考量后予以取消。

（1）河道现状两岸沿河污水旱天已实现截流，但仍存在雨期排水量超过截污管线负荷后合流水直排入河的问题，方案为解决此问题考虑在河道两岸建设初期雨水截蓄廊道。但根据项目周边雨水分流制改造规划及河道流域初期雨水截蓄方案尚没有完全确定，该项目初期雨水（现状雨污合流水）截蓄廊道实施后存在与总体规划布局可能衔接不顺的风险。由于受两岸征地拆迁及施工总进度的制约，现阶段雨水廊道实施的经济合理性优势并不明显。同时，根据一般经验，初期雨水多采用源头截流的方式进行收集。考虑到政府建设资金的安全和利用效率问题，将初期雨水（现状雨污合流水）截蓄廊道、相应雨水抽排地下泵站及相关工程予以取消。

（2）方案依据规划路网的建设计划，项目新建穿河综合管廊2处，但该建设计划仅规划三条道路穿越河道，并未明确提出需随路建设综合管廊。同时，考虑到综合管廊属于系统性工程，入廊管线众多，需要对入廊管线进行分仓设计，投资巨大，需有明确的规划条件，一旦在预埋管廊位置不符合规划条件或预埋管廊分仓与管廊设计不符，势必造成预埋管廊作废，造成投资浪费。另外，由于综合管廊需要专业单位进行管理、维护，该项目预埋管廊有可能仅为一条综合管廊的一部分，存在不符合综合管廊管理单位要求的风险，且对今后资产移交造成较大麻烦。因此，考虑到目前河道周边无地下管廊规划，新建穿河综合管廊无规划条件，后期衔接工程存在极大的不确定性，综合管廊的建设必要性不足，予以取消。

（3）项目规划范围内涉及世界文化遗产，是全国重点文物保护单位的部分遗产构成。为恢复河道的历史景观，同时使上游段河道形成观赏水面，方案在古桥下游新建节制闸，抬高上游常水位。但考虑河道及古桥为国家级重点文物，水闸的建设破坏了河道及古桥周边的风貌，综合考虑取消节制闸。

问题 3

在设计不断深化过程中，通过初步设计阶段及施工图阶段对雨水改造、景观绿化、地下管线改移、土方平衡、施工措施等设计进行合理优化，确保投资严格控制在批复投资限额内。

1. 初步设计阶段

初步设计阶段的设计管理工作主要是以批准的可行性研究报告及批复文件为基础，考虑拆迁、征地范围及数量的影响，对项目的设计原则和标准、建设规模、建设目的、投资效益及限额设计等方面与批准的方案设计进行复核。通过对初步设计进行审查复核，提出方案优化的建议，控制投资。

（1）雨水口改造方案，要求对位于河道起点处文物保护范围内的河道岸坡及雨水口在满足河道防洪排涝的前提下，尽量维持现状不变，对需随着河道主河槽拓宽及岸坡景观提升进行改造的雨水口，要求结合周边雨水排除规划对雨水口改造位置及数量进行优化。

（2）景观绿化方案，在初步设计复核过程中，要求结合地区实际情况，在充分考虑安全的前提下进一步细化设计方案。在绿化设计中，要求考虑水利行洪的要求，河道排水标准为 50 年一遇，10 年一遇洪水位以下主要以花卉或观赏草为主（点缀灌木）。10～20 年洪水位间，草灌结合；20～50 年洪水位间，以地被、草坪为主，在重要的景观视觉焦点种植点景树；50 年洪水位上，以乔木为主，打造一种郊野自然的滨河景观种植带，整体形成多层次、多梯次的景观种植效果；在滨水步道设计中，要求依据相关绿道系统规划要求，充分考虑城区居民休闲需求及绿色出行需求及与周边现有交通设施接驳、与上下游河道绿道系统的有序衔接，工程实施后可实现河道绿道的全线连贯。

（3）地下管线改移方案，本项目设计管线与电信、燃气、电力、污水、热力、给水等现况管线交叉。设计管理工作主要根据详细勘察资料，复核地下管线改移的必要性、方案合理性、设计深度及要件完整性等。要求设计单位在可研方案阶段的基础上，进一步细化专项设计方案，并充分考虑管道同期施工的问题，避免投资浪费。

（4）工程概算，严格控制初步设计概算，严格执行可行性研究报告批复文件要求。

2. 施工图阶段设计管理

施工图阶段的设计管理工作主要是对施工图纸与初步设计的一致性、图纸的深度及完整性、施工组织设计、施工图预算等进行审查。在对河道施工图进行复核时，主要对施工组织设计及工程投资方面提出了优化建议。

（1）土方平衡。审查要求综合考虑景观方案用土及区内其他工程用土，在土方施工组织设计章节应有详细的土方平衡说明，编制土方处置方案，提供处置去向书面支撑材料，并详细说明河道水土保持的具体措施。同时，根据相关要求，开工前应编制水土保持监测方案，施工过程中及时开展水土保持监测工作，及时报送相关材料。

（2）临时边坡支护，为避让河道两岸部分无法拆迁用地及保护现状堤顶树木，本次河道治理时部分主槽挡墙开挖需采取临时边坡支护措施。审查要求临时边坡支护型式应按照现状河道断面、挡墙开挖深度、地质情况及附近地下管线等情况综合考虑，确保支护型式的合理、经济及安全等。

（3）导流围堰，方案及初步设计阶段按照5年一遇非汛期（10月～次年5月）按照流量作为施工期导流标准，围堰高度按照非汛期常水位加超高确定，围堰平均堰高2米。但在编制施工图及计划施工阶段，下游河道也在同步实施，下游河道无法泄水，导致河道内常水位较高，达到3米左右。审查要求施工单位及时与下游河道沟通对接，统筹考虑导流问题，合理制定导流方案，确保施工安全。

（4）施工图预算，要求在初设概算批复范围内优化调整施工图预算，并根据《政府投资条例》等文件要求加强过程投资管控，确保投资严格控制在批复投资限额内。

（四）结论

该河道治理工程位于城市建成区，在设计过程中，充分采纳吸收各相关部门意见，统筹考虑了滨水空间打造、历史文化的挖掘及保护、现状树木的保护及利用，方案通过了上级政府审议，且投资管控在河道治理指标范围内。通过项目实施，将提高河道行洪排水能力，增加河道的亲水性，改善河道两岸的滨水生态环境，体现水生态、水安全、水景观、水文化等要素，构建一条具有古韵风貌的生态滨水廊道。

案例三

某市农村生活污水治理工程设计管理

（一）案例背景

随着各级政府对水污染防治工作的深入贯彻，水环境治理重点逐渐由城镇地区向农村地区延伸。为加大农村地区基础设施建设、解决农村地区水环境突出问题，某市重点开展农村生活污水治理，通过新建截污管线及污水处理站，对农村生活污水进行收集和处理，避免污水直排入河。并综合考虑资金、实施条件等因素，经当地政府决议近期主要针对污水直排以及非汛期存在污水径流的村庄，分批次开展截污。该工程是区政府重点工作任务，项目资金来源为财政专项资金。

（二）案例问题

1. 在方案设计阶段，如何应用价值工程理论，获得经济合理的设计方案？

2. 在初步设计及施工图阶段，不同于固定资产投资项目，阐述财政专项资金支持项目投资管理主要流程及审核情况。

3. 在项目推进过程中，如何开展设计变更管理，确保投资可控？

（三）问题分析

问题 1

方案设计阶段，设计单位提出对两种污水收集、处理方案，即集中处理和分散处理。建设单位组织项目管理单位采用价值工程的分析方法对两种方案进行比选分析。

1. 功能分析与评价

经过分析，污水处理方式需满足建设项目功能的因子有：技术可靠性、处理出水水质标准、运维监管三个方面，见表4-7-2，委托项目管理单位分析各功能的重要性，进行重要性系数的确定。

功能因子影响分析表　　表4-7-2

功能因子	影响分析	重要性系数
处理出水水质标准	出水水质是衡量项目建设成效的重要标准，按相关规划需达到《地表水环境质量标准》（GB 3838—2002）Ⅳ类标准	4
技术可靠性	技术可靠便于操作，才能达成项目建设目标，便于长期实现农村生活污水治理	3
运维监管	建设信息化、自动化程度高，便于监管，有利于目标实现	3

2. 功能系数计算

结合各阶段的技术经济要求，设计出集中处理和分散处理两种方案，根据方案特点分别对两种方案的功能以10分制打分，打分结果乘以功能因子重要性系数得出功能评价分数，分散处理方案的功能评价分数为59，集中处理方案的功能评价分数为91，分数计算过程详见表4-7-3、表4-7-4。然后，计算出两个方案的功能系数为分散处理=59/（59+91）=0.393，集中处理=91/（59+91）=0.607。

两种方案的功能评价表　　表4-7-3

功能因子	重要性系数	分散处理			集中处理		
		方案特点	功能满足分值	功能评价分数	方案特点	功能满足分值	功能评价分数
处理出水水质标准	4	规模约50～400m³/d，出水标准执行当地《水污染物综合排放标准》表2排放的限值B标准，需要进一步处理才能达到Ⅳ类标准	5	20	规模约800～5000m/d，出水标准执行当地《水污染物综合排放标准》表1的限值B标准，符合远期目标	10	40

续表

功能因子	重要性系数	分散处理			集中处理		
		方案特点	功能满足分值	功能评价分数	方案特点	功能满足分值	功能评价分数
技术可靠性	3	规模较小，采用集成一体化设备，工艺流程短，预处理措施少，在线监测点少	7	21	处理规模大，工艺流程完善，预处理措施完善，在线监测点完善，自动化程度高	9	27
运维监管	3	共90座污水处理站，8座污水提升泵站及105.3km截污管道，污水处理站规模小，分布分散，智慧平台建设难度大，运维及监管困难	6	168	包含5个集中污水处理站，22座污水提升泵站及116.94km截污管道，集中污水处理站及提升泵站自动化程度较高，运维方便，通过在线监测及智慧平台的建立，运行数据与相关部门联网，便于监管	8	24
小计	10		18	59			91

两种方案成本分析表 **表 4-7-4**

项目		单价（万元）	分散处理		集中处理		备注
			工程量	费用（万元）	工程量	费用（万元）	
工程建设总投资	管网建设里程（km）	0.55	55	15400	60	21000	分散处理按2800元/米计；集中处理按3000元/米计
	提升泵站（座）	250	6	1500	11	27500	按照一体化提升泵站计
	污水处理厂站（座）		42	8400	3	5200	1. 集中处理站按类似项目概算价格计； 2. 分散处理站规模在50～400m^3/d之间，按照一体化设备投资，单座污水站平均按200万元计（主体工艺为MBR）
	小计			25300		28950	

续表

项目		单价（万元）	分散处理		集中处理		备注
			工程量	费用（万元）	工程量	费用（万元）	
征地拆迁费	预估征地（亩）	50	68	3400	96	4800	
	预估拆迁费			17600		19200	根据设计阶段预分配情况，单延米管道征拆费约 4800 元 / 米
	小计			18880		20720	
运营费	直接运行费			17870		8935	吨水直接运行费分散处理 3.6 元 /m³，集中处理 1.8 元 /m³；处理污水水量约 6800m³/d，按 20 年运营计算
	大修基金			5060		5790	固定资产原值 *1.0%
	日常检修维护			2530		2895	固定资产原值 *0.5%
	小计			25460		17620	
全寿命投资总额				69640		67290	

3. 方案成本及成本系数的确定

分别计算两个方案全寿命周期投资额，分散处理总投资为 69640 万元，集中处理总投资为 67290 万元，分散处理的成本系数为 0.509，集中处理的成本系数为 0.491，见表 4-7-4。

4. 价值系数及方案的确定

根据价值工程公式，即价值 = 功能 / 成本，计算分散处理的价值为 0.393/0.509 得 0.773，集中处理的价值为 0.607/0.491 得 1.235，集中处理方式价值较高，宜选择集中处理方式。

问题 2

工程属于财政专项资金支持项目，由财政部门对项目预算进行评审。建设单位委托设计单位编制实施方案及概算，委托项目管理单位初步评审后，组织专家及相关部门联审，结合评审意见出具评估报告。建设单位要求设计单位根据评估报告调整实施方案及概算，并开展施工图设计及预算编制工作，经项目管理单位审核后，符合要求后报财政部门开展预算评审。

1. 初步设计概算管理

（1）初设概算管理流程

建设单位根据城市规划及财政投资预算对设计单位下发任务书，设计单位根据任务书具体要求编制实施方案和概算。建设单位委托项目管理单位对实施方案和概算开展预评估，配合组织召开规划、发改、环保等部门参加的联审会，由项目管理单位结合联审会意见形成预评估报告，要求设计单位按报告对实施方案及概算进行调整。

（2）初设概算的审核

设计单位报审初设概算为3.6亿元，项目管理单位依据行业概算定额、造价信息及工程建设其他费相关文件，按照现行有关工程计算方法及相关专业规范，结合近年项目的实施情况，参考目前市场价格，对该项目初设概算进行了评估。评估后该项目总投资为2.9亿元。

调整原因为：部分工程量计算不合理或重复计算；核增了部分缺漏项；提取部分费用并以更合适的方式计取；依据相关规定调整工程建设其他费的基数和比例。

2. 施工图预算管理

（1）预算管理流程

设计单位结合实施方案及概算的评估意见，编制施工图及预算，经内审后报送建设单位。建设单位委托项目管理单位对施工图及预算、施工组织设计等进行初步审核，提出优化意见，要求设计单位根据优化意见完善图纸及施工组织设计，并将预算投资额控制在概算误差范围内；建设单位将优化完善后的施工图及预算，经项目管理单位复核后报送财政评审，评审过程中根据评审意见要求设计单位继续补充完善相关资料，最终形成预算评审文件。

（2）预算的审核

报送施工图预算为2.9亿元。项目管理单位受建设单位委托对施工图预算进行初审，经审核预算编制在概算范围内，符合投资控制要求。

财政部门根据报送资料及争议问题沟通情况对施工图预算进行评审，评审结果为2.5亿元，审减金额0.4亿元。调整的主要原因为，工程量计入较多，依据送审图纸进行调整；综合单价较高，根据造价信息及市场价格进行调整；工程建设其他费、预备费及其他费用依据相关政策文件进行调整。

问题3

工程设计变更是工程设计、实施的重要环节，根据项目合同要求，在项目建设期间内，设计等单位应及时提出变更申请，并同时提供相应的依据文件。为规范工程变更管理，项目管理公司协助建设单位梳理明确变更处理流程。

根据本工程特点，划分为设计方案变更、施工工艺及措施变更两大类。

设计方案变更指工程规模、范围、设计标准、工程总体布局、重要建筑物结构形式等，对项目工期、安全、投资、工程实施效果、后期运维等产生较大影响的变更，如截污管线路由调整、高程调整等。

施工工艺及措施的变更是由于工程地质、施工场地、道路、拆迁伐移等条件变化导致施工工艺或施工措施等，对工程的工期、安全、投资等产生较大影响的变更，如明挖改拉管、基坑支护形式的变化等。

审核重点包括以下几个方面：

（1）材料完整性。上报变更材料应齐备完整，包括变更情况（变更缘由、变更依据、变更内容等）、变更前后图纸、变更前后工程量及技术经济比较、变更会签单等。

（2）变更依据。需提供变更依据材料，如建设单位关于功能调整的书面函件、现场实施条件变化证明材料等。

（3）技术要点。依据相关规范、标准，财政评审批复意见，对报送的设计及施工措施变更进行审核，重点审核变更必要性、技术经济合理性。

（4）经济指标。审核变更前后工程投资变化，保证总投资在概算批复的限额内。对于变更选取的具体方案进行经济比对，复核变更方案是否为当前情况下价值最高的方案。

（四）结论

该农村生活污水治理工程为财政专项资金支持项目，在设计过程中充分落实价值工程理念，统筹项目全寿命周期管理，合理确定设计方案；梳理固化财政专项项目审核流程，组织开展项目实施方案及概算评估，有力控制了工程总投资，加快推进工程预算评审及建设实施；规范工程设计变更流程及相关事项，确保控制在财政预算评审可控范围内，保证了政府建设资金的安全使用和利用效率。

导 读

招标合约管理是全过程项目管理的主要内容。通过项目招标合约活动，项目管理策划得以落实，各参建单位管理关系得以确立，以建设单位为中心，各参建单位与之协同的项目治理局面形成。尤其对于政府投资项目，投资管理十分重要，由于招标合约活动固有本质及与项目投资管理阶段性特征相契合，使得其在项目投资管理中发挥着重大作用，招标合约与投资管理的固有联系促进了两者间相互融合。总体看，项目管理科学性依赖于招标合约活动，更是对其成效的检验。实践中，工程人员往往缺乏对项目招标合约活动本质的深刻认识，未能清晰掌握其与投资管理的深刻关系，更未能将其作为抓手以提升项目投资管理效果。本章将系统介绍面向招标合约活动的管理，作为项目管理重要方面，将与投资管理有效融合并确保项目管理目标的实现。

第五章

政府投资建设项目招标合约管理

第一节　招标活动与投资管理的关系

招标合约活动与投资管理有着十分密切的关系，它具有阶段性的特点，贯穿于建设项目始终，为以建设单位为中心各参建单位协同管理的局面形成提供保障。在政府投资建设项目中，作为确保投资管理顺利实现的重要抓手，将项目策划中有关投资管理内容、各阶段投资管理具体要求，通过缔约阶段全面纳入合同条件，从而为建设单位实施投资管理创造了良好条件，在项目全过程管理视角，其核心是搭建面向合同约束的项目管控体系，这一体系将确保投资管理的顺利实现。招标合约活动作为市场交易过程，通过广泛的投标竞争，促进了中标价格的形成，价格优选过程所带动的技术经济优化，同样是投资管理核心思想的体现。通过梳理招标合约活动及投资管理的主要方面来探讨两者间的密切关系。

一、招标合约活动的阶段划分

（一）按项目全过程阶段划分

对于项目建设全过程而言，招标合约活动可按项目实施过程来划分，进而凸显其阶段性特征。第一，即施工前阶段是针对项目前期咨询服务事项组织实施招标合约活动的过程，该阶段合同数量多、金额小，缔约方式多样。第二，即施工阶段是针对施工总包、监理及各暂估价工程组织招标合约活动的过程，该阶段合同类型单一、数量少，金额大，多采用法定招标方式。第三，即施工收尾阶段是面向项目竣工验收与移交，针对各类检测、验收等事项及各类补充协议签订活动的过程，该阶段重在查遗补漏、处置争议或面向价款支付、结算组织必要谈判活动等。

（二）按招标合约执行阶段划分

由于建设项目招标合约以签约准备、合同签订及履约执行时序展开，由此，招标合约活动还可划分为计划、缔约及履约三阶段。相比而言，这种划分方式显得更加专业。其中计划阶段是对招标合约活动的顶层策划包括：确定管理主体、明确主体分工、建立管理制度、制定管理方案、编制合约规划等。缔约阶段则是依据计划阶段成果对缔约过程实施具体管理的过程包括：委托代理机构、组织过程文件编审、组织合同谈判以及协同缔约程序执行等。缔约阶段是合同形成的阶段，合同主体间各自利益诉求在该阶段显现。缔约阶段中有关招标合约活动的管理为后期项目科学管理与有利实施局面形成创造了条件。履约阶段也称为日常管理阶段包括：有关工程变更、索赔、争议处置等履约工作，与其他阶段相比，这一阶段周期则相对漫长。

二、招标合约活动的核心工作

无论是按项目全过程还是按招标合约活动执行阶段，招标合约活动的核心工作均存在较大差异，项目投资管理也正是通过与招标合约活动不同阶段工作相结合来实现管理目标的。需指出，对于政府投资项目而言，严格遵守法律法规，坚决执行政策性文件，落实执行主管部门监管要求是招标合约活动顺利开展的重要遵循。有关从招标合约活动执行视角梳理的不同阶段核心工作内容详见表 5-1-1。

招标合约工作阶段划分与核心工作内容一览　　　　表 5-1-1

阶段划分	核心工作	具体说明
计划阶段	确定工作目标	对照项目管理方案明确招标合约工作目标、原则与宗旨，明确招标合约工作总体方向等
	组织必要准备	为招标合约工作开展组织有关的技术、商务、经济以及行政审批的必要前置条件和准备工作，确保工作顺利开展
	编制合约规划	站在项目实施总体层面，对项目事项进行分类，规划合约类型、明确缔约时序、合同主体、合同段划分、合同的具体范围和内容等
	编制招标方案	分别在项目和合同段方面，编制招标方案包括明确：缔约方式、交易市场、投标人资格条件、最高限价、评审办法、划分范围界面等
	实施管理策划	明确项目管理的总体方案、路径和针对招标合约工作的具体要求，确定参建单位管理关系、必要的分工职责、委托人核心诉求、参建单位管理协同的伴随服务事项、管理制度体系、组织机构安排等，为招标合约工作开展提供方向指引等
缔约阶段	完善合同条件	落实项目管理要求，实现招标履约目标，针对合同组成内容，就主体责任、权利、义务的关键内容、价款支付、违约条件、履约内容与范围以及需要通过纳入合同条件的事项进行规划与设计并完善有关条款内容等
	组织必要谈判	就合同中有关核心内容与拟签约的主体进行沟通、谈判，主张相关的理由和必要的依据，采取必要的手段，确保利益及目标的实现等

续表

阶段划分	核心工作	具体说明
缔约阶段	形成缔约要求	规范对招标的履约目标，进一步细化项目管理策划，确保提出有关缔约的技术、经济和商务要求，并由此确定竞争性的评审要素和优选办法
	审核过程文件	就缔约过程中相关文件，一般包括招标公告、资格预审文件、招标文件、评审报告以及拟签约的合同文件进行审核，并组织进行完善的过程
	履行缔约程序	在缔约过程中采用相关缔约方式条件下，严格履行缔约方式对应的缔约程序，典型的对于法定招标内容、履行法定的招标程序等
履约阶段	实施履约评价	对于建设单位项下的合同，在合同生效后，由建设单位组织对合同相关参建单位实施履约评价，全面考量履约目标实现的程度和效果等
	组织计量支付	按照合同约定，组织对完成价款的支付、调整、结算等一系列有关计量、计价的工作，协调处理相关的工程变更、索赔以及争议等
	组织价款审核	按照合同约定的价款确认约定，组织对合同价款相关的一切文件进行审核，提出意见的过程，开展必要的价款谈判与核实工作等
	组织经济优化	按照项目管理、投资管理等要求，按照合同约定对相关履约成果进行必要的优化，组织开展必要的技术经济论证等

三、与项目投资管理关系

（一）项目投资管理主要方面

招标合约活动与项目投资管理均是按项目全过程顺序分阶段陆续展开的。对于政府投资项目而言，投资管理在宏观方面就是以确保项目建设实施过程中实际投资不突破经投资行政主管部门批准的投资估算或初设概算总金额为总目标，针对项目全过程各管理领域统筹安排有关投资管理的各项工作。在中观层面就是通过项目在各阶段实施“两算”对比及组织实施限额设计过程，分阶段优化设计技术成果，从而确保项目资金的可控性。在微观层面就是实施包括竞争性缔约方式组织的委托过程、以精细化合同条款设计的方式管控投资行为以及通过将项目管理要求纳入合同方式消除潜在投资失控风险等。可以说，上述各层面即包括了对参建单位主体行为的约束，也包括对各参建单位工作成果的要求，还包括了一系列卓有成效的管理方法手段等。投资管理有关上述各层面工作无不充分依赖于招标合约活动管理的部署与安排。

（二）招标合约与投资管理关系

基于招标合约活动特征及核心工作内容，结合上述有关投资管理主要方面的分析看出：首先，科学的招标合约活动为投资管理实施奠定了坚实基础并创造了有利条件。作为交易规则和过程，正是通过招标合约一系列核心工作才有效确保了投资管理要求的落地。其次，通过将项目管理制度体系、参建单位管理协同伴随服务等有关技术、经济及商务要求纳入合同条件，从而建立起针对项目的投资行为管控工作规则，厘清了投资管理中各参建单位职责分工，确保了投资良好效果实现。再次，通过招标合约活动所确立的标的内容与范围，明确了投资管理对象及对应的具体要求，从而有效明确了投资管理的方向。最后，通过在计划、缔约及履约三阶段实施科学化招标合约活动及管理过程，形成了对投资管理与招标合约活动成效的互检、互验局面。通过对招标合约活动的科学管理，摒弃了各参建单位的利益本位，使得以建设单位为代表的项目核心经济利益得以保护。总体而言，招标合约活动与投资管理相辅相成，将投资管理各方面分别融入招标合约活动的核心工作，使两者同步实现既定成效，进而呈现出项目管理统筹的良好效果。调整好两者关系、确保两方面管理相互作用是项目高质量实施与管理的重要途径。

四、招标合约活动中投资管理内容

鉴于投资管理对招标合约活动的依赖，有必要以实现投资管理目标为导向，梳理招标合约活动对应投资管理具体操作，从而全面提升投资管理科学性及管理成效显现。沿着招标合约活动的阶段，有关招标合约活动对应投资管理主要工作内容详见表 5-1-2。

招标合约活动对应投资管理相关工作内容一览　　　　表 5-1-2

阶段划分	核心工作	投资管理相关主要工作内容
计划阶段	确定工作目标	建立项目投资管理的目标体系，对于政府投资项目，形成政府针对项目投资监管的投资目标、项目法人实施管理的投资目标、针对各参建单位的合约金额管控目标以及项目实际结算控制目标的目标体系，从而为在招标合约工作中落实奠定基础
	组织必要准备	为项目在非招标合同缔约、法定事项招标过程前开展有关的技术经济的优化、影响经济因素的论证，考虑影响投资的各类因素与风险以及规避的相关措施，为通过缔约过程纳入合同条件以及规范履约活动奠定基础
	编制合约规划	通过合约规划对项目各类事项的科学划分以及对各标的范围的有效界定，从而为各类事项的计量、计价创造条件，科学的合约规划在提升缔约效率同时，更提升了计量计价效率和投资管理成效

续表

阶段划分	核心工作	投资管理相关主要工作内容
计划阶段	编制招标方案	明确招标方案中有关最高投标限价确定的原则以及具体金额、项目的合同计价方式、评标方法中有关经济评审的要素与方法等
	实施管理策划	明确项目管理的总体要求，尤其是有关投资管理的要求，确定投资管理的主要方法
缔约阶段	完善合同条件	完善有关工程变更、价款调整、认质认价、计量支付、二次重计量、结算等相关条款，有关实施投资管理的关于合同主体责权利约定等
	组织必要谈判	从项目管理、投资管理目标出发，针对合同缔约过程，从维护合同主体利益诉求出发，针对合同价款、支付依据、合同内容与范围等与投资相关方面所展开的沟通与谈判过程
	审核过程文件	对缔约过程中的文件中有关涉及投资管理直接相关的内容进行审核，包括合同中有关投资管理、价款支付的相关约定，缔约过程中有关合同计价的依据，招标工程量清单与最高投标限价文件等
	履行缔约程序	按照工程建设投资相关法律法规要求，执行行政主管部门所颁布的各类有关项目投资监管、工程造价相关规范、标准、规章等政策性文件的过程
履约阶段	实施履约评价	对各参建单位按照合同约定，履行建设单位所提出的投资管理要求、提出工作成果经济合理性、为建设单位投资管理提供支撑伴随服务效果的评价
	组织计量支付	组织对履约成果计量和支付的过程，对于施工而言，尤其开展二次重计量、对于工程变更内容的计量与价款调整支付的过程
	组织价款审核	对履约中合同主体所申报的预付款、进度款、结算价款，所申报的变更预算等组织审核的过程
	组织经济优化	在履约中任何有关事项组织开展与经济相关论证、技术经济优化的过程

招标合约活动与投资管理分别作为项目管理的重要管理领域，积极探索并搭建两者间关系十分重要，这不仅关系到两类管理目标的实现，更对项目实施和管理全局产生重要影响。充分利用好招标合约这一有效手段，紧密围绕招标合约活动固有特性，遵循阶段性管理思路，将投资管理主要方面与招标合约活动的核心工作有机融合，并对其实施精细化管理，最终使其在工程建设项目投资管理中发挥更大作用。

第二节　合约规划与招标合约活动准备

工程建设项目建设期内在建设单位及各参建单位项下可能会产生数百项合同。合同数量虽多，但类型却相对固定，一般分为咨询服务、技术评价、法定代理、检测监测、施工承包及材料与设备供应等。建设单位作为发包人、施工总承包单位作为总承包人，形成施工类合同发承包及分包合同体系。总体而言，由建设单位作为实施与管理的主体，各参建单位作为实施主体，通过一定周期的项目缔约过程，形成自上而下、层次分明的项目合同关系体系。合约规划就是对工程建设项目缔约、履约过程的管理与实施过程进行策划活动，对项目科学开展与顺利推进具有重要影响，它是项目管理总体策划的重要组成部分，属项目管理的顶层设计范畴，是招标合约活动重要的准备工作之一。工程项目管理人员应充分认识合约规划的重要性，领会规划编制重要思想，只有科学开展合约规划，才能确保形成有利于投资管理的合同体系。

一、工程建设项目的合约规划

（一）合约规划的含义

工程建设项目有关合同的管理涵盖缔约准备、缔约过程以及履约三个阶段，广义看，合约规划是对上述三阶段合同管理的总体规划，是对建设期各类事项任务的分解过程，是通过揭示被分解任务间关系而优化委托的过程。由于项目各参建单位间关系是通过缔约方式确立的，狭义看，合约规划可进一步理解为各参建单位管理及委托事项间管理关系的规划。构建以项目建设单位为核心，各参建单位与之所开展的项目管理保持协同的工作关系是项目管理策划以及合约规划的思想精髓。

（二）合约规划的意义

合约规划是项目管理重要内容与必要步骤，其方法同样是项目管理策划的重要组成部分，在项目管理中发挥着重要作用，对项目局面有着决定性的影响，对项目实施进程具有重要意义。一方面，合约规划使得项目管理更加科学，它将复杂工程建设项目总体实施过程分解为多个具体任务。通过探寻与揭示各类任务关联关系，以及在纷繁关系中抓住关键的管理过程，从而提出合同管理的对策。进一步对任务科学优化，化解项目管理与实施风险，平衡项目管理相关利益，最终提升管理成效。另一方面，合约规划助力项目实现总体管理与建设目标。构建以建设单位为核心的各参建单位管理协同的工作体系，并最终通过合同缔约过程形成基于合约约束的体系，从而形成工程建设项目总体策划实现的基础。

（三）合约规划的特性

合约规划是项目整体任务分解与项目缔约实施的指导计划，是探寻各参建单位管理规律的具体举措，是强化科学项目管理、提升管理效率的手段，是项目管理资源分配的方案。它揭示了工程建设项目具体任务与事项间的关联关系与规律，揭示工程建设项目的系统性和统一性，充分凸显项目协同管理的内涵。正是由于合约规划具有本质特征，决定了其具有丰富的宏观及微观特性，项目合约规划的管理特性如表 5-2-1 所示。

项目合约规划的管理特性 **表 5-2-1**

类型	特性名称	管理特性的详细说明
宏观特性	计划性	对工程建设项目实施与管理的各项任务进行计划部署，描述了委托时序、内容。通过对未来事项任务的预见，提出合约管理对策，统领项目合约管理全过程
	科学性	通过对项目实施与管理任务进行分解分类，挖掘任务事项内在规律，并通过优化和整合，构建以建设单位为核心的各参建单位与之协同的管理局面，形成基于合约约束的工作体系。这一体系的建立形成了科学管理的基础
	成果性	以文字报告的形式详细描述有关内容对项目各任务事项内容、范围、委托时序，以及通过合同关系的描述反映出各参建单位间的协同关系等
	目标性	作为项目管理策划的重要组成部分，是项目管理的顶层设计，以遵守项目实施与管理目标为导向是合约规划原则的重要体现
	系统性	揭示了项目内部各具体任务事项内在联系即关联性，展现了各参建单位的协同管理关系，构建基于合约约束的管理体系，使得项目管理成为系统整体
微观特性	对象性	将复杂项目实施过程进行分解，形成独立可委托任务事项，把具体任务事项作为合约事项成为可管理的对象单元。通过以缔约前置条件为输入、履约成果为输出的方式，充分展现出面向对象的管理特性
	动态性	作为规划和计划性方案，项目委托过程受多种因素的影响，其最终的成果随时不断变化，随着项目实施进程实时调整，体现出合约规划的动态性特点

续表

类型	特性名称	管理特性的详细说明
微观特性	脆弱性	规划过程以项目管理目标为导向，服务项目管理全过程，由于项目实施过程影响因素复杂性，委托工作易受到影响而发生变化，不确定性使合约规划成果呈现脆弱性特点
	针对性	项目由其自身性质不同且易受多种环境条件因素影响，合约规划编制具有很强的差异性，相似项目合约规划成果相似，但需根据项目具体情况有针对性编制
	边界性	清晰界定了任务事项范围，合约规划所展现出的各类工作关系是建立在对委托范围清晰界定基础上的，边界性是合约规划的典型特性
	时间性	项目任务事项的具体委托过程均需要经历准备、缔约及履约三阶段，时间性作为合约规划的典型特性还表现在各类任务事项委托时序先后等方面

（四）合约规划模板

附件是典型复杂房建项目作为案例所制作的合约规划示意图，示意图采用可编辑的矢量软件制作。实践中，项目合约规划编制可在示意图基础上调整完成，正是由于合约规划规律性强，不同项目的合约规划具有很大程度上的相似性，为此，合约规划图不必从零绘制，以提高合约工作的效率与质量。

二、招标合约活动的准备

实施项目管理模式的工程建设项目，建设单位一般通过招标方式委托专业的项目管理单位。对于标的额度大或建设过程复杂的咨询服务，如全过程造价咨询等，一般采用招标方式委托。对一般项目而言，勘察、设计、施工总包（含材料、设备）及监理，招标是必要的法定委托方式。与直接委托不同，招标方式适用于投资规模大、内容丰富、标的实现较为复杂的缔约过程。总体而言，项目招标的开展须具备如下条件，即必要的技术条件、经济条件、商务条件以及监管条件，上述条件的充分性与成熟度是项目招标合约活动顺利开展的保障。

1. 技术条件

在项目各类招标过程中，对于招标合约活动的过程文件如资格预审（招标）公告、资格预审文件、招标文件等以及招标管理文件包括项目招标管理的总体方案、项目合约规划等均依赖技术条件。项目推进过程中的技术条件，从广义的技术角度看，一方面，是对项目在招标阶段管理工作做出技术层面部署，并根据项目总体面临的技术问题在重大技术方面形成招标管理成果；另一方面是通过招标缔约方式向投标人提出招标技术要求。

从项目招标管理的层面看，项目在储备阶段的各类规划条件、概念性设计方案、项目功能需求、项目建设的总体目标均是典型的项目招标管理所需的重要技术条件。在项目的决策阶段，项目所开展的各类咨询评估、评价工作方案、项目方案设计、项目可行性研究均为重要的技术条件。另外，项目周边外市政条件水平同样是重要技术影响因素。另外，围绕项目选址方案，凡是干扰和影响项目实施的周边各类干扰因素也可视为影响招标管理及招标合约活动开展的重要技术条件，上述技术条件均对招标管理产生重要影响。例如，项目概念性设计、方案设计以及功能需求论证中所提出的大量工程建设实施内容将直接影响招标合同段的划分，进而影响项目合约规划编制。项目实施技术水平的等级和复杂程度与规模直接影响各招标项目投标人必要合格条件的确定。有关工程内容与类型决定着项目招投标交易平台环境的确定及监管主体的明确等，这也正是项目招标管理策划方案的组成部分。

从项目招标合约活动组织层面看：招标所需技术条件则是指项目招标所需要的较为深入详细的技术性要求，例如，对勘察与设计招标而言，勘察任务书、设计任务书中有关技术性要求是上述招标活动的技术条件。而对项目管理、监理等服务类招标而言，项目管理规划要求及监理大纲的编制则是中标项目管理单位和监理单位开展的项目管理规划及监理规划的编制提供纲领性指导。对于施工总承包单位而言，招标文件中有关“技术标准与要求”的章节，详细载明了项目施工阶段施工总承包单位应遵循的相关技术规范、标准等，以及施工总承包单位应遵守的各类管理要求。

2. 经济条件

项目招标经济条件是和技术条件并行提出的，是项目开展招标管理工作、组织招标合约活动极其重要的基本条件。所谓经济条件就是项目招标所依据的项目投资管理要求在招标阶段要实施的一系列造价控制要求或一系列基础资料。项目招标的经济条件就是从投资管理、造价控制层面确保招标工作顺利进行所需要的必要性工作。

从项目招标管理层面看，项目建议书、可行性研究报告论证过程中最终提出的经批准的项目投资估算、项目在初步设计阶段提出的经批准的初步设计概算均是项目招标所应具备的重要经济条件。出于项目投资管理需要，项目管理策划阶段需首先明确投资管理目标，为此，项目投资管理目标体系是项目招标的直接经济条件，也是实施项目招标管理的基本依据。在全过程工程咨询模式条件下，为更好地管控好项目投资，考虑影响项目投资的所有因素，提倡在项目前期开展投资决策综合性咨询。因此，结合项目具体特点，在考虑项目技术评价方案、外市政接驳方案、红线内外相关干扰因素等成为组织开展招标合约活动以及实施招标管理的重要前提。与技术条件相似，经济条件直接影响了项目招标管理案中有关缔约阶段做好投资管控的对策，也影响了合约规划尤其是施工标段的划分。

从招标合约活动组织层面看，每个具体的招标项目均需明确两方面经济条件，首先是本次招标合约活动在实现项目投资管理与造价控制目标中要遵循的基本要求。就设计招标而言，项目法人需针对限额设计的要求就是典型的经济条件。此外，招标项目要部署的拦标方案，最终确定的控制价同样是典型的经济条件，是项目投资管理与造价控制在招标合约活动中的具体措施。

3. 商务条件

项目招标应具备的商务条件时常被忽略，商务条件是在招标管理及招标合约活动组织层面推进招标活动所应具备的非技术和非经济方面的条件统称。在招标管理层面，招标交易环境的选择以及行政监管主体识别是确保招标管理顺利、科学规范开展的前提。本节所提到招标管理及招标合约活动执行所依赖的技术与经济条件，均会对商务条件构成影响。根据现行招投标行业监管分工，当项目建设内容跨多个行业领域时，招标行政监管可能出现交叉，也可将此理解为招标合约活动开展的行政条件。

项目招标商务条件重点集中在招标合约活动开展层面，其中有关投标人必要合格条件、对投标人各类其他投标商务要求均为商务条件。在项目管理与建设实施推进过程中，各中标参建单位围绕项目法人及其委托的项目管理单位开展的管理进行协同的过程中，要提供的协同伴随服务要求均可理解为典型商务条件。另外，从投标市场角度看，围绕市场行情，对投标产品型号、档次等要求也是典型的商务条件。为此，在具体招标开展前，必要的市场摸底考察十分必要。项目管理人员及招标代理机构应对拟招标合约活动的市场行情有清晰的认识，不断积累市场竞争相关数据，从而为更加科学合理地提出商务条件奠定基础。在施工总承包招标中，针对招标所涉及的重要材料、设备的同档次品牌要求，也是典型的商务条件。

4. 管理条件

统筹组织好招标活动需要在项目管理层面做出制度性的安排。这是开展招标合约工作所需的项目管理条件。为确保招标活动顺利开展以及项目管理策划与目标要求的实现，有关招标合约管理的制度设计是十分必要的。本质上，管理制度安排明确了相关制度执行单位的职责、具体工作任务、有关工作程序，是理顺管理关系、调整协作矛盾的重要机制，是各参建单位围绕建设单位开展管理工作有效协同的重要保障。招标合约管理制度将确保招标活动组织更加高效、规范、有序，降低组织和管理风险，为推进项目建设和管理发挥重要作用。有必要立足制度设计内涵，从招标活动在建设项目中的作用入手，科学设计制度内容。

项目招标合约管理制度一方面是构建面向合同约束的管控体系的重要保障手段，从深层次看，制度的订立更是实现项目管理策划、落实项目管理要求、实现项目管理目标的重要举措。制度订立的要义就是构建以项目建设单位为中心，各参建单位与之保持管理协同的局面。所谓协同就是各参建单位与建设单位所开展的项目管理工作的支撑并为此所实施的协作过程。在制度设计中这一招标合约管理的策划思想贯穿始终。由于招标投标与合约活动在工程建设中的重要作用，以及招标合约管理作为实现管理策划最为重要的手段。制度订立应确保项目最终形成各参建单位围绕项目法人实施管理协同局面和基于合约的管控约束体系。简而言之，制度订立就是围绕招标合约管理的核心工作路线展开，为此，完整的招标合约管理制度涉及的内容应包括招标合约管理前期阶段的招标管理策划、招标代理机构选择，招标合约管理过程阶段的文件编审，以及后期阶段的招标代理评价与履约管理等。

5. 市场条件

项目招标合约活动肩负着优选参建单位的重要任务。确保优选品质实现是招标合约活动的根本目的之一，要树立以项目法人科学项目管理为中心，中标单位与之有效协同的优选取向，投标要求提出应以满足招标人针对项目科学管理的利益诉求为方向。招标合约活动组织重点是要考虑中标单位如何有效推进项目，项目建设单位如何便利地进行科学项目管理以及如何提供履约成效。实践中，项目建设单位（招标人）对投标人的理想期望或针对招标合约活动的目标要求，与实际市场环境条件间存在着较大的差距。

项目建设单位（招标人）所提出的优选条件、投标要求必须依托市场环境条件提出。例如，在资格预审阶段，有关投标人的必要合格条件需参照市场潜在投标人所具备的实际水平来设置，投标技术要求旨在考量投标人是否真正具备充足的投标响应能力。而投标经济要求旨在考量投标人所能接受的最低限价，否则将会引发恶意低价竞争。总体而言，了解潜在市场环境、发展趋势以及潜在投标人能力水平均是科学实施招标管理的必要条件。

第三节　招标文件编审基本思路

招标文件是招标活动中最重要的过程文件之一。在实施项目管理模式的项目中及委托招标条件下，它不仅是代理机构代招标人草拟的重要服务成果，更是专业化项目管理机构代招标人审核的重要管理成果。招标文件不仅涉及标的相关技术、经济与商务内容，更广泛包含了项目实施的重要管理信息。可以说，项目招标文件凝聚着极其丰富的思想与信息。文件编审质量不仅决定着招标活动的成败，更关系着项目未来实施的局面。项目管理策划的落实，尤其是投资管理要求的实现，也是招标文件编审中需要重点考虑的内容，是招标文件编审的重要思路方向。在实践中，招标文件由代理机构编制完成，并报请招标人审核确认。在有形市场环境下，还需经相关主管部门审核备案后才能发售。由于不同项目招标人在实际能力及代理机构服务能力等方面的差异，或受限于多种因素对文件编制过程所造成的负面影响，不同项目招标文件最终的编审质量良莠不齐。为此，探寻科学编审思路不仅是提升文件编审质量的迫切要求，还可以进一步发挥招标活动在建设项目中的关键作用。

一、项目招标活动阶段划分

工程建设项目的实施进程很大程度上是通过招标推动的。纵观建设周期始末，项目的推动可以为四个阶段：第一阶段即项目前期咨询阶段，主要是针对项目施工前期各类建设手续办理期间，针对有关咨询服务委托所组织开展的招标。第二阶段即项目勘察设计招标阶段，历经这一阶段，项目进一步具备了实施的详细技术条件。第三阶段即施工、监理招标阶段，这一阶段后，项目建设将正式进入施工阶段，这是项目前期准备到施工实施重要过渡。第四阶段，即施工总包单位针对暂估价工程内容的分包阶段，施工总包单位作为招标人，针对建设单位事先安排多项暂估价，并根据建设时序计划安排陆续组织招标，这一阶段持续周期较长。

二、招标文件编审局限性

仅依靠代理机构编制由招标人审核确认后发售招标文件的做法，发挥招标活动在推进工程建设方面存在局限性。从法律角度看，《招标投标法》作为程序法，其法律体系针对招投标活动调整方向侧重于程序而并非实体内容。然而，正是由于作为缔约过程的招标投标活动具有包括技术、经济、商务以及项目管理等丰富实体性内容，为此，对于如何合理调整和规制招标投标活动实体内容是我国现行招标法律体系在设计上的局限。

从代理服务角度看，其所提供的服务并非贯穿项目建设整个周期，服务仅针对法律所规定的有关招标程序执行的过程，决定了代理机构并不能对项目招标后期进展状态负责，需要指出的是，缔约效果决定着中标人的履约质量，面向程序的服务难以确保项目后期管理成效的实现。坚持招标程序本位很难从局面管理全局高度科学把握缔约活动。代理机构并不掌握项目管理策划信息，也不具备项目管理的相关资源，这种信息资源的不对称性掣肘了文件编制过程。从项目法人视角看，作为招标人虽能够坚持项目管理的利益本位，但由于招标文件编审工作的专业性与复杂性，其人员很难做出专业的审核。总体讲，上述三方面局限制约着招标文件的编审质量。

三、招标文件编审合理模式

考虑到招标文件对于招标活动的开展及项目管理、合同履约、推进实施的作用，针对上文所述局限性，有必要确立合理的文件编审模式。招标人委托具有专业项目管理咨询的机构对招标代理草拟的招标文件进行有效审核、补充，或由其会同招标代理机构联合开展文件编制。在建设规模庞大、工艺复杂项目时，这一模式显得更为重要。招标人将文件编制与确认权在一定程度上委托给项目管理机构，由其在充分结合项目特点基础上，以科学编审原则为指导，采用更为有效的编审方法，从而顺利完成招标文件的编审过程。

相比代理机构，项目管理单位的服务贯穿整个建设周期，对招标项目信息掌握较为全面，对招标人管理利益诉求把握比较准确，其实施的管理策划通过招标缔约过程实现，其管理方面的技术、经济以及商务等要求更容易通过缔约过程予以部署，而后由项目管理单位编审完成的招标文件报招标人最终确认。项目管理单位对代理机构编制的招标文件进一步审核、完善所形成的最终成果才能够确保项目缔约活动质量，才能够对项目后期的实施、管理及合同主体的履约营造良好局面。简而言之，就是由招标人授权项目管理单位审核文件，由项目管理单位与招标代理机构合力编制招标文件，才是招标文件科学的编审模式。

四、招标文件编审基本原则

由于招标文件是由代理机构和专业项目管理单位联合编制完成。实践中，虽然代理机构服务存在局限，但是其专业化的服务在面向招标活动组织、程序推进、法律风险规避等方面，相比项目管理单位更为专业。需指出，两机构面向文件编审的分工并没有绝对界限，无论是代理机构还是项目管理机构均应遵循一致的编审原则，这将有助于最大程度上统一各参与单位面对招标文件编审的思想。编审原则提出需充分考虑招标活动的强制性、缔约性、程序性、竞争性和时效性的本质特性，并充分结合招标活动在工程建设中的重要作用，即提出合同条件、形成合同价格、确立管理关系、确定中标单位、落实管理要求、履行法定义务、获得超值回报等。本书梳理提出招标文件编审原则如表 5-3-1 所示。

工程建设项目招标文件编审主要原则 **表 5-3-1**

编审原则	具体说明
针对性	招标文件的内容应紧密围绕项目特性、实际情况、面临的重点难点问题展开
前瞻性	招标文件的内容应科学预见缔约以及履约过程中可能遇到的一切问题与风险，为招标文件发出后项目的管理与实施提供可靠的依据，为处置有关问题提供指导，对可能发生的有关情况做出积极的调整
系统性	招标文件涉及的技术、经济、商务以及项目管理的有关部署应确保完整、关联且得到统筹的考虑
合法性	招标文件内容应遵循工程建设领域以及标的物所涉及的有关法律、法规、政策及国家标准规范的要求，符合行政监管规制要求等
管理性	招标文件中有关内容应确保项目管理策划得到有效落实，确保项目管理要求充分显现，尤其是招标文件合同条件要充分融入项目管理的思想理念与方法等
延续性	招标文件内容要确保与招标活动的前期条件、必要准备工作以及项目招标前期相关工作保持紧密衔接，要依托项目招标前期有关行政审批、项目技术、经济等文件的编制，形成对招标前期文件的进一步延续，凸显项目管理与实施进程
一致性	招标文件各章节、各有关内容在各方面保持一致，确保严谨性，避免出现相互矛盾、遗漏等情况

可以说，招标文件编制初衷就是要确保招标活动高效、顺利开展，实现各参建单位围绕项目法人对项目管理的协同，确立项目法人针对各参建单位的管理关系，形成基于合同约束力的管控体系。在编审原则中，一致性编审原则十分重要，确保文件各部分的关联呼应，从而确保了文件成果的系统性。通过招标活动的开展，招标人不仅履行了法定招标义务，更进一步推进了竞争性价格的形成，实现项目投资管理与造价控制的目标，规避相关责任，化解相关风险。通过缔约过程全面部署项目管理要求，促进有力管理局面的形成，为项目高质量运行奠定了基础。

五、有关造价管控的典型约定

（一）设计招标中有关限额设计的约定

基于造价控制的编审思想是指将造价控制策略与手段融入文件的过程。这主要体现在：一是要求设计单位参与初步设计概算及施工总承包招标阶段经济文件编制工作，协助开展暂估价工程招标阶段经济文件审查。开展初设概算与控制价的“两算对比”。二是要求设计单位对于造价控制工作给予协助与配合。限额设计作为设计层面造价控制的核心，应将限额设计义务与要求（详见表 5-3-2）纳入合同条件，重点约定履约担保以及限额设计赔偿责任，包括明确将限额设计经济赔偿责任并纳入履约担保范畴，针对由设计单位原因导致超出经政府相关部门项目批复投资额的情形，由其承担超出批复投资额度一定比例的经济赔偿责任。应将限额设计工作情况纳入履约评价及违约追偿范围。在投标须知中，应要求设计单位提交限额设计工作方案等，并针对限额设计目标实现做出承诺，将承诺响应纳入投标有效性的判定程序。

限额设计主要要求一览　　表 5-3-2

序号	主要要求
1	提出完整、翔实且科学合理的限额设计目标及工作方案，并报建设单位确认；结合项目进展情况，对目标及方案实施动态调整
2	服从发包人对于本项目投资管理与造价控制要求，同时还应兼顾考虑本项目全过程、全要素管理需要
3	不得因限额设计工作而影响各参建单位正常管理工作或业务开展，不得对项目管理实施及项目建设过程造成负面影响

续表

序号	主要要求
4	安排具有技术、经济等综合能力的专门业务人员组织开展限额设计工作，工作人员具有积极态度、良好的服务能力，须定期汇报工作进展情况；未经许可不得随意撤走、调换限额设计专门业务人员
5	建立、健全限额设计工作制度，全面实行限额设计责任制，建立责任体系；确保建立内部限额设计工作监管、评价以及审核机制。按需组织召开限额设计论证会议或例会；确保采取科学合理工作手段与方法
6	应就限额设计重点难点及问题及时向建设单位汇报，自行组织论证，提出解决办法或应对措施，不得对工程实施造成任何影响
7	当建设单位提出调整或修改功能需求或对设计内容提出调整意见时，设计单位应全面考量限额设计可行性，总体优化设计成果，平衡调剂使用资金限额，调整限额设计目标，确保不突破限额设计目标值，满足建设单位要求，确保工程顺利进行
8	应考虑工程管理以及后期实施风险，限额过程应留有余地，努力确保工程结算金额不突破限额设计总目标
9	应对其自行分包内容、施工组织设计及施工单位深化设计内容，或由建设单位委托设计的并纳入其承包管理的内容，贯彻限额设计原则，提出或传递限额设计要求，监督限额设计实现
10	对于政府投资项目，限额设计应满足经批准初步设计概算要求，保障经批准的初设概算的顺利执行与实现，满足行政主管部门关于项目投资管控要求
11	对设计内容的正确性、准确性以及完整性负责，不得因自身失误而随意调整限额设计目标
12	深入了解材料、设备等市场价格情况，限额设计过程须充分考虑结合市场价格因素及走势
13	审查施工招标文件中有关技术标准与要求内容，并将此连同限额设计内容一并统筹考虑

（二）监理招标中有关监理费用支付的约定

为进一步利用经济杠杆强化对监理单位管理，有必要从监理单位管理协同配合与伴随服务效果出发制定费用支付方案。无论是支付时点还是支付比例确定，均应与项目总体实施目标及建设单位与项目管理单位共同认同的项目管理成效的里程碑节点相呼应。可将监理费用分摊至建设期各年份，每建设年支付 1~2 次监理费。以房建项目为例，关于房建项目监理费用支付的方案，详见表 5-3-3。在监理招标文件编审中，应将上述内容在合同条件中的监理费用结算与支付部分载明。

房建项目监理费用详细支付方案　　表 5-3-3

支付次数	支付时点或阶段	支付比例
第一次付费	合同签订 10 日内支付监理预付款	10%
第二次付费	建筑结构至 ±0 高度，且二次计量工作结束	10%

续表

支付次数	支付时点或阶段	支付比例
第三次付费	建筑结构完成封顶且暂估价招标数量完成 1/3	20%
第四次付费	二次砌筑、机电部分施工至 80%，且暂估价招标完成 2/3 体量	10%
第五次付费	暂估价工程施工完成过半且暂估价招标全部完成	20%
第六次付费	各类变更、洽商实施全部完成，项目至完工状态	15%
第七次付费	验收整改、施工收尾等工作全部结束，各类专项验收全部完成（除个别可待运营后实施外），项目工程竣工验收完成（含完成备案等手续），且项目最终结算全部完成	10%
第八次付费	项目决算工作全部完成（含取得决算批复）	5%

（三）监理招标中有关重计量工作的约定

在监理单位协助项目管理单位实施造价控制过程中，“重计量”是一种十分重要的手段。所谓“重计量”是指由监理单位主导实施的，针对项目不同阶段的设计成果及施工工程量差异，通过对比分析，而进一步优化设计成果、项目内容从而实现造价控制总目标的过程。实践中，“重计量”工作要求主要包括：①实施时限要求：施工总承包合同签订后及施工图设计交底完成后的 3~6 个月内；②实施主体要求：“重计量”工作由监理单位牵头并审核计量成果，施工总承包人具体组织“重计量”过程，设计单位予以配合；③计量成果要求：监理单位对“重计量”成果审核准确率不低于 95%；④造价控制要求：结合“重计量”成果，组织开展与投标文件、招标工程量清单、控制价对比，协助项目管理单位开展与项目经批准的初设概算对比等，并结合对比结论开展造价控制及投资管理决策；⑤设计工作要求：结合“重计量”结论，设计单位组织技术经济论证，对施工图完善优化，对施工组织优化提出合理化建议；⑥其他要求：对涉及新增材料、设备认质认价及合同价款调整组织相关谈判等。在监理招标文件编审中，应将上述内容在合同条件中有关监理单位应履行的义务部分载明。

（四）施工总包招标中有关造价管控内容

实践证明，施工招标阶段是实施造价控制工作的重要阶段与时机，合同计价方式、合同价款相关问题在这一阶段确定，计量、计价体系由此形成。编审工作应站在造价控制角度，充分利用招标活动竞争性特点，调动投标积极性，充分发挥投标竞价的制约作用。在招标文件编审过程中有关造价控制须重点考虑的内容如表 5-3-4 所示。

施工合同中有关造价管控的约定内容 **表 5-3-4**

事项	重点考虑的内容
投标报价说明与要求	招标范围、报价范围、报价承诺要求、报价依据、特殊事项、市场价格与商务水平要求
经济标评审内容	评审分值、评审事项、评审方法
风险范围与价款调整	价格、量、风险事项等、详细范围约定，价款调整方案
计量、计价规则	计量计价依据、深度、范围，规则描述、计量计价说明等
计价方式	计价方式选择
索赔、争议解决	索赔、争议、解决方式
履约担保	担保金额、方式、种类、期限
工程保险	保险金额、种类、范围、期限
合同范围	设计范围、总包范围、总包自施范围、总包管理范围、分包范围、建设单位实施范围等
价款确认	确认条件、方式与程序
价款支付	支付类别、金额、周期、时限等
预付款	预付金额、担保、抵扣方法等
变更估价	估价原则、具体方法
违约扣款	违约事项、金额、扣款比例、时限等
竣工结算	结算条件、程序、金额、时限等
其他费用	出处、类别、处理措施等

第四节　工程量清单与控制价文件编审

对于工程建设项目而言，工程量清单与控制价文件是设计成果数量化的经济表现形式，是为交易过程所创造的招标人与投标人之间对施工价值衡量的一种规则，带有技术经济的双重特性。文件编审不仅是施工招标环节的重要工作，它引导了报价的形成，激发了投标报价的竞争性，更是落实项目管理要求尤其是投资管理与造价控制要求的重要环节，充分体现了项目实施与管理特有的特征。实践中，对于经济文件编审没有引起足够重视或树立正确的意识。客观上，编审准备不充分，缺乏与技术要素的统筹，也缺乏对管理策划的落实。主观上，造成对文件编审过程及成果的干扰，直接影响了文件质量，更为后期履约阶段埋下了风险隐患，从而使得经济文件难以在促进投资管理目标实现中发挥应有作用。

一、咨询机构独立编制局限性

在施工总承包招标中，工程量清单及控制价文件是由建设单位委托具有造价咨询能力的中介机构独立编制完成的。针对编制最终成果由项目建设单位组织审核并最终确认。工程量清单与控制价文件编制依赖丰富的前置条件和扎实的准备工作，唯此才能确保文件成果的质量与编制过程的科学性。

由于项目招标进度的紧迫性，清单与控制价文件编制往往安排了明确的截止时限，加之建设单位对招标及控制价文件编制的前期准备工作认识不足，使得编审过程受到很大限制。在项目主观条件上，由于造价咨询合同所约定的造价咨询机构义务中，往往针对如何开展文件编制仅做出简单约定，主观上造成了其没有义务对项目管理工作充分协同配合。客观上由于其并非建设单位，管理范围和自身能力往往无法与专业化项目管理单位相比，加之自身未能深入领会项目管理要求，从而使得文件编制效果达不到管理期望和项目造价控制的实际需要。鉴于上述主、客观条件给独立编制造成的局限，提倡由专业化的项目管理单位对文件开展专业化审核，并会同造价咨询机构一并完善文件。

二、文件编审的目标要求

清单及控制价文件编审具有技术与经济的双重特性，从而决定了其与项目建设管理各方面密切相关。只有明确目标要求，不断提升编审质量，才能最终发挥其重要作用。清单及控制价文件的丰富内涵决定其编审过程必须明确管理要求。在法定要求方面，即文件必须符合国家法律、法规、规章、标准、规范及相关政策性文件要求。需遵守行政主管部门针对项目的监管要求。在市场要求方面，工程量清单要真实、准确地反映项目情况，控制价文件不得大幅偏离市场水平，组价合理，基于投标报价公平而合理的引导，激发竞争活力。在管理要求方面，清单及控制价要充分依托项目实际，反映出项目管理尤其是投资管理根本要求，充分体现项目技术经济融合，为后期履约奠定基础。

三、文件编审必要条件与准备

招标前期必须实现必要条件，这是开展编制工作的前提。若要实现上述目标，文件编制准备工作是关键，总体而言，项目施工招标前期工作越扎实，则文件编制过程越顺利，文件成果质量越高。

（一）文件编制的必要条件

（1）行政许可条件。文件必须符合法律法规规定，为此，行政主管部门出台的各类政策性文件是文件编制所必须遵照的。尤其对于政府投资项目而言，项目可行性研究报告已经审批，项目取得了经批准的初步设计概算，项目建设工程规划许可已经办理，有关的技术评估评价工作已经完成，以及施工图设计已经成熟并经过人防、消防、园林等主管部门审查，此外，项目其他诸如外市政接驳等报装已进入实质性阶段等。

（2）项目技术条件。除上述行政许可条件中所涉及的技术性条件外，从编制所需最直接的设计条件看，项目施工图设计已经完成。对于房建项目而言，项目九大分部工程中大部分内容已经达到编制深度，且内容稳定，部分与使用功能密切相关、专业性复杂方案已经成熟，有关重要材料、设备参数详尽，相关设计做法清晰。对于复杂公建项目如医院等，各专项工程内容所涉及的功能需求、设计方案等已经稳定。

（二）文件编制的准备工作

（1）项目管理工作。正如上文所述，为使得清单及控制价文件充分落实项目管理要求，发挥项目管理尤其是投资管理重要作用，以及结合项目特点有针对性地开展编审工作。必要的项目管理工作必不可少。首先项目应具备明确的管理规划方案，清晰的管理目标体系和完整的项目管理要求，以确保清单及控制价文件编制能够充分落实项目有关质量、进度、安全等要素管理的要求。保持与项目施工招标前期各项工作的有效衔接和后期履约阶段有关诉求的实现。其次，项目还应以科学的合约规划为前提，尤其是项目中针对设计内容的规划以及暂估价工程内容规划，从而为明确招标范围、计取相关费用提供依据。

（2）项目招标条件。是指在组织招标过程中，项目产生的会议决议、技术经济论证结论、市场考察报告、投标答疑文件、设计补充说明以及投标异议处置文件等。此外，为确保文件顺利编制，还应针对文件编审形成有关项目管理制度安排、明确组织机构和人员职责分工。对于暂估价工程招标而言，由于参与单位多，这一条件的实现尤为重要。最后，就是文件编审所需借助信息化与新技术，具备丰富的造价资源包括类似项目造价数据、参考型的造价指标等。

四、文件编审中管理统筹的核心思路

科学开展清单及控制价的编审需要从项目管理的高度，站在建设单位的视角上进行统筹。其核心思路就是利用清单及控制价的编审实现项目管理尤其是造价控制的目的。简言之，就是通过清单与控制价的编审，有效地与设计等项目技术工作统筹融合，通过实施控制价与项目概算为基础的投资管理目标的对比，通过预留一定的控制性资金、在针对未来价款调整因素的基础上，开展限额设计优化，进而形成新的控制价，最终实现招标阶段利用清单与控制价文件编审实现优化的目的。

在主观方面，针对项目实际需要有针对性地完善特征描述、补充必要的分部分项工程内容，统筹各参建单位针对施工的协同过程，例如要重点考虑总分包单位界面、总包组织的深化设计、总包与管理单位协同等利益基础上确定清单及控制价相关内容。要确保清单与控制价内容与前期管理事项的衔接以及后期履约事项的合理估计。要考虑进度、质量、安全等要素管理要求对清单事项的安排和对控制价的影响等。总体而言，在主观方面就是要确保全过程项目管理要求的落实。

在客观方面，要针对重要材料与设备考虑同档次三类品牌水平。考虑法律法规及规费等政策调节的影响。充分借鉴同类项目造价数据和临近时间有关材料设备采购的市场价格。对潜在投标人进行多渠道了解，确保最高投标限价可以接受。对市场价格信息的充分掌握，采取必要的反不平衡报价策略，确保所引导的投标报价合理等。总体而言，在客观方面就是要确保行政监管按要求落实和与市场环境条件相适应。

五、关于文件编审的关键问题

（一）搭建编审协同机制

基于文件编审中的管理统筹思路，编审协同机制搭建是贯彻这一思路的关键。

所谓编审协同机制就是有效建立造价咨询机构、项目管理单位、设计单位以及建设单位的围绕清单编审的技术经济管理统筹的工作机制。在这一机制下，项目管理单位快速部署管理要求，设计单位尽早完成设计成果，而后，造价咨询机构根据设计成果快速形成清单及控制价。项目管理单位根据控制价与概算的对比，协调设计单位在秉持限额设计思想和价值工程理念下优化设计成果，造价咨询机构根据技术经济论证的意见及优化成果调整完善清单及控制价成果。为确保这一机制有效运行，项目必须建立良好的编审制度作为保障，明确协同责任和任务。

（二）构建价格监测体系

控制价作为最高投标限价，必须为潜在投标人所接受，若不足于三家，则招标工作无法开展。招标人发布最高限价必须有效激发投标人竞争性。为此控制价不得偏离市场水平。行政主管部门应构建工程建设项目交易价格信息大数据系统，监测市场形成的价格，真实反映市场交易规律，实时动态反映交易情况。定期发布交易价格指标数据，预测交易发展趋势。为招标人提供可查询的各类交易信息，准确了解市场交易情况，对标的未来价值走势形成更加科学的判断。市场价格监测体系是以行政主管部门为主导的监管体系的重要组成部分，将为招标人组织编制科学控制价文件奠定基础。

（三）树立面向履约思想

虽然工程量清单及控制价是招标缔约阶段中用于投标报价而向投标人发布的文件，编审过程应树立适用于履约的思想。即在编审协同过程中，应全面考虑履约阶段可能发生的管理问题。典型的包括清单控制价与未来合同价款支付与调整的适应性、清单内容对未来由于工程变更调整内容的覆盖性、控制价所考虑的中标人履约期间盈利性、项目履约阶段项目投资管理与造价控制工作如二次重计量的影响等。科学的清单与控制价成果应前瞻性地考虑履约阶段项目管理要求，并充分预见项目后期实施风险，营造有力的造价控制条件。

招标人要充分认识到工程量清单及控制价文件编审工作对项目实施与管理的重要意义。了解到委托造价咨询机构独立编制的局限性，积极搭建科学的协同编审模式，秉持编审的重要原则与思想，明确编审的要求与方向，扎实做好文件编审的各项准备工作，抓住编审组织的核心思路，有效推进项目管理尤其是造价控制过程，采取必要措施确保这一环节科学展开，确保其在项目建设中充分发挥重要作用。

第五节　暂估价招标管理的要点

工程建设项目暂估价招标是指在工程量清单计价条件下，对于以暂估价方式纳入施工承包范围的工程内容，由施工总承包单位组织实施的招标分包活动，主要分为专业工程和材料设备两种招标类型。在多个施工总承包合同段条件下，针对同一类暂估价工程内容，可由相关施工总承包单位组成联合招标人实施招标。相关法律法规赋予建设单位针对暂估价招标管理行使“确认”权，从而使得暂估价招标活动形成了由建设单位管理总包单位组织的局面。实践表明，暂估价招标工作在一定程度上对工程设计工作具有带动作用，并对项目总体进展产生重要影响，为此，合理规划、科学统筹暂估价招标工作十分必要。

一、各参建单位职责分工

暂估价招标活动直接参与主体为施工总承包单位及其委托的代理机构。直接管理主体依次为监理、项目管理以及建设单位，设计单位是招标工作的协助主体。暂估价招标各参与单位职责分工的基础来自现行法律法规的有关规定，反映出各参建单位的管理利益与关切。为落实职责分工要求，应将此纳入相关合同条件。有关暂估价招标工作各参建单位主要职责分工详见表 5-5-1。

暂估价招标工作各参建单位主要职责分工一览表　　　　**表 5-5-1**

主体类型	主体性质	具体主要职责分工
招标代理机构	执行主体	编制工作方案、组织招标程序、起草过程文件、办理招标手续等
造价咨询机构	执行主体	编制清单及控制价文件、协助开展工程计量、组织相关材料与设备询价、协助开展限额设计优化等
总包单位	执行主体	履行招标人义务、监督招标代理工作、编审招标工作方案、协调与推进招标工作、审查过程文件、履行签章手续等
监理单位	管理主体	监督推进暂估价招标过程、沟通协调相关事项，主持招标工作例会、审查过程文件等
设计单位	协助主体	主持开展限额设计优化、开展投标答疑、协助编审过程文件等

续表

主体类型	主体性质	具体主要职责分工
项目管理单位	咨询主体	审查招标工作方案、协调过程事项、推进招标工作、审核招标过程文件、提出相关决策意见等
建设单位	确认主体	履行“确认”义务、办理签章手续、进行最终决策、协调推进招标工作等

二、招标管理制度安排

（一）工作组与例会制度

各参建单位在组建项目经理部时，须安排专人负责暂估价招标工作，共同组建暂估价招标工作组。有关各参建单位暂估价招标人员安排详见表 5-5-2。工作组制度使得各单位间建立了沟通联系的通道，提升了招标事项处置效率，有利于暂估价招标活动的高效推进。暂估价招标工作例会制度作为必要手段，主要目的包括检查计划执行情况、发现问题并研商措施、集中审查过程文件及形成相关决策意见等。实践中，工作例会须定期召开，以每周召开 1~2 次为宜。

各参建单位暂估价招标工作人员一览表　　表 5-5-2

参建单位	各参建单位暂估价招标工作组成员		
	负责人员	经办人员	辅助人员
招标代理机构	项目负责人	招标过程文件编制人员、招标事项协调人员	签章办理与文档人员
造价咨询机构	项目负责人	清单控制价文件编制各专业人员	签章办理与文档人员
施工总包单位	项目经理、商务负责人	招标管理人员、合约管理人员、预算管理人员	签章办理与文档人员
监理单位	总监、总监代表或商务负责人	招标合约管理人员、预算管理人员	文档人员
设计单位	设计联系人员	设计各专业工程师	驻场人员
项目管理单位	项目经理、商务负责人	招标合约管理人员、造价管理人员	文档人员
建设单位	建设主管	建设主管、驻场代表	签章办理与文档人员

（二）过程文件审核制度

招标过程文件须经各参建单位逐级审核，故建立文件审核制度十分必要。文件审核进展决定了招标活动的总体进展。鉴于文件涉及内容广、专业多、技术性强，参建单位各自审核过程中须安排多种专业人员协同参与完成。招标过程文件报审是项目暂估价招标活动的重要管理主线。有关过程文件审核流程详见图 5-5-1。

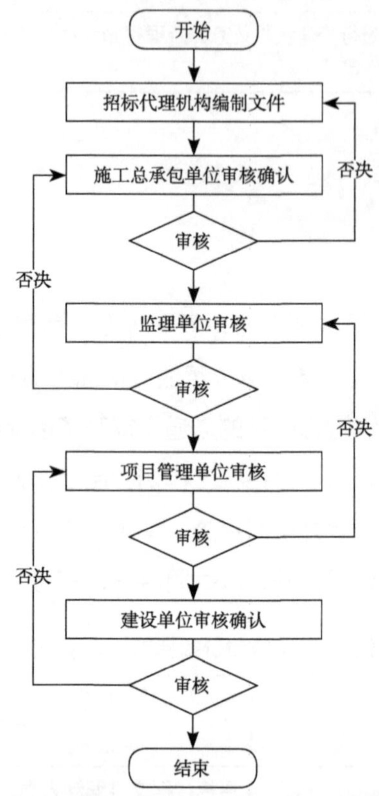

图 5-5-1　暂估价工程内容招标文件审核基本流程

各管理单位审查过程以合法、合规性作为共同点。然而，职责分工不同反映出文件审核的差异性，有关过程文件编审分工与差异详见表 5-5-3。

过程文件编审分工与差异一览表　　　　**表 5-5-3**

参建单位	工作分工	编制及审核主要工作重点与出发点
招标代理机构	编制及修改	满足合法、合规要求；落实各参建单位要求；满足文件格式与完整性要求；提出初步意见；降低过程风险等
造价咨询机构	编制及修改	满足合法、合规要求；满足编制依据性与完整性要求；强调文件编制科学性、合理性及准确性等
施工总包单位	编制、审核及修改	围绕总承包利益提出意见与要求；强化分包管理要求；满足施工组织进度、质量、成本以及安全等管理要求；关注招标工作计划实现及风险事件防范；对经济文件强调编制内容全面性、范围完整性以及价款合理性；落实监理单位要求等

续表

参建单位	工作分工	编制及审核主要工作重点与出发点
监理单位	审核、提意见	满足合法、合规要求；进度、质量、造价等控制目标要求；强调文件编制依据性要求；强调文件编制准确性与合理性要求；审查与管控分歧意见并协调；落实建设单位及项目管理单位要求等
设计单位	审核、提意见	落实限额设计要求；强调设计成果与文件编制一致性；满足文件编审前置条件；有针对性地补充设计成果；审查材料设备选型合理性；协助审查工程计价方式合理性等
项目管理单位	审核、提意见	综合各方意见；以项目管理目标实现为基础；实现全过程、全要素管理要求；协调管控分歧；关注招标工作进度计划实现；关注招标工作风险事件预防；落实建设单位相关要求等
建设单位	审核、确认	综合各方意见；侧重全过程、全要素管理效果确认；审查最终成果与效果；强调项目整体建设目标实现等

（三）过程文件论证优化制度

在招标过程文件中，合约规划、招标计划与方案是具有统筹性的提纲文件。其中针对重点难点及风险问题，有必要组织论证，以确保暂估价招标工作顶层设计科学性。经论证的招标文件为限额设计、排除风险隐患以及招标工作顺利推进奠定基础。论证工作应围绕招标及阶段技术经济合理性、依据性与针对性、清单控制价文件编制合理性等方面展开。须指出，招标过程文件论证与优化是对设计成果的检验，体现出招标工作对项目整体进度的推动作用。

三、招标时间计划与方案

暂估价招标工作计划是项目总体招标计划重要组成部分，同时也是项目合约规划落实的重要体现。暂估价招标计划原则上由施工总包单位根据各管理单位具体要求编制，经各参建单位审查后，最终须建设单位确认。计划主要内容包括：招标总体目标、招标重点难点问题分析与处置方案、时间计划以及合同段招标方案等。招标工作计划编制有利于工程人员识别管理风险，统筹规划总体工作。

（一）总体招标时间计划

对于暂估价工程内容划分的合同段越少，其招标工作对项目总体实施进度影响越小。招标时间计划应以经批准的项目施工组织设计为基础编制，并随工程实际实施过程动态调整。计划应编排招标程序重要环节，重点列明各参建单位事项办理时限，围绕招标过程文件审查过程而展开，突出过程文件报审的版本控制。有关暂估价总体时间计划格式要点如表 5-5-4 所示。

暂估价总体招标时间计划格式要点一览表 **表 5-5-4**

设计单位	施工总包及招标代理机构	施工总包及造价咨询机构	监理单位	项目管理单位	建设单位
电子成果提交时间	招标公告及资格预审初稿提交时间	清单及控制价文件编制初步送审稿提交时间	招标公告及资格预审意见提交及落实完成提交时间	招标公告及资格预审意见提交及落实完成提交时间	招标公告及资格预审意见提交时间
纸质成果提交时间	资格预审文件修改周期	清单及控制价修改周期	资格预审补充答疑文件审核意见提交及落实完成时间	资格预审补充答疑文件审核意见提交及落实完成时间	招标公告及资格预审文件签章时间
签章时间	资格预审答疑文件送审版提交时间	清单控制价文件签章封样案送审版提交时间	资格预审评审结果文件审核意见提交及落实完成时间	资格预审评审结果文件审核意见提交及落实完成时间	资格预审补充答疑文件审核意见提交时间
最终成果提交时间	资格预审评审时间	清单及控制价备案发售版提交时间	招标文件初步送审版审核意见提交及落实完成时间	招标文件初步送审版审核意见提交及落实完成时间	资格预审补充答疑文件签章完成时间
招标文件审核与论证意见提交时间	招标文件初步送审版提交时间	清单及控制价答疑成果提交时间	补充答疑文件审核意见提交及落实完成时间	补充答疑文件审核意见提交及落实完成时间	招标文件审核意见提交时间
清单及控制价审核与论证意见提交时间	招标文件签章封样备案送审版完成时间		评标结果等文件审核意见提交及落实完成时间	评标结果等文件审核意见提交及落实完成时间	招标文件最终版本签章时间
协助答疑成果提交时间	招标文件发售版完成时间、开标、评标以及中标时间等				补充答疑文件最终版本签章时间

（二）合同段招标管理方案

合同段招标管理方案由代理机构根据施工总包单位及各管理单位要求编制，经申报审定后执行。方案编审应遵循若干原则，首先是针对性原则，即从项目特点与环境条件出发，依据项目实际情况编制，从解决合同段具体问题入手。其次，是简明性原则即方案应尽简单明了、切中要害，具有较强的可操作性。方案要点包括：

（1）确定招标范围，即暂估价工程内容与总承包及与其他各专业工程范围。

（2）确认监管主体、选择交易环境，即判断所属监管行业，并确认应遵循的行业监管要求与规则，选择招投标交易环境。

（3）确定必要条件，在针对合同段需要，依据相关法规要求确定必要合格条件。

（4）确定合同条款，包括合同主体义务，有关价款约定，计价方式确定等。

（5）确定拦标价，明确造价总控要求以及限额设计调整及控制价文件编制依据。

（6）分析前置条件，厘清现有条件，考量有限前置条件下招标工作风险与应对。

四、中介机构的委托

（一）委托主体

暂估价招标活动中的中介机构主要包括招标代理机构和清单及控制价文件编制的造价咨询机构。实践表明，中介机构服务水平高低对于暂估价招标活动推进发挥着重要作用。中介机构委托主体虽为施工总承包单位，但法律所赋予建设单位对于暂估价招标过程“确认”权已构成对招标活动的“间接”参与。实践中，各参建单位协同工作，围绕招标工作开展沟通与协调，需要中介机构给予相关服务。有必要在施工总承包招标阶段，厘清暂估价招标管理制度与规则，明确建设单位在中介机构委托中享有的权利。例如，赋予建设单位对委托合同的“确认”权，或对中介机构选取的提名权，以及在委托合同中明确各参建单位管理权利及相关义务等。

（二）委托方式

中介机构委托可针对具体合同段采用“一事一委托”，也可将合同段归类，针对相同相似类别合同段实施“一揽子”委托。此外，还可依据项目实施阶段，“分批次”委托等。对于代理机构委托，将所有合同段全部独家委托单一机构不利于调动积极性，故此，分批次委托是良好做法，有利于结合其专长，提升服务质量，营造竞争环境，调动服务积极性。对于造价咨询机构委托而言，将全部暂估价工程内容的造价咨询任务独家委托，有利于确保造价工作延续性和完整性。

（三）履约评价与合同要点

为提升中介机构服务质量，履约评价十分必要，须将履约机制与内容应纳入相关合同条件。评价过程须与服务水平及合同要点保持一致，并与违约责任相对应，须将评价结果与价款支付关联。履约评价要点包括：拟派服务人员专业水平、服务态度与经验、综合协调与沟通能力、服务成果文件质量、对各参建单位服务水平、服务工作效率、工作要求完成情况等。委托合同订立旨在增强针对中介机构的管理约束力。委托合同要点包括：管理单位相关服务义务与违约责任；服务或工作范围详细界定；开展工作所需必要前置条件的说明；合同价款支付前提条件；多方参与的履约评价细则等。须指出，价款支付条件十分重要，应依次将履约评价结果、最终结算价款确认结果以及暂估价招标进度计划执行与效果等作为支付前提条件。

五、招标活动的推进要点

（一）创造招标前置条件

暂估价招标工作推动须具备两类主要前置条件。第一是以设计成果为代表的技术条件。投标资格条件以及招标文件、清单与控制价文件编制依据均来自设计成果。设计成果应尽早获取，并保持其相对稳定与准确。需求及设计成果不断变化是必然的，有效管控使用需求，其关键是谋求成果相对的稳定。此外，应尽量避免由于限额设计优化而导致的控制价调整。第二是选择交易平台，确认监管主体，摸清交易要求与规则，为顺利开展交易及监管创造条件。

（二）分步推进招标工作

招标进展是按照法定招标程序推进的，可归纳为标前、标中和标后程序三部分。标前程序以资格预审为中心，标中程序以招标文件准备与发售为中心，标后程序以答疑及开、评、定标工作为中心。每类程序所需前置条件有所不同。其中，设计成果主要为标中程序的前置条件。可根据设计成果提交批次计划，从而先行成批启动对应合同段的标前程序。实践表明，先行启动尚未提交审计成果的合同段标前程序有利于促进设计成果提交。此外，在招标文件、清单及控制价文件编制、备案及发售准备中，应避免较大调整。此外，即便是小幅调整，也可在补充答疑文件发放等标后程序进行，这是实现按暂估价招标进度计划的关键。分步推进招标工作基本思想是，将招标活动按招标程序分解为具体步骤或环节，并统筹考虑，逐一实现各步骤、各环节分步推进。

（三）合理管控分歧意见

由于各参建单位职责分工及利益诉求不同，分歧存在是正常的，但却往往严重阻碍了招标过程文件的审核进程，影响了招标事项决策，并可能最终导致暂估价招标工作进度失控。各参建单位均有责任化解分歧意见，并就分歧保持克制，努力达成和解，努力取得一致意见。隐藏或忽视分歧终将使得招标被迫延迟。管控和化解分歧的核心在于履行暂估价招标工作各方职责分工，回到合同条件框架下处理分歧。通过工作例会、沟通协调、书面文函等手段解决分歧。提倡在暂估价招标阶段积极化解分歧，但在一定程度上，从大局出发暂时搁置分歧与争议，避免以分歧为借口延误招标活动。

暂估价招标管理是项目招标管理工作的重要组成部分，是各参建单位协同推进项目实施的重要方面，以及对项目实施管理的重要抓手。建立健全暂估价招标管理制度，将有关分工职责及管理义务与要求纳入合同条件，使得暂估价招标工作更加严谨规范。科学编制工作方案，分步推进招标工作，将带动全过程管理效果提升，促进工程建设项目顺利进行。

第六节　招标合约管理典型案例与分析

案例一

关于项目合约规划

（一）案例背景

某大型国际园林展会建设项目，占地100余公顷，其建设内容包括大量的园林绿化景观工程、各类市政管线工程以及服务区用房工程等，建设投资约为人民币11亿元，资金来源为全额政府固定资产投资。建设单位委托招标代理机构组织招标工作，委托专业化项目管理单位组织开展全过程项目管理。为科学推进项目招标工作，招标人会同项目管理公司要求招标代理机构提出项目合约规划方案。于是招标代理机构提出项目设计可由房屋建筑、市政公用以及园林绿化三个行业设计人组成联合体参与本项目设计投标，施工同样由施工总承包、市政公用工程施工总承包组成联合体。项目管理公司结合招标代理意见，制定了完整的合约规划方案，其中不仅包含施工，还包括各类咨询服务以及设计、监理、施工的分包内容等。方案中针对施工标段的划分，提出了有必要将施工划分为房屋建筑、市政工程以及园林绿化三类合同段，并将房屋建筑细化到以每施工标段大约10余个服务区为单位，进而划分为两个标段；将园林绿化按照种植区域再划分为4个标段，原则上界定了各类标段的划分原则以及界面。

（二）案例问题

（1）案例中，招标代理和项目管理公司对项目的合约规划理解有什么不同？哪家单位关于施工合同段划分的方案更为科学？

（2）合约规划的意义是什么？大型建设工程合同一般分为哪些类型？

（3）合约规划的主要思想方法及要点是什么？

（三）问题解析

问题1

招标代理认为合约规划就是针对设计、施工总承包等复杂、重要标的物的标段划分。而项目管理公司则认为合约规划是以项目为对象，将所有项目涉及的合同内容及各类合同所包含的分包合同一并进行规划的过程。为此，项目管理公司对合约规划的认识是正确的。

问题2

合约规划是项目招标合约管理的重要组成部分，是实施项目规划、开展项目全过程管理的重要基础性工作。其主要内容是梳理项目实施过程中涉及的各类缔约组织工作及事项，明确合同类型及具体管理工作。一般而言，大型建设工程项目合同主要包括：一般前期咨询服务类合同、重要咨询服务类（如勘察、设计、监理等）、施工类合同（含暂估价分包合同）等几类。其中咨询服务类合同又进一步细分为过程管理类、行政审批类、市政报装类、招标代理类、检测与监测验收类。

问题 3

合约规划编制的主要思想方法及要点主要包括：借鉴相同、相似项目合约规划成果进行修改，对项目合同合理分类，对同合同层级、上下游关联业务类合同、同类关联事项进行合并委托，对管理类合同与业务类合同进行委托回避等。合约规划编制应以项目全过程管理及实施目标为出发点，最终成果应以提升合同委托效率、规避项目委托风险尤其是单位风险为原则，便于项目实施管理，促进项目全过程、全要素管理过程的实现。

案例二

关于暂估价招标管理

（一）案例背景

某房屋建筑工程招标项目，建设单位即发包人在施工总承包招标中安排了一定规模的暂估价专业工程。在完成施工总承包及监理招标后，随着建设进程的推进，施工总承包单位陆续开始启动暂估价专业工程招标活动。由于其作为分包招标人，为此在暂估价专业工程招标中，其占据了主动地位，表现在自行委托了招标代理机构而未通知建设单位，实施过程中，其编制招标过程文件，也不听取发包人意见。招标活动中，不落实发包人有关管理要求。监理单位拒绝对施工总承包单位针对暂估价招标活动进行管理。此外，施工总承包还多次致函敦促发包人尽快提交暂估价招标所需设计成果。可以说发包人针对暂估价招标的管理十分混乱而失控。

（二）案例问题

（1）发包人实施施工总承包单位组织的暂估价招标的管理是否有必要？

（2）监理单位是否应对施工总承包单位所组织的暂估价招标实施监管？

（3）建设单位如何对施工总承包单位所组织的暂估价招标进行部署与管理？

（三）问题解析

问题 1

施工总承包单位所组织的暂估价招标，是建设项目最为重要的分包活动。

根据我国现行招标法律规制及建设相关制度规定，发包人应全面参与其中。由于暂估价内容涉及分包工程实施质量、进度、造价等多方面，是建设项目重要的组成部分，为此，发包人实施暂估价工程内容的管理十分必要。

问题2

暂估价工程招标是施工总承包单位组织开展施工建设的分包过程，作为重要的商务工作，监理单位当然有义务、有责任对这一活动实施监管，况且，暂估价工程招标对项目质量、安全、进度、造价等多个实施目标产生重要影响，为此，监理单位应介入暂估价招标的管理。

问题3

有条件情况下，建设单位应聘请专业项目管理单位对暂估价招标活动实施管理，首先应颁布有关暂估价工程内容招标制度。分别在施工、监理合同条件中部署有关在建设单位管理条件下由施工总承包单位组织暂估价招标以及由监理单位介入监管的合同义务，审阅施工总承包单位提交的暂估价总体实施计划。建设单位需对施工总承包单位委托招标代理机构予以确认。进一步按照管理制度履行招标过程中有关过程文件报审流程、签章流程。由建设单位、管理单位、设计单位、监理单位以及施工总承包单位和招标代理共同组成暂估价招标工作组，定期召开协调例会，研商有关问题，化解分歧，形成决策，按照制度规定按部就班推进暂估价招标活动。需指出，实践中，建设单位及其委托的管理公司有义务就暂估价招标活动协调设计的单位提交设计成果。

案例三

关于招标范围界定

（一）案例背景

某大型房屋建筑工程项目，建设单位即招标人聘请了招标代理机构组织开展设计、施工总承包及监理招标。招标代理为招标人编制了招标文件，由于招标范围十分重要，为此招标人十分关注招标代理在招标文件中对于招标范围的描述。建设单位同时聘请了专业的项目管理公司，对项目实施全过程管理，并要求管理公司对招标文件尤其是招标范围描述进行审核。在设计招标文件中，招标代理公司对招标范围作出了这样的描述，即“项目红线范围内所有设计内容”。针对监理范围则描述为“本项目施工总承包所对应的全部监理工作。”而施工总承包招标文件中，对于招标范围的描述则为“图纸范围内全部工程，详见工程量清单。”当招标代理将招标文件提交后，项目管理机构组织对招标文件进行审核，对招标范围的描述普遍予以质疑，认为招标范围的描述不够详尽，且存在重大遗漏。

（二）案例问题

（1）招标人对招标文件中有关招标范围描述持重视态度是否合理？

（2）招标代理机构对于设计、监理及施工总包招标范围描述是否合理？

（3）作为项目管理人员，针对案例中招标范围描述应提出怎样的完善意见？

（三）问题解析

问题 1

招标人对招标文件中关于招标范围的描述予以关注，充分体现出其能够站在项目管理视角审视招标缔约环节，招标人对此报以重视的态度是值得鼓励的。实践中，有关招标范围的描述是极其重要的，会对未来合同的有效履行产生重要影响。

问题 2

显然，案例中招标代理机构对招标范围的描述显然不够完整，内容简单、程度粗浅，尤其未能充分融合项目管理思想，不利于后期合同履行及项目管理工作的开展。

问题 3

应从全过程、全要素管理视角出发详细界定招标范围：

对于设计招标范围：①在空间上，为本项目红线范围内所有工程内容及红线周边、红线外随本项目同步实施的市政公用接驳工程内容；②在投资上，为经批准的初步设计概算范围所包含的一切工程内容及其他各类投资方（含财政部门及社会投资商）另行投资的设施设备的安装或接用所对应工程内容；③从阶段上，包括本项目设计所必要的部分前置条件工作、本项目方案设计、初步设计、施工图设计以及施工一体化设计、施工单位深化设计等，以及其他设计人组织实施但纳入设计人总承包设计管理的工程内容；④在深度上：设计人的设计成果应全面满足住房和城乡建设部关于《建筑工程设计文件编制深度规定》文件的相关要求，具备工程量清单编制和控制价文件的条件，且能够交由施工承包商直接组织施工。

对于监理招标范围：①法律、法规所规定的监理范围与服务内容；②项目涉及各类市政公用工程的施工内容；③为发包人及管理人提供全过程、全要素管理的各类伴随服务内容；④项目所颁布的各类管理制度所规定的工作内容；⑤在项目发包人及管理人安排下所实施的必要沟通、协调服务内容，如就项目设计与施工协作进行协调，组织各参建单位构建管理协同工作组等；⑥服务时间阶段是自签订合同之日起至工程缺陷服务期结束，包括项目开工前准备、竣工验收及缺陷责任期阶段监理；⑦发包人及管理人临时交办的其他事项等。

对于施工总承包招标范围：施工总承包范围主要包括自行施工范围、自行分包范围、暂估价工程内容分包范围以及施工总承包管理范围。应分别对各部分内容进行详细描述，其中，对于纳入施工总承包范围的暂估价工程内容的范围与施工总承包自行施工及自行分包范围的界面予以详细描述。

附件：典型复杂房建项目的合同规划示意

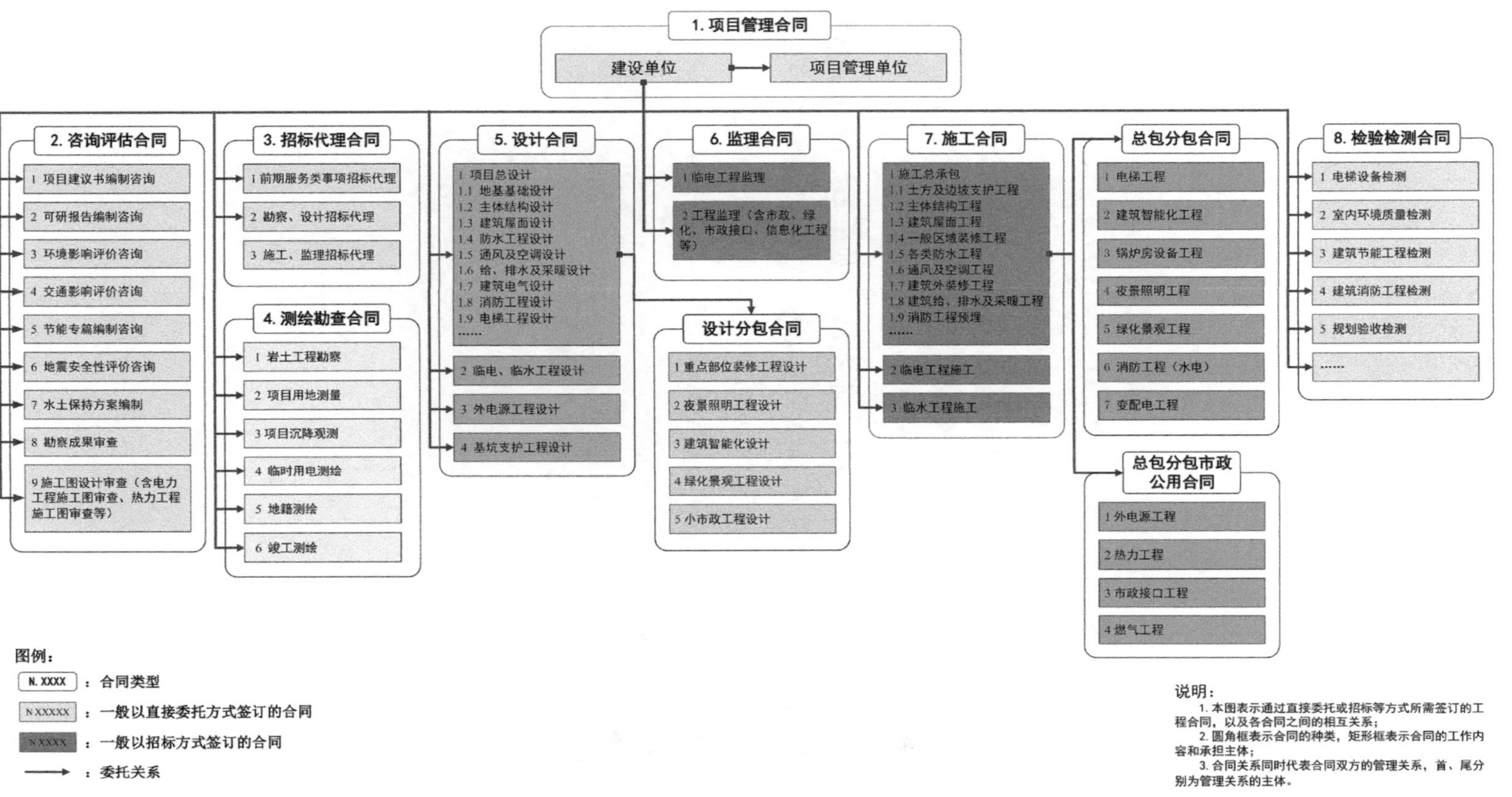

说明：

1. 本图表示通过直接委托或招标等方式所需签订的工程合同，以及各合同之间的相互关系；
2. 圆角框表示合同的种类，矩形框表示合同的工作内容和承担主体；
3. 合同关系同时代表合同双方的管理关系，首、尾分别为管理关系的主体。

导 读

施工阶段是工程实体建成的过程，是施工设备、施工人员、物资材料等生产要素投入最多、投资额最大的阶段，同时包括建设单位、项目管理单位、设计单位、监理单位、检测单位、施工总承包单位、专业分包单位、材料供应商等在内的大量参建单位共同参与，也是协调、统筹、管理的重点阶段。

施工阶段核心任务包括投资管控、进度控制、质量控制和安全控制。项目的投资目标、进度目标、质量目标和安全目标之间既有矛盾的一面，也有统一的一面，它们之间是对立统一的关系。要加快进度往往需要增加投资，过度的赶工会影响施工质量、增加安全隐患，要提高质量和建设标准往往也需要增加投资，这都表现了目标之间关系矛盾的一面；但通过有效的管理，也可在不增加投资的前提下，在合理的工期内，取得合格的工程质量，达到投资、工期、质量的统一。

第六章

政府投资建设项目施工管理

第一节　项目施工管理的核心工作

项目施工阶段的管理是政府投资建设项目全过程管理中的一个重要环节，也是实现项目价值和参与各方自身利益的关键阶段。施工阶段的管理是项目建设周期中工程量最大，投入人力、物力和财力最多，工程管理难度最大的阶段，本节将从施工管理与投资管理的关系、施工阶段项目目标的管理和施工管理的组织工作等几个方面总体叙述项目施工管理的核心工作。

一、施工管理与投资管理的关系

施工阶段是将设计图纸实现的过程，是工程项目建设费用消耗最多的时期，影响投资变动的因素多，投资变动的可能性比较大，对工程造价的影响也是最直接的。如果完全按照图纸、合同和计划实施，可以实现项目投资完全可控的理想状态。然而在现实状态中，一方面材料、人工、机械等的价格是随着市场变动的，根据定额结算的预算价格无法与实际工程保持一致；另一方面，实际施工过程中施工组织不同或工程变更、洽商等都会影响投资的变化。

不仅如此，建设单位对投资的管控也会影响施工管理各项目标的实现。例如，为了节省开支，去除不必要的使用功能，或建设单位基于节省投资的考虑进行限额设计和合同奖励等内容。宽松的投资管理计划为建设项目提供更多的经济支持，有助于项目加快进度、提高质量、保证安全。

要保证施工阶段的投资管控切实有效，必须从组织、技术、经济、合同等方面采取措施，健全投资管理制度，增强建设单位现场管理人员能力，提高投资管控观念，合理安排施工计划，在合理范围内加快施工速度，提升工程质量。采用科学、经济的方案，克服盲目指挥造成的浪费，重视提高投资效益的重要性，以先进的建设工程技术为基础，综合运用管理学、经济学和相关法律知识与技能，为政府投资建设项目工程造价的确定、投资管控与管理提供保障。

二、施工阶段项目目标的管理

通过对工程项目相关因素及周围环境的分析，确定出了项目的目标系统，包括投资管理目标、进度管理目标、质量管理目标、安全管理目标、文明施工与环境管理目标等，以上目标建立起的整个项目目标系统，为项目的各项工作确定明确了工作方向。

(一)投资管理目标

政府投资建设项目投资管理目标是指在项目最优规模、最佳功能和最高投资效益条件下确定的投资管控目标，该目标是建设单位控制项目投资，实现投资目标的主要依据。一般来说，投资管理目标是随着工程的进展阶段逐渐明晰的，在政府投资建设项目管理过程中，往往把政府部门审批的投资额如投资估算、初设概算等作为项目投资管理目标。政府投资建设项目施工阶段的投资管理目标是控制好施工过程中涉及造价的各个环节，使竣工结算控制在初设概算批复的金额内。

(二)进度管理目标

政府投资建设项目的施工进度目标是从施工准备到竣工验收、项目投入使用的时间目标，如道路建成可以通车、办公楼可以启用、学校具备开学的时间目标等。项目进度管理是指采用科学的方法确定进度目标，编制进度计划和资源供应计划，进行进度控制，在与质量、安全、投资目标协调的基础上，实现工期目标。施工阶段的进度目标一般为计划开工日期、计划竣工日期、工期总日历天数。进度管理目标就是根据工程项目的进度目标，编制经济合理的进度计划，并据以检查工程项目进度计划的执行情况，若发现实际执行情况与计划进度不一致，须及时分析原因，并采取必要的措施对原进度计划进行调整或修正，确保工程项目按期投入使用。

(三)质量管理目标

工程项目的质量目标根据项目实际情况不同，可在施工合同中设定，例如：确保达到国家建筑工程质量验收合格标准(必须)；确保达到国家建筑工程质量验收优良标准(非必须)等，可以选择取得如下：质量奖项国家优质工程金质奖、国家优质工程奖等国家级质量奖项；鲁班奖、詹天佑奖、全国建筑工程装饰奖、绿色建筑创新奖、中国建筑工程钢结构金奖等行业奖项。政府投资建设项目的质量管理目标是通过科学的管理，建立适合的质量控制体系，在工程施工的各个环节做好控制，建设质量合格达到质量目标的工程项目。

（四）安全管理目标

根据政府投资建设项目的不同情况施工阶段安全管理目标包括（不限于）如下几个方面：工地死亡事故为零；工地重伤事故为零；杜绝高坠事故；杜绝坍塌事故；杜绝火灾事故；杜绝物体打击事故；杜绝发生重大机械事故等。要求减少一般事故，杜绝重大事故；施工现场达到“安全与文明施工样板工地标准”等。

（五）其他目标

根据政府投资建设项目的不同情况还可能包括（不限于）文明施工与环境管理目标等其他管理目标，如：科学文明施工、实现绿色环境工程；现场扬尘浓度达到环保标准要求；噪声污染达到环保标准要求；废弃物处置实现无害化处理，实现施工、生活垃圾、危险废物分类消纳；不发生环境污染事件；不发生传染病；落实完成工地扬尘治理“六个百分之百”（施工工地周边 100% 围挡、物料堆放 100% 覆盖、出入车辆 100% 冲洗、施工现场地面 100% 硬化、拆迁工地 100% 湿法作业、渣土车辆 100% 密闭运输）等目标。

三、施工阶段主要参建单位的管理

建设项目施工阶段涉及参建单位众多，其中监理单位、施工单位直接影响着工程的建设和实施，因此对监理单位和施工单位的选择和合同要点的设定对工程投资、质量管理有重大意义。

（一）主要参建单位的确定

根据相关法律规定，全部或部分使用国有资金投资或国家融资的项目，施工、监理及重要设备、材料的采购满足一定金额的必须进行招标，招标分为公开招标和邀请招标，一般而言，政府投资建设项目满足必须招标标准的应当公开招标，而当项目技术复杂、有特殊要求或受自然环境限制，只有少量潜在投标人可供选择的或采用公开招标方式的费用占项目合同金额的比例过大时，可以邀请招标。必须进行招标的项目，对于拟采取的招标方式、招标范围、招标组织形式等应当报项目审批部门审批。建设单位可自行招标，如果建设单位不具备编制招标文件和组织评标的能力可委托招标代理机构进行招标。

1. 选择监理单位的侧重点

建设项目实施过程中，监理单位是辅助项目管理的，其提供的服务工作完全依赖于监理单位对项目的管理水平和技术水平，服务质量很大程度取决于参与监理工作人员的业务水平、经验、对问题的判断能力和处理能力，以及监理工程师的履约意识和风险意识。因此选择监理单位时，不能仅考虑投标报价而选取报价最低的监理单位，而应侧重考察监理单位及拟安排的监理工程师的技术水平，通过对监理单位资质、监理人员职称或执业证书的审查和技术标的评选选择适宜建设项目的监理单位。

2. 选择施工总承包单位的侧重点

施工单位的选择直接决定了工程的施工质量、工期及项目的建成效果，为了项目顺利进行，需要慎重选择施工单位。建设项目常涉及较多专业，一个建设项目需要若干个不同施工单位共同建设，为了减轻建设单位管理工作量，多采用施工总承包模式选取一家总承包单位，由总承包单位选择专业分包单位。选择施工总承包单位时最重要考察的是企业的资质和拟派出项目经理、技术负责人等类似建设项目的业绩以便了解单位是否具备承建的能力。对于具备类似建设项目业绩的，可以从业绩的现场管理情况和施工质量等进行重点考量。

（二）相关合同要点

住房和城乡建设部印发了监理、施工合同示范文本，由合同协议书、通用合同条款、专用合同条款和附件四部分组成，招标阶段针对项目具体情况，补充项目具体情况和要求在专用条款中明确。

1. 监理合同

监理主要工作是受建设单位委托在施工阶段对建设项目质量、进度、造价进行控制，对合同、信息进行管理，对工程建设相关方的关系进行协调，并履行工程安全生产管理法定职责。在合同中应简洁描述监理服务范围，具体范围应与招标投标文件、图纸和工程量清单内容一致；工作内容应涵盖建设项目质量、进度、投资和安全管控的要求及目标，其中，关于合同进度管理应明确开竣工日期的确定依据及对工期顺延的约定。除此之外，在监理合同中有两点需要注意：一是由于项目实施过程中，部分文件监理签发后即可对施工单位发生效力，因此在合同中对于监理工程师的权限必须有明确的设置，如对可能引起工期顺延、工程质量、合同效力等重大变更的指令，可以约定经过建设单位现场管理人员认可后方能生效。二是在项目实施过程中存在"视为"条款，即超过约定期限未予答复的，视为认可，此类程序性约定，有利于保护施工单位权利，但为防止监理单位利用该条款在实施过程中逃避责任或不作为，在监理合同中应约定建设单位可针对因此产生的损失向监理单位索赔等。

另外，相关规范和通用合同对监理单位工作职责中的质量、进度、安全的管理责任都有较为严格的规定。但对于投资的控制，仅规定了监理工作内容，监理对于施工合同履行、变更和工程款的支付都有审核的责任，但由于合同中缺少相应可行的奖惩措施，虽然示范文本中约定可就监理合理化建议节省的投资给予一定比例的奖励，但项目实施过程因操作性不强一般不予奖励。若工程费用增加，对应监理费也会增加，因此监理的工作重心主要在质量和安全的监管上，对于进度和投资的管控相对较弱，应该在合同中明确监理单位在进度控制和投资管控中的责任。

2. 施工合同

施工合同中最重要的内容就是关于工期、质量和造价的约定。关于工期易产生争议的为开、竣工的界定，在合同中应约定开竣工确定的具体程序和文件。同时，为了加强建设单位对工期进度的把控、及时纠偏，除约定总工期外，还可约定关键路线节点。合同中对于工程质量的约定要明确具体采用的标准和级别，参加工程质量验收的单位、验收的程序和产生质量争议的处理方法等。施工合同中有关造价的约定，将直接响应建设项目施工阶段投资管控效果。工程款的拨付、竣工结算程序等均需在合同中明确约定，尤其是当双方对进度款、结算数额计算不一致时应如何处理均须有详细约定。

（1）合同计价方式

根据项目情况可选用的计价方式有总价合同、单价合同、成本加酬金合同。

总价合同分为固定总价合同和可调总价合同两种形式。总价的计算以图纸及相应的规定、规范为基础计算确定固定的总价。采用这种合同，总价只有在设计和工程范围有变更的情况下才能调整，除此之外合同总价不能变动。一般在施工图详图均已完成的情况下采用固定总价合同，由施工单位承担工程量、单价、地质条件和其他客观原因造成亏损的风险。这种形式的合同适用工期较短，对项目要求明确的项目，要求设计图纸完整齐全，工作范围及工程量计算依据确切。可调价合同的总价也是以图纸及规定、规范为计算基础，但确定的价格是相对固定的价格，合同执行过程中，由于市场价格变动可对总价进行调整，与固定总价相比，建设单位承担了一部分价格变动的风险，这种形式适用于工程内容和技术经济指标规定很明确的项目。

单价合同适用于无法精确计算工程量的情况，当施工图不完整或招标时工程项目内容、技术经济指标还不能明确规定时可采用这种形式，分为估算工程量单价合同和纯单价合同两种形式。估算工程量单价合同是以工程量清单和工程单价为基础计算合同价格，最后的工程总价按照实际完成工程量计算，由合同中分部分项工程单价乘以实际工程量得出，这种形式适用于工程性质比较清楚，任务及标准不能完全确定的情况，也是目前政府投资建设项目采用较多的合同形式。纯单价合同是只给出工程的有关分部分项工程及工程范围，不需对工程量做任何规定，工程量按实际完成量结算，这种形式适用于没有施工图、工程量不明，却急需开工的紧迫工程。成本加酬金合同适用于工程内容及技术经济指标尚未全面确定，投标依据不充分的情况下，因工期要求紧迫必须紧急发包的工程。这种形式的缺点是建设单位对工程总价不能实施实际的控制，施工单位对降低成本也无责任，因此在建设工程中很少采用。

（2）合同价款调整

任何工程在施工过程中都不可避免涉及工程变更、现场计量和价格浮动等情况，所以绝大部分建设项目均涉及合同价款的调整，合同中必须对价款调整范围、调整的程序、计算依据和工程变更、签证、材料价格的签发、确认作出明确规定。在程序规定中尤其需要明确当发生价格变动事项时提出变更的时限和具体资料要求，避免出现施工单位在施工过程中不注重资料的搜集整理，在结算时一次性申请变更、签证等，不利于建设单位对投资的过程把控。除价格波动和工程量变化引起合同价款调整外，不可抗力的出现也是工程项目中引起工期和价格变动的因素之一。施工合同通用条款对不可抗力的约定较为粗略，应在专用合同中将不可抗力量化，如常见的大风、暴雨、洪水、地震等自然灾害，应在合同中明确达到什么程度才可被认定为不可抗力，并对不可抗力发生后当事人的责任、义务如何划分作出详细约定。

四、项目现场协调管理

政府投资项目建设单位的项目管理职能包括决策职能、计划职能、组织职能、控制职能和协调职能，涉及项目的全过程，建设单位项目现场高效的组织与协调工作，包括人际关系的协调、组织关系的协调、供求关系的协调、配合关系的协调、约束关系的协调，高效的沟通协调，有利于项目的推进。

（一）协调管理的原则

各种关系的协调均应遵守如下原则：

（1）遵守法律法规是组织与协调工作的第一原则。要在国家有关工程建设的法律、法规的许可范围内去协调和工作。

（2）组织协调要维护公平原则。应站在公正、公平的立场上，处理每一个纠纷。

（3）协调与控制目标一致的原则。在工程建设中，要考虑注意质量、工期、投资、环境、安全的统一，不能各自孤立。

（4）合作共赢原则。本着相互理解、相互尊重、相互帮助的态度开展沟通工作，最终实现共赢互利的结果。

（二）协调管理的工作重点

实践证明，在工作中出现矛盾常常是由于沟通协调不到位、信息不畅通，在建设的过程中各有关单位自行其是造成的。因此，必须建立有效的沟通协调体系，使信息在工程建设的系统中得到良好的传递，协调处理好各方的关注点和立场。项目现场主要的组织与协调工作有：协调与政府有关部门的关系、协调与相邻周边单位的关系、组织与协调勘察单位的工作、组织与协调设计单位的工作、组织与协调各施工单位（包括但不限于总承包单位、专业承包单位、供货单位等）的工作、工作中存在的问题或争议的协调等。

1. 与政府有关部门的配合

根据我国行业管理的规定，政府各行业的主管部门（如发展改革委、财政局、规土委、园林局、交通局、住建委、街道办等），均会对项目行使不同的审批权或管理权，如何能与政府的各主管部门进行充分、有效的沟通、汇报、协调，将直接影响到项目的实施。在工程施工过程中，重点应注意以下几点：

（1）充分了解、掌握国家和地方法律、法规、规定的要求和政府各主管部门相应的办事程序，在沟通前应提前做好相应的准备工作。

（2）发挥专业技术人员特长，不同的政府主管部门由熟悉办事程序的专业人员负责协调配合，以保持稳定的沟通渠道和良好的协调效果，以提高办事效率。

（3）对于质量监督、安全监督、环保监督、卫生防疫等部门对施工工地的检查，应全力配合，服从管理。

2. 与相邻单位和居民的沟通协调

建设项目与相邻单位的关系协调以及扰民与民扰问题，往往成为制约项目进程的重要影响因素，需要引起高度重视。在项目开始建设之前，应该及早发现可能影响到项目建设进程的周边关系问题，经过深入分析后制定出解决方案，对于重点关系单位积极寻求对话渠道，避免由于沟通不及时而造成误解并影响项目进展。防止噪声扰民，采取有效措施防止扬尘与遗撒，禁止施工单位燃烧有害物质，禁止施工单位填埋有害物质，当需要连续施工时，应提前与周边居民小区的街道办事处沟通，通过街道办事处告知附近居民本工程的施工情况及其安排，与街道办事处共同做好附近居民的安抚工作。

项目施工过程中难免有部分噪声，尽管采取有效措施防止扬尘与遗撒，但难免有不满意的情况出现。要提前做好各种预案，提前与城管部门协调、汇报项目情况，邀请城管部门前来检查工作，保证项目的文明施工达到各项要求。与属地公安部门联系，积极提交治安预案，报公安部门审阅。监督承包商办理施工人员暂住证，现场成立治安联防队，签订治安联防责任书。施工中杜绝违法乱纪行为发生，确保一方平安，并积极配合公安部门进行现场外来人口的清查工作。

与相邻单位组织和附近居民沟通协调工作的重点在于耐心细致、相互尊重。

3. 与勘察设计单位的沟通协调

与勘察、设计单位的沟通管理，应做到以下几点：

（1）就要全面掌握设计内容，由技术负责人牵头负责与设计单位的沟通、协调。

（2）提倡运用价值工程的方法，采用性价比最优的设计方案，既要保证主要功能，也要成本合理，还要考虑到安全可靠、易于维护。

（3）及时组织设计单位参加设计交底会、图纸会审会、工程例会及其他专题会。

（4）施工过程中遇到技术难题、图纸不清等问题时，要及时与设计单位沟通。

（5）各专业工程师负责与设计专业负责人协调沟通对设计变更、洽商的确认。

（6）对设计图纸等文件的管理信息应由专人统一登记、保存，使用时办理领用手续。

4. 与监理单位的沟通协调

与监理单位的沟通管理，应做到以下几点：

（1）督促监理单位按照监理合同的约定，配备必要的监理人员，按照监理规程开展监理工作。

（2）注意树立监理对现场管理问题上的权威，尊重监理对于施工质量的检查权等国家及北京市法律、法规赋予监理的合法权利。

（3）发现现场的施工质量、安全问题，要及时与监理进行沟通协商，坚持通过监理给施工单位发出相应的工作指令，同时充分发挥监理在现场施工质量、安全、工期和工程量计量方面的监督管理作用。

（4）应与总监理工程师加强沟通与协调，尤其是现场施工重大问题的处理与决策，事先双方要力争能协商一致。

（5）有些监理单位对施工质量、安全比较重视，对投资管控往往重视不够，以履行程序为主，要及时提醒监理单位统筹做好质量、安全、进度、投资的监理。

5. 与施工单位的沟通协调

与施工单位的沟通管理，应做到以下几点：

（1）要及时了解各施工单位所承担的任务内容、大小、难易程度、采用的主要施工工艺、机具以及工程的施工进度计划。对分包单位可能出现的矛盾进行预先分析，在工作中发现矛盾应及时加以解决。要抓好施工关键部位以及各施工单位的衔接界面，以避免和减少因工作划分不清引起的各种矛盾。

（2）按照国家建设主管部门的要求，积极推行施工总承包制。通过公开招标和合同条件明确施工总承包单位、分包单位的工作范围，明确施工总承包单位对于分包单位的管理责任和权力。明确由施工总承包单位承担项目的质量、进度、安全、环保的整体责任，使施工总承包单位既有责任又有权力实施整体管理。

（3）对于直接采购的材料、设备，建设单位要在采购合同明确采购的交货时间、地点和相应的质量责任，并与施工总承包单位做好对接。

（4）及时处理施工过程中出现的问题与困难，避免小问题拖成大问题，导致工期拖延、投资增加。

（5）以合同管理为基础综合运用技术、经济、法律手段，使双方在各自利益不同的条件下，能以实现项目建设的主目标为原则，及时地沟通、协商、处理相互之间的矛盾和问题。

（三）沟通协调的方式和方法

沟通协调的方式包括口头的和书面的、正式的和非正式的、内部的和外部的、纵向的和横向的等多种方式。各参建单位之间可采用面谈、电话、微信、短信、邮件及传真等进行沟通协调，正式的沟通多以书面函件、书面报告、会议为主。

1. 书面函件

书面函件包括发函和回函等，要主题明确、行文简洁、注意时效，与各方的收、发文件均应立档保存和有收发文记录。

2. 书面报告

书面报告有项目日报、项目周报、项目月报、监理月报、专题报告等，一般报告的内容有项目概况、目前的进展、存在的问题与解决建议、下阶段的工作计划等。

3. 会议

为保证沟通协调的效果，在项目实施过程中要举行必要会议，形成例会制度，做到会前有准备、会中有重点、会后有检查，确保组织协调工作的效果。

（1）政府专题调度会

对于一些重点工程，政府有关部门会定期或不定期召开调度会，了解项目进展和在实施过程中遇到的困难。

（2）监理例会

工程施工过程中，由监理单位组织施工总承包单位、各分包单位及设备材料供应单位召开周例会，建设单位、项目管理单位、设计单位派各专业人员参加，协调解决工程实施过程中的各种问题，监理单位出具会议纪要，发各参会单位。

（3）专题会议

工程施工过程中，遇有重要问题需特别协调时，由监理单位、项目管理单位、建设单位组织召开专题会议，如工程索赔、工程主要进度协调、工程质量或安全事故处理、重大技术方案讨论等，建设单位、项目管理单位、设计单位、监理单位、施工单位及其他相关单位参加，由组织单位出具会议纪要，发各参会单位。

（4）施工现场外部工作会议

各种施工现场以外的协调会议（设计协调、招标投标、项目报批报审及备案、竣工验收等），由建设单位、项目管理单位组织，各相关单位参加，建设单位、项目管理单位出具会议纪要，发各参会单位。

第二节　项目施工准备阶段的管理

建设单位应当将满足一定条件的项目现场移交给施工单位进行施工。在开工前，应平整施工现场的场地，接通临时施工用水和临时施工用电以及进出场地的道路，为施工单位开展施工提供条件，避免因施工条件不具备，导致工期拖延、投资增加。

一、施工现场的准备及移交

（一）施工场地的准备

1. 施工现场的场地平整

（1）原有旧建筑物、构筑物拆除

建设单位或委托项目管理单位应组织将项目场地进行必要的平整，委托有资质的拆除单位对项目用地红线内原有建筑物、构筑物拆除，并将建筑垃圾和建筑基础清运出场。

（2）项目用地红线内树木的伐移

建设单位或委托项目管理单位根据项目总平面图组织对场地内影响施工的树木进行统计，委托树木测绘单位现场测量树木位置、种类、树径等数据，完成树木测绘报告。填写树木移伐申请书及树木测绘报告等材料，到园林绿化部门申请树木砍伐移植许可证，配合园林绿化部门到现场踏勘。取得树木砍伐移植许可证后，与有资质的园林绿化公司签订合同，配合其进行树木砍伐移植工作，对砍伐的树木，须督促其将树根挖出清运。

2. 施工用电报装

根据建设项目的用电量估算表和总负荷量，落实用地周边的供电条件，对项目建成后是否需要新接入外电源进行初步判断。了解项目供电的接入方式、上级接入地点、接入负荷、变压器数量与负荷、接入路由、投资估算等主要技术参数。测算施工用电负荷，了解现场已有的供电容量，如果没有电源或供电容量不够，须及时向电力公司申请报装。施工临时用电必须和永久外电源工程同时报装，报装前应注意以下几个事项：施工用电报装前，应根据现场布局情况、建设规模和层数等参数，确定施工临时用电的变压器容量及数量，以及变压器摆放位置。为了节约投资，施工临时用电的路由和电缆型号在方案制定和设计阶段要和永久用电衔接，以避免造成重复投资。

3. 施工用水报装

建设单位或委托项目管理单位应根据项目情况，估算施工需要用水量，到水务部门办理施工用水指标。了解现场供水点情况，如水量不够，须及时向自来水公司申请报装并安装施工临时用水计量水表。以北京为例，申请时应注意，施工临时用水指标按 $0.8m^3/m^2$ 的定额下达，临时用水指标分配方案只是本年度的用水计划，如工期跨年度，需次年继续申请办理临时用水指标，提供相关材料，施工临时用水指标双月考核，按照施工进度合理分配年度和双月用水计划，避免超标。临时用水水源分为市政自来水和自备井水，应根据实际使用水源类别填写相应表格。

4. 其他施工现场条件落实

根据现场情况，如需开门、进出道路、排水等，须及时向相关单位办理。

（二）第一次工地会议

第一次工地会议是施工准备阶段与施工阶段的一个分界点，通过该次会议明确各参建单位在实施阶段的相关责任和权利行使，明确项目管理各组织机构人员配备、工作关系、沟通渠道等。建设单位应充分了解现场情况及各参建单位的各类信息，做好会议材料的准备，各专业工程师应了解项目准备情况及各参建单位情况，负责本专业问题的解答。

1. 工作程序

第一次工地会议由建设单位负责人主持，在工程正式开工前进行。

第一次工地会议应由下列人员参加：

（1）建设单位负责人及现场代表；

（2）项目管理单位项目经理及各专业工程师；

（3）设计单位设计负责人及各专业工程师；

（4）监理单位项目监理部总监理工程师及监理人员；

（5）总承包单位项目经理、管理人员及分包单位主要负责人。

2. 会议主要内容

第一次工地会议的主要内容包括：

（1）建设单位负责人介绍项目概况及背景情况；

（2）建设单位负责人宣布项目管理单位项目经理并向其授权；

（3）建设单位负责人宣布项目总监理工程师并向其授权；

（4）建设单位负责人宣布设计单位、总承包单位及其项目负责人、项目经理；

（5）建设单位负责人、项目管理单位项目经理、设计负责人、总监理工程师和总承包单位项目经理介绍各方组织机构、专业人员、职责分工；

（6）总承包单位项目经理汇报施工准备情况；

（7）会议各方协商确定沟通方式渠道，确定监理例会的时间安排、参加单位及人员；

（8）其他需要建设单位（项目管理单位）明确及协调解决的事项。

第一次工地会议后，由项目管理单位或监理单位负责整理编印会议纪要，分发参会各方。

（三）施工现场的移交

1. 工程资料移交

建设单位需要移交的资料主要有：

（1）施工现场平面图。

（2）地上 / 地下管线移交单及附图。

如果建设单位对场地内地上 / 地下管线不了解，需单独委托物探单位进行地上 / 地下管线探测和地上 / 地下管线调查，并提交相关报告。

建设单位应按要求填写《地上 / 地下管线及建（构）筑物资料移交单》，交给施工单位。

（3）施工中的临时用水、用电的驳接点。

（4）场地的地质勘察报告。

（5）坐标控制点（包括 GPS 点测量，导线测量，水准测量等）。

2. 场地移交

建设单位、项目管理单位、监理单位、施工总承包单位等一同到场，建设单位或项目管理单位介绍场地和周边设施情况以及注意事项，现场指认水、电、网驳接点位置，将场地移交施工总承包单位。

二、设计交底和图纸会审

通过设计交底使各参建单位了解设计意图、全面理解设计文件、抓住设计重点。通过图纸会审，可以使设计图纸中的一些错误或不合理的地方得以暴露和纠正，一些表达不清、容易误解的地方得到澄清；一些不合理的或不经济的施工工艺得到调整；一些不符合建设单位要求的做法得到修正。为下一步施工工作做好充分的技术准备工作。

（一）设计交底及图纸会审工作程序

（1）设计交底及施工图纸会审由建设单位或项目管理单位组织，设计单位、监理单位、施工单位共同参加；

（2）设计负责人进行设计交底，分专业召开专业会审会议，建设单位（项目管理单位）人员按事先分工安排，出席各专业会审会议，确定记录人员，按标准格式作好记录。设计单位解答提问，当场不能答复的或需要另行出图的应签认解决期限；

（3）设计交底及施工图纸会审由施工单位负责进行现场记录汇总整理工作；

（4）形成施工图纸会审记录，参会各方共同会签，作为指导工程施工和工程结算的依据。

（二）设计交底和图纸会审工作内容

1. 设计交底

设计交底的内容由设计总负责人介绍工程设计意图和项目总体规划设计方案，由各专业设计负责人介绍本专业的主要设计特点以及重点部位的设计要点提示，具体内容如下：

（1）建设单位对本工程的要求，施工现场的自然条件（地形、地貌），工程地质与水文地质条件等；

（2）设计主导思想，建筑艺术效果要求与构思，依据的设计规范，抗震烈度和等级，基础设计，主体结构设计，装修设计，设备设计（选型）等；

（3）对基础、结构及装修施工的要求，对建材的要求，对使用新技术、新工艺、新材料（设备）的要求，以及施工中应需要注意的事项等。

2. 施工图纸会审

施工图纸会审参加人员包括建设单位负责人及工程师、项目管理单位项目经理及各专业工程师、设计单位负责人及各专业工程师、监理单位总监及各专业监理工程师、施工单位项目经理及各专业技术员。

施工图纸会审具体要求：

（1）建设单位、项目管理单位和监理单位应对照施工图与已审核过的初设图纸是否有矛盾，是否全面反映了建设单位的功能要求和建筑标准，与政府各职能管理部门的审查修改意见是否都在施工图中得到落实；

（2）施工单位从施工实施角度出发，校核各专业图纸本身和相互之间是否存在矛盾和表达不清、容易产生歧义的情况，局部构造是否缺图，工艺和用料等是否缺少施工说明，尺寸是否有差错，预留洞孔是否遗漏，管道密集和交叉的部位是否有标高重叠等，并对照自身的技术、设施条件是否有无法施工的情况。

施工图纸会审内容：

（1）施工图纸是否完整和齐全，施工图纸是否符合国家有关工程设计和施工的规程规范；

（2）施工图纸是否与其说明书在内容上一致，施工图纸及其各组成部分间有无矛盾和错误；

（3）建筑图与其相关的结构图，在尺寸、坐标、标高和说明书方面是否是一致，技术要求是否明确；

（4）熟悉施工、安装、装修的施工生产工艺流程和技术要求，掌握配套施工的先后次序和相互关系，审查设备安装图纸与其相配合的土建图纸，在坐标和标高尺寸上是否一致，土建施工的质量标准能否满足设备安装的工艺要求；

（5）基础设计或地基处理方案同建造地点的工程地质和水文地质条件是否一致，弄清建筑物与地下构筑物、管线间的相互关系；

（6）掌握拟建工程的建筑和结构的形成和特点，需要采取哪些新技术；

（7）复核主要承重结构或构件的强度、刚度和稳定性能否满足施工和使用要求；

（8）对于工程复杂、施工难度大和技术要求高的分部分项工程，要审查现有施工技术和管理水平能否满足工程质量和工期要求；

（9）建筑设备和加工订货有何特殊要求；

（10）防火、消防、节能等标准是否满足；

（11）材料的来源有无保证，能否代换；

（12）新材料、新技术的应用有无问题；

（13）施工安全、环境卫生有无保证；

（14）水文地质资料是否齐全；

（15）有无分期供图的时间表；

（16）设计地震烈度是否符合要求；

（17）图纸是否符合建设方要求等。

由施工单位负责整理图纸会审记录，报设计、监理、项目管理及建设单位进行审签，签字齐全后各单位分别留存，作为施工、结算、监督等的依据。设计交底及图纸会审记录详见表 6-2-1。

设计交底及图纸会审记录 **表 6-2-1**

<table>
<tr><td>建设单位</td><td colspan="3"></td></tr>
<tr><td>项目管理单位</td><td colspan="3"></td></tr>
<tr><td>设计单位</td><td colspan="3"></td></tr>
<tr><td>监理单位</td><td colspan="3"></td></tr>
<tr><td>施工单位</td><td colspan="3"></td></tr>
<tr><td colspan="4">设计交底主要内容：</td></tr>
<tr><td>图纸会审主要内容</td><td colspan="3"></td></tr>
<tr><td>记录人</td><td></td><td>日期</td><td></td></tr>
</table>

三、施工开工审查

建设工程项目在确定建设工程施工许可证后，施工单位在做好开工准备后，应向监理单位报审《工程开工报审表》及相关资料，总监理工程师审查通过后，签发《工程开工令》。开工令签发的日期就是开工日期，是计算工期的起点。施工单位在接到开工令（开工通知）后，应当迅速开展工程的施工。只有在有正当延期的理由时，经过办理申请延期手续后，经监理工程师批准，才能延期开工并给予延长工期。否则，延期责任应当由施工单位自负。

开工令的签发必须具备以下几个条件：

（1）地方政府主管部门已签发《建设工程施工许可证》；

（2）施工组织设计或施工方案已经总监理工程师批准；

（3）征地拆迁工作能满足工程进度需要；

（4）承包单位管理人员已到位，机具、施工人员已进场；主要工程材料已落实；

（5）现场“三通一平”及临时设施等已能满足开工要求；

（6）工程基线、标高已复核，测量控制已查验合格；

（7）主要材料、施工机械设备已落实（或有所计划）；

（8）其他地方性的规定等。

第三节　项目施工阶段进度管理

为尽早发挥政府投资的社会效益，项目实施进度要有严格的要求。施工阶段投入的生产要素占整个项目实施全过程的比例最大，施工进度管理具有重要意义。进度和投资息息相关，施工进度的加快需要更多人、材、机等生产要素的集中投入以及较多的赶工措施，往往造成投资的增加；施工进度滞后或停止，也势必导致先期投资的效益闲置和施工人员的窝工，造成政府投资失去效率；要保证正常的施工进度也需要保持及时、充足的资金。因此，科学合理安排施工进度非常重要。

一、进度对投资的影响

进度与投资的辩证关系体现在，在合理工期范围内，加快进度缩短工期会减少投资，超出这一合理范围，过度加快进度或延缓进度，都会导致投资增加。但需要注意的是，进度对投资的影响需要结合建设项目全寿命周期考虑，对于能够立刻产生效益的项目，如果项目快速竣工投入使用而产生的增值大于加快进度增加的投资，虽然单独看建设期的投资较高，但综合效益更好，仍可在保证质量的前提下加快进度。

二、施工阶段进度管理的主要内容

（一）进度管理的程序

建设单位应明确进度管理目标，建立进度管理制度，明确进度管理程序，规定各参建单位的进度管理职责及工作要求。项目进度管理目标应按项目实施过程、专业、阶段、实施周期进行分解。建设单位施工阶段进度管理遵循的程序如下：

（1）建立项目进度管理体系，制订进度管理目标；

（2）编制施工阶段的进度控制计划，内容应符合项目总进度计划要求；

（3）按照项目工程特点、实施过程、专业、阶段或实施周期对项目进行详细分解，依据合同文件、资源条件与内外部约束条件编制项目进度计划，审核并审批施工单位编制施工组织设计；

（4）进度计划经批准后，应向施工单位落实责任，进度计划执行者应制订计划实施方案；

（5）检查计划的落实情况。在实施进度计划的过程中应及时跟踪检查、收集实际进度数据并将实际数据与进度计划进行对比，分析计划执行的情况。可通过组织定期或不定期协调会的方式，对计划的执行情况进行定期或不定期分析存在的问题，提出解决问题的方法和措施；

（6）依据进度计划的实施记录对进度计划进行检查和调整，对产生的进度变化及时采取纠偏措施。如施工进度发生拖延，应要求施工单位采取措施追赶，并追究相关者的责任；

（7）定期向上级主管部门提供进度报告，进度计划的变更应与使用单位和有关部门及时沟通，及时纠偏；

（8）对工程进度资料及时收集、编目和建档，做好工程进度记录，并督促施工单位及监理单位及时整理有关技术资料。

（二）进度计划

应依据各级行政主管部门批复要求、功能使用时间需求报告、合同文件、国家及地方劳动定额和工人实际劳动生产率、设计图纸及设计要求、有关专项验收和竣工验收的规范性文件、资源条件与其他内外部约束条件来分析和论证项目各阶段工作的进度目标和各阶段工作进展的相互关系，组织编制项目进度计划。

1. 进度管理计划编制的原则

（1）合同控制原则

建设项目进度管理目标与投资目标和质量目标相互影响、制约，投资变化和质量要求变化均会影响进度，因而进度管理以合同约定为基础，通过合同或协议约束各方，特别是约束设计单位、监理单位和施工单位必须按合同约定和计划安排实施进度，在确保工程投资和质量的前提下控制进度。

（2）阶段控制原则

明确各阶段进度管理重点，编制进度管理的目标结构，各阶段进度管理侧重点有所不同。

（3）分级控制原则

进度管理目标受影响和制约的因素较多，一般采取分级控制的原则。一级计划为总进度控制计划，二级计划为年度控制计划，三级计划为季（月）度控制计划，四级计划为周控制计划，使周计划保季（月）计划，季（月）计划保年计划，年计划保总计划，从而达到分级控制目的。

（4）里程碑计划控制原则

通过对项目建设总控进度计划分析，把对项目实施进度有重要影响的关键事件确定为项目里程碑，并把里程碑事件时间表单独列出，从而形成里程碑计划。里程碑计划作为进度管理计划的重要组成部分。

（5）动态管理原则

进度管理在动态实施过程中，出现进度偏差在所难免，要及时找出偏差的原因，并根据分析的结论调整项目进度管理目标，形成动态管理。

2. 编制进度计划的步骤程序

项目进度管理要求能够保证项目在整个过程中受控，这是保证项目实现预期进度目标的关键。进度计划的编写应依据下列程序进行：确定进度计划的目标、性质、任务和使用者的需求；收集相关的编制依据和资料；对进度计划中所包括的工作尽可能地细化和分解；确定主要工作的起止时间及里程碑事件；明确各工作（工序）之间的逻辑关系；编制进度计划表；确定关键线路和关键工作；编制进度说明书；报单位或上级主管单位审批。

3. 进度控制计划的编制

项目管理过程中将分四个层次编制项目进度计划，即项目的总控制计划、分部分项工程项目施工进度计划、年/月进度计划和周进度计划。

（1）总控计划的编制

项目进度总控制计划由建设单位主持编制。此计划为项目的整体进度目标，为项目各主要工作及主要分部、分项工程指出明确的开始、完成时间；反映各工作之间、各分部分项工程之间的逻辑制约关系；并确定项目进度计划的关键线路；是组织制订和落实施工分部分项工程进度计划、项目月（周）工作计划以及必要专项工作计划的依据。

项目进度总控制计划，作为指导项目管理工作和项目招标阶段施工单位响应项目总工期及分阶段工期要求的依据，仅为初始版本；建安工程施工单位确定后，经与施工单位详尽讨论调整、修改初始版本，即成为项目进度总控制计划的正式版本；项目进度总控制计划的初始版本 / 正式版本应根据实际执行情况，一般为一到两个季度进行一次调整，形成总控制计划的调改版本。

建设单位在进行施工招标时，应依据项目进度总控制计划，在招标文件中明确相应工程的工期要求，并要求投标单位在投标时提交至少是甘特图形式的施工进度计划，并作为评标的重要指标。总控制计划将作为项目所有进度计划的依据，无特殊情况不得随便进行调整。当项目建设过程中出现重大变化或不可预见因素致使实际进度与总进度计划严重不符时，建设单位应在明确拖延计划责任的同时，在尽可能不改变预定里程碑日期的基础上对总进度计划进行优化调整。关于项目进度总控制计划编制、协商、审批、发布的工作原则，应在设计、施工等相关合同中予以明确。

（2）分部分项工程进度计划的编制

施工单位在充分理解建设单位制定的总进度计划的基础上，依据各单位分部分项工程特点、施工现场的实际情况和施工单位的施工经验再次对施工进度计划进行细化完善修订。该进度计划应包括对施工范围以外的材料设备招标和专业工程分包进度计划。

（3）月（周）进度计划的编制

月（周）施工进度计划是由施工单位在汇集各分部分项工程进度计划的基础上，依据总施工计划编制的短期综合施工计划，是用于指导、检查和监督施工进度可操作性的、具体的工作计划。建设单位应要求施工单位及时组织项目经理部和各分包单位编制月（周）施工计划上报项目监理单位初审，再由监理单位上报建设单位审核。建设单位应依据总施工进度计划对月（周）进度计划进行审核，发现问题及时要求施工单位对计划进行调整。施工单位宜每周工程例会前向监理单位和建设单位提交上周计划完成情况、下周施工计划的报告，以此作为检查上周施工进度、安排下周施工计划的依据。

4. 对施工进度计划的审核

审核施工单位和材料、设备供货单位提出的进度计划、供货计划，并检查、督促和控制其执行；在项目实施过程中，进行进度计划值与实际值的比较，每月、季、年提交各种进度控制报告。对项目各有关参建单位编制的进度计划进行审核，是进度控制的任务之一。进度审核是以进度目标规划为依据，审核各阶段进度计划中各项活动及其搭接关系是否科学、合理，审核关键线路、里程碑事件和关键活动在进度计划中完成的可行性、可靠性，审核现有各类资源情况能否确保计划完成，有何风险存在，分析影响进度计划实现的因素，提出预控措施。施工单位、供货单位编制的进度计划应作为合同履行所依照的文件，在进度计划上报给建设单位和监理单位后，要由建设单位或监理单位组织各项计划的审查，形成会议纪要批准后执行，并作为各参建单位计划执行、控制和检查的依据。

（三）进度控制

经批准的进度计划，建设单位分阶段向各参建单位（包括但不限于咨询单位、勘察单位、设计单位、监理单位、施工单位等）进行交底并落实责任。

1. 实施进度计划的过程中需进行的工作

（1）跟踪检查，收集实际进度数据；

（2）将实际数据与进度计划进行对比；

（3）分析计划执行的情况；

（4）对产生的进度偏差，分析产生进度偏差的主要原因，采取相应的纠偏措施或调整计划；

（5）检查措施的落实情况；

（6）进度计划的变更必须与建设单位及时沟通。

执行、控制、检查各项进度计划，很重要的是收集信息，进行数据分析比较，用数据说话。建设单位将通过数据分析检查各项进度计划控制情况，分析影响进度的原因，找出纠正实际进度与目标计划进度的差距，采取纠偏措施。特别注意一些关键的单位工程和分部工程以及它们与其他单位工程、分部工程、各专业工种之间界面的搭接关系，把其进度计划分解详细，及时收集信息、掌握数据以分析完成该进度计划的可靠性，建立健全进度信息制度。进度信息的数据，要主动向各有关参建单位收集，并取得他们的支持，建立各有关参建单位提供进度信息的制度，以形成相对完善的进度控制体系。在项目进度计划实施过程中，跟踪检查实际进度情况，并整理统计检查数据，对比实际进度和计划进度。根据长期工程经验，在项目管理中采用横道图比较法、S 形曲线比较法等进行进度计划的比较和综合分析。

2. 建设单位的进度控制过程应符合的规定

（1）不能不顾实际情况，催促施工单位盲目赶工；

（2）将关键线路上的各项活动过程和主要影响因素作为进度控制的重点；

（3）对进度有影响的相关方的活动进行跟踪协调。

3. 要求施工单位做好以下进度控制措施

（1）建立以项目经理为首的施工单位进度管理体系，根据进度计划、工程量和流水段的划分，合理安排劳动力和投入生产设备，保证按照进度计划的要求完成任务。

（2）编制劳动力计划、材料供应计划、机械设备使用计划、资金使用计划，并报送监理单位和建设单位审核、批准；根据审批后的总进度计划编制月度进度计划，并于每月底前报送监理单位和建设单位审核、批准。

（3）合理安排各种工序的穿插施工，按照施工进度计划加强对关键施工工序的工期控制。确保所有相关管理人员了解进度计划，确保所有工作按照进度计划安排实施，项目建立日检、周检、月检检查制度。加强施工人员质量意识的培养，施工过程严格按“三检”制，提高施工质量和一次成活率，避免不必要的返工返修，延误工期、增加成本。

（4）雨季施工根据施工部位特点，编制项目进度保证措施方案，如：雨季进度保证措施方案等，提前准备好季节性施工所需辅助材料及设施，随时掌握天气情况，合理安排施工，减少因天气问题对施工进度的影响。

（5）积极做好各种影响施工进度因素的预防工作，如停水、停电、风、雨天等，采取各种积极有效的措施和手段，配备发电机、潜水泵、塑料布等，把不利因素的影响降到最低。

4. 要求监理单位做好以下进度控制措施

（1）开工前的准备工作

建立以项目总监为首的包括进度控制工程师和专业工程师的项目进度监督管理体系；

根据合同和建设单位指令审核施工单位提交的项目总进度计划并报送建设单位

审核、批准；

审核、批准施工单位提交的劳动力计划、材料供应计划、机械设备使用计划并报送建设单位审核、批准；

审核、批准施工单位提交的月度进度计划，并于每月 25 日前报送建设单位；

审核、批准施工单位提交的未来两周进度计划，并于每周五报送建设单位；

审核、批准施工单位提交的分包进场计划并报送建设单位；

审核、批准施工单位提交的专项进度追赶计划并报送建设单位；

审核、批准施工单位提交的项目进度保证措施方案，如雨季进度保证措施方案等。

（2）项目进度检查与监督

①确保所有相关管理人员了解进度计划。

②确保所有工作有专业工程师检查、监督。

③确保定期实施进度检查。组织、建立日检、周检、月检检查制度。

项目每周建立进度例会制度。总结一周来工作，布置下一周工作；对比、审核现场实际进度与进度计划是否有偏差。项目进度控制工程师和专业工程师每天检查、监督现场进度并与进度计划对比；项目进度控制工程师和专业工程师发现现场实际进度与进度计划不符时应及时向总监汇报。

④确保形成进度检查记录。

项目每日进度检查应做好记录并在相应的项目工作日记中记载；检查施工单位的劳动力数量、材料采购和机械设备租赁、采购情况并记录。

⑤确保实施进度改进措施。

检查中发现现场实际进度与进度计划不符时应及时督促施工单位制订追赶措施；审核、批准施工单位提交的制订专项进度追赶方案并监督实施，同时报送建设单位。

（3）落实例会制度

组织召开的进度计划审查会；组织周进度例会，总监和进度控制工程师应按时参加；组织进度改进专题讨论会。

（4）文件检查

每周检查施工单位提交的进度周报，监督周报中主要问题的整改情况并参加复检；定期检查施工单位的劳动力进场记录；定期检查施工单位的材料进场和机械设备租赁、采购记录；定期检查施工单位的日检、周检、月检记录。

（四）进度纠偏管理

1. 进度纠偏流程

建设单位应根据进度管理报告提供的信息，纠正进度计划执行中的偏差，对进度计划进行变更调整。

2. 进度计划的变更

当采取措施后仍不能实现原目标时，施工单位应变更进度计划，并报监理单位和建设单位审批。

3. 建设单位进度计划的变更控制应符合规定

调整相关资源供应计划，并与相关方进行沟通；变更计划的实施应与建设单位管理规定及相关合同要求一致。

4. 建设单位对进度计划的检查与调整

建设单位对进度计划的检查与调整依据其实施结果进行，通常按统计周期的规定进行定期检查，根据需要进行不定期检查。

5. 进度计划的检查应包括的内容

（1）工作量的完成情况；

（2）工作时间的执行情况；

（3）资源使用及与进度的匹配情况；

（4）上次检查提出问题的整改情况。

6. 进度计划检查后按实际情况编制进度检查报告

（1）进度执行情况的综合描述；

（2）实际进度与计划进度的对比资料；

（3）进度计划的实施问题及原因分析；

（4）进度执行情况对质量、安全和投资等的影响情况；

（5）采取的措施和对未来计划进度的预测。

7. 进度计划调整包括的内容

（1）工程量；

（2）起止时间；

（3）工作关系；

（4）对投资的影响；

（5）必要的目标调整。

建设单位在施工阶段的进度管理应重点关注施工单位各分部分项工程进度计划的检查、落实，发现问题应及时要求施工总承包单位采取相应调整措施，进度计划调整后编制新的进度计划，并重新报请监理单位和建设单位批准。

8. 影响项目工程进度的主要因素

（1）设计图纸出现变更

设计图纸对于工程施工而言是一个重要的依据和基础，在实际的施工过程中，变更设计图纸的内容和程序相当复杂，需要技术与经济的论证，一旦出现这种情况，往往会对施工进度带来很大影响。

（2）物资供应出现问题

在工程建设中，各种物资是进行建设的必要基础，比如建筑材料、设备、机械等，这些物资的保障，是保证施工顺利进行的基础。在施工过程中，一旦各种物资供应出现问题或者物资的使用存在质量问题，都会拖延工期，对施工的进度带来很大影响。

（3）参建单位的因素

政府投资建设工程投资多规模大涉及的单位比较多，除了施工单位，还有设计单位、政府部门等，这些部门与单位之间的工作也会对工程的工期带来很大影响。在具体的施工过程中，应该要做好各个单位与部门之间的协调，注重对政府有关部门、监理单位、设计单位、物资供应部门、供电、供水等单位之间的沟通和交流。对于建筑施工单位自身而言，应该加强对管理人员和技术人员能力水平的提升，保证工程进度的顺利推进。

（4）资金问题的影响

资金是施工过程中的一个重要基础，在政府投资建设工程的建设施工中，如果建设单位没有按照合同的规定及时支付工程预付款、施工进度款，往往容易出现施工单位拖延施工进度的现象，导致进度管理出现不正常的情况。资金的保证也是各种物资以及人力资源保证的基础。

第四节　项目施工阶段质量管理

工程质量是指通过项目实施形成的工程实体的质量，是反映建筑工程满足法律、法规的强制性要求和合同约定的要求，包括在安全、使用功能以及在耐久性能、环境保护等方面满足要求的明显和隐含能力的特性总和。其质量特性主要体现在适用性、安全性、耐久性、可靠性、经济性及环境的协调性等方面。政府投资建设项目质量管理的目标，就是实现由项目决策所决定的项目质量目标，使项目的适用性、安全性、耐久性、可靠性、经济性及与环境协调性等方面满足使用需要并符合国家法律、行政法规和技术标准、规范的要求。政府投资建设项目质量管理的任务就是对项目的建设、勘察、设计、施工、监理单位的工程质量行为，以及涉及项目工程实体质量的设计质量、材料质量、设备质量、施工安装质量进行控制。由于项目的质量目标最终是由项目工程实体的质量来体现，而项目工程实体的质量最终是通过施工作业过程直接形成的，设计质量、材料质量、设备质量往往也要在施工过程中进行检验，因此，施工质量管理是项目质量管理的重点。

一、质量对投资的影响

质量与投资之间的关系是相互的，一方面如果工程施工质量较高，提高了建设项目的使用价值，进而实现项目价值增值，相应的工程投资也较高，而如果施工过程中以偷工减料、以次充好等手段降低投资，则会埋下极大安全隐患，一旦发生安全事故，不仅需要增加投资也会威胁人民的生命财产。有些建设单位会为了控制投资而降低质量要求，除特殊要求外，政府投资建设项目对质量的要求需达到国家强制标准质量合格。

在分析投资与质量的关系时，应考虑项目全寿命周期的投资，包括项目建设投资和工程交付使用后的费用，使用费用又包括经营费用、日常维修费用、大修理费用、局部更新费用及使用期满后的报废拆除等。建设投资在整个项目的全寿命周期内，属于一次性费用，而使用费用则发生在整个使用过程中，历时几年甚至几十年，是经常性费用。因此，为了节省建设投资而降低质量要求，忽视使用费用而缩短使用年限或增加费用，从长远来看反而是不经济的。工程质量也不是越高越好，不计成本地追求高质量会导致资源的浪费和投资的增加。

二、施工阶段质量管理的主要内容

（一）质量管理要求

1. 落实法律法规规定的建设单位责任

建设单位应当落实法律法规规定的建设单位责任，建立工程质量责任制，对建设工程各阶段实施质量管理，督促建设工程有关单位和人员落实质量责任，处理建设过程和保修阶段建设工程质量缺陷和事故。

2. 工程质量授权和责任承诺书

建设单位的法定代表人应当签署授权委托书，明确项目负责人。要求勘察、设计、施工、监理等单位的法定代表人签署授权委托书，明确各自的项目负责人。各项目负责人应当签署工程质量终身责任承诺书，法定代表人和项目负责人在工程设计使用年限内对工程质量承担相应责任。

3. 对参建单位的质量管理

要求施工单位建立工程质量管理体系，设立项目管理机构，明确项目经理，配备与工程项目规模和技术难度相适应的施工现场管理人员和专业技术人员，落实质量责任制度。要求监理单位在施工现场设立项目监理机构，明确总监理工程师，按照国家和相关规定配备与工程项目规模、特点和技术难度相适应的专业监理工程师、监理员，采取巡视、平行检验、对关键部位和关键工序旁站等方式实施监理。

通过对勘察、设计、招标、监理单位及施工单位质量管理体系运行情况的管理，实现过程及最终的质量目标。

4. 质量管理程序

（1）确定质量目标；

（2）制定和审查质量计划；

（3）监督质量计划实施，及时纠偏；

（4）总结项目质量管理工作，提出持续改进的要求。

5. 质量管理的其他要求

质量管理应满足建设工程技术标准和产品的质量要求。质量管理应坚持预防为主的原则，按照 PDCA 循环即策划、实施、检查、处置的循环方式进行系统运作。

（二）质量计划审查

建设单位制定质量目标，审查参建各方质量计划，应组织勘察、设计、施工、监理单位项目负责人签署工程质量终身责任承诺书。组织施工单位、监理单位和检测单位编制《分项工程和检验批的划分方案》和《施工检测试验计划》。

1. 审查质量计划应依据的资料

（1）合同中有关产品（或过程）的质量要求；

（2）质量管理体系文件；

（3）设计文件及有关规范、标准和规则；

（4）对项目质量管理的其他要求。

2. 质量计划应包含的内容

（1）质量目标和要求；

（2）质量管理组织和职责；

（3）质量管理工作程序及内容；

（4）质量检查及记录表格；

（5）所采取的措施。

（三）项目质量管控

建设单位应依据质量计划的要求，运用动态控制原理进行质量管理。

质量管理主要监控监理单位、施工单位质量管理体系及质量保证体系的有效运转。在质量管理的过程中，跟踪收集实际数据并进行整理，同质量标准和目标比对有偏差的，分析偏差，并通过监理单位要求施工单位采取措施予以纠正和处置，必要时对处置效果和影响进行复查。

1. 按规定办理工程质量监督手续

建设单位应按要求到建设行政主管单位办理工程质量监督手续。实行监理的建设工程，建设单位应当委托具有相应资质等级的工程监理单位进行监理。相关工程建设标准、施工图设计文件要求实施第三方监测的，建设单位应当委托监测单位进行监测。建设单位应当委托具有相应资质的检测单位，按照规定对见证取样的建筑材料、建筑构配件和设备、预拌混凝土、混凝土预制构件和工程实体质量、使用功能进行检测。

2. 严格施工图审查制度

将施工图设计文件报建设行政主管部门或者其他有关部门（如审图机构）审查，审查合格方可使用；对有重大修改、变动的施工图设计文件应当重新进行报审，审查合格方可使用；提供给监理单位、施工单位经审查合格的施工图纸；组织图纸会审、设计交底工作，并形成图纸会审记录等记录资料。

3. 督促相关单位完成的质量管理工作

（1）以工程施工质量验收统一标准及验收规范等为依据，督促监理单位、承包单位全面实现合同约定的质量目标，尤其要充分发挥监理单位的监督管理作用。

（2）质量管理应以事前控制为主，按照相关规定的要求对施工过程进行检查，及时纠正违规操作，消除质量隐患，跟踪质量问题，验证纠正效果。

（3）检查督促各参建单位完善项目组织机构并符合投标承诺，建立完善的项目质量管理体系并落实到位。

（4）做好进场材料的检查验收、复试及隐蔽工程验收的管理，建设单位应对监理工程师的验收进行抽查。按合同约定由建设单位采购的建筑材料、建筑构配件和设备的质量应符合要求，其质量管理应包括确定采购程序、确定采购要求、选择合格供应单位以及采购合同的控制和进货检验。

4. 依法依规做好质量验收工作

项目完成并达到验收标准后及时组织项目的专项验收、竣工验收，确保工程移交使用的合法、合规性。

（四）项目质量改进

虽然产生质量问题、质量事故所导致的返工修复甚至拆除重做的费用由责任方自行承担，但会导致工期延长、项目成本增加，对项目的目标实现产生不利影响。建设单位应定期对项目质量状况进行检查、分析，提出目前质量状况、产品要求的符合性以及质量改进措施。定期巡检工程实体施工质量，发现问题及时要求监理单位督促施工单位整改，对于重大问题，采取发工作联系单、组织现场专题会等方式解决。组织由设计单位、监理单位、施工单位相关技术质量管理人员参加的联合质量检查，根据需要不定期组织专项检查，全面检查工程实体质量，由监理单位形成检查记录发送给建设单位、施工单位。对于日常巡检及联合检查过程中发现的严重问题进行处罚，从而约束监理单位、施工单位的质量管理行为。定期（如每季度）检查施工单位、监理单位的工程资料，确保工程资料的真实、准确、及时、有效、可追溯。

（五）项目样板引路

通过确定样板间来统一施工建设标准，可以批量施工，便于进度、质量、投资的管控。政府投资建设项目涉及房建项目，比如学校应审查施工单位有关教室、办公室、学生宿舍、卫生间等样板引路的实施方案。教室、办公室、学生宿舍、卫生间样板必须经建设单位、设计单位和监理单位负责人共同验收，对样板的效果有异议的由建设单位代表到场作出结论。在日常的现场巡视时，须检查是否在以样板为验收标准，控制大面积铺开的工艺操作质量。

三、建设单位质量管理责任

建设单位在工程施工阶段如果未履行法律法规要求建设单位的质量责任，一旦发生质量事故，造成的工程实体投资损失、第三方财产损失或者进度滞后要进行索赔的将由建设单位承担，政府投资项目的建设单位更应严格落实以下建设单位质量责任：

按规定办理工程质量监督手续；依法组织招标，向相关单位提供与建设工程有关的原始资料，不得肢解发包工程，不得以低于成本的价格竞标；不得任意压缩合理工期，不得违反工程强制标准；按规定委托具有相应资质的检测单位进行检测工作；对施工图设计文件报审图机构审查，审查合格方可使用；对有重大修改、变动的施工图设计文件应当重新进行报审，审查合格方可使用；依法实行监理制度，提供给监理单位、施工单位经审查合格的施工图纸；组织图纸会审、设计交底工作；按合同约定由建设单位采购的建筑材料、建筑构配件和设备的质量应符合要求，不得擅自变动建筑主体和承重结构；不得指定应由承包单位采购的建筑材料、建筑构配件和设备，或者指定生产厂、供应商；按合同约定及时支付工程款；组织竣工验收合格后方可交付使用，建立健全建设项目档案并移交给当地建设部门。

四、建设单位质量资料管理

建设单位应在合同中明确各参建单位对质量管理资料的工作任务，明确约定质量管理资料的编制要求、套数、费用和移交期限等具体内容，要求各参建单位应确保各自资料的真实、准确、完整、有效，并具有可追溯性，应分别对各自所形成的资料内容负责。

1. 建设单位应保存的质量管理资料

建设单位应建立从工程项目立项到竣工使用全过程所形成的文字及影像资料的基建文件档案。可按照立项决策、建设用地、勘察设计、招标投标及合同、开工、商务、竣工验收及备案和其他文件等分类。

立项决策文件包括：项目建议书（代可行性研究报告）及其批复、有关立项的会议纪要及相关批示、项目评估研究资料及专家建议等。

建设用地文件包括：征占用地的批准文件、国有土地使用证、国有土地使用权出让交易文件、规划意见书、建设用地规划许可证等。

勘察设计文件包括：工程地质勘察报告、土壤氡浓度检测报告、建筑用地钉桩通知单、验线合格文件、设计审查意见、设计图纸及设计计算书、施工图设计文件审查通知书等。

招投标及合同文件包括：工程建设招标文件、投标文件、中标通知书及相关合同文件。

开工文件包括：建设工程规划许可证、建设工程施工许可证等。

商务文件包括：工程投资估算、工程设计概算、施工图预算、施工预算、工程结算等。

其他文件包括：工程未开工前的原貌及竣工新貌照片、工程开工、施工、竣工的音像资料、工程竣工测量资料和建设工程概况表、工程建设各方授权书、承诺书及永久性标识图片、建设工程质量终身责任基本信息表等。

2. 建设单位应保存的监理单位提交的质量管理资料

总监理工程师任命书、工程开工令、监理报告、监理规划、监理月报、监理会议纪要、监理工作总结、工程质量评估报告、监理通知单、工程暂停令、工程复工令、见证取样计划、工作联系单。

3. 建设单位应保存的施工单位质量管理资料

施工管理资料：施工组织设计 /（专项）施工方案报审表、工程开工报审表、工程复工报审表、分包单位资质报审表。

施工技术资料：图纸会审记录、设计变更通知单、工程变更洽商记录。

施工测量记录：工程定位测量记录、基槽平面及标高实测记录、楼层平面放线及标高实测记录、楼层平面标高抄测记录、建筑物全高垂直度、标高测量记录。

施工物资资料：主要设备（仪器仪表）安装使用说明书、智能建筑工程软件资料程序结构说明安装调试说明使用和维护说明书、各种材料设备试验报告、规范标准中对物资进场有复试要求的物资复试报告、材料构配件进场检验记录、设备开箱检验记录、设备及管道附件试验记录。

施工记录资料：隐蔽工程验收记录、交接检查记录、地基验槽检查记录、地基处理记录、地基钎探记录（应附图）、地下工程渗漏水检测记录、防水工程试水检查记录、预应力筋张拉记录、有粘结预应力结构灌浆记录、基坑支护变形监测记录、桩（地）基施工记录。

施工试验资料：土工击实试验报告、回填土试验报告、钢筋焊接试验报告、设备单机试运转记录（机电通用）、系统试运转调试记录（机电通用）、施工试验记录（通用）、规范标准中规定的试验项目的试验报告等。

过程验收资料：结构实体混凝土强度检验记录（回弹—取芯法）、钢筋保护层厚度检测报告、混凝土结构实体位置与尺寸偏差检验记录、检验批质量验收记录、检验批现场验收检查原始记录、分项工程质量验收记录、分部工程质量验收记录、分部工程质量验收报验表。

竣工质量验收资料：单位工程质量竣工验收记录、单位工程质量控制资料核查记录、单位工程安全和功能检验资料核查和主要功能抽查记录、单位工程观感质量检查记录、单位工程竣工验收报审表、室内环境检测报告、系统节能性能检测报告、工程竣工质量报告、节能工程现场实体检验报告、工程概况表。

4. 工程竣工图和移交档案馆

建设单位应组织编制工程竣工图，也可委托施工、监理、设计等单位编制，可提前在合同中约定。建设单位应在工程竣工验收前，提请城建档案管理部门对工程档案进行预验收，取得《建设单位竣工档案预验收意见》。列入城建档案管理部门接收范围的工程档案，应在工程竣工验收后六个月内移交。

第五节　项目安全文明施工管理

安全文明施工管理任务在施工阶段最为繁重，由于施工阶段所占的时间跨度比例大、涉及参建单位众多、风险源复杂，管理的难度也最大。安全生产事故的发生关系人身的健康与安全，政府投资建设项目规模大、投资金额大、社会影响大，更涉及政府职能部门的主体安全责任，安全管理是政府投资建设项目管理中的重要任务。

项目安全文明施工管理一旦出现问题，往往造成工期延误、参建单位或周围人员伤亡、工程本身及附近建筑道路等第三方不可避免的经济损失，安全生产事故一旦定性为安全责任事故，行业主管部门将予以大额的行政处罚，多种因素都将造成项目投资的大幅损失。科学合理的安全文明施工管理不仅不会影响施工进度和投资，反而会使施工更加标准化、规范化，更能够保证施工质量和施工进度，充足的安全文明施工费用的投入是规避安全生产事故的基础和必备前提。

一、安全对投资的影响

安全文明费在建设投资中占比并不高，但安全文明对工程投资的影响也是不容忽视的，其对投资的影响主要体现在未按规范操作等引起的安全事故对工期、投资等造成的影响。安全事故按行业和领域分为工矿商贸企业生产安全事故、火灾事故、道路交通事故、农机事故、水上交通事故，按事故原因分为高处坠落、物体打击、触电事故、机械伤害、坍塌事故及火灾爆炸等类型。

安全事故对投资的影响主要体现在工期的延误和事故处理费用，因为安全事故造成的工期延误，不仅导致管理费用增加，还使得建设期延长，建设期利息增加，人员窝工、机械闲置及维修费用增加。某些特殊情况下，工期延误还会造成附属设施增加，影响投资。除此之外，对于有经济效益的项目，建设期的延长推迟了项目的投产时间，也会影响投资效益的实现。

安全生产事故处置同样影响项目投资，如地铁涌水坍塌等较大事故发生后，事故技术处理措施需要针对不同地质条件、施工特点采用帷幕注浆等不同复杂程度的事故处置技术方案。通过分析发现有些安全生产事故，其直接损失不大，但后期事故处置的技术方案费用巨大，造成较大的项目投资增加。

同时，如果安全生产应急响应和事故处理不及时、不适当，还会造成事故程度的扩大甚至造成二次伤亡事故，产生不必要的经济损失。如近年来频发的有限空间安全事故，抢救处置的防护措施不到位，往往造成二次甚至多次人员伤亡，经济损失大幅加重。因此必须重视做好安全生产应急响应与事故处理。

二、施工阶段安全管理的主要内容

建设单位首先应严格按照法律法规要求，履行建设单位安全生产管理责任，并督促及管理各参建单位根据有关要求，确定安全生产管理方针和目标，建立各自安全生产组织机构和落实安全生产责任制，建立各项安全生产管理制度，健全职业健康安全管理体系，改善安全生产条件，实施安全生产标准化建设，坚持以人为本、预防为主，综合治理，确保项目处于安全状态。

（一）安全文明施工管理计划

1. 建设单位安全生产管理计划需符合的规定

（1）组织勘察、设计、项目管理、招标代理等单位进行论证，在施工总承包招标的招标文件中，列出危大工程清单，在申请办理安全监督手续时，应当提交危大工程清单及安全管理措施等资料；

（2）针对项目危险源和不利环境因素进行辨识与评估的结果，确定对策和控制方案；

（3）要求施工单位对危险性较大的分部分项工程编制专项施工方案；

（4）对项目安全生产管理、教育和培训提出要求；

（5）对项目安全生产交底、有关分包人制定的项目安全生产方案进行控制的措施；

（6）应满足事故预防的管理要求，做好应急准备与救援预案。

2. 安全文明措施费

安全文明施工费是指按照国家及各地现行的建筑施工安全（消防）、施工现场环境与卫生、绿色施工等管理规定和标准规范要求，用于购置和更新施工安全防护用具及设施、改善现场安全生产条件和作业环境，防止施工过程对环境造成污染以及开展安全生产标准化管理等所需要的费用。安全文明施工费由安全施工费、文明施工费、环境保护费及临时设施费组成。

安全文明措施费用的投入是项目投资顺利实施的保证，不同项目行业特点不同、施工难度不同，其安全文明措施费用的投入必然不同，同时为了保证项目投资的效益，安全文明措施费不可能无限增大，应根据相关施工措施和市场价格按照相关规定测算确定，测算安全文明施工费的施工措施应当符合安全文明施工管理及相关标准规范的规定。

《北京市建设工程安全文明施工费管理办法》中明确了达标、绿色、样板三个安全生产标准化管理目标等级，同时明确了房屋建筑与装饰工程、仿古建筑工程、通用安装工程、市政工程、绿化工程、构筑物工程和城市轨道交通工程等不同行业的不同安全管理目标等级的费用标准（费率）。

建设单位应在招标文件（招标工程量清单）所列的安全文明施工措施清单项目中载明施工现场安全生产标准化管理目标的等级要求，且不得低于达标（合格）标准。

建设单位在项目实施阶段应严格按照相关要求支付安全文明措施费，并督促施工单位对安全文明施工费专款专用，保证安全文明施工措施的投入，并在财务管理中单独列支安全文明施工费账目备查。

（二）安全文明施工管理实施与检查

施工阶段的安全文明施工管理的实施与检查在安全管理中很重要，建设单位和监理单位的风险分级管控和隐患排查至关重要，为避免事故发生造成的经济损失和投资增加，建设单位必须做好安全文明施工管理实施与检查。

1. 施工前安全管理

建设单位的法定代表人应当签署授权委托书，明确建设单位工程项目负责人。与参建各方签订的合同中应当明确安全责任，并加强履约管理。与施工总承包单位签订安全生产协议，协议应明确如下内容：

（1）建设工程安全生产的责任主体是施工单位，施工单位应承担其应尽的责任。

（2）实行施工总承包的，施工总承包单位应落实施工现场的安全生产责任制度、安全生产管理制度和操作规程。

（3）确保安全生产费用的有效使用。

（4）对现场操作工人组织安全生产教育培训。

（5）制定安全事故预案处理方案，实施安全施工措施，消除安全事故隐患。

（6）及时如实报告生产安全事故。

（7）施工总承包单位与分包单位签订安全生产协议，界定各自在安全生产方面的权利和义务，明确施工总承包单位对分包工程承担连带责任。

2. 及时申报工程施工安全的行政监督

在依法取得建设工程施工许可证后，及时申报工程施工安全的行政监督，并在建设工程开工报告批准之日起 15 日内，将保证安全文明施工的措施报送建设工程所在地的县级以上人民政府建设主管部门或其他有关部门备案。申请办理安全监督手续时，应当提交危大工程清单及其安全管理措施等资料。对于施工作业可能出现影响公共安全利益的情形，还应当在作业实施前，按国家有关规定的程序办理申请批准手续。这些情形主要包括：

（1）需要临时占用规划批准范围以外场地的；

（2）可能损坏道路、管线、电力、邮电通信等公共设施的；

（3）需要临时停电、停水、中断道路交通的；

（4）需要拆除大型建筑物或构筑物的；

（5）需要进行爆破作业的；

（6）法律、法规规定需要办理报批手续的其他情形。

3. 危险性较大的分部分项工程安全管理

建立完善危险性较大的分部分项工程管理责任制，落实安全管理责任，严格按照相关规定实施危险性较大的分部分项工程清单管理，涉及危险性较大分部分项工程的应向施工单位提供工程地质、水文地质和工程周边环境等资料的；在施工招标文件中列出危大工程清单，要求施工单位在投标时补充完善危大工程清单并明确相应的安全管理措施；按照施工合同约定及时支付危大工程施工技术措施费或者相应的安全防护文明施工措施费；选择具备岩土工程设计资质的单位进行深基坑工程设计；选择具备工程勘察综合资质同时具备岩土工程物探测试检测监测和工程测量两方面资质的单位，对深基坑工程开展第三方监测工作，监测项目和监测频率应符合相关要求；对第三方监测单位报告的异常情况组织采取处置措施的。

4. 督促监理做好安全管理工作

实行监理的建设工程，委托具有相应资质等级的工程监理单位进行监理，按规定将委托项目监理单位、监理工作内容及监理权限书面通知施工总承包单位。督促监理单位按照法律、法规及有关的技术标准、设计文件和建设工程承包合同的要求，对承包单位在施工质量、进度、造价和施工安全等方面，代表建设单位进行监督把关，并承担相应的监理责任。监理单位相关人员应按国家有关规定及《建设工程安全监理规程》DB 11/382 进行监督管理。

5. 按照相关规定做好试验检测、勘察物探和相关费用支付工作

按规定委托具有相应资质的检测单位进行检测工作；将施工图设计文件报建设行政主管部门或者其他有关部门审查，原设计有重大修改、变更的，施工图设计文

件应当重新报审审查合格方可使用；向施工单位提供施工现场及毗邻区域内供水、排水、供电、供气、供热、通信、广播电视等地下管线资料，气象和水文观测资料，相邻建筑物和构筑物、地下工程的有关资料；按合同约定及时支付安全防护、文明施工措施费和其他工程款。

6. 日常安全管理工作

开工或复工前按照行业主管部门规定要求牵头组织勘察单位、设计单位、施工总承包单位、监理单位等参建单位对各方履行施工现场安全生产管理责任情况进行自查并向行业主管部门正式报备。施工现场每月、每季度或定期召开安全生产会，应将安全生产列为第一议程。根据工程情况制定切实可行的项目安全奖罚制度，每周组织监理、施工单位安全负责人共同对工程进行联合检查，督促施工单位按照施工组织设计（方案），具体落实安全作业的保护措施，确保有序的施工环境和良好的生活设施条件；发现施工单位不按有关法律法规、施工承包合同及安全生产协议约定建立健全安全生产管理体系或者现场不安全的事故隐患，要求监理单位督办施工单位改正；情况严重的，要求监理单位责令局部直至全面停工整顿。

7. 督促监理依法依规开展的安全管理工作

（1）审查施工单位的安全施工资质和安全生产责任制。

（2）审查施工单位提交施工组织设计中的安全技术措施。

（3）审查进驻现场的分包单位资质和证明文件。

（4）审查现场项目经理部的安全组织系统和安全人员的配备。

（5）审查新技术、新材料、新机构的使用安全技术方案及安全措施。

（6）审查施工单位提交的有关安全技术签证文件。

（7）日常跟踪，检查施工人员是否按照安全技术防护措施和规程施工。

（8）对主要结构、关键部位的安全状况进行抽检和检测工作。

（9）对进场人员的劳动保护条件进行核查，保障工程人员的职业健康。

（10）督促施工单位根据项目安全生产管理计划、安全管理措施方案及专项施工方案的要求，分级进行安全技术交底；对安全生产管理计划进行补充、调整时，仍应按原审批程序执行。

8. 安全资料管理

组织建立施工现场安全资料管理制度。应监督、检查各参建单位施工现场安全资料的建立和归档工作。

9. 竣工验收后方可投入使用

工程完工后，建设单位应及时组织勘察、设计、施工、监理等有关单位进行竣工验收。工程竣工验收合格，方可交付使用。未经验收投入使用，一旦发生安全生产事故，建设单位将承担安全直接责任，负责相应的经济损失。

10. 其他安全文明施工注意事项

（1）土方开挖施工前，施工单位应事先做好土方平衡方案，弃土应按指定的位置存放，对回填后余土及时运走清净。

（2）施工单位生活垃圾、施工垃圾的弃放，由施工单位统一指定地点做到日产日清。运输中应采取措施，防止废弃物洒落和飞扬，不得污染道路。

（3）施工现场内不得焚烧易产生有毒及有异味的材料。不能将有毒的废物做土方回填。

（4）施工单位杜绝野蛮施工。合理安排建安交叉工序，如遇碰撞，应由建设单位和监理进行平衡调节。

（5）严格落实“六个百分之百”要求（施工工地周边 100% 围挡；物料堆放 100% 覆盖；出入车辆 100% 冲洗；施工现场地面 100% 硬化；拆迁工地 100% 湿法作业；渣土车辆 100% 密闭运输），工地出口两侧各 100m 路面实现“三包”（包干净、包秩序、包美化），按照相关要求在施工现场安装视频监控系统，在主要出入口安装高效洗轮设施。

（6）政府启动空气重污染应急响应时，应当按照政府要求，组织落实相应的应急响应措施。

（7）严格履行建筑拆除和新建工程的绿色施工管理责任，严格按照《绿色施工管理规程》DB 11/T 513 等标准规范加强拆除和新建工程作业过程中的扬尘控制，在进行拆除和土方作业的同时，应当按相关要求对裸露地面进行洒水降尘和覆盖，及时清运建筑垃圾，不能及时清运的，要对建筑垃圾进行覆盖或密闭存放；在建筑拆除工程完工后，应当将建筑垃圾、渣土清运完毕。应当负责对施工范围内的空地按相关要求进行覆盖或绿化。

（三）安全生产应急响应与事故处理

针对安全生产应急响应和事故处理，建设单位应重点做好以下工作，避免或降低事故产生的经济损失和投资增加。

（1）提前识别可能的紧急情况和突发过程的风险因素，编制应急准备与响应预案。

（2）对应急预案进行专项演练，对其有效性和可操作性实施评价并修改完善。

（3）发生安全生产事故时，启动应急准备与响应预案，在场的任何建设单位人员应立即通知项目负责人，协助施工单位严格保护现场，采取有效的措施抢救人员和财产，防止事故的扩大。并作为重大安全事故以最快的方式将事故的简要情况向单位主管领导报告，同时督促施工单位在 24 小时内写出书面报告，按建筑施工安全归口管理部门所列程序逐级上报。

重大事故的书面报告应包含以下内容：

①事故发生的时间，地点，工程项目，企业名称；

②事故发生的简要经过，伤亡人数和伤亡人员的身份；

③事故发生的估计原因和直接经济损失的初步估计；

④事故发生后采取的措施和事故控制情况；

⑤事故报告单位和报告人。

其中③所述应以事故处理部门的意见为准，不能主观地妄下结论，以免误导。

（4）在事故应急响应的同时，及时成立事故调查组对事故进行分析，查清事故发生原因和责任，要求监理单位督促施工单位贯彻事故处理“四不放过”的原则，即事故原因未查清不放过、责任人员未处理不放过、责任人和群众未受教育不放过、整改措施未落实不放过。进行全员安全教育，采取必要措施防止事故再次发生。

三、建设单位安全生产管理责任

施工阶段发生安全生产事故，一般多为施工单位的责任。但如果建设单位未履行建设单位的安全管理责任，那么建设单位也要视失职程度承担一定的责任，承担造成的经济损失，受到相关部门的行政处罚，甚至会受到施工单位索赔或者经济起诉，不可避免地造成项目投资的增加。因此我们着重汇总了法律法规中规定的建设单位的安全生产责任，避免建设单位在施工阶段因自身责任缺失造成项目投资的增加。

（一）建设单位安全生产管理责任

1.《建设工程安全生产管理条例》中规定的涉及建设单位的安全生产责任

（1）建设单位应当向施工单位提供施工现场及毗邻区域内供水、排水、供电、供气、供热、通信、广播电视等地下管线资料，气象和水文观测资料，相邻建筑物和构筑物、地下工程的有关资料，并保证资料的真实、准确、完整。建设单位因建设工程需要，向有关部门或者单位查询前款规定的资料时，有关部门或者单位应当及时提供。

（2）建设单位不得对勘察、设计、施工、工程监理等单位提出不符合建设工程安全生产法律、法规和强制性标准规定的要求，不得压缩合同约定的工期。

（3）建设单位在编制工程概算时，应当确定建设工程安全作业环境及安全施工措施所需费用。

（4）建设单位不得明示或者暗示施工单位购买、租赁、使用不符合安全施工要求的安全防护用具、机械设备、施工机具及配件、消防设施和器材。

（5）建设单位在申请领取施工许可证时，应当提供建设工程有关安全施工措施的资料。依法批准开工报告的建设工程，建设单位应当自开工报告批准之日起 15 日内，将保证安全施工的措施报送建设工程所在地的县级以上地方人民政府建设行政主管部门或者其他有关部门备案。

（6）建设单位应当将拆除工程发包给具有相应资质等级的施工单位。建设单位应当在拆除工程施工 15 日前，将下列资料报送建设工程所在地的县级以上地方人民政府建设行政主管部门或者其他有关部门备案：①施工单位资质等级证明；②拟拆除建筑物、构筑物及可能危及毗邻建筑的说明；③拆除施工组织方案；④堆放、清除废弃物的措施。实施爆破作业的，应当遵守国家有关民用爆炸物品管理的规定。

2.《危险性较大的分部分项工程安全管理规定》（住建部第 37 号令）中涉及建设单位相关责任和要求

（1）建设单位应当依法提供真实、准确、完整的工程地质、水文地质和工程周边环境等资料。

（2）建设单位应当组织勘察、设计等单位在施工招标文件中列出危大工程清单，要求施工单位在投标时补充完善危大工程清单并明确相应的安全管理措施。

（3）建设单位应当按照施工合同约定及时支付危大工程施工技术措施费以及相应的安全防护文明施工措施费，保障危大工程施工安全。

（4）建设单位在申请办理安全监督手续时，应当提交危大工程清单及其安全管理措施等资料。

（5）对于按照规定需要进行第三方监测的危大工程，建设单位应当委托具有相应勘察资质的单位进行监测。

监测单位应当按照监测方案开展监测，及时向建设单位报送监测成果，并对监测成果负责；发现异常时，及时向建设、设计、施工、监理单位报告，建设单位应当立即组织相关单位采取处置措施。

（6）危大工程应急抢险结束后，建设单位应当组织勘察、设计、施工、监理等单位制定工程恢复方案，并对应急抢险工作进行后评估。

（7）《住房城乡建设部办公厅关于实施〈危险性较大的分部分项工程安全管理规定〉有关问题的通知》中要求：建设单位项目负责人应当参加超过一定规模的危大工程专项施工方案专家论证会。

（二）建设单位违法违纪行为行政处分

政府投资建设项目往往投资高、复杂程度高，一旦发生安全生产责任事故，不仅造成极大的社会影响，还会产生巨大的经济损失。政府投资建设项目的建设单位大多为学校、医院、水利园林、市政公用等行业国家行政机关、事业单位或者受委托的国有企业等组织。因此一旦发生安全生产责任事故，建设单位在安全生产领域涉及违法违纪的行为按照《安全生产领域违法违纪行为政纪处分暂行规定》（监察部、国家安全监管总局第 11 号令）执行政纪处分。需要给予组织处理的，依照有关规定办理；涉嫌犯罪的，移送司法机关依法处理。

（三）建设单位安全生产违法行为及其法律责任

安全生产事故定性一旦定性为安全责任事故，往往被行业主管部门给予行政处罚，造成项目投资的巨大浪费，严重违法行为更要承担法律责任。政府投资建设项目因其特殊性，建设单位更须严格遵守《安全生产法》《建设工程安全生产管理条例》和《刑法》等法律法规。建设单位可能涉及的违法行为和法律责任详见表 6-5-1。

四、建设单位安全生产资料管理

安全生产事故发生后事故调查须查看各参建单位安全资料，是事故调查的重要依据，建设单位为减少安全生产事故责任，避免因安全生产事故造成项目投资增加，必须重视建设单位自身和各参建单位安全文明施工资料的管理。

建设单位安全生产违法行为及其法律责任 **表 6-5-1**

违法行为	法律责任	条款
生产经营单位将生产经营项目、场所、设备发包或者出租给不具备安全生产条件或者相应资质的单位或者个人的	责令限期改正，没收违法所得；违法所得十万元以上的，并处违法所得两倍以上五倍以下的罚款；没有违法所得或者违法所得不足十万元的，单处或者并处十万元以上二十万元以下的罚款；对其直接负责的主管人员和其他直接责任人处一万元以上二万元以下的罚款；导致发生生产安全事故给他人造成损害的，与承包方、承租方承担连带赔偿责任	《安全生产法》第一百条
生产经营单位未与承包单位、承租单位签订专门的安全生产管理协议或者未在承包合同、租赁合同中明确各自的安全生产管理职责，或者未对承包单位、承租单位的安全生产统一协调、管理的	责令限期改正，可以处五万元以下的罚款，对其直接负责的主管人员和其他直接责任人员可以处一万元以下的罚款；逾期未改正的，责令停产停业整顿	《安全生产法》第一百条
发生生产安全事故，对负有责任的生产经营单位除要求其依法承担相应的赔偿等责任外	(一)发生一般事故的，处二十万元以上五十万元以下的罚款;(二)发生较大事故的，处五十万元以上一百万元以下的罚款;(三)发生重大事故的，处一百万元以上五百万元以下的罚款;(四)发生特别重大事故的，处五百万元以上一千万元以下的罚款；情节特别严重的，处一千万元以上二千万元以下的罚款	《安全生产法》第一百零九条
建设单位未提供建设工程安全生产作业环境及安全施工措施所需费用的	责令限期改正；逾期未改正的，责令该建设工程停止施工	《建设工程安全生产管理条例》第 54 条
建设单位未将保证安全施工的措施或者拆除工程的有关资料报送有关部门备案的	责令限期改正，给予警告	
建设单位有下列行为之一的： (一)对勘察、设计、施工、工程监理等单位提出不符合安全生产法律、法规和强制性标准规定的要求的； (二)要求施工单位压缩合同约定的工期的； (三)将拆除工程发包给不具有相应资质等级的施工单位的	责令限期改正，处二十万元以上五十万元以下的罚款；造成重大安全事故，构成犯罪的，对直接责任人员，依照刑法有关规定追究刑事责任；造成损失的，依法承担赔偿责任	《建设工程安全生产管理条例》第 55 条
在生产、作业中违反有关安全管理规定，因而发生重大伤亡事故或者造成其他严重后果的	处三年以下有期徒刑或者拘役；情节特别恶劣的，处三年以上七年以下有期徒刑	《刑法》第 134 条重大责任事故罪

续表

违法行为	法律责任	条款
强令他人违章冒险作业，因而发生重大伤亡事故或者造成其他严重后果的	处五年以下有期徒刑或者拘役；情节特别恶劣的，处五年以上有期徒刑	《刑法》第 134 条重大责任事故罪
安全生产设施或者安全生产条件不符合国家规定，因而发生重大伤亡事故或者造成其他严重后果的	对直接负责的主管人员和其他直接责任人员，处三年以下有期徒刑或者拘役；情节特别恶劣的，处三年以上七年以下有期徒刑	《刑法》第 135 条重大劳动安全事故罪
建设单位、设计单位、施工单位、工程监理单位违反国家规定，降低工程质量标准，造成重大安全事故的	对直接责任人员，处五年以下有期徒刑或者拘役，并处罚金；后果特别严重的，处五年以上十年以下有期徒刑，并处罚金	《刑法》第 137 条工程重大安全事故罪
违反消防管理法规，经消防监督机构通知采取改正措施而拒绝执行，造成严重后果的	对直接责任人员，处三年以下有期徒刑或者拘役；后果特别严重的，处三年以上七年以下有期徒刑	第一百三十九条消防责任事故罪
在安全事故发生后，负有报告职责的人员不报或者谎报事故情况，贻误事故抢救（不报、谎报安全事故罪）	情节严重的，处三年以下有期徒刑或者拘役；情节特别严重的，处三年以上七年以下有期徒刑	《刑法》第 139 条不报、谎报安全事故罪
国家机关工作人员滥用职权或者玩忽职守，致使公共财产、国家和人民利益遭受重大损失的	处三年以下有期徒刑或者拘役；情节特别严重的，处三年以上七年以下有期徒刑。本法另有规定的，依照规定	《刑法》第 397 条滥用职权罪
国家机关工作人员徇私舞弊，犯前款罪的	处五年以下有期徒刑或者拘役；情节特别严重的，处五年以上十年以下有期徒刑。本法另有规定的，依照规定	
建设单位有下列行为之一的 （一）未按照本规定提供工程周边环境等资料的； （二）未按照本规定在招标文件中列出危大工程清单的； （三）未按照施工合同约定及时支付危大工程施工技术措施费或者相应的安全防护文明施工措施费的； （四）未按照本规定委托具有相应勘察资质的单位进行第三方监测的； （五）未对第三方监测单位报告的异常情况组织采取处置措施的	责令限期改正，并处 1 万元以上 3 万元以下的罚款；对直接负责的主管人员和其他直接责任人员处 1000 元以上 5000 元以下的罚款	《危险性较大的分部分项工程安全管理规定》第二十九条

一、根据《最高人民检察院、公安部关于印发〈最高人民检察院、公安部关于公安机关管辖的刑事案件立案追诉标准的规定（一）〉的通知》（2008 年 6 月 25 日），具有下列情形之一的，应当认定为刑法第一百三十四条、第一百三十五条规定的“重大伤亡事故或者其他严重后果”：

（一）造成死亡一人以上，或者重伤三人以上的；

（二）造成直接经济损失五十万元以上的；

续表

<table>
<tr><th>违法行为</th><th>法律责任</th><th>条款</th></tr>
<tr><td colspan="3">（三）发生矿山生产安全事故，造成直接经济损失一百万元以上的；
（四）其他造成严重后果的情形。
二、2012 年 12 月 19 日《最高人民法院、最高人民检察院关于办理渎职刑事案件适用法律若干问题的解释》摘录
第一条　国家机关工作人员滥用职权或者玩忽职守，具有下列情形之一的，应当认定为刑法第三百九十七条规定的“致使公共财产、国家和人民利益遭受重大损失”：
（一）造成死亡 1 人以上，或者重伤 3 人以上，或者轻伤 9 人以上，或者重伤 2 人、轻伤 3 人以上，或者重伤 1 人、轻伤 6 人以上的；
（二）造成经济损失 30 万元以上的；
（三）造成恶劣社会影响的；
（四）其他致使公共财产、国家和人民利益遭受重大损失的情形。
具有下列情形之一的，应当认定为刑法第三百九十七条规定的“情节特别严重”：
（一）造成伤亡达到前款第（一）项规定人数 3 倍以上的；
（二）造成经济损失 150 万元以上的；
（三）造成前款规定的损失后果，不报、迟报、谎报或者授意、指使、强令他人不报、迟报、谎报事故情况，致使损失后果持续、扩大或者抢救工作延误的；
（四）造成特别恶劣社会影响的；
（五）其他特别严重的情节。
第七条　依法或者受委托行使国家行政管理职权的公司、企业、事业单位的工作人员，在行使行政管理职权时滥用职权或者玩忽职守，构成犯罪的，应当依照《全国人民代表大会常务委员会关于〈中华人民共和国刑法〉第九章渎职罪主体适用问题的解释》的规定，适用渎职罪的规定追究刑事责任</td></tr>
</table>

安全管理资料管理应严格按照各级地方政府或各行业主管部门的安全资料管理规程执行，应建立施工现场安全资料管理制度，监督、检查各参建单位施工现场安全资料的建立和归档工作。

（一）建设单位负责的安全管理资料

主要包括：建筑工程施工许可证；北京市施工现场安全监督备案登记表；消防设计备案资料；地上、地下管线及有关地下工程的资料、安全防护文明施工措施费用支付保证制度、安全防护文明施工措施费用支付统计资料、渣土消纳许可证、夜间施工审批手续、建设工程施工现场五方责任主体履责情况自查表。

（二）建设单位应留存的监理单位安全管理资料

主要包括：监理合同、监理规划（含安全监理方案）、安全监理实施细则、安全监理人员岗位证书、安全监理专题会议纪要、安全事故隐患安全生产问题的报告处理意见等有关文件、危险性较大的分部分项工程等验收资料、工程技术文件报审表及施工组织设计（安全技术措施）、危险性较大的分部分项工程安全专项施工方案、安全防护文明施工措施费用支付申请、安全防护文明施工措施费用支付凭证、监理通知、工程暂停令、工程复工报审表、工程复工令、监理报告。

（三）建设单位应留存的施工单位安全管理资料

主要包括：工程概况表、施工组织设计、危险性较大的分部分项工程汇总表、危险性较大的分部分项工程专家论证表、安全专项施工方案及验收记录、项目经理部安全生产组织机构图及安全管理人员名册、施工现场生产安全事故登记表、地上/地下管线及建（构）筑物资料移交单、保护措施方案及验收记录表、生产安全事故应急救援预案。

第六节　项目施工阶段投资管理

政府投资建设项目施工阶段的投资管理工作应始终贯穿于施工阶段的各个环节，施工阶段的投资管理重点是制定投资管控目标、编制合理的资金使用计划、核定招标工程量清单、制定期中计量支付管理原则和办法、加强工程变更及现场签证的管控、严格审核合同价款调整事项等内容。通过采取一系列全过程的动态控制措施，确保项目总投资不突破设计概算批复的总金额。

一、施工阶段对投资影响的主要因素

施工阶段对投资的影响是最直接的，建设单位通过编制资金使用计划，加强对施工组织设计的管理，严格工程计量等对投资进行管控，确保施工顺利进行。

（一）资金使用计划对投资的影响

工程建设项目具有体量大、施工周期长、资金需求量大等特点，为了提高投资管控力度、保证项目按时、保质、完全完成，资金使用计划的编制是非常重要的，具体体现在：

通过编制资金使用计划，合理确定并分解投资管控目标值，包括控制总目标、各分项目标值和各阶段资金计划值，为施工过程中投资管控提供依据，为协调使用资金做好准备工作。

通过科学编制资金使用计划，可以对未来工程项目的资金使用和进度控制进行预测，减少不必要的资金浪费和工期延误，也能避免在施工过程中由于对资金使用缺乏判断依据而做出错误决策，减少施工过程决策的盲目性，提高资金使用效率。

在建设项目施工过程中，严格执行资金使用计划，可以有效控制项目投资，及时发现并纠正在实施过程中出现的脱离资金使用计划和投资目标的偏差，对计划中不合理的地方通过科学评估进行修改，使工程投资更加合理。

（二）施工组织设计对投资的影响

建设一个工程项目不仅有多种设计方案，确定了的设计方案也会有不同的施工方案，每种施工方案虽然都能完成同样的设计图纸，但不同方案耗费的人工、物力、财力是不同的。施工组织设计不仅要确定材料价格，选择施工机械，也影响着人工工日、机械台班、材料消耗量和施工年度投资计划等。管理施工单位选择、确定一种既切实可行又节约投资的施工方案，是控制工程投资的有效渠道。

（三）工程计量对投资的影响

工程计量是工程造价的一个部分，确定工程造价必须重视工程计量，准确、及时的计量关系工程造价的整体管理水平，而施工阶段的造价管理直接影响本阶段的投资管控工作。

施工过程中，施工单位在按照图纸、规范进行施工时，不可避免地产生与计划的偏差，现场管理人员与设计、监理、施工人员一起进行现场勘察，并提出可行的实施方案，在施工进行时做好中间计量，可以为竣工结算提供一手资料。同时，因施工质量不合格、返工等产生的工程量不仅不应列入工程价款，当因其他参建单位不合理的行为影响工程进度和造价时，及时的工程计量还可以成为索赔和反索赔的依据。

二、施工阶段投资管理的动态控制

（一）施工阶段的投资管控目标分解

（1）首先需要制定合理的施工阶段投资管控总目标。所有政府投资建设项目都应将初设概算（或投资估算/实施方案）批复金额作为工程投资管控目标的最高限额，无特殊情况原则上不得突破初设概算（或投资估算/实施方案）批复的金额。鉴于常规项目的工程费占工程总投资的80%~90%，因此工程费总目标值的确定是施工阶段投资管控的核心与重点。工程费投资目标的分类设置原则是便于与设计概算批复情况进行逐项对比分析。

（2）将施工阶段投资管控总目标值逐项细分后形成分项目标值。施工阶段投资管控总目标的细分就是将分部分项工程费及其他费用的构成情况进行逐步分解和细化，目标分解、细化的深度应能够满足与“重计量”后的标价工程量清单的内容进行对比和分析。目标分解工作应做到重点突出、准确程度高、数据误差小，所以在对投资目标进行分解细化时，应着重对容易失控的因素进行重点分析和对比，找出主要矛盾，以便提前制定有效的防控措施。

（3）制定投资目标分解责任制度。为保证项目投资管控目标的最终实现，建设单位或项目管理单位可建立投资管理责任目标制度，按照项目投资分部分项专业内容或费用类别，结合项目的组织机构、部门分工及岗位职责，遵循人人参与、处处把关的投资目标管控理念。同时建立投资管理责任目标考核制度，以确保项目投资目标控制工作的良性运转。

（4）应定期对各级投资管控目标值进行动态调整。随着工程项目的进展，需要定期对投资管控总目标及分目标值进行必要的投资跟踪及动态调整，加强对项目投资支出的分析和预测，定期对工程已完成的实际投资支出进行分析，对工程未完成部分的投资进行重点预测，对实际投资完成情况与投资管控各级目标值进行对比，发现偏差及时采取纠偏措施，使各级投资管控目标始终处于可控状态；在调整各级控制目标时应确保依据充分、程序合规。

实践证明，通过采取对施工阶段投资管控总目标的逐级分解、细化；制定投资目标分解责任制度、定期对各级投资目标的动态调整等措施，可将施工阶段项目总投资额严格控制在政府投资批复投资概算范围内。

（二）资金使用计划的编制

为规范施工阶段政府投资建设项目资金筹措使用、降低资金成本、减少资金沉淀，在编制政府投资建设项目资金使用计划时需根据项目总进度计划（含调整计划）及各类合同支付条款的约定编制年度、季度及计量月份的资金使用计划，以满足工程实施阶段对各项资金的需求；如计划资金不到位可导致工程建设项目无法如期完成既定的各项目标，因此制定切实可行的资金使用计划是确保项目顺利推进的前提。

1. 资金使用计划的编制方法

资金使用计划编制方法一般可按项目构成、按费用内容组成、按时间进度编制资金计划。

（1）按项目构成编制资金使用计划。一个建设项目构成可按单项工程、单位工程、分部工程、分项工程、子项工程等进行逐级层次划分；将建设项目的投资目标值按项目组成情况进行切块分割，具体分解、细化的程度应结合项目规模、复杂程度、项目进度计划及建设单位的需求等实际情况综合考虑，才能编制更具体、更有针对性的资金使用计划。格式可参照表 6-6-1。

××××建设项目资金计划表（按工程项目构成分解编制资金计划）表 6-6-1

序号	项目名称	估算或概算批复	投资管控目标	累计资金计划	资金使用计划				
					第一年				以后年度
					1 季度	2 季度	3 季度	4 季度	········
一	单项工程 1								
1	分部工程 1								
1.1	分项工程 1								
1.1.1	子项目 1								
	······								
二	单项工程 2								
1	分部工程 1								
1.1	分项工程 1								
1.1.1	子项目 1								
	······								

续表

序号	项目名称	估算或概算批复	投资管控目标	累计资金计划	资金使用计划				
					第一年				以后年度
					1季度	2季度	3季度	4季度	--------
三	工程建设其他费用								
1	项目前期费用								
2	工程建设期专业费用								
3	建设单位管理费								
	……								
四	预备费用								
五	合计								

（2）按项目投资构成编制资金使用计划。建设项目按费用内容可分为建筑工程费、安装工程费、设备及工器具购置费、工程建设其他费用及预备费等几个部分内容组成。因此资金使用计划也可参照费用组成内容进行编制，其格式可参照表6-6-2。

××建设项目资金计划表（按投资构成分解编制资金计划）　　表6-6-2

序号	项目名称	估算或概算批复	投资管控目标	累计资金计划	资金使用计划				
					第一年				以后年度
					1季度	2季度	3季度	4季度	--------
一	工程费用								
1	建筑工程费								
1.1	结构工程								
1.1.1	地下结构								
1.1.2	地上结构								
1.2	装修工程费用								
2	安装工程费用								
3	室外工程								
	……								
二	工程建设其他费用								
1	项目前期费用								
2	建设单位管费								

续表

序号	项目名称	估算或概算批复	投资管控目标	累计资金计划	资金使用计划				
					第一年				以后年度
					1季度	2季度	3季度	4季度	········
	······								
三	设备及工具购置费								
四	预备费用								
五	合计								

（3）按时间进度编制资金使用计划

由于建设项目是分阶段实施的，与时间进度密切相关，因此，根据项目总体施工进度计划将项目总投资目标值按使用时间顺序进行分解后编制项目的阶段性资金使用计划。根据项目的合同约定情况及项目进展情况可以按年度、季度或月份编制项目的资金使用计划。格式可参照表 6-6-3。

2. 编制资金使用计划的要点

（1）提前做好项目各项建设资金的支出预判

建设单位或项目管理单位应尽早启动资金使用计划的编制工作，提前做好各项资金的支出预判，在编制资金使用计划时，应适当考虑一定不可预见的因素，做到“留有余地”，尽量避免资金计划不足导致的项目进展缓慢及垫资施工等现象的发生。

（2）始终坚持科学合理、适度有节的原则

在各级政府对基本建设资金使用的监管力度不断增大的背景下，对于提前或超额申请项目资金的建设单位，政府监管部门将要求其进行书面解释说明超额申请资金的原因，如不能予以合理解释时，政府主管部门将收回超额拨付的项目资金，并给予红灯警示，因此在申请各级政府建设资金计划时，力争做到科学合理、适度有节。

（3）注重对施工组织设计的审核工作

施工组织设计可以有效协调施工总承包单位之间、单项工程之间、资源使用与资金投入之间的关系，因此，在审核施工组织总设计时除了考虑施工总进度安排及技术方案是否可行外、更要着重审核项目资金投入在施工不同阶段的需求量、控制量及调节量之间的连续性、均衡性等因素，科学高效的施工组织设计有利于保障工期目标、质量目标及投资总目标的实现。

××建设项目资金计划表（按时间进度编制资金使用计划） **表 6-6-3**

序号	施工内容	开始时间	完成时间	累计完成投资	资金使用计划												
					第一年												以后年度
					1	2	3	4	5	6	7	8	9	10	11	12	-------
1	土方开挖机、基坑支护	XX	XX														
		计划完成投资															
		实际完成投资															
2	地下结构施工	XX	XX														
		计划完成投资															
		实际完成投资															
3	地上结构施工	XX	XX														
		计划完成投资															
		实际完成投资															
4	二次结构	XX	XX														
		计划完成投资															
		实际完成投资															
5	屋面工程施工	XX	XX														
		计划完成投资															
		实际完成投资															
6	室内装修	XX	XX														
		计划完成投资															
		实际完成投资															

续表

序号	施工内容	开始时间	完成时间	累计完成投资	资金使用计划												
					第一年												以后年度
					1	2	3	4	5	6	7	8	9	10	11	12	--------
7	专业安装	XX	XX														
		计划完成投资															
		实际完成投资															
8	室外装修	XX	XX														
		计划完成投资															
		实际完成投资															
9	室外工程	XX	XX														
		计划完成投资															
		实际完成投资															
10	竣工验收	XX	XX														
		计划完成投资															
		实际完成投资															
合计		计划完成投资															
		实际完成投资															

（4）兼顾严谨性与灵活性并存的原则编制项目资金使用计划

项目资金使用计划的编制需要从项目的复杂程度、不同资金来源渠道及建设单位或其上级主管单位的要求等诸多影响因素进行考虑，其编制方法不是一成不变的，可采用费用分解、项目构成及时间顺序三种形式有机结合在一起的方式进行编制，在兼顾严谨性与灵活性并存的原则下，使资金使用计划真正起到指导项目资金良性运转的作用。

（5）尽早确定各类风险因素对项目资金使用计划的影响

确定施工阶段资金使用计划时应充分考虑施工阶段可能出现的各种风险因素对资金使用计划的影响。主要风险因素包括但不限于工程变更、现场签证、价格变化、施工条件变化、政策变化、不可抗力等内容，这些影响因素对项目的工期、质量或投资等方面都会产生不同程度的影响，因此在施工过程中要采取各项措施尽量避免各类风险因素的发生，对于已经发生的风险事项，应及时判断其对项目资金使用计划的影响程度，并尽快完善相关依据性资料，以确保资金使用计划的调整工作依据充分、资料真实完整。

（6）加强对资金计划使用情况的跟踪分析

建设单位或项目管理单位应定期对建设项目资金使用计划的执行情况进行跟踪分析，对实际资金拨付情况与资金使用计划情况进行对比分析。资金使用计划的执行情况分析要实事求是，对存在的问题要提出解决的措施建议；对确需发生有利于提高资金使用效益或促进项目建设需要而增加资金投入时，应及时根据调整后的投资总目标值完善资金使用计划的各项指标。

3. 强化信息化管理在资金使用计划编制中广泛应用

信息化是提升项目管理手段的必然趋势，随着政府投资项目的日趋复杂，传统的管理方法终将难以适应。采取信息化手段进行资金使用计划的编制、比较与调整、投资信息资料的存储与检索等都需要信息化支撑。

（三）投资目标的动态控制

在确定项目施工阶段投资管控总目标后，除了国家或地方政策性调整、不可抗力及现场条件发生重大变化等特殊原因外，一般性的投资变化可视为投资管控目标的常规性调整。建设单位或项目管理单位应定期对建设项目投资管控目标的各项指标进行动态调整，以确保调整后的投资管控目标能够满足指导工程项目有序开展施工阶段投资管控的作用。

通过建立定期报告和预警制度、建立重大投资变动事项的报告制度及通过对投资管控目标实施三级监督与检查机制等方式确保政府投资项目的投资目标始终处于受控状态。

1. 投资目标动态控制的方法包含内容

（1）定期监控各类合同的执行情况

建设单位或项目管理单位应以合同管理为中心，依据投资管控目标实时监控各类合同的执行情况，严格监控合同中工程变更、计量支付及期中结算等经济类条款的执行情况；对于超过投资管控目标的合同，应进行重点研究和专项分析超投资目标的原因，及时制定整改措施或调整方案。将项目的合同金额、工程变更金额、计量支付金额、结算金额等内容及时地在项目投资管控目标动态调整表中按照费用科目分别录入，并按月审核已录入金额的准确性；需要注意的一点是在编制项目投资管控目标动态调整表时应把已标价工程量清单中计入的暂列金额剔除，否则将影响动态调整金额的准确性。

（2）及时监控动态投资目标的变化情况

建设单位或项目管理单位通过实时监控项目的动态投资总目标、已完成投资及实付资金等数据变化情况，实时掌握各级投资目标的执行情况，及时发现和预测偏差，尽早采取措施进行纠偏，避免最终决算金额超出原定批复的概算总额。

（3）建立健全项目投资分析和预警制度

建设单位或项目管理单位应根据项目实际进展情况，定期组织参建各方共同整理和分析项目已完成工程投资情况，预测待完工程投资的变化趋势，掌握整个项目投资的变动情况，并及时调整投资动态调整表，采取有效措施消除造成投资异常波动带来的不利影响。对投资管控目标的分析重点应包括投资管控各级目标的测算情况及其动态调整情况；动态投资目标与投资管控目标的对比分析及其差异的原因分析情况；分析投资目标的控制措施、效果、存在问题及改进意见、相应对策；相关评价、结论与建议等。

2. 建立动态投资目标的定期报告制度

建设单位或项目管理单位应在每季度或年终完成项目的“动态投资分析报告”。报告应包括但不限于以下内容：

（1）编制依据；

（2）投资目标值变动的概况说明及汇总情况表；

（3）投资目标变动的分解目标情况说明及明细表；

（4）投资目标变动原因分析及预计偏差情况；

（5）投资目标控制的措施及办法；

（6）各类附表。

3. 建立重大投资变动事项的报告制度

（1）对投资目标值的异常偏差情况，应及时报告。投资目标值的异常偏差主要包括国家或地方政策法规的重大调整导致的投资目标值的异常偏差；投资目标偏差占单项工程投资目标值 ±10% 及以上的重大项目或事件，如地质条件变化、重大设计变更、现场签证、计划外增减项目、不可抗力等因素均可导致项目投资管控目标异常变动情况的发生。

（2）严格履行超批复项目的调整程序、办理相关备案手续。如果上述变化导致投资发生较大变化确需增加投资概算的，建设单位应如实提出调整方案及资金来源后，按照规定的程序报原初步设计审批部门或者投资概算核定部门进行核定。

（3）高度重视对投资目标异常偏差的评审工作。建设单位应及时组织相关单位对"动态投资目标分析报告"和投资目标异常的偏差情况进行评审，对下一步的投资管控目标的管理重点提出工作意见和建议。

三、期中计量支付

（一）工程计量

1. 工程计量的概念

《建设工程工程量清单计价规范》GB 50500—2013 的 2.0.43 规定：工程计量是发承包双方根据合同约定，对施工总承包单位完成合同数量进行的计算和确认。

2. 工程计量的依据

（1）现行工程量清单计价规范、预算定额及取费标准或企业定额等计价依据；

（2）招标投标资料、施工合同文件及其补充协议（含已标价工程量清单）；

（3）施工图纸、设计变更、工程洽商及现场签证；

（4）工程质量验收、质量评定或质量保证资料。如工程物资进场报验表、隐（预）检资料、检验批质量验收记录、分部分项工程质量记录表、竣工验收单等资料；

（5）当期工程形象进度完成情况确认资料；

（6）其他资料。

3. 工程计量的原则

（1）按合同约定计量的原则

所有计量工作均应符合合同文件的相关规定，工程量计算规则必须执行合同约定的计量计价规范版本，工程计量的方式也必须符合合同的相关约定。

（2）按实计量的原则

工程量计量是按正式施工图纸、工程量清单及工程实际完成情况重新计算的工程量。要求施工总承包单位提供的计量周期内的各种检测、试验、隐预检资料及检验批资料齐全、各项检测的技术指标均应达到合同约定的质量检验评定标准、工程质量应达到合同约定的技术标准，因此施工总承包单位必须完成计量项目的各项工序，并经中间交工验收且质量合格的产品，才予以计量。

（3）准确计量的原则

准确的计量结果是建设单位向施工总承包单位支付合同价款的前提和依据。除合同另外有约定外，施工总承包单位实际完成的工程量均应按约定的工程量计算规则和有合同约束力的图纸进行计量；设计变更、工程洽商、现场签证及清单漏项等均需完善相关资料手续，且其各项费用均已得到参建各方认可后，方可计入正式计量程序。因此，应做到准确计量，且应做到不重计、不超计、不漏计。

（4）及时计量的原则

计量应随工程进展情况及时进行。施工总承包单位应当按照合同约定的计量周期和时间向建设单位提交当期已完工程量报告，监理工程师和项目管理公司现场管理人员应当按照合同约定的时间完成计量确认工作。

4. 工程计量的程序

财政部及建设部联合颁发的《建设工程价款结算暂行办法》（财建〔2004〕369号）、九部委颁发的《标准施工招标文件》（九部委第56号）、住房和城乡建设部颁发的《建设工程工程量清单计价规范》GB 50500—2013（以下简称GB 50500—2013清单规范）及住房城乡建设部、国家工商行政管理总局制定的《建设工程施工合同（示范文本）》（GF—2017—0201）等规范、办法及合同示范文本中均对工程计量程序做出相关描述。鉴于目前政府投资项目采用单价合同的情况比较普遍，一般单价合同的计量可采用按月计量或按工程形象进度分段计量，无论采用哪种计量方式，其具体计量周期均应以施工合同约定为准。

5. 单价合同计量工作的必要条件

（1）已完成的工程必须按照正式施工图纸施工；在质量上达到合同规定的技术标准；各种试验检测数据及报验资料齐全；并经过现场监理工程师验收合格后，方可进行计量。

（2）对于需要进行重计量的项目，必须完成工程量重新确认手续后，方可按（1）所列条件进行计量。

（3）工程变更、洽商或现场签证、清单漏项等项目均需完善相关确认手续，且其各项费用均已得到参建各方认可后，方可计入正式的计量程序。

6. 单价合同计量工作注意事项及相关建议

（1）鉴于已标价工程量清单中的单价子目工程量在后期实施中可能发生较大变动，建设单位或项目管理单位需尽快组织开展工程项目的重计量工作。

（2）单价子目计量的工程量须经施工总承包单位重新计算和现场测量、由监理单位及项目管理单位或建设单位相关人员复核后方可作为最终计量的结果。若发现招标工程量清单中出现缺（漏）项、工程量偏差，或因工程变更（含洽商、签证）引起工程量的增减时，发承包双方计量工程量应当是实际完成的工程量，而不是招标工程量清单所列的工程量。

（3）除合同约定的变更情况外，按实际完成工程量的总价子目的计量工程量一般情况下不应当重新进行计量，基于招标工程量清单签约的合同价内所显示的工程量即为竣工结算工程量。

（4）对于尚未完成重计量工作的项目，其纳入计量工程量的通常做法是以招标工程量作为工程计量与支付的临时参考依据。此类项目需在计量支付审核报告中注明此部分工程量仅作为本次工程款支付使用的暂定工程量，待完成重计量工作后另行调整计量工程量，此种做法可以有效避免施工总承包单位不配合重计量工作而影响竣工结算工作的顺利推进。

（5）对于图纸版本多或变更洽商多的项目，只有做到及时记录并准确甄别计量工作所选用图纸版本的唯一性和变更洽商的有效性，可有效避免造价工程师对多版本图纸或变更洽商进行重复且无效算（核）量现象的发生，并为准确、高效地完成竣工结算工程量的最终认定工作奠定坚实的基础。

（6）清单计价模式下，应注意避免提前计量或延迟计量情况的发生。通常工程量清单特征描述中的工作内容由若干个施工工序组成，且部分分部分项工程的施工工艺特点决定了在同一清单子目内的各施工工序时间跨度会比较大，如门窗工程中的门（窗）体安装与五金安装、装饰装修工程中的石材地面面层铺贴与石材面层打蜡或结晶处理等工作内容时间间隔一般会比较长。按照工程量清单特征描述的工作内容对此类分部分项工程不予以期中计量时，将会影响到施工总承包单位工程资金的正常周转，不利于工程项目顺利推进；如若全部予以期中计量时又违背如实计量的原则。为此针对此类分部分项工程的计量项目的特点，必须提前制定好相关计量规则，有利于提高当期工程计量结果的真实性、准确性和时效性。

7. 不应计量的情况

（1）与承包合同文件的约定或设计文件要求不符的工程；

（2）未经监理工程师质量验收合格的工程或经检验、检测后确认为不合格的工程；

（3）各种报验资料不齐全的工程或计量的主要依据性文件及附件的签认手续不完备的工程；

（4）使用未经建设单位、项目管理单位、设计及监理等单位共同考察确认的材料设备，或使用与考察后确认的材料设备封样不一致的工程；

（5）因施工总承包单位自身原因造成返工增加的工程；

（6）未经建设单位同意，施工总承包单位超出设计图纸（含设计变更）范围而增加的工程；

（7）使用未履行物资进场报验手续及未经检验合格的原材料或半成品材料的工程；

（8）建设单位以任何方式明确暂缓或暂停施工的，施工总承包单位却擅自施工的工程；

（9）经建设单位、项目管理及监理单位共同认定的其他暂时不予计量的工程。

8. 对于建设周期较长的政府投资项目

对于建设周期较长的政府投资项目，建议以项目为单位建立工程计量完成情况台账，便于动态掌握工程至上月累计完成情况、当月实际完成情况、总累计完成情况；还可以体现施工总承包单位当期的申报情况、监理、项目管理单位的审核情况等内容。

（二）工程重计量工作的要点

1. 重计量工作的编制要点

（1）开展重计量工作前必须熟读并掌握合同文件及招标文件的相关条款或约定；

（2）重计量的工程量必须按照现行国家计量规范规定的工程量计算规则进行计算；

（3）重计量所依据的施工图纸（含图纸会审记录）、变更洽商等内容必须经建设单位审定批准，否则可视为无效计量；

（4）需要重计量的工程量应包括：分部分项工程量清单及可计量的措施项目工程量清单两部分内容。

（5）如发现招标工程量清单漏项、工程量偏差，或因工程变更引起工程量增减时应按实际工程量计算；

（6）需复核招标工程量清单项目特征描述内容与施工现场及施工图纸（含图纸会审记录等）标注内容是否相符，如不符，应及时调整综合单价的价格组成内容；

（7）如发生招标工程量清单漏项或错项时需新增补综合单价时，其组价原则应严格执行合同的相关约定；

（8）重计量选用计量单位必须符合国家法定的计量单位。

2. 重计量工作的审核要点

（1）重点审核或复核重计量工程量编制的范围是否全面、准确、合理，建议从以下几个方面开展审核或复核工作。

①审核或复核其编制范围与招标文件的约定是否一致。

②审核或复核其编制范围是否紧密结合施工现场及施工图纸的实际情况，应确保重计量编制范围的准确性和全面性。

③审核或复核重计量的施工界面划分是否科学、合理。科学、合理的施工界面划分可以使每个专业的节点及后续工作内容的衔接清晰；力争做到不漏项、不重项，质量责任界定清晰、明了。

④重视审核或复核施工图纸中无法明确或标注的事项。比如对土方是否可现场存放、余土运输的距离等图纸无法标注的内容进行详细核实。此类工作内容需经多方实际论证后方可有效避免由于招标工程量清单的不准确性导致工程投资失控情况的发生。

（2）注重审核施工图纸的内容是否符合前期立项批复文件的要求，设计深度及设计标准等是否满足编、审重计量资料的要求等内容。

①审核或复核施工图纸的设计标准是否符合可行性研究报告或设计概算批复文件的要求。如发现存在不符之处需及时与设计人员进行沟通，确保在正式施工前确定最终设计方案，避免因二次拆改导致工程造价的增加。

②审核或复核施工图纸的设计深度等是否满足重计量工作的编制要求。如发现施工图纸中存在设计节点深度不够、建筑结构不统一及其他不详、错误之处时，应及时与设计人员沟通，尽可能按照补充、完善后的节点详图进行重计量工作的编、审工作。

③熟悉并全面理解施工图纸的设计意图，尽量避免清单漏项、错项现象的发生。如发现工程量清单特征描述错误的情况时，应及时与相关人员进行充分沟通后依据合同约定对综合单价进行调整或完善，从而有效避免设计意图落实不到位情况的发生。

④对于明显不合理的设计内容要及时提出合理化修改建议。使不合理的设计内容在施工准备阶段或实施前更趋于完善、合理，从而减少施工过程中变更洽商及拆改情况发生的频率。

（3）督促所有参建单位应高度重视图纸会审的工作成果。重计量工作成果应充分体现图纸会审的内容，应重点核查图纸会审的精神是否真正落实到重计量工作中，确保图纸会审内容与重计量工作高效融合，此做法将有利于减少无效劳动情况的发生。

（4）审核或复核工程量计算规则与合同约定的清单计价规则或现行国家计量规范规定的工程量计算规则是否一致。同时需注意工程计量所选用的工程量清单计价规则与定额计价规则的区别。

（5）重计量工程量的审核方法包括全面审核法、重点审核法。监理单位必须采取全面审核的方法；项目管理单位及建设单位可根据项目特点及时限要求采用重点审核方法进行原则性复核。

（6）注重审核或复核分部分项工程量清单和措施项目清单工程量的准确性和完整性。最大限度确保审核或复核后的重计量工程量的准确性，有利于缩短竣工结算工作的完成时间。

（7）审核措施项目费、规费、税金等计取标准是否合理。

（8）审核或复核新增补综合单价的合理性，确保特征内容描述清晰、准确、完整。

①审核或复核人工、材料、机械费及各项取费费率计取原则是否符合合同的相关约定；

②审核或复核新增补的人工、材料及机械单价的价格水平等是否合理；

③审核或复核计量单位与定额子目或材料计价单位是否匹配；

④审核或复核工程量清单特征描述与施工图纸及现场实际情况是否相符。

3. 关于重计量工作的几点建议

（1）为确保工程重计量工作的时效性，建议提前编制重计量的工作计划和具体要求，其内容包括但不限于：

①制定重计量工作的组织机构；

②编制详细的编、审计划；

③编制重计量编、审具体要求；

④编制重计量工作编、审程序；

⑤编制重计量结果审核确认表单。

（2）高质量的重计量结果可以确保工程计量与支付工作的准确性，有效缩短竣工结算的编、审时间，因此建议尽早启动重计量的编、审工作。

（3）鉴于重计量工作量较大、涉及专业多等原因，建议按分部分项工程、同时结合项目进展情况，可分批分期开展重计量的编制及审核工作，尤其对于施工初期图纸尚未齐全的项目尤为适用。

（4）基于重计量工作的重要性，建议各参建单位要严格按制定的重计量工作计划的时间节点完成提交重计量成果文件或出具审核及复核意见。建设单位及项目管理单位应高度重视重计量工作计划的落实情况，确保重计量的工作结果作为后续工程计量与支付工作的基础依据。

（5）建议暂估价工程待完成招标投标工作并签订专业分包合同后，应尽快启动专业分包工程的重计量工作，分包工程的重计量程序及编审要求与总包工程基本一致，本书不再赘述。

（三）签约合同价款的期中支付

由于包括政府投资在内的绝大多数工程建设项目均具有周期长、投资额大等特点，因此施工过程中需要分阶段对合同价款进行期中支付，合同价款的期中支付的内容主要包括预付款、安全文明施工费及进度款等三方面内容。下面从签约合同价款的期中支付概念及相关规定等方面进行阐述。

1. 工程预付款

（1）工程预付款的概念

《建设工程工程量清单计价规范》GB 50500—2013 的 2.0.48 规定：预付款是在开工前，建设单位按照合同约定，预先给施工总承包单位用于购买合同工程施工所需的材料、工程设备以及组织机械和人员进场等的款项。

（2）工程预付款支付条件

工程预付款支付应符合下列规定：

①预付款的支付比例

预付款应按合同约定拨付，原则上预付比例不低于签约合同价款（扣除暂估专业工程、安全文明施工费、暂列金等费用）的 10%，不高于签约合同价款（扣除暂估专业工程、安全文明施工费、暂列金等费用）的 30%，对重大工程项目，按年度工程计划逐年预付。

②预付款的支付时限

在具备施工条件的前提下，建设单位应在双方签订合同后的一个月内或不迟于约定的开工日期前的 7 天内预付工程款。

对于数额较大的预付款，应在合同中约定要求对方办理预付款保函，在申请支付预付款时，一并提交预付款保函。

③预付款的抵扣方式

必须在合同中约定抵扣方式，并在工程进度款中进行抵扣，直到扣回的金额达到合同约定的预付款金额为止。通常约定施工总承包单位完成签约合同价款比例在 20%~30% 时，开始从进度款中按一定比例进行抵扣。

对于合同中未明确预付款抵扣方式的项目，工程预付款的抵扣方式方法需结合项目施工的特点来制定：对于工期较短的项目，可以考虑一次性扣回；对于工程超过一年的项目，可考虑分次抵扣预付款。

2. 安全文明施工费

（1）安全文明施工费的内容及使用范围

以财政部、国家安全生产监督管理总局印发《企业安全生产费用提取和使用管理办法》（财企〔2012〕16 号）中第 19 条及建设部《建筑工程安全防护、文明施工措施费用及使用管理规定》（建办〔2005〕89 号）及其他现行国家计量规范的规定、地方规定为准。

（2）安全文明施工费的支付

发包、承包双方应当在签约合同中明确安全文明施工费用的总额，以及费用预付、支付计划，使用要求、调整方式等条款。

发包、承包双方在签约合同中对安全文明施工费用预付、支付计划未作约定或约定不明的，合同工期在一年以内的，建设单位预付安全文明施工费不得低于该费用总额的 50%；合同工期在一年以上的（含一年），预付安全文明施工费不得低于该费用总额的 30%，其余费用应当按照施工进度支付。

（3）安全文明施工费的使用

①施工总承包单位应当确保安全文明施工费专款专用，保证安全文明施工措施的足额投入，并在财务账目管理中单独列支安全文明施工费备查。

②由施工总承包单位统一管理安全文明施工费，并对建设工程安全文明施工负责。施工总承包单位应当在分包合同中约定分包工程安全文明施工费的支付、结算方法等。施工总承包单位不按合同约定支付费用，造成分包单位不能及时落实安全防护措施导致发生事故的，由施工总承包单位负主要责任。

3. 工程进度付款

（1）工程进度款的概念

《建设工程工程量清单计价规范》GB 50500—2013 的 2.0.49 规定：在合同工程施工过程中，建设单位按照合同约定对付款周期内施工总承包单位完成的合同价款给予支付的款项，也是合同价款期中结算支付。

（2）工程进度款的支付（中间结算）条件

工程进度款的支付（中间结算）应符合下列规定：

①根据确定的工程计量结果，施工总承包单位向建设单位提出支付工程进度款申请 14 天内建设单位应按不低于工程价款的 60%，不高于工程价款的 90%向施工总承包单位支付工程进度款。

②经最终审批的设计变更、工程洽商及现场签证应与工程进度款同期支付。

③建设单位超过约定的支付时间不支付工程进度款，施工总承包单位应及时向建设单位发出要求付款的通知，建设单位收到施工总承包单位通知后仍不能按要求付款，可与施工总承包单位协商签订延期付款协议，经施工总承包单位同意后可延期支付，协议应明确延期支付的时间和从工程计量结果确认后第 15 天起计算应付款的利息（利率按同期银行贷款利率计）。

④建设单位不按合同约定支付工程进度款，双方又未达成延期付款协议，导致施工无法进行，施工总承包单位可停止施工，由建设单位承担违约责任。

（3）工程进度款的主要指标

①按累计完成情况划分：主要包含累计已完成的合同价款；至本期累计已实际完成的合同价款（含本期实际完成的价款）；累计已实际支付的合同价款；至本期累计已实际支付的合同价款（含本期实际支付的价款）等指标。

②按当期完成情况划分：主要包括本周期合同完成的合同价款（含本周期已完成的单价项目的金额、本周期应支付的总价项目的金额、本周期已完成的计日工价款、本周期应支付的安全文明施工费、其他本期应增加的金额）、本周期合计应扣减的金额（含本周期应抵扣的预付款、本周期应扣减的其他金额）、本周期应支付的合同价款等指标。

（4）工程进度款支付的计算方法

上述工程进度款各项指标之间的逻辑关系及工程进度款支付的计算方法见表 6-6-4（此表适用于单价合同进度款支付计算使用）：

各项合同价款指标的逻辑关系及相关计算简要说明（适用于单价合同） 表 6-6-4

序号	费用名称	计算公式或计取方法说明			
1	累计已完成的合同价款	本指标为至本周期计量前累计完成的合同价款			
2	累计已实际支付的合同价款	本指标为至本周期计量前累计支付的合同价款			
3	本周期合同完成的合同价款	本周期已完成的单价项目的金额＋本周期应支付的总价项目的金额＋本周期已完成的计日工价款＋本周期应支付的安全文明施工费＋其他本期应增加的五项之和	3.1	本周期已完成的单价项目的金额	当期工程计量确认的工程量 × 综合单价计算（或调整后的综合单价）
			3.2	本周期应支付的总价项目的金额	按合同约定的进度款支付分解金额计入本期内应支付的总价项目的金额内；可以选择计量周期平均支付法；可以按照各个总价项目总金额占签约合同价的百分比，以及每个计量支付周期内所完成的单价项目总金额，以百分比方式均摊方式或按照每个总价项目的性质分解到形象进度计划或计量周期中与单价项目一起支付
			3.3	本周期已完成的计日工价款	根据本周期现场核实工程数量和已标价的工程量清单中计日工单价计算
			3.4	本周期应支付的安全文明施工费	根据合同约定的金额计入本期合同价款
			3.5	其他本期应增加合同价款	如现场签证和得到建设单位认可的索赔金额

续表

<table>
<tr><th>序号</th><th>费用名称</th><th colspan="4">计算公式或计取方法说明</th></tr>
<tr><td rowspan="2">4</td><td rowspan="2">本周期合计应扣减的金额</td><td rowspan="2">本周期应抵扣的预付款＋本周期应扣减的其他金额两项之和</td><td>4.1</td><td>本周期应抵扣的预付款</td><td>根据合同约定的抵扣方式计算本期应抵扣金额</td></tr>
<tr><td>4.2</td><td>本周期应扣减的其他金额</td><td>如有</td></tr>
<tr><td>5</td><td>本周期应支付的合同价款</td><td colspan="4">⑤＝（③－④）× 合同中约定的支付比例（一般计取比例为 60%~90%）</td></tr>
<tr><td>6</td><td>至本周期末累计已实际完成的合同价款</td><td colspan="4">⑥＝①＋③</td></tr>
<tr><td>7</td><td>至本周期末累计已实际支付的合同价款</td><td colspan="4">⑦＝②＋⑤</td></tr>
</table>

注：除工程变更导致工程量增加予以调整外，总价合同的进度款支付应按照计量周期进行支付分解。

4. 各项期中支付工作的审核重点

审核预付工程款的数额、支付时限及抵扣方式是否符合合同的约定审核工程进度款的支付方式、数额及时限是否符合合同的规定；审核其他款项，如安全文明施工费等的预付比例及支付比例是否符合合同的规定。

5. 各项期中支付工作的相关注意事项

（1）关于预付款支付方面的注意事项

①计算工程预付款时，注意要扣除尚未最终确定且投标单位统一列支的金额，如暂列金额、暂估专业工程价款，还需要扣除与工程预付款比例不一致的款项，如安全文明施工费、农民工工伤保险费等尚未确定的费用。

②凡是未签订合同或不具备施工条件的工程，建设单位不得预付工程款，不得以预付款为名转移资金。

（2）关于安全文明施工费支付方面的注意事项

①要求施工总承包单位建立健全安全文明施工费收、支情况管理台账，落实每项安全文明施工措施费用的支出去向，要求必须做到专款专用，做到有据可查，款项清晰明了。

②加强监理单位对安全文明施工费使用情况的监控力度，督促监理单位定期检查施工总承包单位安全文明施工费的使用情况及安全防护措施、文明施工、环境保护等工作的落实情况，以确保安全文明施工费与其措施内容基本匹配。

③项目管理单位应协助建设单位定期抽查安全文明施工费及各项安全措施的落

实情况，并协助建设单位建立项目安全评级体系和考核体系。

（3）关于工程进度款支付方面的注意事项

①建设单位应高度关注工程进度款的审核权限和审核时限节点，并在合同约定的时限内支付工程进度款。

②发、承包双方均应着重对工程进度款支付所依据性的资料及数据进行复核，当发现已签发的支付证书存在错、漏或重复计算的金额时，发承包双方都有权提出修正，经双方达成一致意见后，在本次或下次进度款中支付或扣除。

③按约定时间建设单位应扣回的预付款，应当与工程进度款同期结算抵扣。

（4）建立期中支付台账

鉴于建设周期较长的政府投资项目，建议以项目为单位建立工程期中支付情况台账，便于动态掌握工程至上月累计支付情况、当月实际支付情况、总累计支付情况；还可以体现施工总承包单位当期的申报情况，监理、项目管理单位的审核情况等信息。

（5）专业分包工程的期中支付程序及要求与总包工程基本一致，本书不再赘述。

四、工程洽商及现场签证管理

工程洽商及现场签证管理是投资控制和项目顺利实施的重要影响因素。加强工程洽商及现场签证管理，重点关注其必要性、程序性、技术经济的可行性。

（一）工程洽商管理

1. 工程洽商的概念

工程洽商指的是在施工过程中，除设计变更、现场签证以外的工程变更内容，包括施工条件、施工工艺、施工方案、施工内容、质量或技术标准、施工范围、材料代换等事项的变更，需要由建设单位、项目管理单位、监理单位及施工总承包单位共同进行商议，通过技术经济协商与论证后共同签署洽商记录的行为。工程洽商包括经济洽商和技术洽商。

2. 工程洽商的办理条件

各参建单位应严格按照批准的设计图纸和合同文件施工，原则上不得随意变更，只有符合下述条件且得到建设单位认可的工程洽商方予以办理：

（1）施工变更

主要指在施工过程中因出现新情况或提出新要求，在保证安全质量的情况下为加快工程进度而对施工工艺、施工方法或施工方案进行调整或更换；或建设单位指令要求提前竣工、监理工程师指令的施工顺序发生改变或调整或施工总承包单位提出有利于工程目标顺利实现的施工建议等。

（2）施工条件变更

主要是指由于实际的现场条件与招标文件或施工合同中约定内容的不一致时，建设单位要求施工总承包单位增加、修改原设计或原施工方案以达到设计图纸要求需办理的工程洽商手续。

（3）技术标准变更

技术标准变更是指由于新版施工规程、设计及验收规范颁发等原因引起原设计内容或施工方案的变更；或政府质量监督管理部门根据政府的有关规定提出的要求等情形下可办理洽商手续。

（4）施工质量标准变更

施工质量标准变更是由于建设单位在考虑获得社会效益、满足功能需求、节约成本或缩短工期等因素时，一般会要求施工总承包单位提高或降低工程质量标准、改变材料设备的质量、档次或类型等引起的变更可办理洽商手续。

（5）工作范围变更

工作范围变更是建设单位委托施工总承包单位完成超出合同约定的施工范围的工作内容，其主要表现为两种形式：

①额外工作。此类工作内容是整个工程项目必不可少的组成部分，其与合同范围内的工程项目密不可分，此类追加的额外工作无论是否在合同范围内，必须由原施工总承包单位实施。

②额外工程。此类工程未包括在合同范围内，且其与合同范围内的工程项目可独立发挥作用，因此额外工程属于新增的工程项目，是否由原施工总承包单位实施需要视情况而定。

3. 办理工程洽商的原则

（1）先洽后干原则。即遵循先审批、后实施的原则。

（2）优化的原则。以提高工程质量、缩短建设工期、节省建设资金、节约资源、推动技术进步为目标的原则。

（3）合规的原则。符合国家有关工程强制性标准及技术规范，符合工程质量和使用功能要求，符合环境保护要求的原则。

（4）经济合理的原则。凡涉及投资增减变化的变更需遵循经济合理的原则。

（5）一次性的原则。相同变更事项原则上只能办理一次工程变更手续。

（6）客观公正的原则。客观、公正地界定工程洽商责任，及时组织索赔与反索赔工作。

（7）优质优价的原则。质量目标标准不同的项目，投入的项目成本会有较大差别，推行优质优价的原则。

（8）动态控制原则。实时动态掌握工程洽商对投资管控目标的影响，严格将投资管控在设计概算批复范围内。

4. 工程洽商管理工作的重点及需要注意的事项

（1）制订符合项目实际情况的工程洽商管理办法或实施细则

为加强工程洽商管理，规范工程洽商行为，确保工程技术标准、工程质量和施工安全，合理利用工程投资，同时使工程洽商审批程序程序化、规范化，按质保量完成工程项目的建设任务，根据项目实际情况和施工招标文件及合同文件等有关规定，需要制订工程项目的洽商管理办法或实施细则。由于每个项目的资金来源（国拨或自筹）、管理模式（自管或委托项目管理）、项目类型（新建、扩建、改建或技术改造等）、建设类型（房屋建筑或市政基础设施等）、投资规模等方面均存在较大差异，因此制订切实可行的工程洽商管理办法可使工程洽商管理工作得以良性、有序开展。

（2）各参建单位应严格履行工程洽商管理办法或细则规定的审批程序（图 6-6-1）

（3）建设单位应严格执行施工合同中关于洽商审批时限的约定

在施工合同中一般规定施工总承包单位提出书面洽商建议后建设单位原则上在 14 天内组织完成工程洽商有关文件的审核审批工作。如需要组织技术经济论证的项目，审批时间可适当顺延，原则上技术经济论证审核时间不超过一个月，坚决禁止事后补办情况的发生。对于已签发的工程洽商变更应及时下达到施工总承包单位，为了减少或避免不必要的拆改工程量的发生，应及早书面提请施工总承包单位暂停该变更部位的施工，如施工总承包单位不能全面落实变更指令，扩大的损失由施工总承包单位承担。

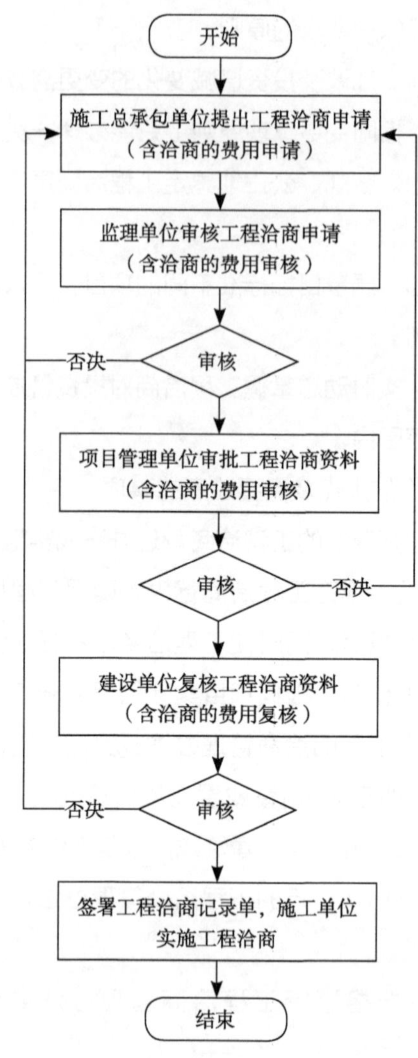

图 6-6-1　工程洽商报审程序

（4）在制定工程洽商管理办法或细则时需充分考虑审批权限设置问题，对洽商的必要性、可行性和合理性按审批权限进行审批

一般可将工程洽商事项依据其性质、费用及影响程度划分为重大变更、较大变更和一般变更三个等级，对不同等级的划分内容实行分级管理，设置不同的洽商审批权限，未按批准权限批准的工程洽商原则上不允许施工，且不能作为办理工程验收及计量支付的依据。

①重大洽商变更是指一定限额区间内、导致项目总投资超过项目概算批复总额的，或影响工程总工期 10~15 日（含 15 日）内的，如涉及设计方案、施工方案、技术标准、建设规模和建设标准等内容的变动；出现重大变更时，建设单位

应组织评估小组编制和评估工程洽商的施工方案的可行性及造价估算金额的合理性进行论证，经建设单位负责人审核后报上级主管单位最终批准或授权后方可实施。

②较大洽商变更是指一定限额区间内、且不导致项目总投资超过项目概算批复总额的、或影响工程总工期 5~10 日（含 10 日）内事项属于较大变更。如建筑物局部标高的调整、工序作业方案的变动等。较大洽商变更事项应在建设单位的项目负责人审批后实施，同时应及时将洽商变更审批结果上报主管部门备案。

③一般洽商变更是指一定限额以下、且不导致项目总投资超过项目概算批复总额的，或影响工程总工期 5 日（含 5 日）内的设计差错、设计遗漏，或材料代换以及现场必须作出决定的局部修改等。一般变更经建设单位指定的现场工程师现场签字确认后即可实施。

④特别注意的是，参建的任何单位不得擅自向施工总承包单位下发任何形式的工程变更指令，对工程实施过程中存在的问题及建议应及时向建设单位反馈，由建设单位组织相关人员进行综合评审后，决定是否予以实施。

⑤建设单位应高度重视工程洽商预算的额度是否属于建设单位“三重一大”的管理范畴，如属于该范畴，应严格履行落实“三重一大”决策制度的相关决策程序后进行工程洽商变更的审批。

（5）严格履行工程洽商变更的评审制度

一般工程洽商的评审应包括如下三个方面：

①技术评审是指对工程洽商变更引起的施工工期、质量、进度等要素进行评审。评定工程变更是否满足技术上可行、可靠，不降低工程质量标准；是否满足使用功能要求、安全储备；对竣工后的使用和管理有无不良影响；对工期、施工条件有无不良影响，能否保证工程连续施工。

②造价评审是指对工程洽商变更所引起的工程量及价格的增减进行审查。评定工程变更洽商是否降低工程成本或提高其经济合理性；洽商变更项目的工程量计算规则和合同单价是否按原合同规定执行，新增单价构成分析是否合理。

③综合评审是指在技术评审及造价审查的基础上，综合考虑合同工程各项分解目标，对工程变更进行全面的评审把关。

（6）高度重视对重大变更洽商的综合评估

①对于重大洽商事项建设单位应及时组织项目管理单位、设计、施工、监理等相关人员召开专题会进行分析和研讨，提出解决方案，形成书面评估报告。

②对于技术较复杂、投资额度较大或工期影响较大的工程洽商变更，建设单位可根据工程洽商变更的影响情况，组织召开专家论证会并形成会议纪要后，按正常程序履行报批程序。

③对于变化导致投资发生较大变化确需增加投资概算的，建设单位应如实提出调整方案及资金来源后，按照规定的程序报原初步设计审批部门或者投资概算核定部门进行核定。

5. 鼓励政府项目实施按质论价、落实优质优价的基本宗旨

工程项目完成招投标工作以后，建设单位为提高项目的社会效益、扩大项目的影响力或竞争力，有可能对项目质量或安全标准提出创优奖项（如鲁班奖、国家优质奖或结构长城杯、绿色工地、样板工地等）的新要求。在国家大力倡导“工匠精神”的时代背景下，建设单位应积极鼓励施工总承包单位努力创造精品工程的信心和决心，增强施工总承包单位为国家和社会贡献杰出作品的意识和社会担当。因此建设单位应采取按质论价、优质优价的基本原则承担由此增加的费用，为精品工程的创造提供必要的经济保障。由于施工总承包单位为达到创优目的，自行提高建设标准所增加的费用由施工总承包单位自行承担。

6. 建立紧急洽商变更事项管理的工作机制

紧急变更是工程实施过程中出现紧急或突发事件，如不尽快处理，会带来严重后果，给建设单位带来重大损失、给施工总承包单位带来重大经济上的损失或危及作业人员的安全及生命、工程或工程相邻财产安全等紧急情况。为及时减少损失，要求现场专业工程师或监理工程师不必事先审批而会同施工总承包单位采取一切必要处理措施，保证生命和工程安全，但同时应立即口头报告建设单位，在合同约定时限内写出书面报告建设单位，且在约定时限内遵循实事求是的原则补办相关洽商手续。

7. 客观、公正地对工程洽商变更事项进行责任界定

建设单位有权对工程洽商的原因进行分析，若发现设计单位、监理单位、施工总承包单位或勘察单位存在过错的；或在工程洽商审批过程中存在虚报工程洽商费用、处理工程洽商事务及审查洽商费用把关不严或失职，造成不合理工程洽商发生或工程损失的，将按合同约定追究相关单位的违约责任。

（1）施工变更的责任界定

一般由于施工总承包单位原因导致的施工变更，应由施工总承包单位承担相关责任；建设单位应及时分析造成的损失，及时组织反索赔工作。由于建设单位原因

导致的施工变更，由建设单位承担相关责任，按正式洽商程序处理。

（2）施工条件变更的责任界定

当招标文件描述的施工现场条件与实际现场条件存在差异时，工程师应综合判断此差异。作为一个有经验的施工总承包单位报价时可以预料到的时候，且其相关费用可视为在投标报价中已充分考虑；如此差异是一个有经验的施工总承包单位报价时无法预料，此变更应由建设单位承担相关费用变化或工期调整等风险。

（3）技术标准变更的责任界定

通常技术标准变更是由于科学技术进步导致新工艺、新技术替代原有落后的施工工艺或方案，为达到缩短工期、节约投资或节能环保等目标前提，采用新技术标准发生的洽商变更时的风险由建设单位承担；由于施工总承包单位自身原因擅自改变技术标准所导致费用或工期风险由施工总承包单位自行承担。

（4）施工质量标准变更的责任界定

施工质量标准变更是由于建设单位在综合考虑各项因素后，提出要求施工总承包单位提高或降低工程质量标准、改变材料设备的质量、档次或类型等变更洽商要求，此类洽商变更的风险由建设单位承担；由于施工总承包单位自身原因擅自改变施工质量标准所导致费用或工期风险由施工总承包单位自行承担。

8. 严格执行项目属地或管辖地颁布的工程洽商审批管理办法或规定

随着国家对政府投资项目监管力度的不断增大，为有效控制“超规模、超标准、超投资”现象的发生，保障政府投资工程的顺利实施，各省市及区、县地方政府相继制定、出台了规范地方政府投资行为、提高政府投资效益、充分发挥政府投资监管力度的地方规章或制度，因此建设单位应及时关注项目所在地颁布的关于政府投资工程变更及洽商管理方面的制度或办法，严格按照制度或办法要求的洽商变更的额度及事项内容上报项目所在市、区、县等地方主管领导批准后方可实施。

例如：北京市 ×× 区发展改革委对其审批的基础设施建设项目进行检查过程中发现部分项目未按照区政府制定的工程变更及洽商管理办法的规定对超过文件规定额度的洽商变更资料报请区政府主管领导办公会批准就擅自实施，为此区发展改革委对违反本项规定的建设单位要求限期整改，并提出书面整改意见，对于违规严重的建设单位区政府以红灯预警等方式进行相关提醒。因此，建设单位应熟知并严格执行项目属地或管辖地颁布的工程洽商审批管理制度或规定，为政府投资项目合法、依规且顺利得以实施提供保障。

9. 实时监控由于工程洽商的办理对项目投资管控目标的影响程度

建设单位应建立工程洽商变更管理台账，及时对工程洽商导致的造价增减情况进行统计分析，实时监控工程洽商的累计金额对合同和投资管控目标的影响程度。当发现其累计金额已超过合同金额的 5%，或预计超过投资管控目标时，造价工程师应及时发出预警，建设单位应组织各参建单位进行全面分析，找出原因并确定解决方案，及时采取措施纠偏，或适当调整投资管控目标。

10. 工程洽商的阶段验收及计量支付

建设单位应督促监理单位及时组织对已完工的工程洽商内容进行阶段验收，尤其是对已完工隐蔽工程洽商内容的验收更为重要。对于已实施完成并验收合格的工程洽商可依据合同文件规定的计量规则和支付程序，在实施完成的当月与工程进度款同期予以支付。

（二）现场签证管理

1. 现场签证的概念

现场签证是指施工过程中出现的与合同工程或合同约定的情况、条件和事实不一致或未约定的事项，为明确后续工作开展的依据或条件，签字确认相关备忘文件的行为，即现场签证是施工过程中涉及合同价款之外的责任事件所作的签认证明。

2. 现场签证的特点和工作内容

（1）现场签证的特点

现场签证一般具有临时性、差异性及缺少规律性等特点，属于除施工图纸、设计变更及工程洽商之外，在施工中又实际发生费用的施工内容，是施工阶段投资管控的重点。

（2）现场签证的主要工作内容

①零星用工（含用工签证、材料签证、机械台班签证等）；

②零星工程签证；

③临时设施增补项目签证；

④隐蔽工程的现场签证；

⑤非施工总承包单位原因停工造成的人员和机械的经济损失签证；

⑥非施工总承包单位原因增加合同外工作量及由此增加的合同外的特殊施工措施费用或合同外的服务事项；

⑦因设计变更和工程洽商导致施工总承包单位拆改、返工、误工或其他损失；

⑧合同工程内容与实际场地条件、地质水文、建设单位要求等不一致时的签证。

3. 现场签证资料的主要内容

完整的现场签证资料应包括但不限于以下内容：

（1）签证时间；

（2）签证事由；签证事件的后果及处理方式；

（3）签证涉及的施工部位；

（4）签证的工程实物量；

（5）计日工的签证（含用工签证、材料签证、机械台班数量签证等）；

（6）签证费用的承担人（即明确签证责任）；

（7）拆除事项（需要说明拆除的内容、部位、具体工程量、拆下材料或设备的利用率、拆除材料设备剩余残值情况等内容，必要时附图说明）；

（8）其他需要说明的事项。

4. 现场签证办理的方式及原则

（1）现场签证的办理方式

一般可采用两种方式对现场发生的签证事项进行签认：一种是按实际发生的实物工程量进行签证；另一种是以计日工的方式进行签证。

（2）现场签证的办理原则

①先签后干原则。即遵循先审批、后实施的原则；

②注重时效性的原则。随发生随签证、当日事当日毕，严禁事后补签；

③经济合理的原则。应遵循经济合理、节约适度的原则，杜绝“小病大治”；

④一次性的原则。相同现场签证事项原则上只能办理一次现场签证手续；

⑤实测实量的原则。计日工或零星项目需要采用实测实量的方式进行确认；

⑥客观公正的原则。客观、公正地界定现场签证责任，及时组织索赔与反索赔工作。

5. 现场签证管理工作及其注意事项

（1）采用计日工的方式进行签证是现场签证管理工作的主要方式

①计日工是对零星工作采取的一种计价形式，建设单位应根据现场实际情况判断认为确有必要时，由施工总承包单位以计日工的方式实施变更的零星工作。建设单位通知施工总承包单位以计日工方式实施的零星工作，施工总承包单位应予以执行。

②虽然合同外的零星工作、零星项目采用计日工方式进行价款结算比较方便，

但如果需现场签证的工作内容可采用现行工程量清单计价规范或预算定额进行相关计算时，不建议采用计日工的形式办理现场签证。

③在签发计日工前，必须对拟发生的零用工项目进行综合判断。避免由于施工总承包单位因拆解工程项目导致的计日工等现场签证情况的发生；还需要判断计日工是否本应属于施工总承包单位某个子项施工范围内的工作内容，以便减少无效计日工等现场签证情况发生的频率。

④施工总承包单位应按照合同约定提交有关计日工作的人员（含姓名、工种、消耗工日等）、材料（含类别、数量等）、施工机械（型号、数量、消耗台班等）报表或凭证，由建设单位最终确认后的计日工现场签证单可作为中间计量或合同价款调整的重要依据。

（2）建设单位应及时签发设计变更或工程洽商，以减少或避免不必要的经济损失

建设单位应加强对设计变更及工程洽商的预判工作，并尽早书面通知施工总承包单位暂停工程变更部位的施工，尽最大可能采取措施减少重复施工或拆改工程量带来的经济损失。

（3）严格依据合同相关约定开展各项现场签证的管理工作

①由各参建单位授权的现场工程师共同对已施工完成的签证内容进行现场验收及实测实量后将实物工程量、材料规格及数量、人工工日、机械台班等实测结果客观公正地计入现场签证单。

②现场签证内容应杜绝措辞不清、容易引起歧义、责任表达不清晰的内容描述，应避免签署类似“工程量属实”或“情况属实”等模糊性的结论；且不建议在签证单上直接签认相关单价或总价。

③建设单位需要注重按合同约定的时限对现场发生的签证事项进行签认，并如实记录、履行书面签认手续，避免扯皮现象的发生。如基础土石方崩塌清理、土方开挖中的障碍物拆除等签证事项发生后都应及时进行现场实测实量，如不及时签证将影响后续工作的顺利开展。

④部分工程变更会导致拆除按原设计图纸已施工完成的工作内容，现场工程师在签署此类签证时应将需拆除的原已实施完成部位的施工内容进行详细说明，同时需要在附图上用云线清楚标明拆除的范围及需要拆除部分的工作内容。

⑤加强需拆除主材、设备及辅材等可重复利用数量或重复利用率的签证管理。建设单位现场工程师需判断已拆除的主要材料、设备或原有承重支撑等部件是否可以重新加以利用，如可以继续使用，在签证中应将其可重复利用的数量或重复利用

率准确标注清楚；比如拆除后的钢龙骨石材装饰墙面，其拆下的钢龙骨、石材面层及配件等可以重复使用的数量；管道拆除后的管材、连接件或支架等重复利用情况及重复利用率等内容都需要在现场签证资料中加以备注说明。此做法可有效节约项目投资、杜绝浪费现象的发生。

⑥已拆除的材料、设备或已加工完成但未安装的成品、半成品如其不能在项目上继续使用、但其仍具有残值时，需要由建设单位回收或建设单位委托施工总承包单位处置后将其处置费如实向建设单位报销，该项处置费可冲抵工程进度款。

（4）完善现场签证事项的监督机制

在施工过程中，建设单位应严格控制合同范围以外的零星工程或工作等现场签证事项的发生，现场签证事项审批的额度应做相关约定或建立相应的监督机制，避免建设单位现场工程师或现场监理工程师随意签发现场签证事项，减少由于监督机制不完善导致的无效费用支出。监督机制的建立有利于严厉打击弄虚作假行为，对签证单中错误较为明显、价格偏高、违背原则的现场签证，应及时查找原因，早发现早纠偏。如有私下串通、弄虚作假及其他较为严重的违法违规行为，应予以严厉打击，可有效遏制腐败现象的发生，保护各参建单位，保障项目顺利实施。

6. 现场签证管理的责任界定

（1）未经建设单位签证确认的现场签证事项，施工总承包单位擅自实施的，除非事后征得建设单位同意，否则发生的费用应由施工总承包单位自行承担。

（2）因施工总承包单位对施工图纸理解错误、施工漏项或施工质量等原因导致的返工情况而增加的费用由施工总承包单位自行承担。

（3）施工总承包单位已接到建设单位的变更指令时，应立即停止需要变更部位的施工，如因施工总承包单位不能全面落实变更指令，继续采取施工所扩大的损失由施工总承包单位承担。

（4）因建设单位或监理工程师指令错误导致工程返工时增加的费用由建设单位承担，同时根据监理合同的相关约定追究监理单位的责任。

（5）因设计图纸错误、漏项等导致工程返工时增加的费用由建设单位承担，同时建设单位应根据设计合同的相关约定追究设计单位的责任。

7. 其他相关说明

（1）现场签证的具体审批程序及审批权限与工程洽商的办理程序及审批权限基本一致，其具体内容可参见工程洽商章节的相关说明。

（2）现场签证的资料管理与工程洽商的资料管理内容基本一致，其具体内容可参见工程洽商章节的相关说明。

（3）施工总承包单位应按照现场签证内容计算价款，报送建设单位确认后，作为增加合同价款，与进度款同期支付。

五、合同价款调整

（一）法律法规变化类引起的合同价款调整

由于国家或地方法律、法规、规章等有关政策在工程合同基准日之后发生变化且引起工程造价增减变化时需要发承包双方依据合同约定进行相应的价款调整，具体内容如下：

1. 关于基准日的界定：招标项目为投标截止日前 28 天；未招标项目为合同签订前 28 天。

2. 调整原则、方法或注意事项：

（1）法律法规类变化引起工程造价增加或减少的费用承担或收益

①对于固定总价合同及固定单价合同中约定的调整幅度范围内不需要调整合同价款的项目，由于政策变化导致增加或减少的费用由施工总承包单位承担或受益。

②对于固定单价合同中约定的调整幅度范围外，由于政策变化导致增加或减少的费用建设单位承担或受益。

③一般可调价格合同需要在合同中约定由于政策变化导致增加或减少的费用承担或受益的主体。

（2）由于工期延误期间引起的政策性变化导致增加或减少的费用

①因施工总承包单位原因导致工期延误，在工期延误期间发生政策变化时，应按不利于施工总承包单位的原则调整合同价款，即政策变化导致费用增加时，合同价款不予以调增；政策变化导致费用减少时，合同价款应予以相应调减。

②因建设单位原因导致工期延误，在工期延误期间发生政策变化增加或减少时，由建设单位承担全部增加或减少的费用。

③因政策变化造成关键工序上的工期延误时，工期应予以顺延。

（3）发承包双方应根据省级或行业建设主管部门颁布的调整办法尽快签订补充协议，补充协议应对工程造价调整的时间节点、调整范围、调整方法或原则等内容进行相关约定。

（4）发承包双方项目签订补充协议后，应尽快组织各参建单位开展针对政策变化导致项目费用增加或减少的情况进行分析，同时应对投资管控的目标值进行相应调整。

（5）建设单位应高度重视尚处于招标阶段的工程项目是否适用于政策类变化的调整范围，如适用此调整文件的项目，应督促招标代理机构、工程量清单及控制价文件编制单位按照新颁布的调整办法开展项目招标工作，避免由于错误使用政策标准导致的项目整体工作进展滞后情况的发生。

（二）工程变更类项目引起的合同价款调整

工程变更类项目主要包含设计变更、工程洽商、现场签证、项目特征不符、工程量清单缺项、工程量偏差等内容，此类项目对合同价款影响主要从量和价两个方面考虑。

1. 工程量的计算

（1）工程变更类项目如设计变更及洽商、招标工程量清单的缺项或漏项等需要按合同约定的工程量计量规则重新计算工程量。

（2）现场签证类的工程量主要以现场签证记录的形式予以确认，但应避免以现场签证的方式替代执行现行工程量清单计量规则及计价规范的情况发生。

2. 工程变更新增综合单价的调整原则

（1）原则适用于工程量清单缺（漏）项或工程变更及现场签证引起的分部分项工程综合单价的调整。

（2）已标价工程量清单中有适用于变更工程项目的，应采用该项目的单价。其变更项目直接采用原有投标综合单价的前提条件是：

①在施工条件基本一致的情况下，变更项目采用的材料、工艺及方法与原有综合单价完全相同；

②增减工程量的变化幅度在合同约定的范围之内；

③已有项目不存在明显偏高或偏低的不平衡报价情况；

④不增加关键线路上工程的施工时间。

（3）已标价工程量清单中无适用但有类似于变更工程项目的，可在合理范围内参照类似项目的单价。变更项目采用类似原有投标综合单价的前提条件是：

①在施工条件基本一致的情况下，变更项目采用的材料、施工工艺及方法与原有综合单价基本类似；所谓的类似主要包含两种情形：一种情形是图纸尺寸不同，

材料、施工条件及方法基本相同，如混凝土路面面层厚度变化属于此类型；第二种情形是主要材料改变，施工条件及方法基本相同，如基础混凝土强度等级由C15变更为C20时，可直接将综合单价中混凝土强度等级及其单价替换成C20强度等级及单价，其他部分仍使用原有投标价格。

②其他条件与直接采用投标综合单价的前提基本一致。

（4）已标价工程量清单中无适用或无类似于变更工程项目的，需要重新增补综合单价。新增补综合单价的方法应由施工总承包单位根据变更工程资料、计量规则和计价方法、工程造价管理机构发布的信息价格或市场询价提出变更工程项目的单价，并应报建设单位确认后调整。变更项目采用重新增补综合单价主要包括三种方法：

①定额组价法。此方法适用于变更项目内容与定额子目适用范围基本一致的情况。定额组价法是现阶段政府投资项目比较通用的综合单价组价方法之一。发、承包双方通常会根据国家或地方颁布的预算定额标准、相关的定额计价依据及地方其他相关规定，重新确定新增补综合单价的直接费部分、其取费费率采用合同约定的方式进行确定；人工单价、材料及机械台班单价根据已标价的工程量清单中已有的人工单价、材料及机械台班单价或市场询价结果予以确定。对于比较有实力的施工单位也可以采用企业定额的模式增补新的综合单价，但此方法不容易得到建设单位、监理单位及项目管理单位的接受或认可，因此在政府投资项目中较少使用企业定额进行增补单价的确认工作。

②补充定额组价法。补充定额组价法也称为实际组价法，此方法适用于国家、地方或企业定额子目缺项的情况。补充定额组价法就是根据投标文件、合同文件、已标价工程量清单及工程变更具体内容和形式及现场实际施工方案等资料，由各参建单位现场负责人共同测定新增综合单价中人工、材料及机械的消耗量，其消耗量的测定方法与补充定额形成原理基本相同，其人工、材料及机械价格及取费费率的方法与定额组价法的组价原则基本一致。

③综合组价法。此方法适用于变更项目内容与定额子目适用范围类似，但不完全相同情况。综合组价法就是借用与变更项目类似的国家、地方或企业定额子目中与变更项目消耗量接近的人工工日、材料消耗或机械台班等消耗量；对有差异的消耗量进行现场实际测定其消耗量；其人工、材料及机械价格及取费费率的方法与定额组价法组价原则基本一致。

3. 工程变更项目新增措施项目费的调整原则

（1）适用于工程量清单缺（漏）项或工程变更引起的措施项目的单价调整。

（2）采用单价计算的措施项目费，参照分部分项工程综合单价调整原则确定措施项目的单价。

（3）按总价（或系数）计算的措施项目费，除了安全文明施工费外，其他总价措施项目费均按照实际发生变化的措施项目调整。

（4）安全文明施工费必须按国家或地方建设主管部门的相关规定和标准进行调整和计算，不得作为竞争性费用。

4. 在审核或复核工程变更引起合同价款调整时的注意事项

（1）注重复核工程量变化幅度对合同价款的影响程度

在完成变更项目工程量、工程量清单缺（漏）项及工程量偏差等工程量的复核工作以后，往往容易忽略工程量发生增减变化超过合同约定幅度；或其超过合同约定范围部分导致分部分项工程费总额变化超过约定幅度时合同中对综合单价进行相关调整的约定，因此在完成工程量复核后还需要复核工程量变化幅度对合同价款的影响程度。

如合同中未约定相关条款时，需要由发、承包双方结合项目特点及设计深度等因素考虑将增减工程量变化幅度控制在 ±10%~±15% 作为调整幅度的分界点：

①单纯工程量的变化幅度在 ±10%~±15% 以内的项目应按原投标综合单价或措施单价计算；

②对于变化幅度超过 ±10%~±15% 时，应将增加部分工程量的综合单价予以调低或将减少后剩余部分工程量的综合单价予以调高；

③对于变化幅度超过 ±10%~±15% 且影响该变化引起相关措施项目发生变化时，工程量增加的措施项目调高，工程量减少的措施项目调减。

（2）定额组价法编、审新增综合单价组价的原则需要在合同中予以明确

针对使用定额组价法编、审新增综合单价组价的原则需要在合同中予以明确，否则将导致不必要争议事项的发生。

如合同未进行相关约定时，定额组价法编审综合单价时一般原则如下：

①人工、材料及机械台班的消耗量依据合同约定的定额及其他相关规定的消耗量确定；

②人工、材料及机械台班的单价执行投标单价、发承包双方商定的市场价格或施工期造价信息；

③管理费、利润费率：采用施工总承包单位投标报价中的投标取费费率。

（3）注重审核工程变更项目特征描述与已标价招标工程量清单综合单价是否存在差异

项目特征是影响招标工程量清单组价高低的关键性因素，在审核中如发现工程变更项目特征描述与已标价招标工程量清单的综合单价不符且该变化将引起该项目工程造价增减变化时，需要按照实际施工的项目特征内容重新确定变更清单项目的综合单价，其组价原则可按照合同约定的相关规定执行。

（4）督促施工总承包单位提前申报拟实施变化后的措施方案，否则将影响新增措施项目评审或费用认定

在工程量清单缺（漏）项或工程变更引起的措施项目实施前，施工总承包单位提出调整措施项目费用的同时，应事先将拟实施的方案提交建设单位确认，并详细说明与原方案措施项目相比的变化情况。如果施工总承包单位未提前将拟实施方案提交给建设单位确认，则视为工程变更不会引起措施项目费的调整或施工总承包单位放弃调整措施项目费的权利。

（5）尽量避免以变更名义取消合同中的部分工作内容

建设单位尽量避免提出删减原定由施工总承包单位实施的工程或工作内容转由自己或他人实施，此做法不仅使施工总承包单位蒙受一定的经济损失，而且建设单位的此项做法也因此构成违约，施工总承包单位将有权利提出应得到合理的费用或利润补偿。

（6）高度重视工程变更项目中新增材料和设备认质认价工作

此类新增材料或设备价格的确认可依据合同的约定进行确认单价，其新增的材料和设备价格可以参照工程造价管理机构发布的信息价格或市场询价来确认。如信息价格中未列明的材料和设备，需要依据合同的约定及认质认价管理办法的要求完成价格认定工作。由于工程变更项目中新增材料和设备认质认价工作与暂估价项目的认质认价工作原理基本相同，其认价依据、原则及管理要点等内容可参见暂估价项目认质认价章节的相关内容的阐述。

（三）暂估价项目定价所引起的合同价款调整

暂估价项目主要由建设单位在招标工程量清单中给定的暂估价材料和工程设备及暂估价的专业工程两部分内容组成，暂估价设定最高金额可达到工程总造价的30%，因此暂估价的定价结果将对合同价款的调整及整个项目投资管控起到至关

重要的作用。

1. 暂估价项目定价的基本原则

（1）暂估价的材料和工程设备

①不属于依法必须招标的项目。由施工总承包单位按照合同约定进行采购，依据建设单位最终确定的材料和工程设备单价调整合同价款。

②属于依法必须招标的项目。由发承包双方以招标方式选择供应商，依据材料和工程设备的中标价格调整合同价款。

（2）暂估价的专业工程

①不属于依法必须招标的项目。依据专业分包合同的约定或参照工程变更类项目引起的合同价款调整原则和方法确定专业工程价款，并以此为依据调整合同价款。

②属于依法必须招标的项目。由发承包双方以招标方式选择专业工程分包单位，依据专业工程的中标价格调整合同价款。

2. 需要招标的暂估价项目必须要依法合规

暂估价材料和工程设备、暂估价的专业工程，其在招标代理机构的选择、招标文件的编审、工程量清单及招标控制价的编审、招标投标程序及分包合同的签订、谈判等工作内容和工作环节与施工总承包单位招标投标阶段各项工作的开展模式及管理要求基本一致。

3. 加强不属于依法招标的暂估价认质认价管理工作

不属于依法招标的暂估价材料和设备（以下简称材料和设备）需要根据合同的约定方式完成材料和设备的认质认价工作，下面着重从材料和设备认质认价的依据、原则及工作重点等方面进行详细阐述。

（1）材料和设备认质、认价的依据

主要包括招标投标文件、已标价工程量清单、施工合同、施工图纸、工程变更及洽商、市场行情、厂家考察资料等内容。

（2）材料和设备认质、认价的原则

坚持公开、公正、公平、质优价廉、货比多家及同类工程对比的原则。

（3）材料和设备认质认价的基本程序

材料和设备认质认价的基本程序如图 6-6-2 所示。

（4）材料和设备认质认价方面的管理工作要点

①尽早制定工程材料和设备的认质认价管理办法。为了使政府投资项目的材料

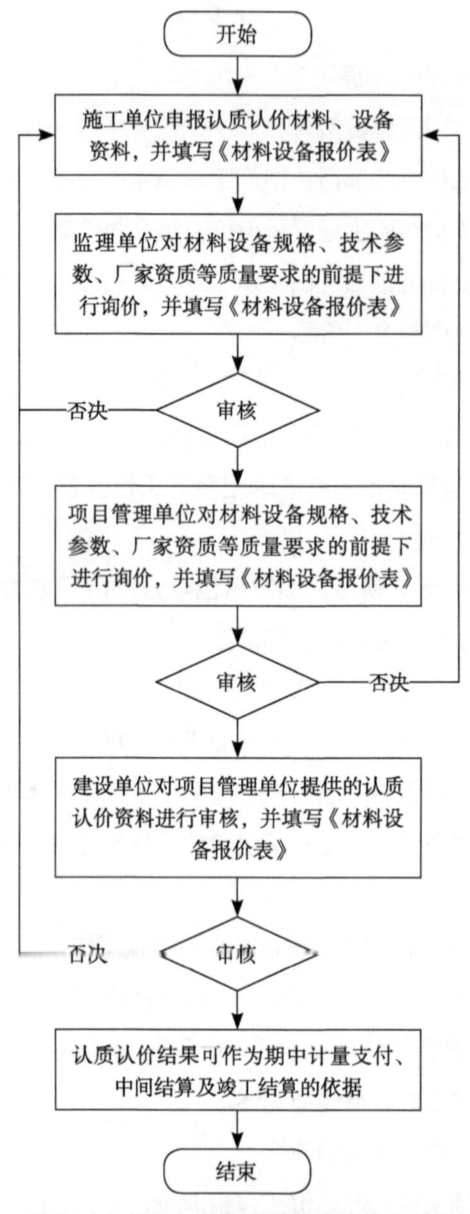

图 6-6-2　材料和设备认质认价的基本程序

和设备认质认价管理工作有序开展，明确相关主体职责，提高工作效率，项目管理单位协助建设单位结合项目自身特点，制定项目材料和设备的认质认价管理办法，认质认价管理办法中应对认质认价的组织机构、职责分工、工作流程及资料归档等主要内容进行相关约定，以确保材料和设备认质认价工作做到规范性、及时性和准确性。

②建设单位或项目管理单位应督促施工总承包单位抓紧制定需认质认价材料和

设备的采购计划清单。建设单位应督促施工总承包单位在施工进场准备阶段编制需认质认价材料和设备的采购清单计划；采购清单至少包含材料和设备的名称、规格型号、考察计划、预计最早和最迟采购时间、最早和最迟定价时间等内容；采购清单应由各参建单位共同审核后方可作为指导认质认价工作的参考，采购清单的编制将有利于提高认质认价工作的计划性。

③施工总承包单位应在合同约定及采购清单计划规定的时间内提出需要采购的材料和设备的请求。申请需要认质认价的材料和设备应符合现行国家或行业标准、图纸、图集以及施工、验收规范的要求；质量、技术参数及检验试验标准应满足项目的使用要求；对于推荐的材料设备品牌，施工总承包单位需综合考虑质量、信用、报价等因素；在材料设备使用前不少于 30 日，将书面资料及材料设备报价表报监理单位审核。

④建设单位或使用单位应尽早提出功能需求或装修标准方面的意见或建议。由于建设项目功能需求或装修标准决定了部分材料或设备技术参数和质量标准，而技术参数和质量标准的确定是开展材料和设备认质认价工作的重要依据。政府投资项目实施过程中通常需要将涉及功能需求及装修标准等重大事项上报上级主管单位或部门审批，因此，为了在采购清单计划的时限内完成材料和设备的认质认价工作，建议建设单位或使用单位应尽早完成功能需求或装修标准的定位，为工程项目总体进度的顺利推进奠定坚实的基础。

⑤建设单位或项目管理单位组织监理、设计单位严格按认质认价管理办法的各项要求和程序开展认质认价材料和设备的审核和认定工作。监理单位对施工总承包单位提交的材料或设备厂家的营业执照、资质、生产许可、近期主要业绩等相关资料进行审核后判断能否满足本工程的需求；设计单位应审核认价材料的品牌、规格、型号、质量等级、检测标准等是否满足本工程需求；要求监理及项目管理单位分别开展背靠背的询价工作。

⑥材料和设备询价及定价的要点和注意事项

A. 监理及项目管理单位拟询价厂家的资质、主要业绩、加工能力等方面尽可能与施工总承包单位申报的厂家属于同类型、同档次、同水平，且尽可能选取与本工程类别相匹配的厂家。

B. 了解不同付款方式条件下的报价情况。

C. 了解材料价格是否包含材料费、税金、运费、装卸费、包装费等全部费用，如采用进口材料则应考虑是否包含国际保险费、关税等全部费用。

D. 针对认价材料进行市场询价。根据认价材料的相关特性，寻找品牌、信誉较好的单位（询价单位原则上不得少于 3 家）进行市场核实。

E. 询价可通过电话、传真、邮件、上门面谈等方式，对于报价差异较大的材料一般选择 3~5 个厂家进行询价。

F. 注意清单计价中的材料计量单位与材料采购时计量单位的换算关系。

G. 详细记录厂家全称、联系电话及联系人姓名，并形成文字性说明。

H. 参考同期、类似工程的价格水平。

I. 对于采取竞价方式的项目建议统一报价格式，并对施工工期、售后服务、质量保修及其他专业配套前提条件等内容与报价文件一同申报。

（四）物价变化类引起的合同价款调整

建筑工程普遍具有建设周期长、材料设备种类多等特点，在合同履行期间，由于人工、材料和工程设备、机械台班的采购价格有可能根据市场行情变化波动而引起合同价款的调整，是对市场价格波动的一种补偿。因物价波动引起的合同价款调整方法有两种：一种是采用价格指数调整价格差额（简称指数调差法）；另一种是采用造价信息调整价格差额（简称信息价调差法）。以北京为例，基本上选用信息价调差法进行价格变化的调整，下面将重点介绍信息价调差法的方式、方法和注意事项。

信息价调差法是一种较为传统的价格调整方法，现已广泛应用于工程建设领域，是发承包双方按合同约定对于超过风险幅度范围的人工、材料和工程设备的差价进行调整的一种方式。

1. 主要材料、设备价格变化引起的合同价款调整

（1）可调价材料和工程设备选取原则

实际施工合同中对于价格相对较为平稳、且对工程造价影响不大的其他材料不予以价格调整；对于价格相对容易波动、且材料价格占比较大的材料或工程设备由发承包双方依据合同约定可调整价格。如合同未对可调价主要材料的范围进行明确约定时，一般可由发承包双方按如下原则约定可调价材料：

①可调价材料的范围原则上应限定为主要材料，是施工中用量较大、占工程造价比例高的材料。

②房屋建筑工程的主要材料包括但不限于：钢材、水泥、木材、预拌混凝土、沥青混凝土、预拌砂浆、砂（石）料、保温材料、石材、防水材料、面砖、卫生洁

具、散热器、管材、管件、电线电缆、灯具等作为可调价的材料。

③市政工程选取的主要材料包括钢材、水泥、砂石料、沥青混凝土、钢筋混凝土预制构件、灯杆、电线电缆等材料作为可调价的材料。

④单一品种的材料合计价款占单位工程的分部分项工程造价比例在 1% 及以上的材料。

⑤工程项目所在省或市工程造价管理机构颁布的其他主要材料种类。

（2）基准价的确定原则

①基准价的日期选择应以投标报价基准期作为基准价的定价日期；

②政府项目的招标人应优选采用投标报价基准期工程造价管理机构发布的市场信息材料单价作为基准价；

③投标报价基准期工程造价管理机构未发布价格的材料，建设单位应通过市场调查或询价的方式确定其基准单价。

（3）可调价材料和工程设备当期市场价的确认

由于施工过程中部分材料如钢材、水泥等可调价大宗材料的使用将贯穿于施工过程的始终，这些材料的采购价格在施工期内将与市场同步进行波动，一般可采取两种方法，即加权平均法和算数平均法计算可调价材料的市场价。

①加权平均法。加权平均法通常对于施工记录完整，按实际完成形象进度办理每月计量结算的项目，可采用加权平均法进行价格调整。加权平均法是根据按合同计量周期的计量结果计算出合同约定可调价材料的消耗量 P_n，根据工程竣工结算结果计算出可调价材料的总计消耗量 $P_{总}$，从而计算出每个计量周期内可调价材料占总计消耗量的比例，即为权重 A_n，再乘以工程造价管理机构发布的月度信息价 F_n。

施工期材料加权平均价格 $=F_1\times A_1+F_2\times A_2+F_3\times A_3+F_4\times A_4+\cdots+F_n\times A_n$

P_1、P_2、P_3、$P_4\cdots P_n$ 指的是施工期材料市场价。

A_1、A_2、A_3、$A_4\cdots A_n$ 指的是材料消耗量的权重。

$A_n=P_n/P_{总}$

F_1、F_2、F_3、$F_4\cdots F_n$ 指的是材料施工期工程造价管理机构发布的月度信息价。

n 是指材料使用的月份。

②算数平均法。算数平均法是以实际施工期间工程造价管理机构发布的月度信息价算术平均值作为可调整的市场价，由于各种原因导致按月计量的工程量不能如实反映工程实际完成情况时或施工期内价格波动幅度不大的材料下可选取算数平均

法计算物价波动价。

施工期材料算数平均价格 =（$P_1+P_2+P_3+P_4+\cdots+P_n$） / n

P_1、P_2、P_3、$P_4\cdots P_n$ 指的是当期材料价格。

n 是指材料使用的月份。

（4）当期材料价格的确定原则

①当期材料价格的日期选择：应按实际施工计量期作为当期材料价格的定价日期；

②政府项目的建设单位应优先采用实际施工计量周期内工程造价管理机构发布材料价格作为当期材料价；

③实际施工计量期内工程造价管理机构未发布材料价格信息的，或材料价格信息中未包括的材料，建设单位应通过市场调查或询价的方式确定其当期材料价。

（5）材料和工程设备价格变化范围或幅度的确定

①当合同中未约定材料和工程设备价格变化范围或幅度时，发承包双方可根据工程实际情况将材料和工程设备单价的风险变化范围或幅度控制在 ±5% 以内、施工机械使用费的风险变化范围或幅度可控制在 10% 以内；价格差额超过约定的幅度范围的部分据实调整。

②主要材料单价和设备价格波动的调整基础不同，需要根据涨（跌）价情况及投标报价与基准价之间对比分析情况等内容计算其价格波动值。主要材料和工程设备的价格变化幅度计算方法可参见表 6-6-5。

主要材料、设备价格变化幅度计算方法 **表 6-6-5**

投标单价与基准价比较情况	施工期材料单价变化情况	计算涨幅或跌幅的基础	物价波动变化幅度计算方法
投标单价低于基准价	涨价时	基准价	涨幅 =（市场价 - 基准价）/ 基准价 ×100%
	跌价时	投标单价	跌幅 =（市场价 - 投标单价）/ 投标单价 ×100%
投标单价高于基准价	涨价时	投标单价	涨幅 =（市场价 - 投标单价）/ 投标单价 ×100%
	跌价时	基准价	跌幅 =（市场价 - 基准价）/ 基准价 ×100%
投标单价等于基准价	涨价时	基准价	涨幅 =（市场价 - 基准价）/ 基准价 ×100%
	跌价时	基准价	跌幅 =（市场价 - 基准价）/ 基准价 ×100%

（6）主要材料、设备价格变化引起的合同价款调整方法

主要材料、设备的物价波动变化幅度超过风险幅度时，应计算超过部分的价格差额，即超过部分的差额部分进行调整，其价差由建设单位承担或收益，其差额只计取税金，不得计取其他费用。

2. 人工单价变化引起的合同价款调整

（1）由于人工单价波动导致合同价款调整时，发承包双方应按省级或行业建设主管部门或其授权的工程造价管理机构发布的人工成本文件调整合同价款，但是若施工总承包单位投标并中标的人工费或人工单价高于发布价格的不予调整。

（2）人工的物价波动变化幅度超过风险幅度时，应计算全部价格的差额，即差额部分全部进行调整，其价差由建设单位承担或收益，其差额只计取税金，不得计取其他费用。

（3）人工单价的具体变化幅度计算方法、价格调整方法与材料价格变化调整方法基本一致，本处不再赘述。

3. 机械单价价格变化引起的合同价款调整

当合同约定的施工机械台班单价或施工机械使用费的价格变化幅度超过合同约定的范围或幅度时，其超过部分按实进行调整。其具体基价确定方法变化幅度计算方法、价格调整方法与材料价格变化调整方法基本一致，本处不再赘述。

4. 建设单位供应材料和工程设备

建设单位供应材料和工程设备的，不适用上述原则及规定，应由建设单位按照实际变化调整，列入合同工程的工程造价内。

5. 人工、材料、设备及机械单价调整的注意事项

（1）发承包双方在施工合同签订过程中，应充分考虑到合同计划施工工期内人、材、机的价格波动因素，增强风险防范意识，明确主要材料、设备或机械包括的范围，并合理约定主要材料价格波动的风险幅度及超出幅度后的调整办法。建设单位如果将市场价格风险完全转移给施工总承包单位将增大施工的生产成本从而扩大经营风险，对工程项目的正常推进也将产生比较大的负面作用，而且此做法与现行法律、法规是相违背的。因此建设单位应主动做好风险防范，与施工总承包单位共同分担人、材、机价格波动造成的风险，通过合理分摊价格风险，减少建设投资压力，保障工程的顺利实施。

（2）施工总承包单位应在采购材料前将采购数量和新材料单价报送建设单位核对，建设单位应在收到资料约定的时间内予以答复；如施工总承包单位未经建设单

位核对自行采购材料时，建设单位有权利拒绝且不予价格调整。

（3）当合同约定的计价风险采用无限风险、所有风险或类似语句规定计价风险内容及范围时，发承包双方应及时签订补充协议约定价格风险幅度的调整原则、方法等事宜，一般可将人工、主要材料及机械的风险幅度设定为 ±3%~±6%，使政府投资项目尽可能公平、合理。

（4）为了能真实反映可调价人、材、机的市场波动情况，各参建单位都应该严格在合同约定时限内完成期中计量编、审工作，为人、材、机的价格调整提供基础依据。

（5）对于工程造价管理机构未发布价格信息的人工、材料、设备及机械台班的市场价格，各参建单位都应定期关注其价格波动情况，并及时履行相关确认手续，为项目竣工结算时此类人、材、机的价格调整提供翔实的基础数据。

（6）由于计算价格差价所使用的人、材、机消耗量是依据计价规范、施工合同、已标价工程量清单、施工图纸及工程变更洽商等内容，根据期中计量或竣工结算的结果进行计算，因此真实、准确的期中计量结果为价格调整工作的顺利开展奠定坚实的基础。

（7）施工过程中发承包双方应加强对人、材、机市场价格信息的收集，跟踪关注市场的价格信息情况，及时掌握市场价格的动态变化，并预测未来施工期内人、材、机的价格趋势，如预测分析结果为上涨趋势，可通过提前支付备料款等方式，有效回避其价格风险；当调到价格下跌时，可及时追回多支付的建设资金，以节约工程建设投资；无论提前支付备料款，还是追回多支付的资金，发承包双方都应提前签订补充协议。

（8）当发生合同工期延误时，价格调整原则上是不利于工期延误的过错人，应分清责任并确定合同履行期的价格调整情况：

①因非施工总承包单位原因导致工期延误的，计划进度日期后续工程的价格，应采用计划进度日期与实际进度日期两者的较高者。

②因施工总承包单位原因导致工期延误的，计划进度日期后续工程的价格，应采用计划进度日期与实际进度日期两者的较低者。

（9）实时监控由于物价波动对项目投资管控目标的影响程度。建设单位应及时对物价导致的造价增减情况进行统计分析，实时监控物价波动导致造价增减情况和投资管控目标的影响程度。当发现物价波动已超过预计投资管控目标时，造价工程师应及时发出预警，建设单位应组织各参建单位进行全面分析，及时采取措施纠偏或适当调整投资管控目标。

（五）索赔引起的合同价款调整

1. 索赔的概念

索赔是在工程合同履行过程中，合同当事人一方应非己方的原因而遭受损失，按合同约定或法律法规规定应由对方承担责任，从而向对方提出补偿的要求。

索赔是合同双方依据合同约定维护自身合法利益的行为，其属性属于经济补偿行为，而非惩罚行为。施工总承包单位向建设单位的施工索赔一般简称为索赔，建设单位向施工总承包单位的索赔简称为反索赔。

2. 索赔的原因

由于工程建设项目的特殊性、建设主体的多元性、内外部环境的复杂性和多变性、工程合同的复杂性等因素决定了索赔工作贯穿建设项目的始终。引起索赔的主要原因包括但不限于以下内容：

（1）工期延误引起的索赔；

（2）加速施工引起的索赔；

（3）工程范围变更引起的索赔；

（4）工程变更引起的索赔；

（5）施工现场或设计图纸延迟引起的索赔；

（6）延期付款引起的索赔；

（7）暂停施工引起的索赔；

（8）终止合同引起的索赔；

（9）建设单位风险引起的索赔；

（10）建设单位违约引起的索赔；

（11）不利的自然条件引起的索赔；

（12）不可抗力引起的索赔；

（13）特殊风险引起的索赔；

（14）物价上涨引起的索赔；

（15）法律法规变更引起的索赔；

（16）合同文件缺陷或对合同文件的理解歧义引起的索赔。

3. 决定索赔事项是否成立的三要素

一是正当的索赔理由，二是有效的索赔证据，三是在合同约定的时间内提出。

三个要素不是孤立的存在，而是缺一不可。即施工总承包单位申报的索赔事项已事实发生且产生额外费用或工期延误，其费用增加或工期延误的原因不是由于施工总承包单位的过失导致或不是应由其承担的风险，并且施工总承包单位在索赔事件发生后在合同规定时间内提出索赔书面意向通知和索赔报告。

4. 索赔报审的依据

（1）合同依据

施工合同或其补充协议是索赔与反索赔最重要的依据，目前政府投资项目绝大部分普遍使用国家或地方编制的示范性施工合同文本，合同中对索赔的条件、程序和要求等事项均做出比较详细的约定，具有较强的可操作性。

（2）其他基础性依据

应包括但不限于招标投标文件、施工图纸、图纸会审资料、经审批的施工组织设计或专项施工方案、工程变更洽商资料、工程检查验收资料、工程计量支付资料、认质认价资料、各物资进场报验资料、各类技术鉴定报告、监理例会纪要或其他专题会议纪要等。

（3）索赔事实证明资料

判定索赔证据是否成立，取决于申请人提供的证明材料是否具备真实性、全面性且符合索赔事件成立的基本条件。索赔通知书应详细说明索赔的理由以及要求追加的付款金额或延长的工期，并根据需要附必要的原始记录或其他证明材料。

5. 费用索赔审核的工作要点

（1）注重对索赔依据性资料的审核工作

监理工程师收到施工总承包单位提交的索赔报告后首先需要判断索赔原因是否为非施工总承包单位的原因导致，索赔资料的申报时间是否符合合同的相关约定，索赔事项是否已事实发生且产生额外费用或工期延误，施工总承包单位申报的资料是否满足费用索赔事项的基本要求，每一份索赔费用都需由理由充分、合理的证明资料予以支持，凡不符合索赔申报条件的索赔内容一律不予认可。

（2）审核索赔费用时应遵循补偿实际损失的原则

索赔金额是用于赔偿施工总承包单位因索赔事件而受到的实际损失，原则上索赔的金额应该是施工总承包单位为履行索赔事项所必需额外的费用支出，即施工总承包单位不应因索赔事件而遭受额外损失，也不得因索赔事件而获取额外收益。

（3）对索赔影响扩大化所产生的额外费用不予认定

当索赔事件发生后，施工总承包单位应及时采取有效措施防止索赔事态继续扩大和杜绝损失的持续加剧，并将索赔的各项损失控制在最小范围。如果施工总承包单位未及时采取有效措施而导致损失继续扩大时，对施工总承包单位提出的扩大损失部分的费用索赔不予认定。

（4）注重审核费用索赔计算的合理性和正确性

需审核费用索赔所采用的费率是否合理；费用索赔计算时选用的是投标综合单价还是工、料、机单价必须要加以区分；在审查费用索赔时应杜绝重复费用的计取情况。

（5）停工期间各项费用损失的审核认定原则

①在审核停工损失时，应注意人工单价不应以计日工单价进行计算，通常可采取投标人工单价乘以折算系数的方式计算，一般不再考虑停工期间闲置人员的奖金及福利等费用。

②在停工期间机械费补偿的单价可按机械折旧费或设备租赁费计算，一般不应按原投标机械台班单价计算，也不再计取机械的各项运转费用。

③停工期间不能计取工地管理费、公司管理费及利润。

④需正确区分停工损失与因建设单位变更工作内容或施工工艺使工作效率降低造成损失之间的区别。变更工作内容时不应按停工损失计算，可以适当补偿人工或机械降效带来的损失。

（6）不可抗力的费用损失认定原则

应遵循各自损失各自承担的原则，具体原则如表 6-6-6 所示。

不可抗力的费用损失认定原则一览　　　　表 6-6-6

不可抗力的内容	承担人	
	建设单位	施工总承包单位
工程本身的损害、因工程损害导致第三方人员伤亡和财产损失以及运至施工场地用于施工的材料和待安装的设备的损害	√	×
建设单位、施工总承包单位人员伤亡	由伤亡人员所在单位负责	
施工总承包单位的施工机械设备损坏及停工损失	×	√
停工期间，施工总承包单位应建设单位要求留在施工场地的必要的管理人员及保卫人员的费用	√	×
工程所需清理、修复费用	√	×
不可抗力解除复工的，建设单位要求赶工的，赶工的费用	√	×

6. 及时关注索赔事项对投资管控目标的影响程度

鉴于索赔事件通常会贯穿于政府投资建设项目施工过程的始终，因此建设单位应严格履行合同中规定的各项义务，减少违约事项的发生，同时应积极采取事前控制的措施，有效避免各项索赔事件的发生。尤其应审慎对待如工程变更或提前竣工等容易引起施工索赔指令的签发，如确需发生时，须及时对此类变化导致的费用增加情况进行充分论证和预估，当此类指令可能导致费用增加情况对投资管控目标的影响程度超出预警线时，可视情况报项目投资审批行政主管部门征求意见，避免擅自采取工程变更或提前竣工等指令导致投资管控目标超出投资批复资金的情况发生。

（六）合同价款调整的其他注意事项

（1）发承包双方应高度注意合同中关于合同价款调整事项的提出人及核实或确认时间及其后果。有关合同调增或调减事项核算及确认的时间情况详见表 6-6-7。

合同调增或调减事项核算及确认的时间情况一览　　表 6-6-7

项目内容	合同价款调增事项	合同价款调减事项
提出人	施工总承包单位	建设单位
提出时间	出现合同价款调增事项 14 天内	出现合同价款调减事项 14 天内
核实期限	收到资料或报告 14 天内核实	收到资料或报告 14 天内核实
确认期限	收到协商意见后 14 天内确认	收到协商意见后 14 天内确认

注：计日工、现场签证、索赔在合同中另行约定时限；工程量偏差的调整在竣工结算完成之前提出即可。

发承包双方在收到合同价款调整报告及相关资料后应确认的时限内未履行核实、确认义务，或既不确认也未提出协商意见的应承担后果可视为发（承）包人提出的意见已被承（发）包人认可。

（2）发承包双方都应该遵守追加（或核减）的合同价款与进度款或结算款同期支付的原则

《建设工程价款结算管理暂行办法》（财建〔2004〕369 号）及《建设工程工程量清单计价规范》GB 50500 等办法和规范都对合同价款调整后的支付原则作出了相关规定，即经发承包双方确认调整的合同价款，作为追加（或核减）合同价款，应与工程进度款或结算款同期支付。建设单位不得以各种理由拒绝开展工程变更洽商、价格调整、费用索赔及现场签证等事项的认定工作，建设单位及时组织施工总承包单位按照合同的约定进行合同价款调整事项的费用核算与认定，确保此类项目能够与工程进度款或结算价款同期进行支付，使项目总体投资管控工作始终处于良性运转状态，确保项目顺利推进。

（3）注意已标价工程量清单中列支的暂列金额的正确使用方法

①暂列金的概念

暂列金是招标人在工程量清单中暂定并包括在合同价款中的一笔款项。

②暂列金的比例

可根据项目设计图纸深度及其完善情况设定，一般可设置在施工招标控制价总额的 2%~5%。

③暂列金使用的范围

暂列金一般用于工程合同签订时尚未确定或者不可预见的所需材料、工程设备、服务的采购，施工中可能发生的工程变更、合同约定调整因素出现时的合同价款调整以及发生的索赔、现场签证确认等的费用。

④暂列金的使用方法

暂列金虽列入合同价款中，但不属于施工总承包单位所有，只有在发生上述引起合同价款调整的事项并经发承包双方按合同约定履行程序认可后才能纳入施工总承包单位的应得金额，其正确的使用方法如下：

A. 当工程项目未发生上述事项时，因暂列金已计取的其他税、费全部在合同总价中予以扣除。

B. 如发生的上述事项的总计金额未达到暂列金总额时，按实际发生的上述事项引起的费用增加的实际金额计入竣工结算，暂列金的余额归建设单位所有。

C. 如发生的上述事项的总计金额超过暂列金总额时应冲抵全部暂列金额，不足部分由建设单位在项目预备费或企业自筹资金中予以支付。

（4）发承包双方对于合同价款调整的认定存在争议时合同义务履行的注意事项

由于基本建设项目具有施工周期长、不确定影响因素多等特点，因此在施工过程中发承包双方对合同价款调整事项达不成一致意见的情况屡见不鲜，但其争议对双方继续履约不产生实质性影响的情况下，双方都应继续履行各自的合同义务，直到按照合同约定的争议解决方式得到处理为止。不论采用何种方式解决争议事项，发承包双方都应立足把争议事项解决在萌芽状态，或尽可能在争议事项执行前期阶段予以解决，以确保工程建设项目顺利实现合同约定的工期及质量等目标。

第七节　施工管理典型案例与分析

案例一

××项目工程计量支付实务案例

为了加快政府投资建设项目的施工进度，建设单位通常会在项目方案设计阶段或初步设计阶段，以模拟工程量清单的方式开展施工招标活动，这种招标模式的采用虽加快了项目建设的进度，但也增大了施工阶段工程计量支付工作的管理难度，因此，提前制定切实可行且有针对性的工程计量支付管理办法，可避免模拟清单招标活动给计量支付工作带来的不利影响，可有效解决项目实施与资金需求之间的矛盾，是工程计量支付工作得以顺利开展的重要保证措施。为了更加全面、系统地展示工程计量支付管理工作的开展情况，本小节特别选取北京××中学的工程计量支付的组织机构设置、职责分工、工作程序及具体要求等相关规定。通过该实务案例展示，便于读者更好地了解工程计量支付管理的重点与核心工作内容，便于读者更好地领会本书的内涵。

（一）案例背景

××中学建筑面积约6万m^2，结构形式为框架结构，开工日期2014年9月，竣工日期2016年10月。为了加快项目的建设进度，建设单位采取模拟工程量清单的方式通过施工招标活动确定施工总承包单位。为了保证该项目工程计量支付工作的顺利开展，且确保计量支付工作依法合规，项目管理单位针对该项目的特点，提前制定了工程计量支付管理办法，使计量支付管理工作始终处于良性的运转状态。

（二）案例问题

（1）该项目工程计量工作的组织机构是如何设置？各单位的主要职责是什么？

（2）该项目计量与支付的工作程序如何规划？

（3）该项目计量与支付的工作要求是什么？

（三）问题解析

问题 1 关于工程计量工作的组织机构设置及各自职责

各单位职责旨在依据各参建单位在建设项目中所履行的职能及应承担的责任，结合计量支付活动的组织与管理进行制度方面的相关约定。通过对有关各参建单位的职责提出，进一步明确各单位的责任、权利和义务，从而确保各单位有效协同与配合。本项目工程计量支付管理办法中有关参建单位职责如下：

（1）承包单位应依据合同向监理单位提出工程计量申请，提供工程计量所必需的工具、仪器及其他计量工作所必需的便利条件，提供真实、有效的计量支持材料，如实填写计量报表报监理单位审查。

（2）监理单位应根据承包单位所提出的工程计量申请及时组织开展计量工作，审查承包单位提交的计量报表和支持性材料，建立工程计量台账，对比分析投资管控计划与执行情况，主动、及时向项目管理单位汇报可能影响投资的事项及相关改善建议。

（3）项目管理单位负责复核监理单位审核完成的工程计量报表的真实性、准确性，并提出相关复审意见；复核监理单位提供的计量台账，及时跟踪反馈项目动态成本，对项目的成本控制提出预警。

（4）建设单位负责本项目计量工作最终结果的确认，对项目管理单位提交的计量报审资料提出意见或建议。

问题 2 关于该项目工程计量支付的工作程序

工作程序主要是规定工程计量支付工作的必要性程序，在法定的工程计量与支付程序基础上，制度中的程序侧重描述各参建单位协同组织某一事项的具体事项的时序和工作分工。本项目有关计量支付管理办法中有关工作程序如下：

（1）承包单位根据正式施工图纸重新核算图纸工程量后报监理单位审核，监理单位审核完成后报项目管理单位复审，项目管理单位复审完成后作为工程计量支付的依据。此项工作应于承包合同签订完成后30日内完成。核量表格式参见《工程量核量确认汇总表》（附件1，表格略）。

（2）承包单位一般应在每月25日前提出《已完工程形象进度确认表

(20×× 年 ×× 月)》(附件 2)、《分部分项工程计量》(附件 3)、《中间计量计算单》(附件 4)及其他支撑材料(以下合称工程计量申报材料),上述计量申报材料一式四份,另提供电子版报表文件以及广联达电子版文件,报送监理单位审核。

(3)监理单位按监理合同约定对工程计量申报材料进行审查并于 7 日内提出审查意见,经总监理工程师签认后报送项目管理单位。

(4)在收到监理审核意见后 7 天内,由项目管理单位按照内部职责分工对监理审核的工程计量申报资料进行复核,各部门要严格把关,提高效率,避免因审批延迟导致的后续支付违约。

(5)建设单位收到项目管理单位审核签署工程计量的最终审批意见。

(6)项目管理单位应及时将建设单位确认后的工程计量审批结果通报给监理单位及承包单位。承包单位应根据已确认的工程量,并按照合同约定计算、申报工程进度款。

(7)施工和供货单位申报资金支付需按以下程序办理:

①申报工程预付款。相关合同正式签订并生效后,工作承担单位依据合同约定中有关预付款支付条款,填写《工程进度款(含预付款)支付审批表》(附件 5),随《工程款支付申请表(A14)》(需附依据条款及计算过程)一同报监理单位;经监理单位审查后,随《工程款支付证书(B7)》一同报项目管理单位履行审核程序。

②申报工程进度款。相关合同约定的进度款支付条件已具备,且监理单位完成对工作承担单位相应阶段的履约评价后,工作承担单位依据合同约定中有关进度款支付条款,填写《工程进度款(含预付款)支付审批表》(附件 5)、《工程进度款支付汇总表》(附件 5-1)及《工程进度款支付 ××(楼号)合计表》(附件 5-2)、《工程进度款支付 ××(楼号)分部分项工程明细表》(附件 5-3)、《工程进度款支付 ××(楼号)其他项目明细表》(附件 5-4),随《工程款支付申请表(A14)》一同报监理单位;经监理单位审查后,随《工程款支付证书(B7)》一同报项目管理建设单位履行审核程序。

一般情况下,进度款应按不超过当期实际完成工程价款的 70% 申请,且工作承担单位当次所申请的进度款与已支付的进度款与预付款(减已扣回)之和不应超过合同总额的85%；合同另有约定的，可从其约定。

问题3 关于该项目工程计量支付的工作要求

（1）工程计量周期的规定：本项目计量周期为月，即每月25日至当月计量截止日期（不含当日）和下月计量起始日期（含当日）。

（2）《已完工程形象进度确认单》的填写要求：

①本表是本项目计量周期内具备计量条件的完成项目的书面确认形式。

②工程形象进度的描述要详细、具体，并与工程实际相符。工作内容应全面如实地反映已完工作内容，对于含糊其词的形象进度报表，监理和项目管理单位有权拒签，由此带来的一切后果由承包单位自付。

③报表内的项目名称需要严格对照重计量后的工程量清单或招标投标清单列项顺序填写，如本表无法准确描述项目进展状况，可自制附表加以说明，格式不限。

④因检验批资料数量较多，仅需要提供××施工段落的最后施工工序检验批及隐检资料即可。

（3）专业分包工程计量的有关规定：

①原则上要求专业分包单位每月将监理工程师检验合格的工程量报至总包单位，由总包单位对其报量进行审核；

②专业分包工程的计量程序及流程原则参照本办法的相关规定；

（4）工程变更、洽商及签证的工程计量规定：

①工程变更、洽商及签证可与工程进度款同期支付。

②工程变更、洽商及签证经参建各方审核后方可进行计量与支付。

③工程变更、洽商及签证累计可支付金额及合同内工程计量累计可支付金额如超出合同约定的累计支付上限时停止支付。

④工程变更、洽商及签证的计量程序及流程原则参照本办法的相关规定。

（5）除建设单位外，其余参建单位均应建立工程计量台账，便于掌握工程计量、支付的累计完成情况。

（6）工程月计量、支付原件应至少四份，建设单位、管理、监理、施工总承包单位各执一份。

（7）各单位由专人负责整理项目工程月计量支付资料，建立计量、支付台账，随工程竣工资料移交档案室存档。

（8）工程计量支付管理办法中有关附件表格如下：

①工程量核量汇总表（表单略）

②已完工程形象进度确认单（表单略）

③分部分项工程计量表（表单略）

④中间计量计算单（表单略）

⑤工程进度款（含预付款）支付审批表（表单略）

A. 工程进度款支付汇总表（表单略）

B. 工程进度款支付 ××（楼号）合计表（表单略）

C. 工程进度款支付 ××（楼号）分部分项工程明细表（表单略）

D. 工程进度款支付 ××（楼号）其他项目明细表（表单略）

案例二

×× 项目认质认价实务案例

鉴于有些政府投资建设项目因种种原因在招标阶段难以完全确定材料、设备的规格、型号、品牌、档次和标准，或者招标图纸存在内容不全、深度不够、节点详图不详等现象，需要在施工过程中对暂估价材料、设备及设计变更洽商过程中新增加的材料、设备开展大规模认质和认价工作。下面以北京 ×× 公建项目为例简单介绍认质认价材料和设备的组织机构设置、职责分工、认质认价资料准备及具体要求等相关规定。通过案例展示，可帮助读者深刻体会在施工阶段项目认质认价管理工作是投资管理的核心内容之一。

（一）案例背景

×× 项目于 2015 年 9 月通过招标、投标确认施工总承包单位，该项目建筑面积约 20 万 m^2，结构形式为框架结构，开工日期 2015 年 10 月，竣工日期 2018 年 11 月。该项目在招标阶段部分材料及设备由于技术参数无法完全确定在招标文件中被列为暂估价，且在施工过程中由于变更洽商等原因产生了部分原投标报价及设计文件中未涉及的需要认质认价的材料或设备，因此在施工过程中需要依据招标文件及施工合同的相关规定，对暂估价及新增材料或设备开展认质认价工作，用于该项目工程计量与支付及竣工结算。

（二）案例问题

（1）该项目开展材料和设备认质认价工作的组织机构是如何设置？各单位的主要职责是什么？

（2）开展材料和设备认质认价工作需要提前准备的资料包括哪些？

（3）如何确保材料认质认价的结果真实、可靠？

（三）问题解析

问题1 关于认质认价工作的组织机构设置及各自职责

为了规范该项目材料设备认质认价程序，明确相关主体职责，提高工作效率，由施工单位、监理单位、管理单位和建设单位安排相关人员共同组成认质认价工作小组，组长由管理单位项目经理担任，各单位职责如下：

（1）施工单位负责编制、收集和整理认质认价申报资料并按程序报审，为各参与单位提供开展认质认价工作所需的基本条件，积极落实其他单位提出的意见并做出反馈。

（2）监理单位负责审查施工单位所上报材料设备的规格、型号、档次等技术参数及质量是否符合施工图要求或具体施工要求，负责见证现场取样，负责对材料、设备的询价、比价，负责编制及提交签字齐全的《材料设备考察报告》（附件2）等资料，积极落实管理单位和建设单位提出的相关要求并做出反馈。

（3）设计单位提供必要技术支持，根据需要参加相关协调会议并提出专业意见，积极落实管理单位和建设单位提出的相关要求并做出反馈。

（4）管理单位负责全面协调认质认价相关工作，负责对经监理单位上报资料进行复核，负责形成询价、比价等综合意见，负责组织召开必要的认质认价协调会并督促落实相关会议要求。

（5）建设单位定期了解项目进展情况，参加相关协调会议并提出功能需求或装修标准方面的意见或建议，对认质认价工作过程进行监督，负责对认质认价结果进行最终确认。

材料设备的认质认价由以上所组成的工作小组通过召开协调会的方式研究

确定，协调会由管理单位项目经理主持召开。管理单位根据需要邀请设计单位参会。认质认价工作小组成员根据协调会意见签认材料设备确认单。

问题2 该项目开展材料和设备认质认价工作，需要提前准备的资料包括但不限于以下资料：

（1）需要说明提供待考察厂家的选取方式及选取原因；

（2）需要提供不需现场考察的材料或设备技术要求及厂家选用说明原因；

（3）拟选用厂家的营业执照复印件（加盖公章）、安全生产许可证（加盖公章）；

（4）拟选用厂家的报价单（加盖公章）；

（5）拟询价材料的预估工程量、使用部位及使用时间；

（6）拟询价材料的规格、型号、产品编号等技术参数；

（7）材料或设备所适用的检测标准及质量标准（执行国标、地标或行标）；

（8）详细技术指标、施工节点详图（含电子版CAD图）；

（9）其他影响材料价格水平的资料。

问题3 确保材料认质认价的结果真实、可靠

由于材料设备确认结果所载明的质量和价格作为后续工程验收和价款结算的重要依据，因此必须确保材料认质认价的结果真实、可靠。主要措施包括：

（1）及时督促施工单位在项目使用材料和设备前30日前提出询价申请及相关资料。

（2）要求监理及管理单位在认质认价管理办法约定的时间内完成询价工作，使监理及管理单位对材料和设备进行询价的时间与采购期基本一致，以确保询价周期的一致性。

（3）要求施工、监理及管理单位均需要提供至少三个厂家的报价，对于询价结果差距较大的材料或设备，需增加询价厂家或供货商的数量。

（4）要求监理及管理单位的询价过程中需从施工单位上报的三个厂家中选取至少一个厂家进行询价；且要求监理及管理单位采取背靠背地方式进行询价，并出具独立的询价意见和建议。

（5）要求建设单位严格把关，但同时还应保障效率，避免因审批延迟导致后续违约。

（6）工作小组协调会结束后，管理单位将材料设备认质认价资料及会议签认结果资料汇总存档，对符合要求的认质认价申报审批材料办理接收登记。

（7）各参建单位高度重视封存样品的保管工作，在项目未办理完决算前，认质认价时选用的各类样品必须严格封存保管，不得遗失、损坏。

导读

按照我国基本建设程序的规定，收尾阶段是工程建设的最后阶段，是全面检验建设项目是否符合设计要求和工程质量检验标准的重要环节，审查投资使用是否合理的重要环节，是投资成果转入生产或使用的标志。在政府投资建设项目的收尾阶段，工程实体施工任务已基本完成，且各参建单位的进度款已按合同约定接近支付上限，参建各方认为收尾阶段不会出现大的质量与安全事故，因而各单位的主要力量已逐渐转移、重视程度有所降低。但在政府投资建设项目收尾阶段，依然有大量繁多的技术与管理工作需要建设单位进行组织、协调、整合。如剩余零碎修补任务、大量工程建设资料的收集和整理、工程实体和工程资料的验收及移交、工程结算审查、结算纠纷的处理、工程财务决算等工作，若未开展有效管理，加之工程前期问题逐渐暴露，在收尾阶段不乏有些单位从自身利益出发混淆界限，同时在各方压力下，势必将工程置于被动甚至停滞状态，导致工程无法移交并投入使用，造成社会资源的浪费，或为后续移交造成巨大难度。为了保证项目收尾阶段工作的顺利开展，建设投资达到既定效果，实施“以投资管理为核心”的项目管理工作是十分必要的。本章从政府投资建设项目管理单位的角度出发，就在收尾阶段如何组织竣工验收、如何组织移交、如何组织开展结算审查、如何开展决算等方面进行了深入阐述。

第七章

政府投资建设项目收尾阶段管理

第一节　项目收尾阶段目标及核心工作

按照我国基本建设程序的规定，收尾阶段是工程建设的最后阶段，是全面检验建设项目是否符合设计要求和工程质量检验标准的重要环节，审查投资使用是否合理的重要环节，是投资成果转入生产或使用的标志。为了保证项目收尾阶段工作的顺利开展，建设投资达到既定效果，实施“以投资管理为核心”的项目管理工作是十分必要的。本章从政府投资建设项目管理单位的角度出发，就在收尾阶段如何组织竣工验收、如何组织移交、如何组织开展结算审查、如何开展决算等方面进行了深入阐述。

一、收尾阶段管理目标

（一）验收移交依法合规、全面高效

建设单位依据合同约定及国家法规、行业相关规定对工程进行验收，只有经过竣工验收，建设项目才能实现由承包人管理向发包人管理的过渡。竣工验收过程要全面检查建设项目是否符合设计要求、工程质量是否达标、投资使用是否合理。只有依法合规完成竣工验收与移交，真实高效地检验施工阶段完成的工程产品以达到满足规模目标、功能目标、需求目标和使用目标的需求，才能保证工程顺利投产使用，社会效益得以有效发挥。

（二）结算资金准确反映真实投资

竣工阶段是承包单位依据合同约定争取自身权益所得经济效益以及建设单位确定投资所产生的固定资产价值的过程性工作。收尾阶段项目管理的一项重要目标是：提高结算效率、保证结算准确性，实事求是反映工程真实投资，按照“客观、公正、独立、专业”的方针实施结算审查，形成结算审核报告，如实展现出政府资金投入得到有效使用的效果，才能保证建设投资得到有效利用，避免社会资源的浪费。

（三）积累经验，为后续项目决策提供支撑

在竣工验收合格并完成竣工结算工作后，工程规模、使用功能、投资均已得到最终确定，作为项目管理单位需要针对本工程最终的数据信息进行投资对比分析，分析偏差，形成造价指标，并结合竣工验收数据，全面考核建设项目决策、设计、管理水平，总结和积累工程全过程项目管理的经验，为政府投资建设项目科学决策提供技术支撑。

二、收尾阶段核心工作

（一）工程竣工验收管理

政府投资建设项目的竣工验收是考核和检查建设工程是否符合设计要求和工程质量的关键环节，是资产转入生产的标志。首先，明确开展竣工验收的前提条件，即单位工程完工、专项检测和专项验收完成、预验收完成并形成最终成果；其次，开展竣工验收前准备工作，即明确验收内容、参与验收单位与人员要求、成立竣工验收小组明确职责分工、编制竣工验收方案、准备验收资料、现场准备；再次，启动竣工验收程序，包括资料验收、现场验收，形成竣工验收结论及成果文件；然后，进行竣工验收备案；最后，阐述了竣工验收与投资管控的关系，分析竣工验收管理的好坏与整体投资息息相关。

（二）工程竣工移交管理

工程竣工移交标志着工程投入运行使用状态，是确保工程使用和维护责任明晰、固定资产管理进入核算管理的重要环节。因此，做好政府投资建设项目移交管理，规范管理流程、保障管理效果，是社会资本得到有效利用、发挥效益的最后环节。本章阐述的内容包括实体移交与资料移交两部分，通过对工程移交条件、工程移交工作程序、政府投资建设项目移交的特点阐述，提出对政府投资建设项目移交管理的建议，从而保证工程移交的顺利实施。

（三）工程竣工结算管理

竣工结算是工程造价管理的最后阶段，经审查后的竣工结算文件可以作为编制决算、确定工程总造价及核定新增固定资产价值的依据。政府投资建设项目竣工结

算管理是一项综合性强、繁琐细致的工作，涉及多个部门、多个单位的协作、统筹管理，通过组织、协调、谈判等方式，对各实施主体进行有效管理，才能实现项目结算目标，提高项目管理成效。本章按照竣工结算管理开展的基本程序对结算管理的组织方式及结算审查基本要点进行阐述。首先，对竣工阶段管理的内涵及核心工作进行概念性阐述；其次，开展结算准备工作，包括分析项目特点、成立结算工作小组、形成结算工作方案等；再次，开展结算审核，包括依据性资料的收集、结算资料的审核、结算书审核等；最后，提出争议项管理的经验，最终形成结算审核报告并对成果进行积累。

（四）工程决算管理

政府投资建设项目的决算，是综合反映工程项目从工程筹建到竣工，实际发生的全部建设费用、反映投资效果、总结建设经验的文件，是考核工程设计概算的执行情况、分析工程建设成本、移交固定资产、进行核算资产等的主要依据。因此决算工作具有重要意义。但是在项目实际工作中，政府投资建设项目的决算工作却推进困难，导致项目决算难以完成，影响工程竣工结算的尾款支付，造成拖欠工程款。

第二节　政府投资建设项目的竣工验收

建设项目的竣工验收是工程完成的标志，是移交使用的前提条件，同时也是全面考核投资效益、检验设计和施工质量的重要环节，是项目投资转为固定资产的必要条件，参建各方都应该引起足够的重视。通过建设项目竣工验收，国家可以全面考核项目的建设成果和投资成果，检验建设项目决策、设计、设备制造和管理水平，以及总结建设经验。规模较大、较复杂的项目，应先进行竣工预验收，然后进行全部工程的竣工验收。规模较小较简单的项目，可以一次进行全部工程的竣工验收。由于项目分类不同，竣工验收的程序和内容会有不同，本节主要以政府投资的公建项目为主进行介绍。

一、竣工验收的前提条件

（一）单位（子单位）工程完工

（1）施工总承包单位已完成工程合同约定的内容，对工程质量进行了检查，确认工程质量符合有关法律、法规和工程建设强制性标准，符合设计文件及合同约定。分部工程均通过验收，各方签认完成，如有子单位工程的，子单位工程也应验收合格，取得有效验收文件。施工总承包单位提出《工程竣工报告》，工程竣工报告应经项目经理和施工总承包单位有关负责人审核签字。严格履行合同约定，验收合格才能计入结算，增减项内容要有书面变更，并有各方签认，验收时要重点关注。

（2）监理单位对工程进行了质量评估，具有完整的监理资料，并提出《工程质量评估报告》。工程质量评估报告应经总监理工程师和监理单位有关负责人审核签字，加盖执业印章和单位公章。

（3）勘察、设计单位对勘察、设计文件及施工过程中由设计单位签署的设计变更通知书检查，并提出《工程质量检查报告》。质量检查报告应经该项目勘察、设计负责人和勘察、设计单位有关负责人审核签字，加盖执业印章和单位公章。

（二）专项检测和专项验收

由于竣工验收涉及的专业和行政主管部门验收项目比较多，要求正式竣工验收前按照文件规定完成相关检测和与行政主管验收部门的沟通。主要包括特种设备验收、市政验收（给水、排水、电力、燃气、热力）、竣工测绘（规划验收要件）、规划验收、节能验收、人防验收、消防验收、房产测绘（办理产权证）、室内环境检测、自来水检验检疫、环保评定、档案资料预验收等。有些地区执行联合验收，由市（区）住房城乡建设委牵头各个行政主管验收部门，进行联合验收，此情况更应该提前与各行政主管验收部门沟通，取得验收建议，便于后期竣工验收的顺利进行。项目必须按照规划许可文件要求完成建设，具备消防、人防工程竣工验收条件，特种设备完成使用登记，给水、排水、电力、燃气、供热按要求完工，道路、管线按设计要求完成，档案资料整理完毕，以及其他竣工验收要求具备的条件。

（1）室内环境检测、人防第三方检测、竣工测绘、节能检测、房产测绘、自来水检验监测等项目需要建设单位直接委托专业单位提前进行，并取得《室内环境检测报告》《建设工程竣工测量成果报告书》《房屋土地测绘技术报告书》《水质检测报告》《系统节能检测报告》和人防第三方检测报告等专业报告，费用由建设单位承担。特种设备、消防检测和消防电气检测等需要施工总承包单位委托专业单位按照政府主管部门要求进行检测和验收，并取得检测报告，费用由总承包单位承担。

（2）各专项工程验收应分别提前与行政主管验收部门沟通或进行专项预验收，验收参与单位一般为建设单位（项目管理单位）、监理单位、设计单位、施工总承包单位、各行政主管验收部门，验收依据规范和程序进行，取得初步验收意见，并按照验收意见整改完成（表 7-2-1）。行政主管验收部门验收不发生费用，验收过程中发生的必要费用由施工总承包单位承担，根据验收意见如有整改事项，要根据合同约定判定责任方承担整改费用，详见本节第五部分。

专项验收（以北京市为例） **表 7-2-1**

专项验收	行政主管部门	验收要求
规划验收	政府规划验收部门负责【北京市（区）规自委】	建设单位事先应委托有资质的测绘单位进行竣工测量，取得《建设工程竣工测量成果报告书》和《房屋土地测绘技术报告书》，完成申报工程的工程实测总平面图和竣工图纸（平立剖、基础平面图）绘制，以及其他当地政府规划验收部门所要求的文件，凭此向政府规划验收部门申请规划竣工验收。验收要求室外道路园林绿化已完成，外装修已完成，地上地下停车划线完成。验收部门主要对主体建筑的总平面位置、层数、高度、立面、建筑规模和使用性质等；用地范围内和代征地范围内应当拆除的建筑物、构筑物及其他设施的拆除情况；代征地、绿化用地的腾退情况；单独设立的配套设施建设情况等方面进行验收。规划验收合格的由市或区、县规划行政主管部门在建设工程规划许可证附件签章
特种设备验收	政府劳动安全部门负责【北京市技术监督局特种设备检测中心】	验收要求设备安装全部完成，机房土建全部完成，其他配合条件基本完成，且不影响设备运行。验收根据相关质量评定标准对机房安装、设备安全使用的可靠性等运行状态进行验收测试，对材料设备质量证明文件进行核查，最终合格后备案取证
消防验收	属地消防局或公安局消防处【北京市（区）消防局，执行联合验收后为市（区）住建委】	验收要求自验收合格（施工方委托第三方有资质单位进行消检和电检并取得合格证明和承担费用），施工记录及相关的竣工资料齐全，验收时保证各消防系统设施处于正常的工作状态。主要根据相关消防规范和设计要求对工程的室内外消防设施的实际功能，作用范围和可靠程度做出鉴定。验收合格，下达建筑消防工程验收意见书
交通设施验收	政府交通部门【北京市（区）公安局交通处】	主要根据交通法规和设计要求对工程的区域内道路与市政道路的衔接、停车泊位、交通标志等设施是否符合交通法规，是否满足原设计要求做出鉴定

续表

专项验收	行政主管部门	验收要求
市政验收	政府市政工程质量监督部门【北京市（区）政工程质量监督站】	验收要求工程全部完工且观感质量、实体质量自检合格，档案资料齐全且预验收合格，规划验收合格。验收部门主要根据原设计和规范要求，对工程的雨水、污水、道路（自来水、电力、天然气、热力、绿化、通信）等项目是否符合验收规范和符合接通并网条件做出鉴定，并签署五方验收单
水质检测	属地住建委【北京市（区）住建委】	验收要求给水设施全部完工并已严格进行冲洗消毒，由第三方有资质单位取水样进行检测，检测合格，并出具检测报告
环保评定	政府环境保护局负责【北京市环境保护局环境影响评价处】	在项目环境影响报告表的批复中要求办理环保验收手续的工程均应进行验收，其他工程不做。工程经环境监测部门监测合格后，由建设单位（或项目管理单位）向市环境保护局环境影响评价处提交《建设项目竣工环境保护验收申请报告》，市环境保护局环境影响评价处审查文件、实地勘验，对符合验收标准的建设项目，环境保护行政主管部门批准建设项目竣工环境保护验收申请报告、建设项目竣工环境保护验收申请表或建设项目竣工环境保护验收登记卡
人防验收	政府人防管理部门负责【北京市（区）人防质量监督站】	验收要求人防工程全部完工，观感质量、实体质量自检合格，取得人防第三方检测报告，档案资料齐全且预验收合格，特别是应提供质量竣工验收记录、人防工程设防指标核对记录、人防工程移交意向书、涉及易地建设人防工程的应提供地区“非税收入一般缴款书”。验收时对人防工程的给水排水系统、通风系统、人防构件的工作情况，人防设施的施工质量，以及工程的相关资料等进行验收，对相关设备进行测试，并出具验收意见，领取《人民防空工程竣工验收备案表》
档案资料预验收	属地城建档案馆负责【北京市城建档案馆】	对列入城建档案馆接受范围的工程档案资料进行预验收。验收要求工程已完工，工程档案已基本收集整理齐全，竣工图已绘制完成。验收主要对档案资料是否符合当地的档案资料要求进行核查。由建设单位（或项目管理单位）自验合格后，提请城建档案馆进行档案资料预验收，预验收合格后出具工程竣工档案预验收认可文件。执行联合验收的地区需要竣工档案验收自检报告，由建设单位（或项目管理单位）组织，施工总承包单位编制
防雷验收	属地气象局【北京市气象局】	验收要求现场施工完成，资料齐全，自检自测合格并有检测报告。属地气象局对项目的防雷接地内容进行检测和验收，并出具验收意见
节能专项验收	属地住建委【北京市（区）住建委】	施工单位完成施工图设计中全部节能分部分项，收集整理完成过程资料，并经委托有资质的专业机构进行检测并出具检测报告，由监理单位组织，总监主持进行专项验收，确认建筑节能工程质量达到设计要求和规范规定的合格水平。验收合格后到质量监督部门备案

注：【 】内为北京市行政主管部门。

（三）竣工预验收

竣工预验收是竣工验收的前置条件，由施工总承包单位向建设单位（或项目管理单位）提出申请，监理单位组织，总监主持，各参建单位参加，按照验收标准，对合同和施工图纸所要求的内容和过程工程资料进行逐项验收，是竣工验收的预演。对发现的问题要求施工总承包单位限期整改，使工程达到竣工验收条件，预验收和整改发生的费用由施工总承包单位承担。

施工总承包单位根据施工图要求、合同约定和验收标准组织自验，并具有定性定量的自验记录。整理施工资料，按档案归档要求分类装订成册。清退场地，腾退拆除验收范围的工料临时设施，清理现场，做到窗明、地净、料清。

监理单位必须集中时间深入现场，按施工发包合同范围和施工图逐项核对是否有缺漏项目，发现未完项或施工质量问题，立即签发整改通知要求施工总承包单位整改。尽量避免将问题集中到正式验收时提出。通过深入现场的巡查，对工程是否达到竣工验收标准做到心中有数。全面检查竣工资料的完整性、真实性和正确性，提出整改意见，确保资料和现场一致，为竣工结算做准备。

建设单位收到施工总承包单位竣工预验通知单后，及时对工程是否具备竣工验收条件做出同意或不同意验收的书面回应，如有未完项目，给出具体要求，完成后再行组织预验收。建设单位组织设计单位、监理单位、施工总承包单位上级技术部门及物业管理（如有）组建验收组。

总监按照程序，组织建设、设计、监理、施工及物业管理单位（如有），对总承包合同内项目，分组逐项进行验收。

在预验或正式验收过程中发现的质量问题，责成施工总承包单位返修整改，施工总承包单位应在限期内完成，并达到验收要求。其中因施工质量和成品保护失当引起返修项目的责任，由施工总承包单位承担现场损失。现场损失包括对返修项目的拆除修复，设备材料更换，运杂费，连带损坏其他工种的成品修复以及工期损失，甚至由此延期竣工，引起建设单位使用效益损失等。施工总承包单位未在限期内完成整改的，项目经理应以工程联系单形式告知施工总承包单位，建设单位对原竣工日期不予承认，重新认定竣工日期，以整改完毕并通过复查之日为准，并最终形成工程竣工预验收记录。

二、竣工验收准备工作

具备竣工验收条件，通过竣工预验收后，建设单位（或项目管理单位）需要组织参建单位按照规范和属地行政主管部门文件的要求，确定本次验收内容，编制竣工验收方案和验收计划，成立竣工验收小组并明确职责分工，工程实体腾退和清扫完成，各系统能正常运行，内业资料提前准备完成。

（一）明确验收内容、参加单位及人员要求

关于质量验收一般包含土建、设备安装和电气等各专业，如执行联合验收需增加专项验收，包括规划、人防、消防、特种设备、电力、燃气、给水、排水等。确定验收路线，分专业选取有代表性的或重要的部位为验收途径点。土建专业一般选车库、餐厅和汽车坡道、首层大厅、会议室、公共区域、多功能厅、电梯厅、重要办公室、普通工作区和屋面等部位；设备专业一般选给水机房和中水机房、首层大厅、多功能厅、标准层、餐厅厨房等部位；电气专业一般选中控室、首层大厅、多功能厅、公共区域、抽查强弱电竖井等部位。专项验收一般到相应的特定部位进行验收，相关资料提前准备好，并与相关验收主管部门提前沟通确认。

关于技术档案和施工管理资料，其中应包括工程使用的主要建筑材料、建筑构配件和设备的进场试验报告、工程质量检测和功能性试验报告、采购信息备案资料；各检验批记录、分部分项验收单、预验收记录；施工图纸、施工合同、图纸会审记录、设计变更单等。联合验收还需要各项专项检测报告和测绘报告、竣工图等内容。如果有甩项验收内容，需要提前明确，并与验收部门提前沟通，在验收报告和验收方案中明确，比如由于季节原因引起的空调调试等内容需要到特定季节进行调试。此外，有关参建单位和人员要求详见表 7-2-2。

参验单位及人员　　表 7-2-2

参加单位	参加人员要求
建设单位	项目负责人（合同内明确的负责人）
项目管理单位（如有）	合同内明确的项目经理
设计单位	项目经理（或项目负责人）和各专业负责人
勘察单位	专业负责人
监理单位	总监理工程师

续表

参加单位	参加人员要求
施工总承包单位	公司技术部门负责人和项目经理
政府行政主管部门	如执行联合验收由行政主管部门组织其他各相关专项验收部门

（二）成立竣工验收小组明确职责分工

由建设单位（或项目管理单位）牵头，各参建单位参加组成竣工验收小组，根据需要可外聘专家，组成专家组（按照规定设立）。竣工验收小组设组长一名，副组长和组员若干名，由各参建单位负责人组成。竣工验收小组名单按照区域主管部门要求表格填写，并进行备案，验收时名单所列人员不得无故缺席。竣工验收小组负责指挥、协调工程验收阶段各专业的检查验收工作。根据所验收工程实际情况可成立验收检查小组并设小组长，负责各专项验收和配合行政主管部门验收工作，一般包含土建组、设备专业组、电气组、资料组等，执行联合地区还应包含规划组、人防组、消防组、园林组、市政组等。竣工验收小组需制定竣工验收工作计划，审查各种技术资料，按验收规范对工程质量进行鉴定并做出评价，签发工程项目竣工验收报告。对工程存在的缺陷提出整改意见，督促参建单位整改，复查合格后出具竣工验收报告。

（三）编制竣工验收方案

竣工验收方案由建设单位（或项目管理单位）牵头组织编制，各参建单位参与。验收方案主要包括工程概况、验收依据、验收内容、验收计划、验收准备、成立验收小组及分工、明确验收程序和验收标准等内容，如有甩项验收的应明确甩项的部位。验收小组根据工程实际情况，统筹安排，结合表 7-2-3 所示各项验收内容（不同地区会有不同），合理计划时间，对各项内容要求提前进行准备。

验收项目　　表 7-2-3

项目	办理时限（工作日）	主责单位	说明
消防检测	10	施工总承包单位负责，消防单位配合	装饰材料需做防火检测；消防验收前置条件
电梯验收	10	施工总承包单位负责，电梯公司配合	消防验收前置条件

续表

项目	办理时限（工作日）	主责单位	说明
消防验收	10	建设单位组织，施工总承包单位配合	各项消防设施安装完成，联合调试完成
水质检测	20	建设单位	水质检测后做水箱间验收和末端取样验收
环保监测	20	建设单位组织，施工总承包单位配合	检测面提前封闭
节能验收	30	施工总承包单位负责	主要是外保温和外窗
档案馆预验收	30	建设单位组织，施工总承包单位配合	竣工图完成；竣工验收前置条件
规划竣工测量	20	建设单位	规划验收前置条件
规划验收	15	建设单位组织，施工总承包单位配合	临建拆除完成，建筑立面、出入口、台阶散水、围墙完成
人防验收	10	建设单位组织，施工总承包单位配合	需提前完成专项检测

（四）准备验收资料

根据验收规范要求，准备相关验收资料，包括齐全有效的技术档案和施工管理资料。建设单位已按合同约定支付工程款（工程款支付证明），施工总承包单位签署的工程质量保修书，住宅工程提交《住宅质量保证书》《住宅使用说明书》和质量分户验收合格的说明。施工总承包单位要出具《工程竣工报告》，要明确竣工验收内容和具备竣工验收条件。监理单位出具《工程质量评估报告》，设计单位出具《工程质量检查报告》，勘察单位出具《工程质量检查报告》，各类报告要明确结论，同意竣工验收。完成单位工程质量控制资料核查记录，单位工程安全和功能检验资料核查和主要功能抽查记录，单位工程观感质量检查记录，工程竣工质量报告，单位工程质量竣工验收记录等文件。另外还需要电梯检验检测机构出具的检验认可文件，环保部门出具环保监测的认可文件，城建档案馆出具的工程竣工档案预验收文件（列入城建档案馆接受范围的工程），消防部门出具的认可文件，规划部门出具的认可文件，节能备案、竣工图、外立面照片，建设主管部门及工程质量监督机构责令改正问题全部整改完成说明等资料。

执行联合验收的地区，还需要各项专项验收的前置文件，规划验收需要《建设工程竣工测量成果报告书》《房屋土地测绘技术报告书》，申报工程的工程实测总平面图和竣工图纸。城建档案验收需要竣工档案验收自检报告。房产测绘成果审核需要房产测绘成果（包括《房屋面积测算技术报告书》及用于不动产首次登记的《房屋登记表》《房产平面图》），房屋面积测算草图复印件，宗地界址点坐标成果。消防验收需要工程竣工验收报告和有关消防设计的工程竣工图纸；具有防火性能要求的建筑保温材料、装修材料符合国家标准或者行业标准的检验合格报告、出厂合格证；消防设施检测合格报告。人防验收需要人防工程质量竣工验收记录，涉及易地建设人防工程的，应提供"非税收入一般缴款书"。特种设备验收需要特种设备使用登记表。给水验收需要自来水工程竣工报告和自来水工程竣工图。排水验收需要排水工程竣工报告和排水工程竣工图（盖竣工图章）。电力验收需要电力工程竣工图和电力工程竣工报告。燃气验收需要燃气工程竣工图和燃气工程竣工报告。热力验收需要热力工程竣工验收报告。

所有资料应该整理完成，签字盖章齐全，分类装盒，并编制完成目录，满足资料管理规程的要求和竣工验收规定。

（五）现场准备

验收红线范围内的临建全部腾退或拆除完成，工料临时设施等已经清理退场，建筑要做到窗明、地净、料清。所有设备处于正常运转状态，可以随时进行测试。为配合验收，施工总承包单位需对应各验收小组安排配合人员，做好现场引领和问题记录等准备。另外按照国家和所在地区规定，在工程明显位置已经设置了满足文件要求的，有工程名称、建设单位（或项目管理单位）、设计单位、勘查单位、监理单位、施工总承包单位等名称和项目负责人姓名等永久标识。

三、竣工验收程序

（一）竣工验收程序

建设单位（或项目管理单位）编制完成竣工验收报告，并递交主管验收部门，同意组织验收。执行联合验收的地区，建设单位（或项目管理单位）需要在网络平台上提交完成验收申请。确定竣工验收日期，落实相关竣工验收会议准备事项。建设单位主持竣工验收会议，按照竣工验收方案，分专业检查组进行验收，并形成验收结论。根据验收结论，会议布置下一步工作的开展。如果验收未通过，则需按照验收小组的意见进行整改，再行组织验收。如果验收通过，则签署验收文件，开展下一步的竣工验收备案和移交等工作（图 7-2-1）。

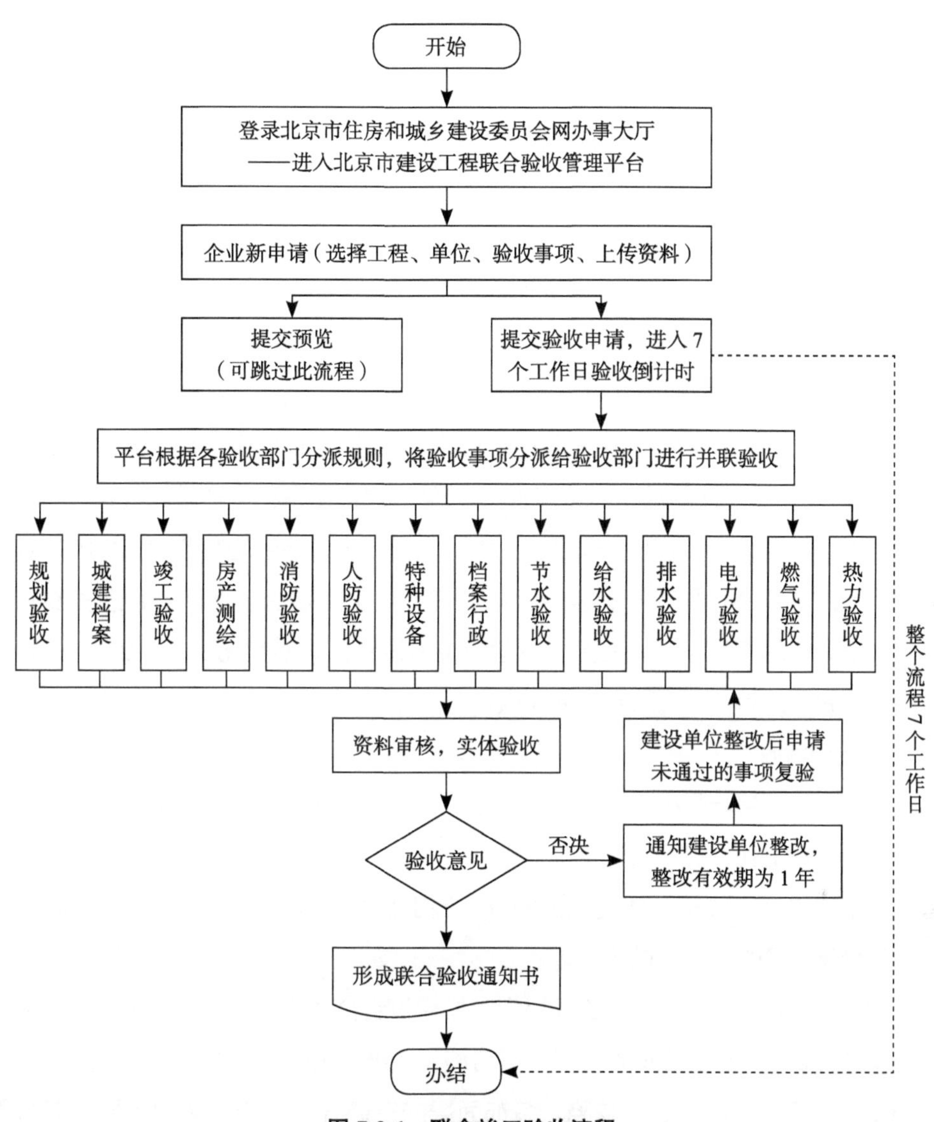

图 7-2-1 联合竣工验收流程

（二）竣工验收会议

竣工验收会议是竣工验收的重要环节，建设单位项目负责人主持会议，宣布会议开始，并介绍参会人员，行政主管部门核查参会人员到会情况。各参建单位依次汇报本阶段质量自评、评估、检查情况，并提出是否同意竣工验收。建设单位（或项目管理单位）项目负责人根据验收小组名单，结合实际到会情况进行检查小组分组，并现场委派小组组长。各检查小组依据相关法律、法规和验收规范及本工程合同及设计图纸，进行分组验收，认真检查，对工程验收内容做出独立、公正的评价。分组验收完成，由各检查小组组长汇报验收情况及存在的问题。参建单位责任主体及检测单位发表验收意见，明确验收结论。政府主管验收部门发表验收意见。建设单位（或项目管理单位）负责人根据各方意见，形成最终验收结论，验收小组相关人员签署验收记录，竣工验收会议结束。

1. 资料验收

工程资料验收是预验和竣工验收的重要内容，也是评定工程质量等级的主要依据。按照规定，工程资料应分类整理装盒，验收组按照正确、完整、真实原则的要求，审查工程资料。

主要审查内容材料、设备构件的质量合格证明是否如实反映实际情况，有没有擅自涂改、伪造、事后补和一证多用的迹象；试验、检验资料是否真实反映现场试验、检验情况，按规范要求取样和制作试件，是否由有相应资质的试验机构检验和签发结论；隐蔽工程验收记录是否分类、项目齐全，是否均有监理工程师签字认可，提出的整改意见是否都有复查记录；审查竣工图是否按地区资料规程要求编制；对于散失的工程资料，应责成参建单位追讨补齐，确实无法补全的遗缺资料，由责任方编制说明，不准采用伪造作假。

2. 现场验收

根据分工，各验收小组按照客观公正、认真负责的原则，对现场进行验收，配合单位要做好引领、解释和记录等工作。

（1）验收小组成员，依据施工图纸、施工合同的规定和现行工程质量验收规范，对验收工程的情况，进行检查。

（2）验收内容主要包括竣工项目内容是否符合合同约定，工程质量是否符合现行质量验收规范，施工完成情况是否符合施工图纸（包括变更）及使用要求等。

（3）对工程质量外观的缺陷，装饰面层的空鼓开裂，使用功能的要求等方面进行逐个、逐项、逐条铺地毯式的检查并形成检查记录，如实在验收会议上进行反馈。确保施工总承包单位按照合同约定完成全部内容。

（三）竣工验收结论

竣工验收小组汇总各方意见，形成最终验收结论。

（1）验收合格。工程按照施工合同完成、达到合同约定要求，具备交付使用条件，可以开展下一步工作。

（2）验收基本合格。工程已按照施工合同完成、但存在不影响使用功能，可修复的缺陷，验收小组开具《整改通知单》，工程可交付使用，开展下一步工作。整改问题由建设单位（或项目管理单位）负责安排落实，整改完成经监理单位验收合格后，视同最终验收合格，建设单位在《整改通知单》上签认反馈，验收小组可随机抽查。

（3）验收不合格。工程未按照施工合同完成，或存在较多或者较大的问题，影响工程使用功能，验收小组开具《整改通知单》，工程不能交付使用，不能开展下一步的工作。整改问题由建设单位负责安排落实，整改完成经监理单位验收合格后，建设单位在《整改通知单》上签认，验收小组进行复验直至合格或基本合格，方可交付使用和进行下一步工作。

（四）竣工验收的成果文件

验收合格后，及时形成经验收小组成员共同签署意见并加盖参建单位公章的工程竣工验收记录，作为工程竣工验收合格的证明文件，记录中最迟签署意见的时间为工程竣工验收时间。验收报告应包括对工程建设作出评价和结论，验收组要对验收遗留问题提出处理意见，要对工程质量是否具备交付使用条件作出明确结论。

四、竣工验收备案

建设单位（或项目管理单位）内依据属地工程竣工验收备案管理办法，在工程竣工验收合格后 15 日内办理竣工验收备案手续。

（一）竣工验收备案所需资料

（1）工程竣工验收备案表和建设单位法人承诺书。

（2）建设单位（或项目管理单位）编制的《建设工程竣工验收报告》及验收附件。应包括施工图及设计文件审查意见；建设、监理、勘察、设计、施工等单位分别签署的质量合格文件；验收人员签署的竣工验收原始文件，单位工程质量验收记录，竣工验收记录表；有关工程质量的检测资料以及备案管理部门认为需要提供的有关资料。

（3）法律、行政法规规定应当由规划、公安消防、环保等部门出具的认可文件或者准许使用文件。施工许可证及附件；土地使用证；规划许可证及附件，规划验收合格证书；市政基础设施的有关质量检测和功能性试验资料；消防验收合格文件、准许使用文件；环保验收文件或准许使用文件；电梯等特种设备验收报告；档案预验收文件；水质检测报告；防雷设备验收合格文件等。

（4）《建设工程保修合同》，商品住宅工程还应同时提供经房地产开发企业签署的《住宅质量保证书》和《住宅使用说明书》。

（5）法规、规章、规定必提供的其他文件。

（二）竣工验收备案的程序

以北京市为例，区建委工程质量监督机构监督的工程，到区建委办理工程竣工验收备案，市建委工程质量监督总站监督的工程到市建委办理工程竣工验收备案。建设单位向竣工验收备案机关领取竣工验收备案表（或住房和城乡建设委网站下载），按要求填写并加盖单位公章和单位项目负责人签名，随同规定的材料，向竣工验收备案机关报送备案，或者扫描文件网上申报。竣工验收备案机关在收齐、验证竣工验收备案材料后 15 个工作日内在竣工验收备案表上签署竣工验收备案意见并签章。工程竣工验收备案表一式两份，一份由建设单位保存，一份留竣工验收备案机关存档。执行联合验收的地区，通过联合验收的工程项目，不再办理工程竣工验收备案，建设单位可持"联合验收意见通知书"办理不动产登记、房屋销售等后续手续，联合验收之外再无其他核验。

五、竣工验收与投资管控

竣工验收是工程的收尾阶段，是所有施工图纸、变更洽商和合同内容执行最终成果的核验，不仅对施工现场进行检查，而且对内业资料也进行检查，两者要相一致，这两项也是最终结算的重要依据。同时验收过程中的专项检测，以及验收后如出现整改情况，都会发生相关费用，与整体投资息息相关。

（一）竣工验收阶段专项检测费用

在竣工验收准备阶段，按照规定需要建设单位委托专项检测单位进行专项检测，并依据合同支付相关费用。主要有竣工测绘，包括规划测绘和面积测量、室内环境检测、环保验收中的水质检测等项目，费用从预备费中支付。

（二）结算前置条件

工程结算是工程投资管控的重要环节，只有合同内工程项目全部完成、验收合格的内容才能纳入结算，而竣工验收正是对已完成工程进行核验，审查是否满足规范要求和合同约定，并给出明确意见的程序。竣工验收阶段，专家组从内业资料和已完工程现场两方面进行复核，对施工图纸、变更洽商和合同落实情况进行检查，确保工程所采用的材料设备等，和施工图纸、洽商变更等报验资料一致，符合合同约定。通过竣工验收，保证了结算的基础资料和现场的一致性，从而确保了竣工结算资料和现场一致，达到依据合同按实结算的目的。

（三）返修整改责任范围及费用承担

对于未通过验收或虽通过验收，需要继续整改的项目，要根据返修原因进行责任划分。属于施工总承包单位未按照施工图纸、合同、规范、规程及相关的法律法规施工，造成的损失由施工总承包单位负责承担，并按照建设单位（或项目管理单位）要求，在合理的期限内完成。返修整改责任不属施工总承包单位负责，在施工总承包单位返修的同时，施工总承包单位可向建设单位提出现场损失的索赔要求。由于甲供材料、设备本身的质量问题，在施工使用之前施工总承包单位曾提出过异议，而建设单位坚持要使用，由此造成现场损失，应由建设单位承担。建设单位视情况再向制造厂商提出索赔要求。由于设备选型不当，或工艺流程设计错误，经调试无法达到设计要求的，亦由建设单位承担现场损失。建设单位视具体情况和设计合同再向设计单位提出索赔部分损失的要求。市政、资源、建筑管理部门在验收时提出的整改意见均由施工总承包单位负责整改，并对其中属于施工质量引起的问题承担现场损失。属于设计布局不符合当时当地法规要求的整改项目，由建设单位承担现场损失。对那些返修工作量大、经济损失重、作业时间长的整改项目，应具体分析其中多方面因素，对容易陷入无休止争论的问题，建设单位为了尽早竣工交付投入使用，必须顾全大局，实事求是地承担自己应承担的责任。

第三节　政府投资建设项目的移交管理

很多工程交付使用时由于未办理相关资产移交手续，长期摆在“在建工程”科目中。随着参建人员更迭，工程维护基础资料丢失，一方面造成工程使用和维护责任划分不清，工程项目得不到有效的运行维护等问题；另一方面，造成工程竣工后“固定资产”无法入账进行核算管理，会计信息缺失。固定资产管理部门也无法及时对形成的固定资产进行登记和按规定进行监督管理，致使许多政府投资形成的固定资产管理责权不清，造成家底不清，甚至国有资产流失，因此做好政府投资建设项目的移交管理意义非常重大。通过本节的初步探索，希望能使政府投资建设项目的移交管理工作更规范，建设项目竣工后能及时移交建设单位并正常投入使用，项目能进入正常的运行维护状态，工程档案资料信息能保存完成，避免工程项目“身份”信息缺失，甚至国有固定资产流失等问题的发生。

一、工程移交条件

（一）参与移交单位和职责

参与工程移交单位有建设单位、技术咨询单位、造价咨询单位、招标代理机构勘察单位、设计单位、监理单位、施工总承包单位等，工程移交以建设单位、设计单位、监理单位、施工总承包单位为主。有关职责详见表 7-3-1。

参与移交单位和职责一览　　表 7-3-1

单位名称	单位职责
建设单位	建设单位全面主持组织工程移交工作。要明确工程接收管理部门或单位，做好接收准备工作。组织、协调相关参建单位，在工程项目竣工验收合格后及时移交并投入正常使用，做好工程档案资料移交工程档案主管部门工作，同时完成建设单位或接管单位的工程档案资料留存工作。 聘请项目管理单位的工程项目，建设单位可依托项目管理单位力量，牵头组织、协调相关参建单位，完成工程项目实体和工程档案资料移交工作，并对移交内容进行全面审核，保证项目所有移交内容科目的准确性和完整性
设计单位	设计单位参与和配合移交工作。设计单位对施工总承包单位移交的工程结构、设备等实物内容及竣工图纸进行复核，确保移交内容的准确性。工程档案资料方面，设计单位移交的主要为施工图纸和图纸审核意见，一般在工程施工前移交建设单位
监理单位	监理单位参与和配合移交工作。依据监理职责和签订的监理合同，对工程实体进行验收，对现场存在的问题监督施工总承包单位整改完成；按照资料管理规程，整理装订监理资料，同时提交合格的监理资料，对施工总承包单位整理的档案资料等相关内容进行审查，确保正确无遗漏，配合建设单位完成工程档案资料移交工程档案主管部门
施工单位	施工单位是工程移交主体，积极配合移交工作。做好工程实体、工程档案中的施工资料、质量保修书、建筑使用说明书等移交内容的组卷整理工作，接受建设单位委托单位的审核，配合建设单位完成工程档案资料移交工程档案主管部门。工程档案资料移交工作中，施工资料移交量最大且相对最重要
其他单位	涉及其他参建单位，如项目建议书和可行性研究报告编制单位、地质勘察单位、招标代理单位等服务类建设单位，移交资料内容较简单，种类和数量较少，完成合同约定内容时，应及时将档案资料上报建设单位，并做好资料移交手续

项目如有建设单位平行发包多个施工总承包单位、设计单位和监理单位的情况时，可参照上述各单位职责由建设单位组织分别做好项目移交工作。对于参与项目移交的建设单位、监理单位、施工总承包单位，应派经过相关培训的专人负责工程档案资料的收集和整理工作。确保资料收集的准确性及完整性。

建设单位和工程接收管理单位出现不属于同一个法人单位或部门，经建设单位同意，工程接收管理单位可共同参加工程移交工作，作为与建设单位的共同体，对整个移交过程进行跟踪，提出合理化建议，便于工程项目移交后更好地运行维护。

（二）明确工程移交内容

工程移交内容主要由工程实体移交和对应工程档案资料（含电子版资料）移交两部分组成。

1. 工程实体移交

工程实体移交由施工总承包单位形成实体移交清单，移交清单主要列明移交部位，例如单项工程、单位（子单位）工程的名称、结构形式及面积、设备及工器具的规格型号及名称等内容，实体移交清单经建设单位、设计单位、监理单位审核后作为移交内容依据。

2. 工程档案资料移交

工程档案资料主要依据相关工程档案资料规程，由建设单位、监理单位、施工总承包单位分别组卷装盒完成，以档案主管部门验收合格后的资料版本为准，由建设单位、施工总承包单位和监理单位分别列出移交工程档案资料清单，经审核后作为移交内容依据。

以北京市为例，《北京市建筑工程资料管理规程》里涉及的 A、B、C 类资料。A 为建设单位资料，主要涉及立项决策、建设用地、勘察设计、招标投标及合同、开工、商务、竣工备案及其他文件，以项目建设程序为主线，兼顾文件属性将其划分为八类。B 类资料为监理单位资料，有监理规划、监理实施细则、监理月报、监理会议纪要、见证资料等，在执行过程中要注意与监理规范配合使用。C 类资料为施工资料，按性质将其划分为施工技术、施工物资、施工测量、施工记录、施工试验、施工管理、过程验收及竣工验收资料。针对影像资料，建设单位应该对工程未开工前的原貌、竣工新貌照片、工程开工、施工、竣工的录音录像资料做好收集工作，监理单位和施工总承包单位主要负责做好项目建设过程中的录音录像资料留存工作，与工程档案资料同步移交给建设单位。工程档案资料管理规程要求以外的资料，如穿越既有道路、桥梁由建设单位委托的第三方检测、监测等服务，对应合同约定的成果资料，服务单位应随时做好移交记录工作。

（三）工程实体和档案移交条件

1. 工程实体移交条件

依据建设单位和施工总承包单位签订的施工合同，合同工程已全部实施完成，水、电、燃气、热力等市政条件已接入，设备调试和试运行完成，竣工验收完成，具备投入使用条件，工程接收管理部门或单位确定完成，参与工程实体移交单位成立工程实体移交工作组完成，移交计划编制完成，《工程实体移交清单》和《建筑使用说明书》相关单位初审完成，工程档案资料具备移交条件，施工总承包单位《工程质量保修书》签订完成。同时建设单位在工程竣工验收合格后 15 日内，向政府行政主管部门申办竣工验收备案手续，完成备案工作。

2. 工程档案移交条件

工程资料按照专业和形成、收集、整理的单位不同，主要有基建文件（建设单位）、监理资料、施工资料和竣工图，工程档案资料应字迹清晰，相关人员及单位的签字盖章齐全，按照国家或地方工程档案资料管理规定，资料编码、组卷及入盒完成，经工程档案主管部门验收合格，《工程档案资料移交清单》由相关单位初审完成，参与工程档案资料移交的单位成立移交工作组完成，移交计划编制完成，建设单位可组织工程档案资料移交工作。竣工图是最重要的工程档案，是工程维修、加固、改造及灾后鉴定的重要依据。建设单位是竣工图的管理和使用者，因此组织编制竣工图也是建设单位的重要责任，因此建设单位要严格审查移交的竣工图纸。

工程档案资料移交内容主要涉及建设单位、监理单位和施工总承包单位资料，移交工作主要涉及三个方面：一是完成工程档案资料移交档案主管部门，二是完成工程档案资料移交建设单位（运行维护单位），三是完成工程档案资料移交政府主管部门。如北京市建筑工程和市政工程分别依据《北京市建筑工程资料管理规程》DB11/T 695 和《北京市政基础设施工程资料管理规程》DB11/T 808 进行整理和归档，经北京市城市建设档案馆验收合格后，可移交给档案馆，同时移交建设单位，像市政工程中的道路工程和桥梁工程，工程档案资料除移交建设单位外还需要移交路政主管部门。

二、工程移交工作程序

（一）工程实体移交流程

（1）建设单位在竣工验收备案手续办理完毕后 7 日内，在项目现场组织工程实体移交工作。建设单位、设计单位、监理单位和施工总承包单位等参见单位参加会议，建设单位直接发包设备或材料的供应单位应作为施工总承包单位一部分，共同参加工程实体移交工作，聘请项目管理单位的，项目管理单位应参加。

（2）参与工程实体移交的单位应成立工程实体移交工作组，工作组应设置组长、副组长及验收小组，每个验收小组应有一名副组长带队，验收小组按照专业或区域进行合理划分，负责对现场工程实体进行具体验收工作。工程较简单的，如一个单位工程，按照专业可以划分建筑专业、结构专业、设备专业等验收组，对于项目复杂的，如单项工程里包含多个单位工程的，可逐一验收，划分以便于开展工作为原则。

（3）工程实体移交验收开始前，施工总承包单位准备《工程实体移交清单》和《建筑使用说明书》，按单项工程详细列明工程实体的技术指标和技术特征，设计单位和监理单位复核《工程实体移交清单》和《建筑使用说明书》内容，建设单位逐一清点。《工程实体移交清单》和《建筑使用说明书》施工总承包单位应提前准备，经参会各方提前进行初步审核，避免有较大遗漏和错误，同时施工总承包单位《工程质量保修书》签订完成。

（4）工程实体移交准备工作完成后，移交工作组按照编制的移交方案，依据移交清单内容，先到现场进行工程实体验收，验收过程由施工总承包单位负责记录好验收组提出的问题，现场验收完成后，参验单位人员以会议形式，对实体移交验收情况进行汇报和说明，施工总承包单位负责记录会议上提出的需要整改的问题和其他要求内容，对达不到移交要求的，由施工总承包单位整改后通知建设单位再次组织移交工作，直到合格为止。若工程实体存在的问题对移交使用无较大影响，可要求施工总承包单位限期整改，经监理单位和建设单位复验合格即可，可不再组织整体验收工作。

（5）工程移交实体和移交资料经各参验单位确认无误后，分别在《工程实体移交清单》和《建筑使用说明书》上由各参验单位项目负责人签字和加盖公章，参验单位分别存档，工程实体移交手续办理完毕。

（6）工程实体移交手续完成，建设单位正式启用项目，并负责项目使用期间运行维护管理，工程投入使用初期，施工总承包单位应派专人进行前期指导，确保建设单位运行维护管理人员熟悉工程使用注意事项，避免重要设备设施因使用不当造成损毁。工程实体移交流程见图 7-3-1。

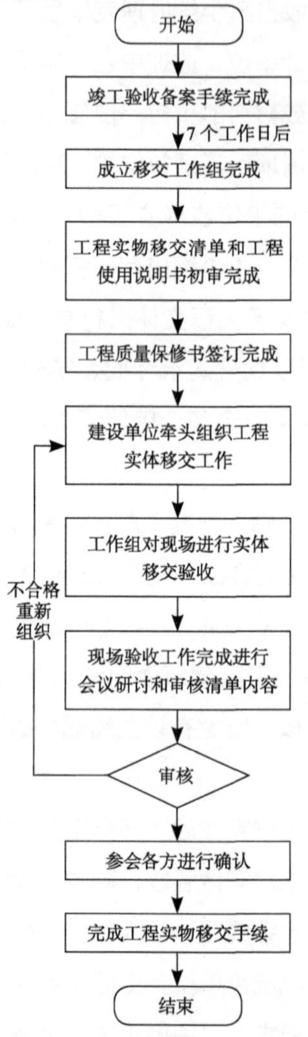

图 7-3-1　工程实体移交流程

对于特殊工程部位的实体移交部门不一定是建设单位，如电力专业工程，分界室及以上施工内容建设单位建设完成后交由工程管辖范围的供电部门进行运行维护管理，分界室以下部分由建设单位进行运行维护管理。因此针对特殊工程部位的移交工作，建设单位可邀请相应主管运行维护部门共同参与移交工作，或者单独组织移交工作。

（二）工程档案资料移交

（1）建设单位首先明确运行管理单位，工程档案资料依据相关工程档案资料规程由建设单位、监理单位、施工总承包单位分别组卷和入盒完成，经工程档案资料主管部门验收合格后 7 个工作日内，建设单位组织召开工程档案资料移交会，参建单位填写《工程档案资料移交清单》，详细列明工程档案资料名称、数量及其他特性。

（2）参与工程档案资料移交的单位应分别成立工程档案资料移交工作组，工作组应由组长、副组长及验收成员组成。如果项目简单可由组长和组员组成，验收小组成员应按照专业进行组织，负责对工程档案资料进行具体验收工作，按照验收的工程类型，如房建工程，可以由资料管理专职人员、土建专业、设备专业、机电专业等专业人员组成；对于项目较复杂，如单项工程里包含多个单位工程的，可逐一验收，原则上便于工作的开展。

（3）根据职责，设计单位和监理单位负责复核施工总承包单位的《工程档案资料移交清单》内容，建设单位负责整理基建文件《工程档案资料移交清单》并负责资料的完整性和准确性，复核监理单位《工程档案资料移交清单》，终审施工总承包单位《工程档案资料移交清单》所列资料。

（4）由于工程档案资料移交量较大的为施工总承包单位，工程档案资料移交验收开始前，施工总承包单位应提前准备《工程档案资料移交清单》，设计单位和监理单位负责初步复核施工总承包单位的《工程档案资料移交清单》内容，设计单位主要对竣工图纸进行复核，避免有较大遗漏和错误，减少移交会的工作量。

（5）《工程档案资料移交清单》准备工作完成后，工作组根据职责，依据移交清单内容，复核工程档案资料，验收过程由各单位分别记录验收组提出的有关问题，对达不到移交要求的，由相关单位整改后由建设单位再次组织移交工作，直到合格为止。若存在的问题较小，可要求相关单位限期整改，经建设单位复验合格即可，不再组织整体验收工作。工程档案资料经参验方确认无误后，分别在移交清单上签字、盖章。工程档案资料移交手续办理完毕后，建设单位接收并负责保管。工程档案移交流程如图 7-3-2 所示。

竣工图是需移交资料中的重点内容，不仅要有竣工图纸，还要有电子版存档资料，根据需要，可单独组织设计单位和监理单位参与竣工图纸审核工作，确保竣工图纸的完整和准确性。对于工程资料管理规程要求以外形成的资料，合同服务单位应及时移交建设单位并做好移交记录，如投资主管部门的决算审计资料，

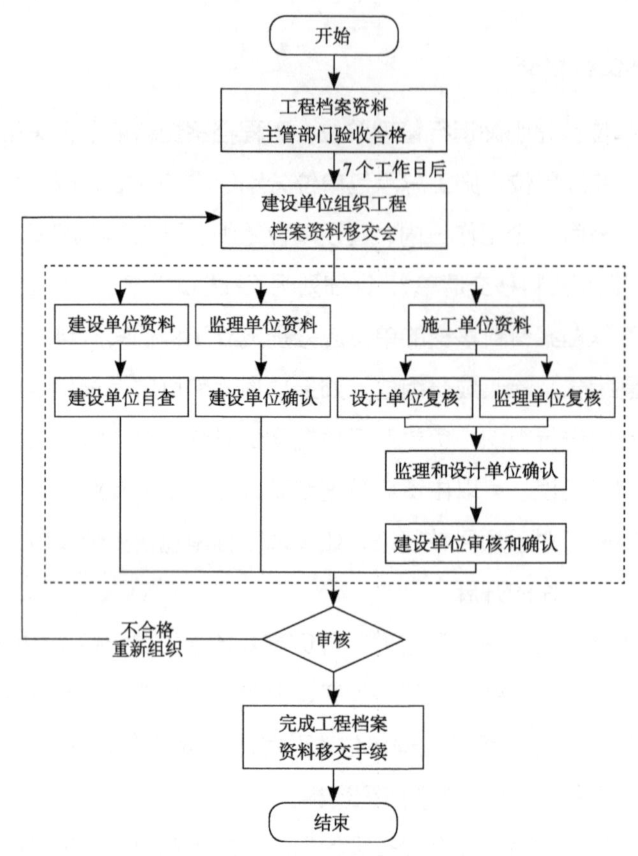

图 7-3-2　工程档案移交流程

建设单位直接委托的穿越既有桥梁、道路的评估、检测、监测等资料。若建设单位和工程接收管理单位不属于同一个法人单位或部门，建设单位充分考虑需求档案资料数量，一般情况下档案主管部门、运行维护单位及接管单位各需要一套图纸。建设单位应在签订相关合同时，提前预判，将移交单位需要移交资料的数量提前在合同中前进行约定，避免因后期工程资料增加较多造成纠纷。对于政府投资建设项目决算审计一般滞后于工程实体移交和工程档案资料移交工作，且决算审计工作主要是投资主管部门对建设单位工程结算的审查，决算审计完成后，决算资料建设单位应及时归档。

目前我国正处于大规模城市化进程阶段，建设规模大项目多，要求监理单位和施工总承包单位长期保存所承接过的工程资料是不合理的也是不现实的，监理单位和施工总承包单位应根据有关规定合理确定工程资料档案的保存期限。建设单位是工程的管理者和使用者，为了便于工程结构的维修、加固及改造，工程资料档案的保存期限理应与工程使用年限相同。

（三）移交证书办理完成

工程需移交内容全部完成后移交方和接收方应及时办理移交手续。工程实体、工程档案资料、《建筑使用说明书》及《工程质量保修书》全部移交完成，建设单位或运行维护单位可正常对建筑进行运行维护，移交方和接收方办理移交证书，经参加移交工作单位确认后，作为工程全部移交完成且可投入使用的凭证。《工程项目移交证书》参考表 7-3-2。

工程项目移交证书 **表 7-3-2**

工程名称			
建设单位		监理单位	
移交单位		接收单位	
移交项目		移交时间	
实体移交意见			
工程档案资料移交意见			
工程项目正常使用意见			
工程质量保修书和建筑使用说明书意见			
移交单位	项目负责人签字：公章：		
监理单位	项目负责人签字：公章：		
项目管理单位	项目负责人签字：公章：		
建设单位	项目负责人签字：公章：		
接收单位	项目负责人签字：公章：		

注：本表由移交单位填写，表中单位分别存档。

（四）合同履约完成凭证

合同履约完成凭证是在签订的合同服务内容履约全部完成后，包括工程实体移交完成、工程档案资料移交完成、决算审计完成、服务款项结清，由合同乙方提出申请，经建设单位审核确认后，双方完成确认手续的办理，作为合同履约完成的凭证。对于政府投资建设项目，在工程结算完成后，需接受投资主管部门对竣工结算的审查工作，即决算审计。决算审计根据项目规模不同，需要的时间也不同，一般滞后于工程移交工作，决算审计完成后，工程项目最终投资和各项签订的合同费用才能确定，合同款项才可结清。合同履约凭证建设单位在决算审计完成后应及时办理，作为结项的依据，对于施工总承包单位的履约凭证需缺陷责任期满，工程费用结清后办理。

（五）项目工作总结报告

项目移交完成后，建设单位应编制项目建设工作总结报告，对工程建设过程中存在的问题，使用新工艺、新技术、新设备的情况，投资管控情况，工程建设经验等内容进行梳理和总结，作为知识成果进行归档。项目工作总结主要包括以下内容：项目概况，项目建设手续办理情况，项目招标投标管理情况，项目合同管理情况，项目进度质量、进度、安全、投资管理情况，施工过程中事故处理情况，竣工验收情况，遗留问题处理情况，工程结算和决算情况，工程移交情况，合同履约完成情况。

（六）工程建设移交的特殊情况

工程建设过程中由于种种原因，有些项目不能按照正常或常规移交程序完成移交手续，有些项目有自己的移交特点，结合工程建设管理经验，主要有以下几种情况。

（1）对因非建设单位原因不能正常办理竣工验收备案手续或建设单位在竣工验收备案手续办理完毕前已实质上启用的项目，建设单位在上述情况发生后 7 日内，组织召开工程移交工作，办理移交手续，做好工程实体和工程档案资料移交内容记录，及时做好工程移交工作，主要保证投入使用工程实体部分质量合格，对保修期的起始时间和保修责任确定具体时间节点，便于运维维护单位对工程项目进行正常维护。待竣工备案手续完成后，对备案资料进行入盒归档。

（2）对于一些施工项目，有些配套工程需要建设单位直接发包，如房建工程的外电源工程、红线外市政管线工程等，这些工程可能需要单独组织移交工作，程序上与工程主体移交基本相同，只是参与方稍有不同。除建设单位、设计单位、监理单位、施工总承包单位外，根据管辖区域的权属关系，需施工对象的产权单位或者管理单位参与工程建设和移交工作，有时产权单位和管理单位均参与。

（3）工程建设过程中经常出现甩项验收的情况，甩项验收情况一般是建设单位为了急于交付使用，把按照施工图要求还没有完成的某些工程内容甩下，而对整个单位工程先行验收。其甩下的工程内容，称甩项工程。甩项工程中有些是漏项工程，或者是由于缺少某种材料、设备而造成的未完工程；有些是在验收过程中检查出来的需要返工或进行修补的工程。接收方在组织进行工程移交工作过程中，双方应另行订立甩项竣工协议，明确双方实体移交、工程档案移交、保修范围的责任。有些工程建设项目施工内容需延迟施工，不属于甩项验收范畴，如在办公家具上安装插座，由于办公家具需建设单位单独申请费用采购，未能及时到场安装，致使收尾施工内容无法完成，建设单位又急于交付使用，双方应另行订立甩项施工内容协议，明确双方关于移交内容及责任。

（4）对于大型工程项目，建设周期一般较长，全部投入使用需要的时间长，对建成后能独立生产或产生效益的产品建设单位可先行投入使用，因此需要按照可投入使用的工程单体分别移交，建设单位应该提前做好工程移交计划，按照计划分别组织相关参建单位进行移交工作。

（5）根据工程发承包方式不同，工程移交参与单位略所不同，如 EPC 工程总承包模式，设计、施工、采购一般由一个单位承包，因此工程实体移交单位只涉及建设单位、工程总承包单位及监理单位，又如交钥匙工程，在工程总承包服务内容的基础上，还参与项目前期方案投资研究、可行性研究、勘察设计及总体规划方案设计等内容，不仅减少了工程实体移交单位，还减少了档案资料移交单位。

三、政府投资建设项目移交特点

（一）政府投资建设项目移交特点

政府投资建设工程项目建设方式多样化，因此工程项目移交工作也存在多样化的特点。

（1）移交工作主持者建设单位多样化。政府投资建设工程项目有的由政府机关部门作为建设单位，有的委托工程咨询公司作为代建设单位，有的成立临时工程项目建设指挥部，有的政府部门与社会资本方依法共同投资项目，如 PPP 项目和 BOT 项目等，由社会资本方作为建设单位等，因此为了保证工程项目建设的顺利实施、解决资金不足、保证廉洁等问题，政府投资建设工程项目产生了很多种建设模式，每种模式都有自己特点和针对性，出现了政府投资建设工程和工程移交的多样化。

（2）运行维护单位不同。工程建设完成后，有的由原建设单位直接作为运行维护单位，有的项目建设单位和使用单位不属于同一个法人单位，由使用单位进行运行维护，例如医院和学校等建设项目易出现这类情况，有的项目建设完成后移交政府相关管理单位进行运行维护，如市政工程中的道路和桥梁项目，建设单位建设完成后移交路政管理部门进行管理和维护，外电源工程建设单位建设完成后分界室以上部分交由属地供电公司管理和维护，因此会出现参加工程移交的单位不同。

（3）工程甩项验收提前投入使用。由于特殊原因，会出现前篇提到的工程建设项目甩项验收，工程要提前投入使用情况，尤其是大型项目、建设周期长的项目，对具备使用功能的单位工程或单项工程安排验收，移交工作根据单项工程或单位工程完成验收情况，分步进行。

（4）工程实体移交和工程档案资料移交时间差距大。如“一会三函”项目，项目前期资料办理的过程中工程同步建设，可能会出现项目实体移交完成且投入使用，但工程档案资料移交滞后，因施工过程中不确定因素较多，造成前期手续办理和竣工验收手续办理困难。还有种情况，由于客观原因，工程建设内容与规划许可证批复的内容不完全一致，造成规划验收手续无法办理，从而工程竣工验收备案手续无法办理，导致工程档案资料有缺失，工程实体可能已经开放使用。由于政府投资建设项目手续的复杂性，因此有很多种原因往往会造成工程档案资料的不齐全或者迟迟无法移交。

（二）工程移交注意事项

上述政府投资建设项目移交特点，也是政府投资建设项目移交存在的问题，如移交工作主持者建设单位多样化中成立临时指挥部这种方式，容易造成工程建设在收尾阶段出现人员调动，接替工作人员对工程实施过程不熟悉，对工程资料的确认和验收带来一定阻碍，从而影响工程档案和工程实体的移交工作，因此在工程全部移交完成前应减少人员调动，即使有必须接替工作的情况，建议不要发生在工程建设过程中的关键节点时段。

对于运营维护单位的不同，需提前明确好工程的接收管理涉及哪些单位，提前做好移交计划，按照计划及时移交。对于甩项验收项目和“一会三函”项目，存在一个相似问题，就是前期工作不充分。例如，有的工程拆迁工作未按照计划全部落实到位，有的由于工程前期勘察工作不到位，建设过程中发现障碍物等情况造成工程甩项验收和移交；“一会三函”项目主要是由于工程项目方案批复时深度不够就开始施工，施工过程中造成工程建设规模与批复的规模差距较大，给办理工程建设手续带来一定困难，造成项目投入使用时，项目建设前期手续办理不齐全，备案手续不全，因此工程建设应对工程前期工作做到细致，不留隐患，否则一旦出现较大偏差，给工程的移交会带来较大的影响。

（三）工程移交建议

政府投资建设项目工程实体和资料是否能完整、及时地移交，取决于工程建设过程是否规范，主要影响因素有：建设方式选择是否合理；工程建设策划方案和工程设计方案是否成熟；工程建设费用是否已落实；影响工程建设的土地是否已全部落实；工程前期手续办理是否齐全；施工过程中有无较大变更；能否按照批复的方案建设完成，不会造成超投资现象等。如果上述内容都不出现问题，工程顺利完成验收和移交是顺理成章的。工程建设有它的客观性，所有与工程建设相关的工作，可合理地优化程序，如果为达到快速建设而减少合理程序，会给工程建设和移交带来一定的困难和问题。从投资角度看，由于一些工程未建设完或竣工手续不全，致使投资行政主管部门决算审计无法进行，不能及时完成国家固定资产的核算，国家固定资产管理部门也无法及时对形成的固定资产进行监督管理，造成国有资产管理责权不清、家底不清及国有资产流失等情况，因此政府投资建设项目的移交内容是否完整、有效，影响重大，政府应进一步规范移交程序并加强监督管理。

第四节　政府投资建设项目的竣工结算管理

在竣工结算阶段，由于政府投资建设项目本身的复杂性、不确定性等特点，加之由于过程管理不可避免的疏漏，如决策阶段建设方案不明晰、设计缺陷、合同条款约定不严密完整、实施过程中不可抗力或政策调整等均会使得竣工结算价款与工程发、承包合同价格发生一定的偏离，甚至会出现承包人的额外劳动得不到应有的回报、发包人为新增合同内容承担巨额成本，发、承包双方的争议纠纷等。特别是政府投资建设项目，资金的支付方与使用方的不一致、各方利益诉求不对等、实施过程投资风险防控意识匮乏等更容易造成矛盾的突出，使得工程结算推进困难。针对上述问题，政府投资建设项目竣工结算阶段，须按照合同约定的结算原则，本着实事求是、公平合理的原则开展结算工作，同时兼顾效率。寻求一种统筹均衡的管理手段，使得结算结果在实事求是反映工程实际的同时，实现参建各方利益诉求的统一，满足建设项目交付使用，发挥投资最大效益。本节从项目管理单位如何履行投资管控职责组织开展竣工结算管理工作角度，通过管理手段与技术手段相结合的方法，主要阐述了竣工结算管理的内涵、结算准备工作要点、结算审核工作要点、争议项管理、结算审核报告编制、工程造价指标形成相关内容。

一、竣工结算管理内涵

(一)竣工结算管理含义

本书所介绍的工程竣工结算管理是指，对于政府投资建设项目，项目管理单位从资金管控职责出发，在工程竣工结算阶段组织并协同各参建单位依据相关法律法规及发承包合同约定对承包单位提交的工程结算相关资料进行审核并共同确认工程结算最终价格，最后配合政府有关部门完成工程决算审计的一系列管理活动。

政府投资建设项目竣工结算管理是一项综合性较强的工作，由于政府投资建设项目特点，使得结算管理工作质量要求高、协调工作量大、审核难度大，而建设单位在建设工程项目管理方面经验相对匮乏，若未实施有效的项目管理，对其结算阶段进行严格的把关，很容易在与有经验的承包单位中失去主动，无法实现预期结算目标，造成社会资源的极大浪费。

引入专业的项目管理单位后，对政府投资建设项目结算阶段进行专业、规范、全面、精细的管理，通过管理手段与技术手段相结合的方法，依据国家现有法律法规规章制度，合理规划并严格执行各项结算审核任务，统筹协调各单位相关事项，配合前期及实施过程中有效的投资管控规划措施，做到"以投资管理为核心"的项目管理，将极大降低结算难度，减少结算纠纷争议，提高结算效率，使工程投资最大限度地接近工程实际价值，实现社会资源的有效利用。

(二)竣工结算管理的风险梳理

政府投资建设项目通常具有投资金额大、建设周期长、社会影响范围广、建设程序复杂等特点，建设过程中不确定因素较多，如政策因素、自然因素、人为因素等，而如何在工程建设过程中防患于未然，如何有效识别风险，针对风险提出切实可行的防范措施，是竣工结算管理的关键所在。竣工结算主要风险点梳理如表 7-4-1 所示。

竣工结算管理主要风险列表 **表 7-4-1**

风险类别	风险说明
客观因素	政策变化原因造成不可避免的变更，造成审核周期延长
	不可抗力等因素造成索赔费用的发生，双方未事先在合同约定索赔原则，造成争议发生，延长审核周期
设计因素	设计单位缺乏经验、建设单位缺乏有效的设计管理或设计成果验收不善等原因造成设计缺陷，或未能清晰明确标识设计内容及说明，设计深度不够等，引起变更、现场签证多，造成审核周期延长
合同因素	合同条款约定不严密、不明确或前后矛盾，责权利不明确，或与国家法律、法令、条例、技术规范、图纸等内容相违背等，引起诸多纠纷，造成结算审核周期延长
	工程量清单编制质量欠佳、缺乏有效审核，特征描述不全、模糊或错误，引起争议，造成结算审核周期延长
组织因素	监理等单位监督力度不够，对工程质量和造价管理不到位，造成结算审核难度增加
	结算组织准备不到位，提交的结算资料、结算书格式混乱造成无法高效审核
	变更资料审批流程不合理、流程资料要求不完善、签证内容不规范、审批过程缺少投资管控意识，造成结算超概算等情况出现
	由于结算工作组织不善等原因，工程竣工验收完成后现场技术人员离场，造成结算审核难度加大，周期延长
	由于过程施工组织管理不善引起工期拖延，造成人工材料涨价，导致材料调价，使结算审核周期长
过程管理因素	过程签证内容不明晰、现场依据留存不充分造成纠纷，引起结算审核周期延长
	过程资料的管理混乱造成无法准确核实材料真实性、完整性，使得结算审核准确性无法保证
	图纸管理混乱或对设计成果要求不严格，造成结算审核周期长、难度大
	技术审核不严格、技术人员投资管控意识匮乏，造成结算超批复风险，使得结算审核难度加大
	预算人员专业能力欠缺或其他原因造成的过程预算文件高估冒算问题，导致结算审核难度加大
其他因素	其他可能影响结算结果的因素

（三）竣工结算管理的核心工作

从上述竣工结算风险梳理分析可见，实施过程的各种主观、客观因素均可能造成结算审核周期延长、难度加大，影响结算的真实准确性。因此，保证项目结算阶段顺利开展，实施“以投资管理为核心”的项目管理是前提和关键所在。

在竣工结算阶段，项目管理单位的职责是履行投资管控职责，并利用多年积累的经验，为项目竣工结算的开展进行规划、组织、协调，使项目结算管理少走弯路，依法合规地开展工作。

竣工结算管理核心工作的逻辑框架如图 7-4-1 所示。

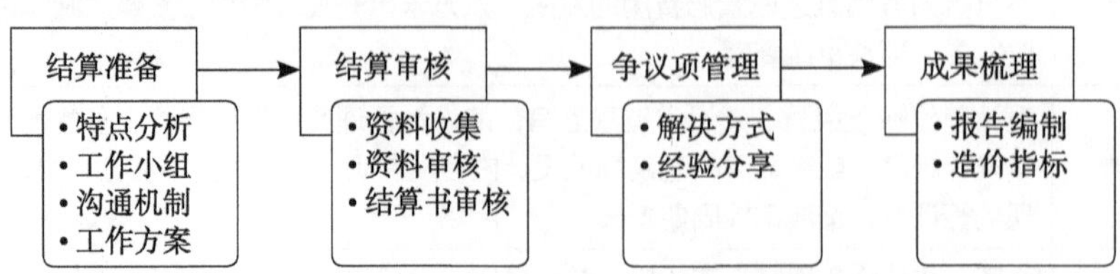

图 7-4-1　结算管理核心工作逻辑框图

二、竣工结算准备

（一）分析结算特点难点

如何将竣工结算管理工作做到有的放矢，针对不同的项目需要制定符合项目特殊性和不同需求的项目个性化特点、难点分析，它是制定结算工作方案的前提，只有对影响竣工结算管理工作开展的因素进行分析，才能有针对性地制定切实可行的工作方案，确保工作方案的顺利实施。

项目特点难点分析可按表 7-4-2 示例进行梳理。

项目特点难点分析示例表　　　　**表 7-4-2**

内容	影响	措施
单体结构复杂，含特殊结构或造型	核对难度大，结算周期长	建议开展过程结算，将结算提前做好过程投资管控
模拟清单招标，投标报价与施工图工程量清单核算价存在较大偏差	设计变更、洽商及签证数量较多，编制竣工图工作量大，结算争议多，周期长	建议使用 BIM 软件重计量
“一会三函”项目，初步设计概算批复较正常审批项目滞后严重	投资管控目标不清晰，过程投资管控难度加大	进行充足的结算准备

（二）成立结算工作小组

为高效稳步推动项目竣工结算工作，项目管理单位应及时成立结算审核工作小组，明确结算审核小组成员及职责分工。

结算审核工作小组成员及分工示例详见表 7-4-3。

结算工作小组成员及分工示例表 **表 7-4-3**

小组成员	分工职责
项目经理	• 组织召开结算启动会； • 组织推进整体结算进程； • 对审核过程中遇到的问题进行协调； • 审批初步审核意见； • 负责最终的竣工结算对外签发； • 其他相关工作
项目商务经理	• 提出资料归档要求，组织参建各方提交结算资料； • 定期召开结算进展会，沟通协调问题； • 配合项目经理推进整体结算进程； • 其他相关工作
造价工程师	• 制定结算方案，并对方案进行宣贯； • 审查参建单位提供结算资料的真实性、完整性； • 审查经监理单位审核后的竣工结算书，并就审核初步意见向项目经理汇报； • 根据项目经理的建议组织监理单位、施工总承包单位进行核对； • 核对完成后编写竣工结算情况报告； • 配合审计部门完成最终审计工作； • 进行造价指标的整理分析； • 其他相关工作
合约工程师	• 负责施工合同、补充合同等资料的整理工作； • 为各专业工程师提供技术支持和配合； • 其他相关工作
现场工程师	• 审核现场原始施工记录、签证记录、图纸及图纸会审记录、工程设计及洽商变更资料、洽商审批表及现场工程师签署的工程变更、洽商的实施情况等资料； • 对施工过程中的变更洽商等技术审核提供支持； • 其他相关工作
资料管理员	• 对工程结算资料进行归档、保管和移交工作； • 其他相关工作

（三）建立沟通工作机制

各参建单位之间的协作沟通和竣工结算审核工作的效率有着直接的联系。建立有效的沟通机制，加强竖向沟通、横向沟通，可以检查和督促结算进展情况，提高结算工作效率，保证结算准确性。沟通工作机制应在结算开始前向各参建单位进行宣贯确认。

沟通工作机制详情参见表 7-4-4。

沟通工作机制说明表 **表 7-4-4**

工作机制	说明
明确联络人	各参建单位明确项目结算负责人、造价负责人（各专业齐全）、结算事务联络人，并明确职责划分
建立联络名册	建立联系人名册将联系人姓名、职务、电话号码、邮箱等形成联系人名册，并建立网络联络群，方便信息传递
定期汇报机制	结算进展的各个阶段，由实施单位、监理单位定期在联络群定期汇报结算进展及问题； 针对重大争议问题或涉及结算原则性等问题由项目管理公司组织及时向建设单位做专题汇报
专题会议制度	根据竣工结算进展情况及结算审核过程中疑难问题组织召开竣工结算专题会议，探讨问题解决方法，协调推进结算进程
多部门联审机制	必要时开展多部门联审机制，若在结果过程中遇到争议问题无法继续开展结算工作，可汇集争议单位、设计单位、监理单位等进行多部门联审，以提高结算工作效率

（四）制定结算工作方案

竣工结算工作方案是对结算工作开展进行的总体规划，是项目管理单位对结算工作的总体部署和具体要求，各实施单位应遵照执行。

1. 竣工结算应具备的条件

竣工结算的正式启动，一般应具备如表 7-4-5 所示条件。

竣工结算应具备的条件 **表 7-4-5**

应具备条件	说明
竣工验收合格	任何工程项目须在竣工验收合格、取得验收合格证明文件后才能开展竣工结算工作
具备完整有效的工程竣工档案资料	包括招标图、正式施工图、竣工图、图纸会审纪要、工程变更（包括设计变更、洽商及现场签证等）以及工程验收资料等

2. 结算管理流程

竣工结算启动会标志着竣工结算程序的正式开启，一般管理流程如图 7-4-2 所示。

各流程说明如表 7-4-6 所示。

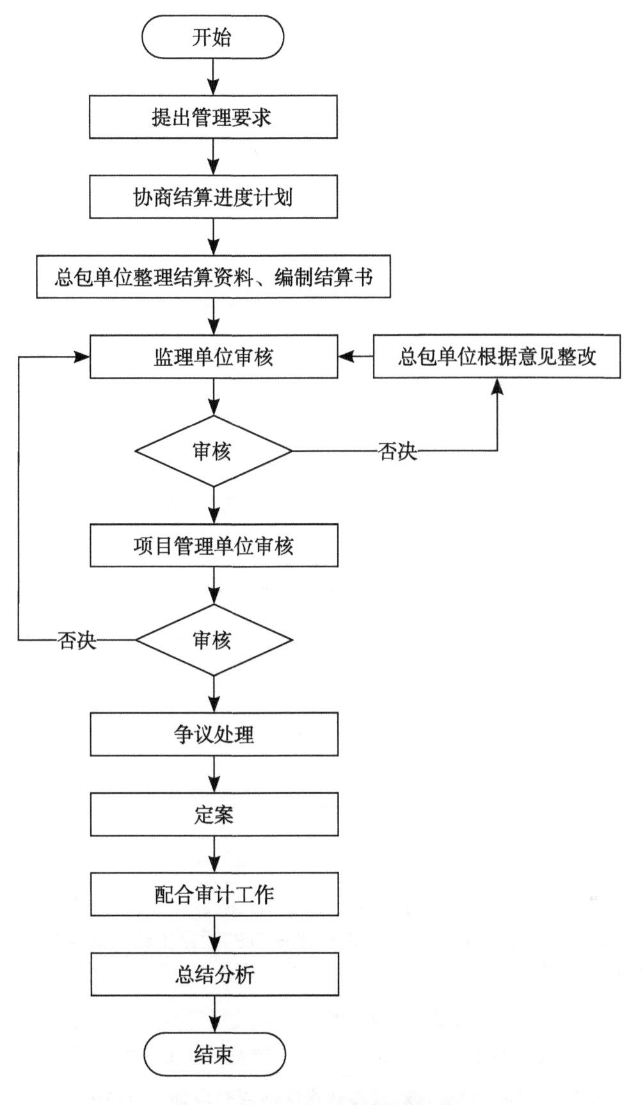

图 7-4-2　竣工结算管理流程

竣工结算管理流程说明　　**表 7-4-6**

流程	说明
提出管理要求	• 项目管理单位组织召开，参建单位参加； • 项目管理单位对结算提出具体要求； • 形成各方签认会议纪要
协商结算进度计划	• 总承包单位、监理单位依据技术资料的推进情况提出预计申报结算计划； • 各方协商后制定切实可行的竣工结算计划
承包单位整理结算资料、编制结算书	• 承包单位应提前整理好竣工结算资料； • 承包单位在约定截止日期前完成正式工程结算书编制并装订成册； • 报送监理单位、项目管理单位审核

续表

流程	说明
监理单位审核	• 监理单位应在规定的时间内（在监理招标文件或监理合同中约定相应时间）对结算书及相关资料进行详细、全面审查； • 提出审核意见后报送至项目管理单位
项目管理单位审核	• 项目管理单位审核结算资料及结算书； • 审核结果反馈编制单位
争议处理	• 针对分歧，项目管理单位组织应及时与各参建单位共同交换意见并向建设单位汇报 • 项目管理单位组织召开专题会议核对并确定
定案	• 各方签订结算定案单； • 形成结算审核报告
配合审计工作	• 各参建单位积极配合审计单位进行审计工作； • 工程结算经外部审计单位确认后，正式由施工总承包单位组卷、装订，并完善相关签字、盖章手续
总结分析	• 管理单位应对照可研批复、概算批复、承包合同，检查投资管控情况，分析有关经济指标

3. 结算申报具体要求

竣工结算申报具体要求如表 7-4-7 所示。

竣工申报具体要求 **表 7-4-7**

类型	说明
管理要求	• 资料的真实性，资料申报人对所提供资料的真实性、可靠性负责； • 资料的充分性，资料申报人按要求提供的项目资料应满足竣工结算审核的需要，资料要完整和充分
	• 专业分包工程结算要求以各分包工程独立装订结算资料上报总承包单位，由总承包单位按要求整理汇总在相应的单位工程或单项工程结算内，并独立撰写编制说明
	• 首次申报的竣工结算资料应按要求份数提交且须装订成册
	• 待工程竣工结算正式完成后由参建单位签署确认表
	• 所有工程结算书封面须加盖编制单位公章，编制人、审核人和负责人均应签字，其中编制人和审核人需加盖注册造价工程师执业专用章
	• 工程变更、洽商及签证记录须提供原件资料
	• 所有材料必须有清晰的分类，及对应准确的编号、日期
内容要求	• 内容真实、数据准确、文字清晰、层次分明、完整无缺、装裱整齐
	• 为保证竣工结算在批复文件控制范围内，要求总承包单位对竣工结算各项指标与可行性研究批复金额进行对比分析

4. 工程竣工结算书具体内容要求

工程竣工结算书包含具体内容如表 7-4-8 所示。

工程竣工结算书组成及要求　　　　**表 7-4-8**

竣工结算书组成	具体说明
封面	包括工程名称、编制单位、日期、公章
签署页	包括工程名称、编制人、审核人、审定人姓名和执业印章、单位负责人印章（或签字）等
目录	目录
编制说明	• 项目概况：包括项目名称、建设地点、建设规模、开竣工工期、质量等级、工程主要的参建单位等内容； • 工程承包范围、合同形式等内容； • 工程竣工结算范围； • 工程结算依据； • 工程结算申报情况说明； • 工程遗留问题，保修期需进一步完善的工程范围、数量等； • 甩项工程的内容（如有）； • 其他相关需说明事宜
工程结算书汇总表及明细表	• 工程竣工结算汇总表； • 总承包招标范围工程竣工结算书，具体包含如下内容： ①合同工程量清单项结算造价； ②补充合同（一般为新增）工程量清单结算造价； ③合同工程量清单误差项及漏项结算造价； ④工程变更及现场变更签证结算造价（一单一算）； ⑤其他。 • 暂估项分包工程竣工结算书； • 其他项目结算书： ①扣减甲供材料或设备结算； ②其他扣款 / 索赔 / 水电费结算； ③其他项目结算。 以上各项均需提供工程量计算书（包含清单工程量计算书、综合单价中定额含量计算书、主材含量计算书。要求总承包单位统一工程量计算书的格式）

5. 工程结算审核依据性资料内容要求

承包单位应提供结算审核相关依据性材料，包括但不限于如表 7-4-9 所示。

工程结算相关依据性资料　　　　**表 7-4-9**

资料内容	
合同	协议书、中标通知书、投标文件、合同专用条件、合同通用条件、招标文件及补遗书、承诺书等
	补充合同（一般为新增）
图纸	竣工图纸

续表

资料内容	
过程资料	图纸会审（交底）及图纸会审的会议纪要
	工程设计及洽商变更（含变更及洽商图纸、工程变更及洽商记录单及工程变更、洽商审批表等）
	工程现场签证单及工程量现场确认单（要求提供详细的工程量计算书及必要的影像资料等）
	材料及设备价格确认单、甲供材料明细表
	过程工程计量资料
竣工资料	竣工验收证书或表明所交工程质量达到合同约定标准的证明材料
	工程动工报审、工期证明资料
	工程保修书
	甩项工程清单（如有）
	其他竣工档案（资料）
其他资料	其他相关资料

三、竣工结算审核

（一）依据材料整理

工程价款结算应按工程承包合同约定办理，应按合同（补充合同）约定的结算方法、计价定额、取费标准、主材价格和优惠条件等对工程竣工结算进行审核，审核前应逐条梳理合同条款。

合同未作约定或约定不明的，发承包双方应按下列规定与文件协商处理：

（1）国家有关法律、法规、规章和相关的司法解释；

（2）国务院建设行政主管部门以及各省、自治区、直辖市或有关部门发布的工程造价计价标准、计价办法、有关规定及相关解释；

（3）招投标文件，包括招标公告、招标答疑文件、投标书（商务标与技术标）、中标通知书等；

（4）施工设计文件（含图纸）、工程竣工图；

（5）已确认的补充协议、现场签证及其他有效文件、有关材料设备采购合同；

（6）经批准的开、竣工报告或停、复工报告；

（7）其他相关材料。

同时，项目管理单位应整理管理期间发生的价款确认单、计量台账、变更台账、签证台账、索赔台账、调整台账、动态投资管控表格、支付台账等，核实数据准确性，为结算审核做好准备。

（二）结算资料审核

结算资料的审核是竣工结算审核阶段的基础性工作（表7-4-10），结算资料不充分、不真实必然导致结算审核成果的失效。对不符合要求的结算资料应责令退回，并要求限时补正。

工程结算资料审核要点　　表7-4-10

审核要点	要求
检查隐蔽验收记录	（1）审核隐蔽工程记录和验收签证手续是否完整； （2）审核工程量是否与竣工图一致
审核设计变更资料	（1）审核设计变更是否由原设计单位出具“设计变更通知单”并修改图纸、各方签字、公章齐全； （2）审核重大设计变更是否经原审批部门审批
依据性材料有效性	（1）结算资料是否按结算工作方案内容及时间要求提交； （2）成果文件是否有编制 / 审核单位公章及编审人员签字及资质章，如修改，修改处是否有签字及盖章； （3）各方签认单是否有各方单位负责人签字及单位盖章； （4）合同、招标投标文件是否盖章有效； （5）核对数量及编号

（三）结算价格审核

结算价格审核包括对项目范围、工程量、单价、现场签证及索赔、部分价款调整等事项的审核，该部分审核是竣工结算审核的重要组成部分，审核人员应采用全面审查方式与对比审查方式相结合的方法进行审核。

本节以政府投资建设项目固定单价合同竣工结算审核为例，竣工结算审核的内容，如表7-4-1所示。

工程结算审核内容　　表7-4-11

审核类型	审核要点
项目范围	（1）审查工程结算的项目范围、内容与合同约定的项目范围、内容的一致性，是否有多计、漏计等情况发生，制定合同范围对比分析表； （2）审查多承包人结算界面，当工程项目由多个施工单位承包或由发包人单独发包的专业工程时，审核过程中注意各施工交界面的工程量重复、交叠，出现多算、冒算等问题

续表

审核类型	审核要点
合同内部分	核对结算书中合同范围内各项内容与中标清单一致性（暂估价及暂列金额除外）
设计变更、洽商及现场签证	（1）核对管理程序是否符合要求，手续是否齐全； （2）核对工程量是否与依据性材料工程量一致；（必要时组织进行现场踏勘） （3）核对综合单价是否按合同约定计取和调整； （4）核对措施项目是否按合同约定计取和调整； （5）核对各项取费费率、规费、税金计取是否正确； （6）核对新增清单项组价原则、综合单价计取、取费费率是否符合合同约定； （7）核对新增材料或设备是否按认价材料计取
暂估调整	（1）核对认价手续是否齐全； （2）核对是否对非暂估价进行了调整； （3）核对调整价格与依据性材料价格是否一致
索赔费用	（1）核对索赔事件证明材料完整性、充分性；（必要时提交原始记录或组织现场踏勘） （2）核对索赔时效性及责任归集合理性； （3）核对索赔费用的计算方法是否符合相关规定； （4）核对计算结果准确性
价款调整费用	（1）核对由于物价变化引起的价格调整； （2）核对由于法律法规变化引起的价格调整； （3）核对由于工程量变化引起的价格调整； （4）核实计算方法及计算结果准确性
工期奖惩和质量奖惩	（1）核对证明材料是否符合合同约定； （2）核对证明材料的真实有效性； （3）核对计算方法及数据的准确性
其他	其他需要审核的内容

结算价格审核要点如表 7-4-12 所示。

工程结算价格审核要点　　表 7-4-12

审核类型	审核要点
审核工程量	（1）核对工程量是否以竣工图、设计变更单和现场签证等为依据进行计算； （2）配合现场计量工程师对竣工图、设计变更单和现场签证等与工程实际是否相符进行确认，必要时可利用影像资料或进行现场踏勘； （3）核对竣工工程量计算是否符合合同约定的计算规则，计算是否准确； （4）核对定额子目及子目内包含的工作，是否有与实际工艺不符或有重复多计或应扣除未予调减现象
审核综合单价	（1）核对工程名称、种类、规格、计量单位与工程量清单规范或预算定额所列的内容是否一致；

续表

审核类型	审核要点
审核综合单价	(2)核对换算单价是否符合定额规定，不允许换算单价在未强调工程特殊性或其他原因情况下任意换算； (3)核对补充定额单价的人、材、机消耗量是否符合实际测算数据，选用的人、材、机单价是否符合合同约定； (4)核对是否有错列已包括定额内的项目，避免重复多算情况发生
审核总价子目	(1)核对是否符合合同约定； (2)核对取费文件时效性； (3)核对计算的准确性
审核费用计取	(1)核对取费文件的时效性； (2)核对取费专业的符合性； (3)核对取费基数； (4)核对取费费率
审核材料价格	(1)核对新增材料认价手续； (2)核对是否按合同约定计算调价并核对准确性

四、争议解决经验

要保证工程结算客观、公正，结算过程合理、合法，那么政府投资建设项目承包合同约定的结算依据以及结算程序则是实现的有效途径。然而在实践中，尽管缔约各方对于合同中关于结算的约定慎之又慎，但由于政府投资建设项目投资金额大、建设周期长、履约情况复杂多变等原因，使得工程价款结算出现一定数量的争议，而争议的处理和解决又是发承包双方之间博弈的过程。因此，在做好项目管理的同时，如何在竣工结算阶段合理处理争议项，实现各方利益公平合理化，是项目管理单位结算阶段管理的重点和难点。

经验 1：对于工程造价计价依据、办法或相关政策规定等方面的争议事项由工程造价管理机构进行的书面解释或认定是最为行之有效的办法，而且各级工程造价管理机构对合同价款纠纷处理工作中也发挥着至关重要的作用，对及时化解合同价款争议发挥着重大的作用。

经验 2：对于其他争议事项的解决方式建议以监理或造价工程师暂定结果作为争议解决的重要方式，发承包双方对暂定结果认可的，应以书面形式确认，该暂定结果为最终决定；若双方认为暂定结果仍存有争议时，在暂定结果对发承包当事人履约不产生实质性影响的前提下，双方应实施该暂定结果，直到按照发承包双方认可的争议解决办法被改变为止。

经验3：不论采用何种方式解决争议事项，双方都应立足把争议事项解决在萌芽状态，或尽可能在争议事项执行前期阶段予以解决。尤其是施工总承包单位不能因为争议事项的存在而影响工程各项工作的正常开展或继续扩大争议事项对工程的影响程度，否则当施工总承包单位的行为影响到合同工期或质量约定目标时，施工总承包单位会因此承担不必要的罚款、违约金等经济赔偿。因此，在面对争议事项问题过程中，发承包双方应尽可能求同存异，并最大限度地采取措施确保工程建设项目得以顺利实现合同约定的工期及质量等目标，为争议解决创造最有利的条件。

五、结算审核报告编制

竣工结算情况报告主要包括以下内容：

（1）项目概况，包括项目名称、建设地点、建设规模、开竣工日期、质量等级、批准的概算、工程项目主要的参与单位；

（2）审核依据、范围；

（3）审核情况说明；

（4）审核结果与概算的对比情况；

（5）存在的问题及处理建议。

六、工程造价指标

为了积累政府投资建设项目管理经验，同时更好地服务于政府投资决策，提供科学合理的决策支持，也为政府投资建设项目决算申报做好准备。因此，做好建设项目造价指标的积累，是十分必要的。

以房屋建筑工程为例，工程造价指标，主要是反映每平方米建筑面积造价，包括总造价指标，费用构成指标，是对建筑、安装工程各分部分项费用及措施项目费用组成的分析，同时也包含了各专业人工费、材料费、机械费、企业管理费、利润等费用的构成及所占工程造价的比例。其作为反映工程造价水平、消耗量标准以及价格走势最直观的技术经济数据指标，使用者可以更好地确定工程项目管理过程中有关静态与动态的信息，在工程建设的全过程发挥着重要的作用。

构建工程造价指标体系的目的是迅速、方便、合理地确定工程造价，工程造价指标除了需要能够作为参照对象进行工程造价的确定和评判外，还要能够衡量和检验设计及施工过程中造价变化的程度，并从节约成本的角度引导设计、施工对新工艺、新技术、新材料的推广应用和创新。

造价指标分析的组成部分可见表 7-4-13。

造价指标组成部分　　表 7-4-13

组成部分	说明
明确的项目信息	工程概况中的内容主要包括建设地点、建设时间、所采用的计价依据和计价方法、建筑类型、层高、层数等对造价影响较大因素的特征信息。通过工程概况表可形成工程造价项目特征的索引，便于人工和计算机进行快速匹配检索
全面的项目类型	公建类项目与市政园林类项目造价指标从信息到构成均存在较大差异，应建立全面的项目类型并进行有效精细化分类，便于使用者进行查找和归档
各类型指标	造价指标应涵盖工程造价费用指标分析、主要工程量指标分析以及主要人工、材料、机械消耗量指标分析等
各层次指标	可将造价指标分解为工程项目指标、单项工程指标、单位工程指标和专业工程指标，并按造价影响程度做进一步细分，例如建筑工程可分为地上建筑工程、地下建筑工程等
各阶段指标	按照基本建设程序可将建设工程中各阶段指标进行收集整理，可按可研估算、设计概算、招标控制价、竣工结算阶段进行划分，不但可以对比出各阶段指标的差异，也为决策的各个阶段提供合理支撑
主要材料设备价格	可在收集指标的同时进一步收集设备主材询价，不但可以更加具体反映市场价格水平，也可以为后续工程提供参考借鉴
信息化系统	利用先进的大数据平台，实现造价指标信息的智能化分析与整理，并实现资源的共享，可提高造价指标的样本数量、精确度及收集效率

第五节　政府投资建设项目的决算管理

工程建设项目决算阶段的管理内容主要包括决算的编制和审核两部分。决算编制主要是通过对工程结算资料及财务资料的统计分析，反映建设工程投资效益情况及建设成果的工作，决算是建设单位向生产、使用或管理单位移交资产的依据。决算审核主要是对建设项目决算的合法性、合规性、真实性、完整性进行审核，通过审核督促政府投资建设项目的相关单位、部门加强项目管理，提高政府投资的社会、经济效益。政府投资建设项目的决算，是综合反映工程项目从工程筹建到竣工实际发生的全部建设费用，反映投资效果、总结建设经验的文件，是考核工程设计概算的执行情况，分析工程建设成本，移交固定资产、进行核算资产等主要依据。因此决算工作具有重要意义。但是在项目实际工作中，政府投资建设项目的决算工作却推进困难，导致项目决算难以完成，影响工程结算的尾款支付，造成拖欠工程款。分析这种现象的原因，建设项目本身和政府决算管理工作机制方面都存在一些问题。本节主要阐述了决算与结算的区别、决算的编制与审核、决算审计、决算的问题与建议。

一、决算与结算的区别

竣工结算是承包人按照合同约定完成工作内容，经建设单位牵头组织各参建方验收合格后，并报相关部门备案。合同双方依据合同约定进行合同价款计算、调整和确认的文件。项目决算是建设工程竣工后，建设单位按照国家规定编制的交决算报告。竣工结算是决算的编制基础和依据，两者在费用、内容、编审人员及编制的目的等方面均有区别。

(一)包含内容不同

工程竣工结算的范围为发承包双方合同约定的承包范围，以及考虑工程实施过程中发生的超出施工合同范围的工程变更、索赔等情况。竣工结算包括：单位工程竣工结算、单项工程竣工结算、建设项目竣工总结算等。决算包括从项目筹建到竣工投产全过程的全部实际费用。按照财政部、国家发展改革委和住房和城乡建设部的有关文件规定，决算是由竣工财务决算说明书、竣工财务决算报表、工程竣工图和工程竣工造价对比分析四部分组成。前两部分又称建设项目竣工财务决算，是决算的核心内容。

(二)编制人与审查人不同

工程竣工结算由承包人编制，建设单位审查，建设单位也可以委托第三方咨询机构进行审查。

建设工程决算，由建设单位负责组织人员编写，上报投资主管部门审查，并按照审计相关规定报审计部门审查。

（三）编制目的不同

竣工结算是在施工完成并已经竣工后编制的，目的是反映建设项目的实际造价。决算是在竣工结算完成后编制的，目的是正确核定新增固定资产价值，考核投资效果。

二、决算编制

决算的编制由建设单位牵头，依据国家相关在政策、法律、法规及本单位的管理规定，成立决算编制小组，组织对工程建设资料进行整理、分析，在项目管理单位、施工总承包单位、设计单位、监理单位等参建单位的配合下共同完成。下面主要从决算编制的依据、决算的内容、决算编制三方面进行阐述。

（一）决算编制依据

政府投资建设项目的决算编制主要依据包括国家相关政策、法律、法规及建设单位相关规定；经批准的可行性研究报告及投资估算；经批准的初步设计及概算、修正概算；经批准的施工图设计及其施工图预算；设计交底或图纸会审会议纪要；招标投标文件、合同（协议书）、工程结算资料；设计变更、施工记录或施工签证单及其他施工发生的费用记录；竣工图及各种竣工验收资料；历年下达的投资计划、项目支出；设备、材料等调价文件和调价记录；有关财务核算制度、办法和其他有关资料、文件等。

（二）决算的内容

按照财政部、国家发展改革委及住房城乡建设部的有关文件规定，决算由竣工财务决算说明书、竣工财务决算报表、工程竣工图和工程竣工造价对比分析四部分组成。前两部分又称建设项目竣工财务决算，是决算的核心内容，也是决算编制最终形成的成果文件。

（1）决算说明书。工程决算说明书主要围绕工程建设项目的建设管理情况、取得的成果、建设成本及投资效果来进行分析阐述。其主要内容包括：项目概况，包括项目名称、建设地点、建设规模等，并对工程进行整体评价，一般从进度、质量、安全、环保、投资等方面进行分析说明；基本建设程序执行情况，包括不限于项目审批手续、法人责任制、建设监理制、招标、施工许可、竣工验收等；基本建设管理制度执行情况；投资计划、资金到位、支出、结余情况；分析决算与概算的差异及原因，尾工及预留费用；主要技术经济指标及投资效果分析；招标投标情况、合同（协议）履行情况；基本建设项目管理经验、问题及建议；征地拆迁情况以及需说明的其他情况等。

（2）决算报表。按规定，基本建设大中型项目竣工财务决算报表包括：基本建设项目概况表、基本建设项目竣工财务决算表、基本建设项目交付使用资产总表、基本建设项目交付使用资产明细表。小型项目决算报表按上述内容合并为小型项目决算总表和交付使用资产明细。

（3）建设工程项目竣工图。建设工程项目竣工图是真实记录各种地上地下建筑物、构筑物等情况的技术文件，是工程进行竣工验收、使用、维护、改建和扩建的依据，应按照资料归档规程的相关要求进行绘制。

（4）工程造价比较分析。经批准的概算是考核建设工程实际造价的依据。在分析时，将工程造价的实际数据逐一与批准的概算同口径进行对比，以反映出竣工项目总造价和单方造价、各专业工程造价及单方造价等是否超概，在对比的基础上，找出投资节约或超概的工程内容和原因，总结投资管理经验，提出改进措施。项目实际工作中，主要的分析内容包括：概算批复后的动态因素分析，如设计变更、人、材、机等价格因素、建设项目主要工程量及建设标准分析，如建设规模、结构、装修、通风空调、电气等工程量及建设标准；工程建设单位其他费用的取费标准以及政策性调整等其他影响因素等。

（三）决算的编制

建设单位从项目筹建开始，应明确专人负责，做好有关资料的收集、整理、积累、分析工作。项目建设完成后，建设单位应牵头并组织各参建单位配合，完成工程决算报告的编制工作。

（1）建设单位牵头成立决算编制小组，明确建设单位参与的人员（一般包括财务、工程、计划、物资等方面的人员）及各参建单位的配合事项；

（2）制定编制工作方案，包括但不限于项目情况、编制人员及分工、工作计划、要求及经费等；

（3）熟悉项目情况，收集编制依据性材料；

（4）若建设单位委托第三方咨询单位进行编制，咨询单位主要开展以下工作：

①以项目建设单位提供的资料为基础，开展归集、整理、汇总、分析等工作；

③协助建设单位进行建设档案、财务等整理工作；

③对工程决算与工程批复概算进行对比分析；

④依据以上资料开展决算报告的编制；

⑤出具决算报告。

三、决算审核

决算审核的主要目的是对决算的真实性、合法性、完整性进行审核。政府投资建设项目的决算审核，主要内容包括项目建设程序履行情况审核、建设管理情况审核、工程竣工结算审核、工程决算财务审核四方面。

建设单位编制完成决算报告后，需报投资主管部门进行审批。投资主管部门审批前，一般委托第三方咨询机构对决算进行审核，依据第三方咨询机构出具的审核报告，进行决算批复。受投资行政主管部门委托，决算审核的第三方咨询机构接到任务后，组织审核团队开展如下工作。

（一）提出决算审核资料清单

第三方咨询机构应致函建设单位，说明受投资行政主管部门委托，准备对项目进行决算审核，根据审核要求，需建设单位提供相关资料。资料清单包括但不限于以下内容，详见表 7-5-1。

决算审核资料清单 **表 7-5-1**

类别	资料名称
政府审批	• 工程前期批复文件
招投标	• 工程委托设计的招标投标资料； • 工程委托监理的招标投标资料； • 工程施工承包的招标投标资料； • 其他招标投标资料
工程技术	• 工程施工图（含招标投标图、历次变更图、竣工图）； • 设计变更、工程洽商、设计交底、图纸会审、现场签证、会议纪要等
合同	• 项目发生的全部合同文件
竣工验收	• 工程竣工验收文件
结算及决算	• 工程量确认单、材料价格确认文件； • 工程结算书及工程决算报告

续表

类别	资料名称
其他	• 项目决算与初步设计概算批复投资对比及原因分析； • 项目实施建设内容、规模与初步设计批复对比及原因分析； • 建设单位管理费明细表等

（二）开展决算审核工作

对建设单位提供的资料进行收集整理，编制决算审核实施方案，并从以下几方面开展决算审核工作：

（1）审查决算资料的完整性；

（2）审查工程建设程序执行情况；

（3）法人责任制、监理责任制等建设管理的执行情况；

（4）项目招投标情况；

（5）竣工财务决算报表和说明书完整性、真实性；

（6）各项建设投资支出的真实性、合规性；

（7）建设工程竣工结算的真实性、合规性；

（8）概算执行情况；

（9）交付使用资产真实性、完整性；

（10）结余资金。

（三）形成决算审核报告

决算审核一般采用现场勘查、审查项目资料、重新计算、对相关人员进行询问沟通等方法，全面开展决算审核工作，对审核过程中发现的问题进行复核、汇总、分析，并与建设单位交换意见、形成共识，出具决算审核报告。

四、决算审计

决算审计是指审计部门依据国家和行业的相关规定对建设项目决算的真实、合法、效益进行的审计监督，其目的是保障建设资金合理合法使用，正确评价投资效益，促进总结建设经验，提高工程建设项目管理水平。

（一）决算审计的工作内容

决算审计包括项目决算资料的完整性审计、项目基本建设程序执行情况审计、项目组织管控情况审计、财务管理及会计核算情况审计、资金到位和资金使用情况审计、概算执行情况审计、交付使用资产情况审计、工程结算情况审计等。

（二）决算审计与决算审核

政府投资建设项目的决算审核是投资行政主管部门考核工程建设情况，审查工程投资审批执行情况的重要工作。政府投资建设项目在完成竣工结算后，均需编制决算报告，报投资主管部门审批。决算审计是审计部门依据审计工作的要求开展的工作，其与决算审核在主管部门、职能方面存在差异，在工作依据、工作重点、工作目的等方面各有侧重，详见表 7-5-2。

决算审计与决算审核对比表　　表 7-5-2

事项	决算审计	决算审核
主管部门	审计部门	投资主管部门
工作职能	审计监督	审批投资
工作依据	《审计法》及决算方面行政规定	《政府投资条例》及决算方面行政规定
工作重点	审查项目建设资料以及建设资金使用的真实性、合法、有效	审查项目建设的合法、合规性以及政府投资审批的执行情况
工作目的	通过决算审计监督，加强建设单位对政府投资的有效控制，减少违法违规行为。促进建设单位强化管理意识、完善管理制度、改进管理方法，发挥政府投资的作用	通过决算审核考核工程建设情况，审查初步设计概算的执行情况，评价投资效果、效益

第六节　收尾阶段管理典型案例与分析

本节主要围绕正文部分论述的观点，列举了竣工收尾阶段具有代表性的实操典型案例，如《物价波动导致合同价款调整案例》分析及《北京 ×× 项目造价指标分析表》等实务案例展示，帮助读者体会在竣工阶段项目管理工作的核心内容，便于读者更加深入地熟悉和了解本书的内容。

案例一

物价波动导致合同价款调整的案例

本案例主要反映通过物价波动导致合同价款调整，简要说明在竣工结算阶段如何计算政府投资建设项目人工、材料的价格变化风险幅度、人工差价调整与材料差价调整的区别，以及市场价格变化幅度超过合同约定幅度时采用加权平均法或算数平均法的优缺点。

（一）案例背景

某业务用房于2013年8月通过招标、投标确认施工总承包单位，该项目建筑面积约7万m^2，结构形式为框架结构，开工日期2013年9月，竣工日期2015年10月。施工合同中关于物价波动引起的价格调整条款如下：

1. 物价波动引起价格调整方式：采用造价信息调整价格差额；

2. 引起价格调整的物价波动风险范围：

人工、钢材、水泥、木材、防水卷材、预拌混凝土、管材、电线、电缆等；机械费用变化的风险全部由承包人承担或受益；

3. 引起价格调整的物价波动风险幅度：±5%（含5%）；

4. 投标报价的基准期：2013年8月；

5. 基准价的确定：以北京项目为例，与投标报价基准期对应的主要材料和机械及人工市场价格为基准价；基准价以2013年8月《北京工程造价信息》（以下简称造价信息）中的市场信息价格为依据确定。造价信息价格中有上下限的，以下限为准；造价信息价格缺项时，以发承包双方共同确认的市场价格为依据确定。

6. 施工期市场价的确认：发包人应优选采用施工期的造价信息中的市场信息价，造价信息价格中有上下限的，以下限为准；工程造价管理机构未发布材料价格信息的，发包人应通过市场调查或询价的方式确定其当期材料价。

7. 超过风险幅度的调整原则：

（1）市场价格变化幅度超过合同约定幅度的单价调整办法：材料费采用加权平均法；人工单价采用算术平均法。

（2）主要材料和机械市场价格的变化幅度小于或等于合同中约定的价格变化幅度时，不做调整；变化幅度大于合同中约定的价格变化幅度时，应当计算超过部分的价格差额，其价格差额由发包人承担或受益。

（3）人工市场价格的变化幅度小于或等于合同中约定的价格变化幅度时，不做调整；变化幅度大于合同中约定的价格变化幅度时，应当计算全部价格差额，其价格差额由发包人承担或受益。

（4）人工费价格差额不计取规费；人工、材料、机械计算后的价格差额只计取税金。

在竣工结算编、审时对可调价的人工单价及主要材料的价格风险幅度进行了计算，其中人工单价的价格上涨幅度超过合同约定风险幅度 +5%、钢筋的市场价格下降幅度超过合同约定风险幅度 −5%，因此对人工单价、钢筋进行差价调整；其他材料的价格基本平稳且经计算其价格波动幅度都在 ±5% 以内，不予以调整差价。

（二）案例问题

（1）如何计算本项目人工、材料的价格变化风险幅度？

（2）人工差价调整与材料差价调整有何区别？

（3）当市场价格变化幅度超过合同约定幅度的单价时采用哪种调整方法比较好？

（三）问题解析

问题 1

1. 人工单价价格变化幅度的计算（以北京建筑工程人工单价为例）

（1）人工费投标价：93 元 / 工日。

（2）人工费基准价：93 元 / 工日；注：按投标期 2013 年 8 月份造价信息人工工日单价下限为 93 元 / 工日，上限 97 元 / 工日，依据合同约定应以下限 93 元 / 工日作为基准价。

（3）施工期信息价算术平均价（施工期市场价）：93 元 / 工日。

注 1：在施工期 2013 年 9 月至 2015 年 3 月：北京造价信息中人工工日单价下限为 93 元 / 工日，上限 97 元 / 工日，其价格与基准价相同，依据合同约定应以下限 93 元 / 工日作为施工期市场价格，施工期共计 19 个月；

注 2：在施工期 2015 年 4 月至 2015 年 10 月：北京造价信息中人工工日单价下限为 94 元 / 工日，上限 98 元 / 工日，依据合同约定应以下限 94 元 / 工日作为施工期市场价格，施工期共计 7 个月；

人工单价算术平均价 =（19×93+7×94）/26=93.27 元 / 工日。

（4）施工总承包单位人工投标单价 93 元 / 工日等于基准单价 93 元 / 工日，施工期间人工价格上涨，以基准单价为基础计算风险幅度：

人工价格变化幅度（涨幅）=（施工期市场价 - 基准价）/ 基准价 ×100%；

人工价格变化幅度（涨幅）=（93.27-93）/93×100%=0.29%。

2. 材料价格变化幅度的计算（以钢筋、防水材料单价为例）

（1）钢筋价格幅度计算（投标价高于基准价）

①钢筋规格型号：钢筋混凝土用钢筋 HRB400 级直径 12；

②投标价：3920 元 /t；

③基准价：3910 元 /t；

④施工期信息价加权平均（施工期市场价）：3711.38 元 /t；

⑤施工总承包单位钢筋投标单价 3920 元 /t 高于基准单价 3910 元 /t，施工期间钢筋价格下跌，以基准单价为基础计算风险幅度：

钢筋价格变化幅度（跌幅）=（施工期市场价 - 基准价）/ 基准价 ×100%；

钢筋价格变化幅度（跌幅）=（3711.38-3910）/3910×100%=-5.08%。

钢筋价格变化幅度计算用基础数据详见附件 1。

（2）防水卷材的价格幅度计算（投标价低于基准价）

①防水卷材型号：SBS 改性沥青油毡防水卷材 -3mm 厚；

②投标价：41 元 /m^2；

③基准价：42 元 /m^2；

④施工期信息价加权平均（施工期市场价）：40.84 元 /m^2；

⑤施工总承包单位防水卷材投标单价 41 元 /m^2 低于基准单价 42 元 /m^2，施工期间防水卷材价格下跌，以投标单价为基础计算风险幅度：

防水卷材价格变化幅度（跌幅）=（施工期市场价 - 投标单价）/ 投标单价 ×100%；

防水卷材价格变化幅度（跌幅）=（40.84-41）/41×100%=-0.39%；

防水卷材价格变化幅度计算用基础数据详见附件 2。

问题 2

人工差价调整与材料差价调整的主要区别在于当价格变化幅度超过合同约定的风险幅度范围时，人工费计算全部差价，材料费计算超过部分的差价，具体以问题 1 中列举的建筑工程人工及钢筋价格调整为例说明二者的区别。

1. 人工单价差价的调整

人工单价的物价波动变化幅度超过风险幅度时，应计算全部价格的差额，即差额部分全部进行调整，其价差由发包人承担或收益。

鉴于问题 1 中人工单价的价格变化幅度 0.29% 未超出合同约定的 ±5% 的调整幅度，不予调整人工价格，即人工结算单价等于投标单价。

为说明人工价格调整与材料价格调整的差别，假设人工投标价 87 元 / 工日、人工基准价为 87 元 / 工日，人工施工期市场价为 93 元 / 工日，经测算人工价格变化幅度超出合同约定 +5% 的调整幅度，应依据合同的约定调整全部价格的差额，计算公式如下：

人工单价价格调整金额（调增）= 人工施工期市场价 − 人工基准单价

=93−87

=6 元 / 工日

2. 材料价差的调整

材料差价的变化幅度大于合同中约定的价格变化幅度时，应当计算超过部分的价格差额，其价格差额由发包人承担或受益。

（1）鉴于问题 1 中钢筋单价的价格变化幅度 −5.08%，已超出合同约定 ±5% 的调整幅度，因此依据合同的约定调整超过部分的价格差额，计算公式如下：

每吨钢筋调整金额（调减）= 钢筋施工期市场价 − 钢筋基准价 ×（1−5%）

=3711.38−3910×（1−5%）

=−3.12 元 /t

（2）问题 1 中防水卷材价格调整幅度未超过合同约定的 ±5%，因此防水卷材的价格不予调整，其结算单价等于投标单价。

问题 3

当市场价格变化幅度超过合同约定幅度的单价时，发承包双方在合同中约定调整的办法，一般可采用加权平均法、算术平均法两种方法进行计算。

（1）加权平均法优缺点：加权平均法的计算结果更接近于项目实际市场价的确定，相对准确性要高一些。但其所需数据繁多，计算相对复杂，加权平均法的权重计算采用的是月工程计量中的工料机消耗量计算，且材料的采购时间和使用时间、采购量和使用量等都存在偏差，因此容易造成权重计算得不准确。

（2）算术平均法优缺点：算术平均法计算简便，统计工作量小，不容易受施工时间及消耗量影响，但不太适合施工过程中工、料、机消耗量明显不均衡的情况。

由此可见加权平均法和算术平均法各有优缺点，需要结合项目自身特点进行选择。

案例二

工程造价指标分析实操案例

本案例是以某公共建筑为例，通过对历年竣工项目咨询成果的造价指标分析与不断总结，提升了咨询成果的专业性，为相关业务人员合理开展投资管理并有效控制投资提供了重要的参考数据。因此，本案例意在通过某政府投资建设项目的造价指标分析表实例为读者展示编制项目造价指标分析的格式及指标要素等内容，为读者今后建立项目造价指标库提供参考。

（一）案例背景

某公共建筑，结构形式为框架剪力墙结构，该项目属于具有一定的代表性和普遍性的公共建筑类工程。根据相关管理办法，由造价工程师依据该项目招标投标文件及合同文件等资料，结合本工程项目特征及竣工结算审核结果，编制完成了该项目工程造价指标分析表。

（二）案例问题

（1）编制本项目工程造价指标分析表的依据是什么？

（2）简要说明本项目造价指标分析的主要指标参数设置情况？

（3）本项目造价指标分析表的实例展示情况如何？

（三）问题解析

问题 1　编制本项目工程造价指标分析表的依据包括但不限于以下内容：

（1）法律、法规、政策及规范类文件。包括国家及北京市现行法律、法规、政策文件；

（2）清单、定额及信息价执行情况。包括 2013 年工程量清单计价规范、《建设工程预算定额》、施工当期《工程造价信息》及相关的造价管理文件等；

附件 1

钢筋混凝土用钢筋 HRB400 级直径 12

投标价（元/t）	基准价（信息价）	2013 年信息价（元/t）				2014 年信息价（元/t）									
	8 月	9 月	10 月	11 月	12 月	1 月	2 月	3 月	4 月	5 月	6 月	7 月	8 月	9 月	10 月
3920	3910	3940	3730	3860	3740	3720	3660	3580	3620	3680	3610	3660	3630	3530	3380
		P_1	P_2	P_3	P_4	P_5	P_6	P_7	P_8	P_9	P_{10}	P_{11}	P_{12}	P_{13}	P_{14}

钢筋总量计算（t）	2013 年信息价（元/t）				2014 年信息价（元/t）									
	9 月	10 月	11 月	12 月	1 月	2 月	3 月	4 月	5 月	6 月	7 月	8 月	9 月	10 月
905.053	76.775	145.095	120.368	65	85.292	0	73.519	95.999	79.863	60.15	37.739	28.9126	17.5358	18.802
权重（月钢筋量/钢筋总量）	8.48%	16.03%	13.30%	7.18%	9.42%	0.00%	8.12%	10.61%	8.82%	6.65%	4.17%	3.19%	1.94%	2.08%
	A_1	A_2	A_3	A_4	A_5	A_6	A_7	A_8	A_9	A_{10}	A_{11}	A_{12}	A_{13}	A_{14}

施工期信息价加权平均	3711.38	334.23	597.98	513.36	268.60	350.57	0.00	290.81	383.98	324.73	239.92	152.62	115.96	68.40	70.22
		$A_1 \times P_1$	$A_2 \times P_2$	$A_3 \times P_3$	$A_4 \times P_4$	$A_5 \times P_5$	$A_6 \times P_6$	$A_7 \times P_7$	$A_8 \times P_8$	$A_9 \times P_9$	$A_{10} \times P_{10}$	$A_{11} \times P_{11}$	$A_{12} \times P_{12}$	$A_{13} \times P_{13}$	$A_{14} \times P_{14}$

注：上述施工期每个月钢筋用量是根据当月计量结果计算的钢筋用量（含计入洽商变更钢筋用量）。

附件 2

材料价格变化幅度计算基础表（防水卷材）

投标价（元/m^2）	基准价（信息价）	2013 年信息价（元/m^2）				2014 年信息价（元/m^2）									
	8 月	9 月	10 月	11 月	12 月	1 月	2 月	3 月	4 月	5 月	6 月	7 月	8 月	9 月	10 月
41	42	42	42	42	42	42	42	42	42	39	39	39	39	39	39
		P_1							P_2						

卷材防水总量计算（m^2）	2013 年防水卷材量（m^2）				2014 年防水卷材量（m^2）									
	9 月	10 月	11 月	12 月	1 月	2 月	3 月	4 月	5 月	6 月	7 月	8 月	9 月	10 月
30663.98	18779.67							11884.31						
权重（计量周期防水量/防水总量）	61.24%							38.76%						
	A_1							A_2						

施工期信息价加权平均	40.84	25.72	15.12
		$A_1 \times P_1$	$A_2 \times P_2$

注：上述施工期每个月防水卷材用量是根据当月计量结果计算的防水卷材用量（含洽商变更防水卷材用量），防水卷材总量为竣工结算总计工程量。

（3）前期立项批复类文件：包括本项目可研批复文件、设计概算批复文件等；

（4）施工招标及施工过程类文件：包括招投标文件、已标价工程量清单、施工总（分）包合同、补充协议、施工图纸、设计变更、洽商记录、现场签证、材料设备认质认价资料等；

（5）竣工收尾阶段形成的资料：包括竣工图、结算审核报告等。

问题2 本项目造价指标分析的主要指标参数设置简要说明：

（1）项目概况表：

①工程概况：主要包括工程名称、建筑类型、土质类别、建筑面积、檐高、层数、抗震烈度、抗震等级、施工期、编制日期等内容；

②工程特征：主要包括建筑、装饰、安装及庭院等四部分内容。

（2）造价指标分析表：主要本项目分部分项工程金额、单方造价及造价占比情况。

（3）主要专业工程造价占比饼图：比较直观分析各专业工程造价占比情况。

（4）各专业工程单方造价直方图：比较直观分析各专业工程造价单方造价情况。

（5）主要材料（设备）价格表：主要展示本项目主要材料或设备的认价情况或最终结算情况。

问题3 本项目造价指标分析表设置情况示例：

本项目造价指标表主要包括项目概况表、造价指标分析表、主要专业工程造价占比饼图、各专业工程单方造价直方图等4部分构成，表格形式详见附件。

附表1 项目概况表

附表2 造价指标分析表

附图1 主要专业工程造价占比饼图

附图2 各专业工程单方造价直方图

附表 1　项目概况表示例

一、项目概况							
工程地点		××地区		施工期		201×年×月—201×年×月	
总面积		××m^2，地上××m^2，地下××m^2		资金来源		固定资产投资	
造价类别		结算		计价依据		2013 清单计价规范，预算定额	
工程用途	办公楼	地上/地下层数	×/×	层高	×m、×m	结算编制日期	××年×月
土质类别	一、二类土	檐高	××m	抗震烈度	8 度（0.2g）		
二、工程特征							
建筑	基础	筏形基础		安装	给排水	给水排水系统；无负压供水系统；中水系统；热水系统	
	主体结构	框架剪力墙			采暖	地板采暖，换热站	
	屋面及防水	上人屋面、SBS 卷材防水，屋顶绿化			通风空调	中央空调系统；冰蓄冷；新风机组；特殊风口	
	其他主要做法	二次结构：轻体砖结构、部分区域为钢结构			强电	建筑照明及动力系统；柴油发电机组；变配电系统；应急电源系统	
装饰	地面	瓷砖、PVC 塑胶、石材、细石混凝土压光地面					
	内墙	乳胶漆、玻化砖、釉面砖、轻质隔墙（石膏板及板材）			弱电	建筑设备监控系统、视频安防监控系统、入侵报警系统、出入口控制系统、信息网络系统、综合布线系统、信息导引及发布系统	
	外墙	石材					
	天棚	硅酸钙板、铝扣板、蜂窝铝板、烤漆格栅、乳胶漆、水泥砂浆、防水涂料			消防	消防水系统、声光报警、消防烟感及消防广播控制线路敷设及终端安装、消防排烟风管制作安装、气体灭火系统安装	
	门窗	实木装饰复合门、防火门、防盗门、铝合金门、成品电动门；断桥隔热铝合金窗（含纱窗，局部配置金属百叶）			其他主要做法	U 形管太阳能；夜景照明；电梯共××部，其中自动扶梯××部，直梯××部（含货梯×部、消防梯××部、客梯××部）	
	其他主要做法	1~5 层大理石石材大厅，会议室拉膜天花、多功能厅装修		庭院	主要做法	混凝土路、道路铺装、喷灌管线、栽植植被、景观照明等	
备注							

附表 2　造价指标分析表

序号	项目名称	造价（万元）	单方造价（元/m^2）	占比（%）
	工程费	157500	7500	100.0
1	建筑工程	56300	2680	35.7
2	装饰工程	35700	1700	22.7
3	给排水工程	3000	140	1.9
4	强、弱电工程	12800	600	8.0
5	基础处理	1900	90	1.2
6	电梯工程	2600	130	1.7
7	消防工程	5900	280	3.7
8	变配电工程	3400	160	2.1
9	通风空调工程	23600	1130	15.1
10	弱电工程	4800	230	3.1
11	室外工程	2900	140	1.9
12	换热站	1400	70	0.9
13	燃气、太阳能工程	600	30	0.4
14	其他	2600	120	1.6

注：以上造价指标均为示意。

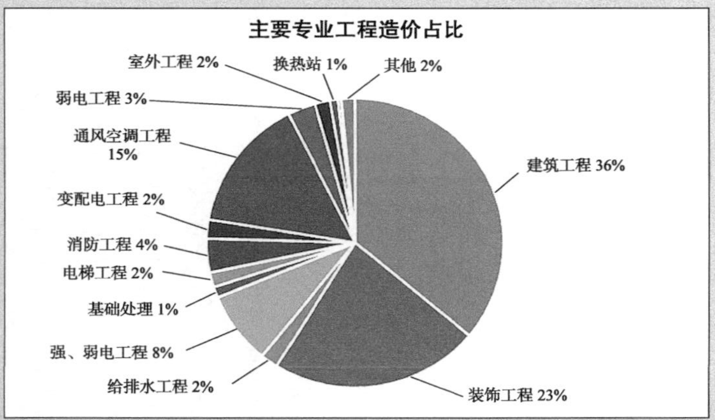

附图 1　主要专业工程造价占比饼图

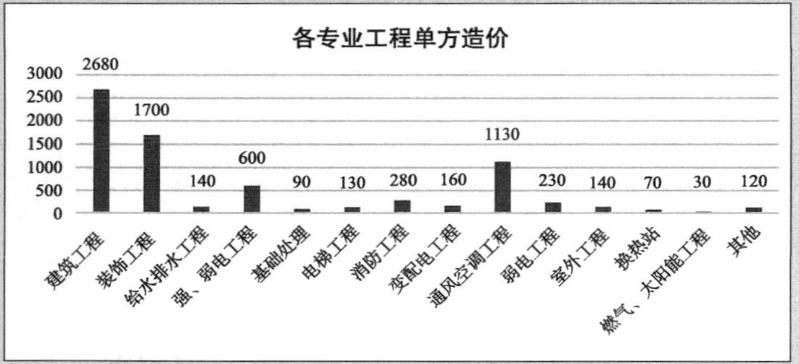

附图 2　各专业工程单方造价直方图

导读

项目管理业务内容广泛，易受多种因素影响，组织灵活性度高、实施难度大。伴随工程建设领域高质量发展步伐逐渐加快，项目建设品质要求不断提升，建设过程复杂性日益增强，生产管理的规范化、标准化要求也越来越高，以信息化与新技术开展项目管理显得十分必要。科学技术的日新月异，信息化是生产管理的必然选择。经过多年发展，工程建设领域已经积累了丰富的项目管理经验，形成了较为系统的管理类咨询理论方法，也为信息化及新技术应用开展奠定了基础。项目管理信息化与新技术应用将进一步凸显项目管理服务价值，促进政府投资建设项目“以投资管理为核心”的全过程管理服务特色形成，从而有效引导客户需求转变及正确导向的建立。从可持续发展视角看，当前，信息化与新技术已经成为提升项目管理能力的重要抓手。面对行业高质量发展机遇，实现行业引领，咨询企业也必须强化手段支撑。可见，项目管理信息化是企业发展战略纵深发展的重要举措，是打造业务产品、塑造品牌影响力的必由之路。随着数字经济的快速发展，信息技术与项目管理业务的进一步深度融合，项目管理信息化将从基础信息化、新技术应用与互联互通集成化发展逐渐向项目管理智慧化演进。

第八章

项目管理信息化与新技术应用发展趋势

第一节　项目管理信息化发展阶段

项目管理信息化不同于项目管理单位信息化，后者聚焦在企业经营管理全过程，项目管理系统必要时需跟项目管理单位信息系统集成对接，实现数据互联互通，并保证数据一致性。按照当前信息化应用发展规律，项目管理信息化可划分为基础信息化、新技术应用与互联互通集成化发展，以及智慧型项目管理三个阶段。

一、项目管理信息化应用背景

项目信息化和企业信息化发展进程的加快，云计算、大数据、物联网、移动互联网、人工智能等集成应用，信息技术将在行业发展中发挥的作用越来越大。

（一）项目管理内在发展需要

1. 工程建设管理业务发展的现实需要

工程项目管理涉及项目质量、安全、投资、进度、合同等多个方面，需要建设单位、设计单位、施工单位、监理单位多方参与，对于大型、复杂的政府投资工程项目，在管理过程中工期长、任务重，涉及专业多、交叉作业多。在传统的工程项目管理模式中，项目各类信息存储主要是基于表格或单据等纸质形式。信息的加工和整理由大量手工计算来完成。信息交流绝大部分是通过手工传递甚至是口头传递。信息的检索则完全依赖于对文档资料的翻阅查看。

政府投资项目的专业项目管理单位承担着政府投资项目的建设管理服务重任，对项目从前期手续办理、预算编制、招标、施工管理、竣工验收并移交负责全程管理，每一项目所涉及的环节、手续的繁杂程度是所有其他参建单位无法比拟的，随着项目管理工作量不断增加，建设单位与各单位间的交互信息量也在不断扩大，信息交流与传递变得越来越频繁，项目管理复杂性与难度愈加突出。在项目进度管理方面，决策层掌握信息主要靠传统的手工报表、口头汇报、开会形式进行，效率较低，且不能及时掌握情况，随时调度；资金管理方面，对资金使用情况只能通过各部门汇总后再手工统计，决策层无法做到随时掌握项目资金使用情况，工程造价管理人员与财务人员资金数据不能共享，不能实时有效对造价进行控制；在报表管理方面，相关部门上传的报表种类繁多，报表信息来源只能以口头询问再汇总统计等方式进行，制约了工作效率；在会审管理方面，合同、资金支付、公文等多项日常工作使得经办人需耗费大量时间执行会签流程，甚至对项目总体进度造成负面影响；在合同管理方面，现阶段的合同管理纯手工、纸质化，合同查阅、调用、复印均费时费力。

信息技术是解决上述难题的有效方式，通过充分利用信息技术，可以提高项目管理核心业务的技术水平、管理水平和工作效率，同时通过自动化和机器人技术的应用，还可缓解人力资源紧张。因此，项目管理信息化建设是工程项目管理业务发展的现实需要和未来趋势。

2. 项目管理单位提高投资收益的需要

随着项目管理公司实施项目数量的不断增多，传统的方式已难以应对日益增多的信息量，必然要借助信息化手段处理各种与项目管理有关的信息。通过加强信息化系统项目的建设完善，切实提高项目管理公司的管理能力，使其提升现场管理、质量管理、进度管理、安全管理、投资管理、招标合约造价管理、支付管理、档案管理及与参建单位协调管理效能，使客户享受到现代化企业信息化管理的成果。

（二）新技术发展改变工程建设领域实施模式

1. 新技术带来建设行业新形态

住房和城乡建设部 2016 年 8 月印发的《2016-2020 年建筑业信息化发展纲要》中要求：增强建筑业信息化发展能力，优化建筑业信息化发展环境，加快推动信息技术与建筑业发展深度融合，充分发挥信息化的引领和支撑作用，塑造建筑业新业态，具体内容包括：

（1）加强信息化基础设施建设。建立满足企业多层级管理需求的数据中心，可采用私有云、公有云或混合云等方式。在施工现场建设互联网基础设施，广泛使用无线网络及移动终端，实现项目现场与企业管理的互联互通，强化信息安全，完善信息化运维管理体系，保障设施及系统稳定可靠运行。

（2）推进管理信息系统升级换代。普及项目管理信息系统，开展施工阶段的 BIM 基础应用。有条件的企业应研究 BIM 应用条件下的施工管理模式和协同工作机制，建立基于 BIM 的项目管理信息系统。推进企业管理信息系统建设。完善并集成项目管理、人力资源管理、财务资金管理、劳务管理、物资材料管理等信息系统，实现企业管理与主营业务的信息化。有条件的企业应推进企业管理信息系统中项目业务管理和财务管理的深度集成，实现业务财务管理一体化。推动基于移动通信、互联网的施工阶段多参与方协同工作系统的应用，实现企业与项目其他参与方的信息沟通和数据共享。注重推进企业知识管理信息系统、商业智能和决策支持系统的应用，有条件的企业应探索大数据技术的集成应用，支撑智慧企业建设。

（3）拓展管理信息系统新功能。研究建立风险管理信息系统，提高企业风险管控能力。建立并完善电子商务系统，或利用第三方电子商务系统，开展物资设备采购和劳务分包，降低成本。开展BIM与物联网、云计算、3S等技术在施工过程中的集成应用研究，建立施工现场管理信息系统，创新施工管理模式和手段。当前，整个行业都在全面提高建筑业信息化水平，着力增强BIM、大数据、智能化、移动通信、云计算、物联网等信息技术集成应用能力，建筑业数字化、网络化、智能化取得突破性进展，鉴于该形势的变化，势必会倒逼项目管理单位信息化转型。

2. 新型智慧城市基础设施的智能化

目前新型智慧城市的建设，城市基础设施智能化转型步伐加快，基础设施的智能化是实现智慧城市有效发展的必然要求。我国的"十三五"规划重点任务分工中明确提出，统筹建设综合基础设施，加快电网、铁路、公路、水利等公共设施和市政基础设施智能化转型。目前，通过移动通信技术、物联网技术、Wi-Fi技术等，城市建筑、桥梁、道路、管网、灯杆等公共基础设施可实现"被感知"，如利用基于路灯的物联网感知系统可配合环境监察、道路交通管理等部门实时监测空气质量、道路车辆、交通信息。利用大数据技术对海量的城市基础设施状态数据和运行数据进行数据挖掘和分析，并结合边缘计算和深度学习技术让城市基础设施真正实现"智能化"，实现城市运行状态的智能感知和智能决策。除了公共基础设施的智能化，新型建筑和园区也都在进行智能化建设，作为项目管理单位，如果缺乏有效的配套管理平台，无法对智能化设施的建设过程提供专业化的管理服务。

二、项目管理信息化发展阶段

（一）第一阶段——基础功能信息化

第一阶段，即项目管理基础功能信息化阶段。是将项目管理基础、传统业务利用软件开发、网络技术、数据库等在内的科学方法对信息进行收集、存储、加工、处理，实现项目管理业务的电子化、网络化、数据存储标准化。这一阶段主要是夯实基础，急用先行，实现项目质量、安全、投资、进度、合同等核心业务的软件化，进而实现部分项目经理部运行所需开展的日常各类办公功能需求，并建立项目管理基础数据资源库。

（二）第二阶段——新技术应用与互联互通集成化

第二阶段，即新技术应用与互联互通集成化阶段，是跨越式发展、形成体系的阶段。BIM、地理信息系统、遥感、全球定位、物联网、5G等技术在项目管理中充分应用，以项目管理单位为核心搭建施工单位、设计单位、监理单位等参与的“互联网＋项目管理”协同工作平台，对外深度对接施工方数字化模型系统，对内集成项目管理单位的财务、绩效、成本等内部应用，形成体系完善、融合创新、互联集成的项目管理系统。

（三）第三阶段——智慧型项目管理

第三阶段，即智慧型项目管理阶段，是全面提升、效果彰显的阶段。经过前两阶段发展，软件应用基本完善，数据积累充分，此阶段主要是提升大数据、人工智能等新技术的应用范围，打通数据关联，对项目管理相关数据进行高效采集、有效整合、深度挖掘、智能分析，提供多维度的工作辅助、数据分析、态势评估以及决策支持，实现项目管理智慧化、智能化。

第二节　项目管理基础信息化

项目建设难度和特征各异，工程建设项目管理却遵循着较强的管理学规律。尽管建设项目管理过程易受多种因素影响，需要灵活地变换管理策略与手段，但不同建设项目的项目管理过程却往往秉持相对一致的原则、思想和理念。所应用的管理方法原理具有较强的相通性和普遍性，这种具有通用性的管理规律使得大规模开发应用项目管理软件系统、实现项目管理信息化成为可能。项目管理信息化，将进一步固化和凸显管理规律，提升管理效率，释放管理效能。

在项目管理信息化的第一个阶段，围绕项目管理业务电子化、网络化开展，软件开发除了需要软件工程化思维，重要的是进行项目管理基础功能需求分析、数据梳理和管理资源库建设。

一、项目管理信息化功能需求

项目建设管理工作的复杂性给管理软件系统的功能需求分析带来了难度。确立建设项目管理软件使用功能需求框架，就是要在复杂的管理过程中发现和锁定最为主要、最为关键的功能需求，要确保覆盖建设项目管理所有的知识领域，一方面要确保功能需求类型的完整性，另一方面要明确功能需求之间内在关系，同时明确子功能拓展的方向。项目管理软件系统功能需求框架的搭建，将为后续软件开发指明方向。

（一）项目管理基础信息化需求总体框架

项目管理软件主要面向具有一定管理组织专业能力的建设单位或专业化的项目管理服务机构。具体应用主体是具体项目的建设单位或项目管理服务机构针对具体项目所建立的项目经理部。在专业化的项目管理单位受托组织开展项目管理过程中，依据建设项目管理必要的工作与服务内容，项目管理软件的功能需求大致可分为两个类型：第一类，即与服务直接相关的依托于上述三方面知识领域的业务功能需求；第二类，即项目管理单位针对项目组建项目经理部条件下，项目经理部运行所需开展的日常各类办公功能需求。上述两类需求几乎包含了项目管理服务所有的内容，形成了项目管理软件的基本框架。

（二）项目管理软件功能需求

1. 管理过程方面的功能需求

过程方面包括了全过程实施与管理的工作事项，其重点在于根据各事项间关系找出关键路径，提出重点、难点问题的对策措施。由于建设事项纷繁复杂且实施、管理过程多变，策划应重点围绕事项前置条件筹备，判断事项任务办理的时机。由于这个方面围绕项目全过程的所有事项展开，为此，功能需求主要围绕：①项目总体管理规划、项目过程各专项方案的管理与控制过程。②各类过程事项任务的管理。有关管理过程方面功能需求详见表 8-2-1。

管理过程方面功能需求　　表 8-2-1

功能	详细说明
项目管理规划或专项管理方案编审管理	包括项目总体管理规划、项目各管理过程专项方案编制与审批的管理。其中包括过程中有关内容，例如有关项目条件、管理与实施目标、项目管理内容与范围的动态调整管理等
项目应急管理预案管理	针对项目管理各类突发事件预案编审的管理，包括有关临时应对方案的编制与审批等
项目管理规划或专项管理方案控制管理	包括执行状态报告、执行目标对比分析、纠偏方案编审管理等
过程事项任务发起	包括在项目经理部内部由项目经理以及项目团队成员按照各自分工发起过程方面中各类工作任务
过程事项任务跟进（或督办）	监控过程事项任务执行的状态，对比任务要求提示过程任务执行与目标的偏差，并提示对策措施等
过程事项过程记录与报告	对过程事项任务执行的过程进行记录，包括上传各类执行过程文档、记录各类过程信息等
任务成果审核管理	接收项目经理部或各参建单位提交的工作成果，提示成果审核基准，开展审核管理等

2. 管理要素方面的功能需求

要素管理方面的功能需求主要是按照形成要素管理总体方案（含目标），围绕方案（目标）要求实施动态管理控制，不断检验要素管理过程效果，并与方案（目标）要求实施对比，开展纠偏管理等。有关管理要素方面功能需求详见表 8-2-2。

管理要素方面功能需求　　表 8-2-2

功能	详细说明
项目要素管理专项方案编审管理	包括项目进度、质量、投资安全等专项管理方案编制与审批管理
项目实施状态报告	包括报告项目进度、质量、安全等项目实施与管理的各类状态信息
项目管理目标分析	根据项目实施与管理的状态，与各要素管理专项方案要求、目标进行对比分析，找出偏差
应对方案编审管理	结合偏差对应对方案的编审进行管理
纠偏应对事项任务发起	包括在项目经理部内部由项目经理以及项目团队成员按照各自分工发起纠偏应对事项任务
纠偏应对事项任务跟进（或督办）	监控纠偏应对事项任务执行的状态，对比任务要求提示过程任务执行与目标的偏差，并提示对策措施等
纠偏应对事项过程记录与报告	对纠偏应对事项任务执行的过程进行记录，包括上传各类执行过程文档、记录各类过程信息等

续表

功能	详细说明
要素管理工作成果审核	接收项目部或各参建单位提交的纠偏应对工作成果，提示成果审核基准，开展审核管理等

（三）项目管理信息化日常办公需求

对于建设单位或其委托的项目管理机构组建的项目经理部在运行过程中，同样需要开展大量日常的项目内部的办公工作。这些日常办公需求是项目管理软件中应用频率最高、支撑项目经理部运行的核心需求。有别于业务需求，一方面，项目管理软件的办公需求与业务需求直接相关，它是对服务开展的有效支撑和统筹管理的重要需求；另一方面，很大程度上，该类需求包括了与开展项目管理服务的企业端形成有效对接的部分需求。结合实践，有关项目管理软件系统日常办公功能需求如表 8-2-3 所示。

项目管理软件系统日常办公功能需求　　表 8-2-3

分类	详细说明
服务操作帮助	提供针对项目管理业务操作的查询与帮助功能，是资源支持系统的前端系统
服务操作向导	对于程序性、方法性较强的业务实现向导指引业务操作，对必要环节和阶段实现业务风险的自动提示等
项目资源管理	对项目知识成果等项目知识资源的积累、提炼、统计、应用的管理等
项目成果（文档）管理	对项目管理及实施中各类工作成果、文档等分类、统计、整理、应用的管理
会议管理	对项目管理中的例会、专题会、论证会等各类会议计划、通知、记录等实施的管理

二、投资管理资源库的构建

工程建设项目实施及管理过程十分复杂，其中涉及大量合同缔约与市场交易行为，市场交易数据成为针对项目投资、招标及合同管理决策分析的基础。从微观上看，项目具体市场交易数据反映了项目单一交易的状态，从宏观上看反映了建设项目市场交易发展的平均水平。工程建设项目在一定周期内所积累形成的信息数据资源，尤其是市场交易数据对指导在施项目管理工作中十分重要。交易相关数据的深度分析为进一步提炼形成咨询知识库奠定基础。针对政府投资建设项目，为建设单位提供项目管理或造价咨询专业机构加强数据资源积累，围绕市场交易数据构建造价指标库、合同文本库和供应商库等资源库，建立健全有关数据资源结构，维护并应用相关管理机制，通过一定周期积累持续形成宝贵的数据资产，为实施专业化咨询创造优势条件。

（一）合同与造价资源库内容与应用

虽然有关项目合同与造价管控数据内容十分丰富，但对于有关合约与造价数据类型来说，造价指标库、合同文本库及供应商库是最为关键的数据类型库。这些数据资源库在项目实施与管理过程中获取最为容易，同时也是构建其他项目管理资源库的基础。

1. 造价指标库

所谓造价指标库是由项目各参建单位在交易过程中，在交易价格基础上，针对项目标的规模数量分析所形成的单方造价，集中反映了项目造价平均水平。作为典型指标，以房建项目为例，常以面积作为单位形成单方造价数据。这一指标为衡量在一定时期内项目造价水平提供了基本参照。宏观造价指标反映出市场行情条件下项目造价的平均水平，而单项目微观指标则反映出不同项目间的差异。基于这一差异的分析同样是造价指标应用的重点。造价指标库为项目开展限额设计、实施造价测算、进行造价复核、组织经济论证、判断价格趋势、把握造价控制水平、掌握市场价格以及衡量相关材料与设备的市场商务水平奠定基础。

2. 合同文本库

基于工程建设项目合约规划，项目缔约交易过程中产生了各类型、各参建单位项下可观数量的合同文本。对不同项目合同文本的积累，形成了不同类型的合同文本资源库。微观上，不同项目的合同文本反映出具体项目交易主体缔约情况，宏观上将不同项目优秀文本归类并进一步提炼总结，形成了针对不同交易类型的示范文本，并随项目实施而不断积累更新，从而为在施或新建项目合同管理提供有效支撑。合同文本库广泛应用于优化缔约条款、优化合同管控体系、优化项目管理方法、强化履约管理、把握合同主体关切与合理利益等方面。

3. 项目供应商库

每一项合同对应着不同的供应商，建设项目各层次、各类型供应商数量繁多。将项目供应商信息全面记录，并进行分类整理、分析总结提炼项目供应商库。在微观方面，这一资源库反映出项目供应商完整信息，展现出项目供应商履约能力。在宏观方面，多个项目供应商库集中反映市场竞争能力与宏观履约水平，从而为项目管理单位遴选优秀供应商提供了参考。供应商库作为项目资源用于优化评审要素、掌握市场价格水平、衡量供应商实力、把握供应商发展、强化履约管理、掌握供应商能力与特色、把握供应商利益底线、遴选供应商、助力设计等诸多方面。

（二）合同与造价资源库数据收集

1. 造价指标数据资源

造价指标数据收集贯穿于工程建设各阶段。从工程建设前期、招标投标、竣工结算、决算等阶段均应开展造价指标数据收集。典型的项目数据包括经审批的项目投资估算、初设概算、经审核确认的招标控制价、竣工结算价、经批准决算等。在工程建设各阶段所收集数据后的一定周期内，如 1 个月，由项目管理单位项目经理部的造价人员按项目填写数据登记表包括（样式见表 8-2-4）、主要材料（设备）价格表（格式见表 8-2-5）以及投资估算或概算与招标控制价、竣工结算、决算间的对比分析表等。

××工程建设项目情况登记表 **表 8-2-4**

一、项目概况			
工程地点		施工期	
总面积		资金来源	
造价类别		计价依据	
二、工程特征（对造价指标形成影响较大）			

编制时间： 经办人： 编号：

2. 合同文本收集

项目管理单位在项目实施过程中注重收集各类签约合同文本，并在此基础上去除有关项目信息提炼形成示范文本，进而应用于未来新项目中。针对具体项目，将

××工程建设项目主要材料(设备)价格表　　　　表 8-2-5

序号	材料(设备)名称	规格或型号	单位	审核价(元)	备注
1					
2					
3					
…					

编制时间:　　　　　　　　　　　　　　经办人:　　　　　　　　编号:

备注栏建议考虑以下方面:(1)价格日期、采购方式、是否含税、是否含运费等;(2)如有特殊情况请予以说明。

合同文本纳入项目合同管理办法，以制度方式固定下来，合同签订后一定周期内，如一个月，由项目管理单位完成提炼优化。

3. 项目供应商资源收集

在具体项目中，在建设单位与供应商签订合同一定周期内如一个月，项目管理单位的项目部安排负责招标合约管理的专业人员负责填写供应商信息表(格式见表 8-2-6)。根据项目履约评价办法，针对为项目提供服务的供应商开展履约评价，评价结果按百分制打分。项目管理单位对具体项目供应商履约评价情况进行总结。

供应商信息表　　　　表 8-2-6

供应商名称				
供应商基本情况	地址			
	联系人		电话	
	统一社会信用代码			
建设阶段类别	□前期咨询 □勘察设计 □施工 □监理 □造价 □货物及其他服务			
专业类别	□公建 □学校 □医院 □市政 □水务 □园林			
参与项目				
所属项目经理部				
供应商资质				
营业范围				

续表

项目经理部推荐意见	
项目经理部评分	

（三）合同与造价资源库的入库

1. 造价指标入库

造价指标库按照专业进行分类包括公建、学校、医院、市政、水务、园林绿化等 n 个子库构成。每个子库按项目特征不同分为若干类型，详见图 8-2-1。按照项目建设阶段划分为投资估算指标、初设概算指标、招标控制价指标、结算指标、竣工决算指标五大类。按照五大类造价指标所涵盖的建设内容可分为项目单项工程指标和项目专业工程指标两类。项目管理单位负责收集造价数据，完成相关指标分析，填写指标分析表（格式见表 8-2-7）并分类入库。每年 12 月，项目管理单位

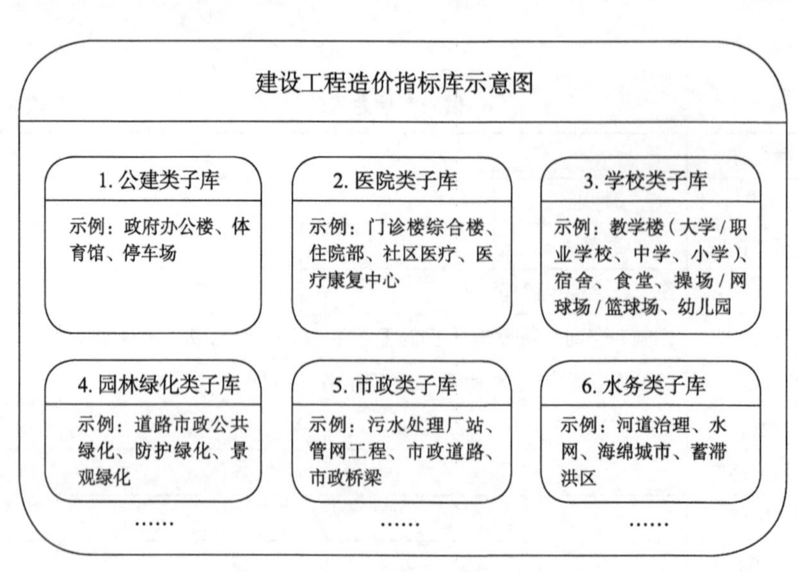

图 8-2-1　工程建设项目造价指标示意图

××工程建设项目专业指标分析表　　表 8-2-7

序号	专业工程名称	建筑面积（m^2）	工程费（元）	工程投资单方造价（元 /m^2）
1	建筑工程	*a*	*b*	*c=b/a*
2	装饰工程			
3	给水排水工程			
4	采暖工程			
5	通风空调工程			
6	消防工程			
…	……			
	以上仅为示例			

编制时间：　　经办人：　　编号：

备注：根据不同类型的项目，专业工程根据具体工程类型确定，*a* 可更换为绿化面积（亩）/ 总长度（km）/ 总处理量（吨水 / 日）/ 总床位（张）/ 总班数（个）。

安排负责人组织完成年度入库项目的统计、分析工作。

2. 合同文本入库

合同文本按合同性质分类主要包括：总承包施工合同、专业分包施工合同、材料、设备采购及安装合同、工程监理合同、勘察、设计合同、咨询服务类合同、其他合同。每类可按专业或行业进一步划分为多个子目。

合同文本入库原则包括：①确保合同合法性，即合同文本必须符合国家有关法律、法规及行业相关规定。②确保合同的严谨性，即合同应条款完整、准确，权利、义务具体明确，文字表述准确无误。③符合交易主体利益，维护项目建设单位建设权益以及建设管理的根本利益。

合同文本库由以下文本组成即：①示范文本，主要包括国家或地方颁布的合同示范文本；②合同范例，主要包括项目经理部已签订的合同、项目管理单位历年来不断补充完善的合同范例、其他具有示范性的协议文本；③其他有必要纳入的合同文本。项目管理单位对合同文本进行分类入库，根据合同文本库目录及报送顺序，对入库合同进行编号（例如总承包施工合同类 – 公共建筑类 – 办公建筑的第一个入库合同，入库编号为 1.1.1–01），并填写合同文本库登记表。

3. 供应商的入库

供应商库按所提供的服务所处阶段分类包括：前期咨询、勘察设计、施工、监理、造价、货物及其他服务等。每类又可按专业进一步划分为多个子目。对供应商实行分级管理，即共分为三个等级——A（良好）、B（合格）、C（不合格）。供应商初始入库评定为 B 级。项目管理单位按照项目经理部报送的履约评价情况，对供应商进行年度的定级，履约评价得分 85~100 分（含 85 分）为“A 级”、60~85 分（含 60 分）为“B 级”、60 分以下为“C 级”。为多个项目提供服务供应商的得分按照项目经理部评分进行平均，根据得分确定等级。对于发生的质量问题、责任事故、受到行政处罚或具有违法失信行为的供应商，自上述情况发生之日起直接评定为 C 级。项目管理单位将该供应商的资料入库，填写供应商分级表。

（四）合同与造价资源库维护与应用

1. 造价指标库维护与应用

造价指标库维护：项目管理单位根据项目管理业务拓展情况，完善造价指标库子库类型及造价指标库相关表单。各项目经理部造价人员在造价指标库使用过程中发现问题，及时提出建设性意见。项目管理单位根据项目经理部意见组织召开研讨会，对造价指标库进行完善。通过对造价指标分析，反映出建设单位投资金额，为项目管理提供基础数据，做到投资“事前控制”。造价指标应用贯穿建设全过程。在项目前期阶段，通过类似项目造价指标分析，可用于项目投资估算、概算的审核；在招标投标阶段，通过类似项目指标，结合项目实际情况详细对比，提出项目造价指标范围允许值；结算阶段，通过对类似项目结算指标分析，对后续项目投资管理提供支持。

2. 合同文本库维护与应用

合同文本库维护：项目管理单位应及时了解国家或地方的合同示范文本更新情况，及时对示范文本进行更新。对已签订的合同文本，项目合同管理专业人员不定期总结合同履约管理问题，向项目管理单位提出建设性的意见。项目管理单位根据项目经理部意见，不定期组织召开合同研讨会，对合同文本进行完善，并将研讨的完善意见在合同中进行标注，逐步形成合同范例。关于合同文本应用，可首先使用国家或地方颁布的标准合同文本，合同专用条款可参照合同文本库中的合同范例，并结合项目具体情况完善。如拟签订合同在文本库中存在可采用的合同，但因特殊原因无法完全采用时，可结合项目实际情况自行定制，并在签订前报送项目管理单位审核。如拟签订合同在文本库中无可参考的合同，应在拟订合同条款时征求项目管理单位意见，并在签订前报送审核。

3. 供应商库维护与应用

项目上了解到供应商信息发生重大变更时，包括经营范围调整、资质等级、联系人发生变化等核心信息。应及时更新供应商信息表，同时更新信息库。

第三节　新技术应用与互联互通集成化

新技术应用与集成化阶段，是跨越式发展、形成体系的阶段。BIM、地理信息系统、遥感、全球定位、物联网、5G 等技术在项目管理中充分应用，以项目管理单位为核心搭建施工单位、设计单位、监理单位等参与的“互联网 + 项目管理”协同工作平台，对外深度对接施工方数字化模型系统，对内集成项目管理单位的财务、绩效、成本等内部应用，形成体系完善、融合创新、互联集成的项目管理系统。

一、项目管理新技术应用

(一)BIM

BIM 技术是充分运用计算机与矢量模型技术，对项目建筑的建设和运营实施管理的一种新手段。基于该技术，建设单位及其委托的项目管理机构可对项目建设过程实现高效管理。由于项目造价管控依赖并基于建筑实体的计算过程，且与项目设计等技术工作密不可分，为此，BIM 技术的应用摒弃了传统设计中成果矢量化不足的弊端，促进了项目技术与经济的融合，通过强大的计算机技术实现项目管控方法变革，大大提升了造价管控成效，为实施高精度、精细化造价管控创造了条件。

1. 投资管理对 BIM 技术依赖性

由于 BIM 技术具有模型化、矢量化、信息化和计算性等突出特点，从而使得建设项目造价管控工作对该技术产生极强依赖。项目造价实施是以项目技术条件尤其是设计成果作为前置条件的，造价管控就是围绕项目造价数据开展必要分析、进行决策并采取必要措施，进而最终完成管控的全过程。从本质看，项目造价管控过程是面向多个影响因素条件下探求投资最优解的过程，是项目技术与经济融合、平衡的成果。正是 BIM 技术具备了面向设计图形的技术处理和面向造价数据的矢量计算能力，从而有效满足造价管控根本需要，并为此提供强大支持，有关 BIM 技术与造价操作关系详见表 8-3-1。

BIM 技术与造价管控操作关系一览 **表 8-3-1**

BIM 技术特点	造价实施适用性操作	造价管理适用性操作	BIM 技术特点说明
信息化	查询、评估、对照、标准化、标记	记录、评审、论证、分类	信息化就是 BIM 技术中通过对模型赋予实现信息管理的能力
计算化	计算、评估、估算	优化、分配、调剂	计算化就是针对 BIM 模型信息数据实施数据计算的能力
矢量化	查询、计算、对照	对比、优化、记录、分配	矢量化就是 BIM 技术面向对象的模型管理理念与能力
模型化	标记、标准化、估算	对比、模拟、评审、论证、分类	所谓模型化就是 BIM 技术中有关实体分类与单元模型管理技术能力

2. 项目 BIM 实施的阶段划分

在工程建设项目实施过程中，BIM 技术应用的不同项目阶段呈现出不同特点，这是由于建设实体不同阶段所呈现的形式及管理方向差异所造成的。以房建项目为例，项目按单项、单位、分部和分项工程由项目前期至后期逐渐细化，并分别对应投资估算、概算及施工图预算、结算和决算等。为此，BIM 技术实施也对应上述阶段，并由不同建设主体合力实施完成，有关工程建设项目 BIM 管理阶段的详细划分，详见表 8-3-2。总体而言，首先由设计单位作为主体在施工前形成项目基础 BIM 模型，施工总包单位在设计模型基础上，结合施工需要进一步补充，并同

工程建设项目 BIM 管理的阶段划分 **表 8-3-2**

主要阶段	估算阶段	概算阶段	预算阶段	结算阶段	决算阶段
实体分解	单项工程	单位 / 扩大分部工程	分部 / 分项工程	分项 / 工序 / 过程	全部
BIM 模型	单项模型	单位 / 扩大分部模型	分部 / 分项模型	分项 / 工序 / 过程模型	全部模型
实施主体	概念性方案设计单位、项目总设计单位	项目设计单位	项目设计单位	项目设计单位、项目施工总包	项目设计单位、项目施工总包、项目分包单位
方式	协同完成	独立	独立	协同完成	协同完成

时组织相关分包单位细化有关内容。施工总包单位所组织 BIM 实施过程往往精度更高，内容更全。更重要的是，施工 BIM 成果是往往以便利于施工组织需要而形成的。在项目竣工阶段，整合形成建设项目全部实体模型，并为项目运维 BIM 应用奠定基础。

3. 各阶段 BIM 投资管理的举措

项目造价管控工作贯穿项目建设始终，各阶段基于 BIM 技术的造价实施与管理也是紧密围绕项目造价管控固有工作任务展开的。基于对 BIM 技术的依赖，在造价管控相关工作任务成效将得以大幅提升，主要表现在针对造价“两算”准确与高效对比、造价成果准确与快速形成、限额设计的高速模拟、交叉工程经济的准确优化、线性管线排布与工序优化等。关于项目各阶段 BIM 技术造价实施与管控举措，详见表 8-3-3。

项目各阶段 BIM 造价实施与管理举措一览　　表 8-3-3

阶段	BIM 造价实施举措	BIM 造价管理举措
投资决策阶段	① BIM 造价市场指标数据查询；② BIM 造价实施总费用估算形成；③基于 BIM 技术的多方案比较与价值工程分析；④基于 BIM 技术的投资决策报告形成；⑤ BIM 造价计算工具部署等	①项目 BIM 实施总体方案形成；②基于 BIM 技术投资决策报告审查；③基于 BIM 技术的功能需求管理；④ BIM 造价管理环境搭建；⑤实施相同或类似项目 BIM 指标数据对比分析等
设计招标阶段	①确定设计人 BIM 实施有关造价工作方面的权利、义务与责任；②明确 BIM 设计实施费用等	①明确设计人 BIM 任务部署；②明确 BIM 设计工作、人员等要求，尤其是造价相关要求；③提出设计人 BIM 实施方案要求，尤其是有关限额设计的要求；④优选 BIM 技术实施方案；⑤确定 BIM 成果验收标准等
设计实施阶段	①开展 BIM 设计工作；②提交 BIM 设计成果，尤其是基于限额设计成果；③运用 BIM 技术向建设单位提供管理伴随服务；④实施 BIM 限额设计；⑤运用 BIM 技术组织相关技术经济分析与论证等	①审查设计人 BIM 技术实施方案，尤其是限额设计方案；②检查设计人 BIM 实施平台与工具；③核实设计人 BIM 实施团队人员，尤其是实施造价工作的能力水平；④接受并审查 BIM 成果，尤其是限额设计、初设概算成果等
施工招标阶段	①确定施工总承包单位 BIM 实施有关造价工作方面的权利、义务与责任；②明确 BIM 实施相关费用等；③基于控制价与概算对比结果，开展基于 BIM 的限额设计的优化；④市场书籍查询与同档次品牌的提出；⑤基于 BIM 投标报价形成等	①明确施工总包单位 BIM 任务部署；②明确 BIM 工作、人员要求等；③提出施工总包单位有关 BIM 实施方案要求，尤其是优化工程造价的合理化建议；④优选 BIM 技术实施方案，基于 BIM 实施报价合理性评审；⑤确定 BIM 成果验收标准等；⑥实施基于 BIM 的控制价与概算对比等

阶段	BIM 造价实施举措	BIM 造价管理举措
施工实施阶段	①开展 BIM 深化设计，尤其是围绕价值工程与限额设计；②实施 BIM 优化设计与计算；③组织分包单位开展施工 BIM 设计；④实施有关造价信息的查询与分析等；⑤基于重计量成果开展基于 BIM 的限额设计优化；⑥基于工程变更，暂估价实施结果，开展基于 BIM 技术的限额设计优化；⑦开展基于 BIM 的认质认价工作；⑧基于 BIM 暂估价工程量价快速形成与设计优化等	①实施基于 BIM 的变更管理，包括变更估算的快速模拟形成；②组织开展基于 BIM 的计量工作，开展合同价款支付与调整；③实施基于 BIM 的工程变更造价控制。④审查施工总包单位 BIM 实施方案；⑤检查施工总包单位 BIM 实施平台与工具；⑥核实施工总包单位BIM实施团队人员水平，尤其是技术与经济综合能力；⑦接收并审查 BIM 实施，尤其是基于合理化经济优化成果；⑧面向工程变更及暂估价实施情况，开展基于 BIM 的项目结算与概算的对比分析；⑨基于 BIM 技术的编制项目投资年度计划；⑩基于 BIM 实施形象进度管理等
竣工验收阶段	①完善 BIM 成果，实施 BIM 成果总体交付；②基于 BIM 平台申报结算文件等	①接收并审查项目总体 BIM 成果；②开展基于 BIM 的结算审核；③形成基于 BIM 的项目造价、工程变更等信息总台账；④基于 BIM 的项目结算与概算的对比分析；⑤基于 BIM 技术协助项目专项验收、质量验收等
运营维护阶段	①编制 BIM 维护实施方案；②财政配套内容 BIM 实施；③搭建 BIM 技术运维环境；④完善 BIM 运营维护成果；⑤开展BIM运营维护工作；⑥实施 BIM 运营维护费用优化等	①审查 BIM 运营维护实施方案；②审查 BIM 技术运营维护预算；③审查 BIM 运营维护优化成果等

（二）地理信息系统

通过地理信息系统（GIS）地图全方位展示项目位置，可根据项目分类、性质、区域自定义查询项目分部情况，并根据项目实时情况上传项目形象进度情况，结合平台中各项数据的 GIS 可视化呈现，让项目管理单位通过一张图对所有项目的各种状态一目了然，从而实现高效项目管理。有关地理信息系统功能应用详见表 8-3-4。

地理信息系统常见功能应用 **表 8-3-4**

功能	具体功能
风险项目预警提醒	通过建立风险项目图层，双向关联风险管理数据和 GIS 地图，在图层上对各类风险进行位置标记、类型标记、等级标记、提醒标记等呈现方式，且能直接通过地图标记跳转到相对应的操作界面

续表

功能	具体功能
项目形象进度展示	通过上传每月一图或者每周一图的工程形象进度照片直接在 GIS 地图上呈现相对应工地的形象进度情况、形象进度描述、项目性质、工程性质、开工时间、竣工时间、总投资额、完成投资额等数据信息。且能直接选择进入项目具体操作
项目状态信息展示	通过双向关联项目状态信息到 GIS 管理图层，项目管理过程中的状态数据，直接通过 GIS 地图反映当前项目状态，如停工状态、超时状态、超概状态、违约状态、延期状态、竣工状态等项目状态
考勤设备点位管理	通过双向关联对考勤设备点位的标注，能直接在地图上看到哪些工地、哪个位置装有考勤设备，设备当前运行状态如何及异常报警。且能通过地图直接跳转到考勤管理中进行查看详情和操作
视频监控点位管理	通过双向关联对视频监控设备进行位置标注及采集视频监控设备的运行状态信息进行图层展示，能直接在地图上看到视频监控摄像头的开机状态，摄像头当前运行状态如何及异常报警，如异常关机、违法闯入和红外温度感应超过安全值历史记录及报警。且能通过地图直接打开该摄像头的视频画面进行查看详情和抓拍、取证等操作
扬尘监测点位管理	通过双向关联对扬尘监测设备进行位置标注及采集扬尘监测设备的运行状态信息进行图层展示，能直接在地图上看到扬尘监测设备的开机状态，设备当前运行数值如何及异常报警，如异常关机报警、PM2.5 超标报警、PM10 超标报警等超过阈值的历史记录及报警。且能通过地图直接打开该扬尘监测设备的管理系统进行查看详情和取证等操作
噪声监测点位管理	通过双向关联对噪声监测设备进行位置标注及采集噪声监测设备的运行状态信息进行图层展示，能直接在地图上看到噪声监测设备的开机状态，设备当前运行数值如何及异常报警，如异常关机报警、噪声分贝超标报警等超过阈值的历史记录及报警。且能通过地图直接打开该噪声监测设备的管理系统进行查看详情和取证等操作
项目分布分类检索	实现项目分布分类筛选，按开竣工时间、投资金额、工程性质、项目类型、建设性质、建设阶段、项目负责人等筛选条件选择查看关注的项目，暂时关闭非选择的项目

（三）遥感应用

遥感（RS）是指非接触的，远距离的探测技术。一般指运用传感器 / 遥感器对物体电磁波的辐射、反射特性的探测。遥感是通过遥感器这类对电磁波敏感的仪器，在远离目标和非接触目标物体条件下探测目标地物，形成遥感图像。遥感因其宏观性，对于面积较大、范围较广的项目管理，比如机场修建、园林绿化，具有很强的优势。

在项目进度管理方面：项目实施进度管理主要是针对项目在实施阶段项目地块的不同进场情况来分类管理。例如，在某园林项目中，根据已经相继进场的年度重点工程，梳理出可进场地块、已进场地块和已绿化地块三个数据库。可进场地块为乡镇提供的可以进场的用地图斑、已进场地块为各项目施工单位反馈的进场地块图斑、已绿化地块为已完成绿化栽植任务的项目地块图斑。

在项目红线管理方面：最初版的红线一般根据由项目初版遥感图像红线范围图件，需要对红线进行初步处理，通过叠加分析，核算红线范围内是否存在永久基本农田、建设用地、其他项目工程等，需要将以上内容扣除后得出的红线即为规划初版红线。初版红线确定后，需交付测绘单位进行地形测绘。同时，设计单位根据最初版的红线进行初步设计方案划定，并在测绘成果结束后，根据初版红线周边的地形图以及设计方案重新修整红线范围。并且对图斑内的细碎区域进行精细化调整，让地块更加完整，便于后期处理计算。经过上述几个步骤，项目红线已经基本稳定，此版本的项目红线为重要节点数据。征求发展改革部门的前期审批函件、征询规划、国土、水务的审批意见所需要的图件资料均来自由此稳定版本的红线，以及项目的实施方案中的项目规模、位置、四至等信息也来源于此。接下来进行的施工设计招标工作，也是通过此版本的红线分出来的标段信息继续进行的。

在新增面积管理与项目标段划分方面：以园林绿化项目管理为例，园林绿化项目红线内的地块有部分属于平原造林和平原生态林地块，需要进行叠加分析来确定项目中的平原造林和平原生态林，如果地块属于两个图层，则为改造地块，否则为项目的新增地块。例如，用红色表示新增地块，绿色表示改造地块。之后，可根据建设单位对标段划分提出具体需求，对项目红线进行标段划分工作。

（四）全球定位系统应用

全球定位系统，过去常用 GPS，现在国产的北斗定位系统在工程建设领域逐渐普及。同时利用天基网的卫星导航技术和地基网的物联网、通信网技术结合，以位置信息服务为基础，形成蜂窝移动网 + 物联网 + 全球定位模式，全面提高政府、社会、企业的信息化水平、管理能力和服务质量。有关全球定位系统常见功能应用详见表 8-3-5。

全球定位系统常见功能应用　　表 8-3-5

功能	具体功能
地块轨迹管理	在工地打开移动终端高分辨率的卫星地图，通过精确的定位系统，因此可将地块信息作为轨迹导入移动终端
进度管理	部分项目覆盖范围广，部分地块位置较为偏僻，多次叠加轨迹后，可方便项目管理现场工程师实地查看项目进展情况
照片定位	移动端还可以将拍摄的照片导入 APP 内，通过读取移动端的地理位置信息，准确的添加至拍摄位置，可作为项目现状参考

续表

功能	具体功能
人员定位打卡	人员考勤定位打卡，获取一手、准确的考勤信息，辅助人员安全管理
项目数字信息展示平台	在移动终端或者电脑上，以卫星地图为底图，分别加载不同项目的红线。不仅可以通过移动设备的定位功能找寻项目位置，方便现场工作人员及项目考察工作使用。还能针对具体地块，在平台上显示地块信息如面积、编号、乡镇、村庄、标段等信息，可以通过查阅具体项目地块的不同日期拍照存档图片来观看项目的进展情况

（五）物联网（IOT）

物联网（The Internet of Things，简称 IOT）是指通过各种信息传感器、射频识别技术、全球定位系统、红外感应器、激光扫描器等各种装置与技术，实时采集任何需要监控、连接、互动的物体或过程，采集其声、光、热、电、力学、化学、生物、位置等各种需要的信息，通过各类可能的网络接入，实现物与物、物与人的泛在连接，实现对物品和过程的智能化感知、识别和管理。物联网是一个基于互联网、传统电信网等的信息承载体，它让所有能够被独立寻址的普通物理对象形成互联互通的网络。项目管理单位软件中主要需要跟工地现场物联网系统对接，获取客观、准确的一手数据。常见对接系统如下：

在工地环境监测系统方面：工地环境监测系统对建筑工地固定监测点的扬尘、噪声、气象参数等环境监测数据的采集、存储、加工和统计分析，能够帮助管理者及时准确地掌握建筑工地的环境质量状况和工程施工过程对环境的影响程度，为建筑施工行业的污染控制、污染治理、生态保护提供环境信息支持和管理决策依据。

在机械设备运行监控方面：工地系统引入高支模监控、塔吊运行监控设施，通过收集智能化设备信息、全面记录工人操作和脚手架以及模板、各种塔式起重机等重型运输设备运行数据信息并设立预警范围，可以有效提高现场施工管理效率，对于异常情况可以及时进行反馈、报警和处理，降低高空作业出现坍塌以及倾覆等安全事故风险发生概率。

（六）5G

5G，第五代移动通信技术（5th generation mobile networks 或 5th generation wireless systems、5th-Generation，）是最新一代蜂窝移动通信技术，也是继

4G（LTE-A、WiMax）、3G（UMTS、LTE）和2G（GSM）系统之后的延伸。5G的性能目标是高数据速率、减少延迟、节省能源、降低成本、提高系统容量和大规模设备连接。工程建设领域应用5G技术，可以使建设项目信息采集更加高效、信息传输更加迅捷，从而提高项目的管理水平。根据2019年11月《5G与数字建造——5G技术引领建筑业数字化发展白皮书》，5G技术主要给工程建设领域带来如下变化：

（1）实现工程现场多传感器融合的智能感知。建筑业的数字化转型，首先要实现建筑物数据以及管理行为与结果的“数据化”，而实现“数据化”的前提是要先获取精确的数据。将5G技术与物联网技术深度融合，可以把所有的物品通过信息传感设备，按约定的协议，进行信息交换和通信，以实现智能化识别、定位、跟踪、监控和管理。以多传感器为触点，结合高速移动通信、无线射频、近场通信及二维码识别等物联网技术，与工程项目管理信息系统的集成应用，积极探索工程信息化管理技术，将物联网技术与施工现场管理深度融合，利用互联网的海量数据进行项目精细化和标准化管理。

（2）实现项目现场与BIM模型的数字孪生。基于对工程项目的智能感知，实现数据的采集与处理，将实时采集的数据与BIM模型进行挂接，形成数字模型与真实场景的关联，通过数字模型为数据载体最终实现数字化管理。当然，项目在建造过程中，现场的情况每时每刻都会发生变化，这些变化如何实时关联到BIM模型上，真正做到数字世界和现实世界的信息联动，这就对工地现场的网络带宽、可靠性带来了巨大的挑战。5G技术低延时、高带宽、稳定性的特点可以很好地解决网络问题，保证项目现场与BIM模型实时交互的数字孪生场景的更好实现。

（3）实现工程项目的多方协同。智能感知和数字孪生的实现，为工程项目的协同带来了更多的可能性，通过对视觉的共享和对BIM模型相关数据的共享，可以更好地实现工地现场人员的协同、人员与机械设备的协同、机械设备间的协同工作，甚至还可以是来自于项目各业务线间以及项目各参与方之间的协同。

二、“互联网+项目管理”

2015年7月4日，国务院印发《国务院关于积极推进“互联网+”行动的指导意见》。2020年5月22日，国务院总理李克强在发布的2020年国务院政府工作报告中提出，全面推进“互联网 +”，打造数字经济新优势。

在互联网技术快速发展和政策的支持下，我们提出“互联网 + 项目管理”的管理理念。“互联网 + 项目管理”是利用信息通信技术以及互联网平台，让互联网与项目管理进行深度融合，它将充分发挥互联网在资源配置中的优化和集成作用，创造新的项目管理行业发展生态。

(一)“互联网 + 六方协同项目管理”

对于大型、复杂的政府投资工程项目，在管理过程中任务重、工期长，涉及的行业多、专业多、交叉作业多。工程项目管理涉及建设单位、勘察单位、设计单位、施工单位、监理单位、项目管理单位六方参与，需要处理和协调项目质量、安全、投资、进度、合同等多个方面。

传统模式下的项目参与方管理没有实现互联互通环境下的协同。一是数据未能实时获取和共享，过程资料容易缺漏，无法提高现场基于数据的协同工作能力；二是审批耗时长，沟通成本高，比如传统工作模式中光审批就会面临周期长、跑腿多、等待长、效率低、人工成本大的问题，由于审批环节上的每个人都不一定同时在单位或者有时间，所以要经常来回跑腿时间，一般一个审批少则一周、多则一个月。目前迫切需要推进互联网下的六方协同工作模式，实现全过程信息化，进一步规范管理流程。建立“互联网”环境下的工程参与方协同工作模式，应用基于六方协同管理系统，实现工程项目诸多参与方之间的高效协同与信息共享，进一步规范从前期、施工到竣工阶段的全流程管理。六方协同管理不仅是施工单位支付、工期申请和资料、合同进度上报、问题反馈的工作平台，而且还是施工单位计划编排、进度管控的管理系统，从审批角度上来说减轻了施工单位很多跑腿的工作量，从信息入库的角度来说减轻了经办人和档案管理人员很多文书录入的工作量，从计划编排的角度来说为工程进度计划的编排提供了好的工具和载体。实现参与方的线上协同后，还能避免材料遗失，从而将有限的精力投入现场管理中，实现施工→监理→项目管理的高效审批，降低沟通成本。“互联网 + 六方协同管理”能提升流程审批效率，打造“最多跑一次”服务的又一样板。在线编排施工组织计划、查看项目进展情况，查看通知公告，提交工程资料，在线发起支付申请和变更申请，在线申请工程延期及反馈问题整改情况。有关互联网 + 六方协同管理功能详见表 8-3-6。

互联网＋六方协同管理功能　　表 8-3-6

功能	具体功能
参建单位管理	参建单位须在注册账户成功后补充完整单位信息，包括组织机构代码、企业地址、企业法人、企业资质、手机号码、身份证号、传真号等信息
参建单位人员认证管理	签订承包合同后，参建单位需要把投标文件里写明的项目组成员信息登记入库，如身份证号、注册资格、技术职称、岗位名称、劳动合同、社保证明等信息，为实名制考勤提供认证数据，有效避免了承包商项目成员的违规挂靠行为
施工计划管理	施工通过施工组织计划来设置，对每个关键节点添加计划开始时间、实际开始时间，以点到线，从节点到节段，同时可以自动生成各阶段的横道图、甘特图，项目管理人员可了解项目动态，对参建单位进度计划的安排详细了解，及计划的完成情况实时掌握
合同支付申请	对工程项目参建单位在合同的履行过程中，需要提交支付申请，填写相关支付申请凭证，并提交项目管理系统中的项目负责人审核，且能及时了解支付审批情况
合同进度上报	对工程项目参建单位在合同履行过程中，在线上按月向建设管理单位上报合同进度，其中包括完成投资额、形象进度、存在问题、下月计划完成投资额、下月计划完成形象进度以及相关凭证
工程变更和延期管理	参建单位可以通过项目管理系统提请工程变更和工程延期申请，并在项目管理系统中流转审批
工程资料上报	涉及参建单位承建档案收集的报送，可将工程资料选择相应的科目类别后上传至平台，再由项目管理单位档案管理人员审核入库
风险整改反馈	施工现场检查发现的问题整改单会自动将问题推送到参建单位待整改列表中，待整改问题汇总提醒，参建商根据问题一一整改、反馈
往来函件	下发给参建单位的各类通知公告汇总查看，可以进行条件检索、状态标记，将各类往来文函快速通知相关参建单位，按规定程序流转，并掌握其查看、办理进程

（二）移动互联网

移动互联网是移动和互联网融合的产物，继承了移动随时、随地、随身和互联网开放、分享、互动的优势，是一个全国性以宽带 IP 为技术核心的，可同时提供话音、传真、数据、图像、多媒体等高品质电信服务的新一代开放的电信基础网络，由运营商提供无线接入，互联网企业提供各种成熟的应用。

项目管理中，有移动互联网的支撑环境，通过开发 App、微信小程序、企业微信、百度小程序等实现对项目管理活动的移动互联。除了节点计划、工程资料、招标管理、建设合同、工程造价、通知公告功能外，有关移动互联网常见应用详见表 8-3-7。

移动互联网常见应用　　表 8-3-7

功能	分项	具体功能
项目看板	项目信息展示	项目管理单位负责不同阶段的项目汇总，不同阶段关注点不同，预备、前期阶段项目主要关注项目的总投资、开工时间、截至本月工作进度、下月计划、存在问题等；在建、竣工项目主要关注项目的总投资、竣工时间、截至本月工作进度、下月计划、存在问题等；决算项目主要关注项目的总投资、竣工时间、核定总投资、概算结余、固定资产交付时间等
安全移动检查	安全检查概况	统计某个时间段内完成安全检查的次数；统计某个时间段内涉及检查控制点的项数，涉及施工部位几处；统计某个时间段内成功发起整改通知单的份数；统计某个时间段内反馈整改单的份数，延期反馈的份数，未反馈的份数；统计某个时间段内完成整改复核的个数，整改合格率为多少
	检查计划制定	根据安全生产管理办法要求制定自查、抽查、巡查工作计划，其中质量检查计划有项目组质量自查计划制定、工程部质量抽查计划制定、公司领导质量巡查计划制定、重大危险源排查计划制定
	检查执行	计划制定后须按计划要求时间和检查项做逐一检查打分，并将问题拍照取证、文字描述清楚，生成整改报告要求施工单位尽快整改
	已检查计划审核	针对已检查的安全问题由相关负责人进行审核，提交至施工方及时整改
	待整改问题催办	对待整改问题未及时整改或即将到达整改限期，可以由项目负责人进行系统及短信的催办
	已整改问题管理	汇总所有已整改的问题，并对整改结果进行反馈
质量移动检查	质量检查概况	统计某月完成质量检查的次数；统计某月涉及检查控制点的项数，涉及施工部位几处；统计某月成功发起整改通知单的份数；统计某月反馈整改单的份数，延期反馈的份数，未反馈的份数；统计某月完成整改复核的个数，整改合格率为多少
	检查计划制定	制定自查、抽查、巡查工作计划，其中安全检查计划有项目组每两周自查计划制定、工程部月度抽查计划制定、公司领导季度巡查计划制定、供应商及材料品牌检查计划制定、隐蔽工程影像验收检查计划制定
	检查执行	计划制定后须按计划要求时间和检查项逐一检查打分，并将问题拍照取证、文字描述清楚，生成整改报告要求施工单位尽快整改
	质量问题及所在区域图纸化标记	可在图片处勾选质量问题发生位置，便于查看及统计问题发生的部位
	已检查计划审核	针对已检查的质量问题由相关负责人进行审核，提交至施工方及时整改
	待整改问题催办	对待未及时整改或即将到达整改限期的问题，可以由项目负责人进行系统及短信的催办
	已整改问题管理	汇总所有已整改的问题，并对整改结果进行反馈

三、项目管理应用集成化

各软件子应用模块建设后，随着业务的深入发展，集成对接的需求逐渐凸显，一方面是对外的，包括施工、监理等各单位的对接需求；另一方面则是便利项目管理部人员和项目管理，保证数据唯一性，亟需跟项目管理单位内部进行对接。

（一）跟施工单位对接

在项目各参建单位中，施工单位的信息化由于自身的需求最为迫切、行业监管最为严格，所以信息化发展相对成熟。过去由于工地现场管理的基本信息和运行情况没有实现信息化，无法实时监测“最后一公里”的施工现场，施工作业的工作监管难度大。传统的工地管理更多的是依靠监理和现场管理人员的人治，而非利用技术手段，日常检查和设备操作等无法避免人为因素的干预。当前主要的施工单位数据化转型或者“智慧工地”建设，主要是应用“物联网”技术提升现场管理水平，打造物联感知文明工地，利用视频监控技术掌握工地现场实时状况，通过手机端指标化飞行检查，严格落实质量、安全检查机制，实现安全管理无死角，质量问题可追溯。

作为项目管理单位，亟需施工一线及其他参建单位的数据，传统项目管理的应用困境来自一线工程现场业务数据的采集问题。传统方式主要使用数据填报，人工重复填报不能实现自动采集，数据的准确性、及时性都无法保障。因此实现项目管理单位与项目现场工地的互联互通，应用物联网技术提升数据采集的自动化程度，自动化采集、传递到项目管理系统中做后续业务环节，能便利地获取客观的数据，从而帮助辅助决策。有关与施工单位对接系统内容详见表 8-3-8。

与施工单位对接系统内容 **表 8-3-8**

对接系统	具体内容
工地视频监控	主要包括分布安装在各个区域的全景相机、高清红外模拟摄像机、高清网络摄像机和网络硬盘录像机，用于对建筑工地的全天候图像监控、数据采集和安全防范，满足对现场监控可视化、报警方式多样化和历史数据可查化的要求。当出现突发事件时，工地现场管理人员可以通过紧急报警按钮向企业领导和上级单位报警，启动应急预案，满足应急指挥协同化的要求 视频监控加强建筑工地施工现场的安全防护管理，实时监测施工现场安全生产措施的落实情况，对施工操作工作面上的各安全要素等实施有效监控，同时消除施工安全隐患，加强和改善建设工程的安全与质量管理，实现建设工程监管模式的创新，同时加强了建筑工地的治安管理，促进社会的稳定和谐

续表

对接系统	具体内容
实名制考勤	工地实名制考勤管理系统是对工人出入工地的信息采集、数据统计及信息查询等进行有效管理，从而实现全方位的“考勤、门禁、监控、人脸识别比对、信息发布”智能化综合管理。实现考勤设备设置、项目人员设置、人员实名情况、考勤企业管理、考勤岗位管理、考勤班次管理、人员考勤、关键岗位考勤、岗位考勤、下工地考勤、参建单位考勤、停工管理、请假管理、岗位更换统计、考勤月统计等功能
工地环境监测	工地环境监测系统对建筑工地固定监测点的扬尘、噪声、气象参数等环境监测数据的采集、存储、加工和统计分析，监测数据和视频图像通过有线或无线方式传输到后端平台。该系统能够帮助监督部门及时准确地掌握建筑工地的环境质量状况和工程施工过程对环境的影响程度。满足建筑施工行业环保统计的要求，为建筑施工行业的污染控制、污染治理、生态保护提供环境信息支持和管理决策依据
物料智能管理	工地现场地磅系统对钢筋和混凝土自动过完磅后，根据称重偏差范围判断收料数量取理论重量还是实际重量，此收料数量自动传递项目管理系统中，为后续办理采购结算提供数据支撑；在项目工地现场，也可以直接用手机拍人、拍车、拍物，直接扫码办理收料
施工作业管理	施工作业系统覆盖现场施工员、技术员、质量员、安全员、预算员各个岗位，实现信息实时传递与留存，保证工作结果有据可依的同时，还能收集工地现场的所有数据，使管理更加立体，全面实时感知
质量安全管理	为加强施工现场的管理，保证安全生产和工程质量，确保建设工程顺利实施，并结合安全生产管理制度和项目实际情况，同时又能让检查人员在施工现场环境下方便、快捷地将检查结果上报到服务器。一般施工单位会部署移动终端模式的“施工现场质量安全管理”，通过此系统，检查人员可以在手机上将现场检查情况以文字、拍照等方式进行上报，并与现有 PC 端项目管理系统进行实时数据对接

（二）与项目管理单位内部集成对接

项目管理机构针对各经营的项目管理业务实施企业级业务管控而产生的与项目经理部之间的交互功能需求普遍存在，所以项目管理信息化发展到一定阶段，需要将项目管理软件与企业内部应用进行集成对接。有关与项目管理单位内部集中对接系统详见表 8-3-9。

与项目管理单位内部集中对接系统　　表 8-3-9

对接系统	对接内容
项目成本管理	与企业内部系统包括：“项目预算编制”“项目收款登记”“项目费用申报和审批”“员工日常报销审批”等模块自动对接，实现信息共享，避免员工重复填报。建议实现方式：项目管理系统从企业内部系统按项目号抓取上述信息

续表

对接系统	对接内容
招标采购管理	与企业内部系统中“招标采购管理”模块对接，避免重复填报，同时保证数据唯一性
合同管理	与企业内部系统中“合同管理”模块对接，避免重复填报，同时保证数据唯一性
人员信息管理	对项目管理部人员信息的登记、变更等情况的管理，同步企业内部系统的“人力资源”模块相关信息
内部办公同步	与企业内部系统有关通知信息交互的管理，有关通知内容的落实纳入办公任务管理。对项目临时需要办理的任务发起、跟踪、记录、督办等情况的管理
人员考勤管理	项目经理部人员一般在项目现场，需要将人员考勤数据与企业内部系统“考勤系统”对接，实现对项目人员考勤情况的管理，保证数据的唯一性
员工工作日志、周报等信息报送	信息报送对企业所需由项目部报告的有关信息情况的管理，包括项目周报、月报、专报编制以及项目管理有关信息的统计、报送等。 与企业内部系统员工日志、周报填报系统自动对接，实现信息共享，避免员工重复填报，实现日志填报与考勤和绩效挂钩。需要将项目管理系统中设置项目管理人员岗位和企业内部系统的绩效考核岗位相同
党建、廉洁从业管理	与企业内部系统“党建”“廉洁从业”的管理模块对接，项目管理人员能及时接收相关政策文件的学习材料，实现对项目经理部党的建设工作、廉洁从业风险防范等工作的管理

第四节　智慧型项目管理发展

智慧型项目管理是前述项目管理信息化的继承和发展，是项目管理信息化建设的更高形态。在新的发展阶段，需要重点找准突破口和主攻方向，以云计算、物理网、5G 等技术为基础，进而运用大数据、人工智能等新技术，打通数据关联，对项目管理相关数据进行高效采集、有效整合、深度挖掘、智能分析，提供多方面的工作辅助、数据分析、态势评估以及决策支持，实现项目管理智慧化、智能化。

一、项目管理大数据平台构建

国务院《促进大数据发展行动纲要》指出结合信息惠民工程实现公共服务的多

方数据共享、制度对接和协同配合。地方政府在实施智慧城市建设过程中也愈加肯定数据驱动的核心引擎作用，上海、杭州、南京、深圳等地都确立了大数据作为城市创新发展要素的地位。

当前，大数据技术方兴未艾，凭借数据驱动决策的核心思想，必将在工程建设项目领域得以广泛应用。政府投资工程项目的全周期管理过程存在海量的大数据，表现了大数据的数据量大、数据种类多、要求实时性强、数据所蕴藏的价值大等特点，众多的信息、数据、反馈是纷繁复杂的，我们需要搜索、处理、分析、归纳、总结其深层次的规律，进而指导建设工程项目管理工作。建立项目管理大数据平台，可以提高决策的水平。过去的工程项目管理中，很多管理节点都要靠个人依据少量的信息来做出决策，而现在则可以根据整体的数据、其他项目的历史数据来做出最优决策。因此工程人员有必要深度梳理工程建设项目数据规律，探索数据之间关联性及面向项目管理过程的数据联系。这也是面对建设项目数据孤岛情形的破局之策。大数据技术在工程建设领域的应用必将使得项目管理方法产生深度革新，大大促进工程建设项目管理高质量发展。

鉴于项目管理单位在项目中的中枢地位，项目管理大数据平台应以项目管理单位为核心，汇聚施工方、设计方、监理方等多方数据，只有建立这样的架构，才能打破各参建单位各自孤立的数据壁垒，将整体数据互联，形成数据仓库后，从海量数据中挖掘出有价值的规律。

（一）数据类型

1. 现场数据

施工现场数据，主要通过集成各施工单位现场各系统获取，包括视频监控系统、无人机拍摄视频、环境监测系统、实名考勤系统、视频会议系统、成本管理系统、物资管理系统、磅站拌和站管理系统、大型机械管理系统、安全隐患排查系统等。这些全方位、海量的、实时的项目信息，为项目的实时准确的调度监控、预警处理、数据挖掘提供了数据支撑。

2. 管理流程数据

项目各参建单位、项目管理单位及政府相关主管部门，在策划决策阶段、实施阶段以及运营管理阶段，项目管理过程中的大量往来函件、工程支付、验收记录与档案方面等数据，以及项目建设过程中重要事项、会议和争议的策划、协商、决策、贯彻和反馈，这些海量信息和数据本身都具有巨大的潜在价值。过去这些资料由于没有信息化平台，处于纸质载体状态，除了存档备查，没有发挥其价值，甚至随着时间推进，管理人员变迁，项目资料出现丢失或者无法查找状态。

3. 企业经营数据

单个或者多个项目管理项目实施时会产生企业经营者关心的产值、成本等信息，在前述互联互通应用集成中，项目管理系统由于自身管理需求，必然要集成项目管理单位的财务、绩效、人力资源等模块，因此也会对接大量的企业经营相关的数据。项目管理部门作为企业的项目经理部，最终也会聚焦到企业经营的分析研判，因此此类数据给企业经营管理提供了很好的支撑。

（二）主题分析

聚集海量、实时数据后，可以从项目经理部的管理分析、安全和质量分析、项目管理单位决策分析等几个方面进行分析，有关主题分析内容详见表 8-4-1。

主题分析 **表 8-4-1**

类型	分项	具体分析
项目经理部管理分析	动态资金分析	项目资金成本控制统计列出所有项目、负责人、总概算、概算结余、招标标底、中标价格、招标结余、合同价、合同已支付、未支付、变更累计、保证金、保函、月报完成投资并自动汇总生成报表。所有项目的概算控制、招标控制、合同控制等涉及资金的关联数据信息，让管理者对资金状况一目了然，数据动态更新
	财务支付分析	项目财务支付控制列出所有项目、建设性质、工程性质和支付额数据并自动汇总生成报表
	投资月度分析	实现投资管理的月度统计分析，对合同金额和投资金额能有直观呈现，具体到每个项目、每个月的用款详细情况
	项目统计分析	按照项目名称、考核项目、工程性质、建设阶段、项目分类、日期等条件可以自定义检索查询不同类型项目所占的比例，以图表形式表现
	年度考核完成情况	自定义年份查询计划投资数量，以仪表图的模式进行分析统计、对比
	年度投资计划	按照月份自动统计每月的投资情况，并可以选择不同的统计图形式来表现，按照项目名称、工程性质、建设阶段、项目分类、日期等条件自定义查询
	年度合同数统计	按照月份自动统计每月的合同签订情况，可以选择不同的统计图形式表现，并可以根据项目名称、工程性质、建设阶段、项目分类、合同科目、日期自定义查询合同价、支付金额、结算金额
	综合分析	对相关的模块数据进行组合统计来查看单位所有项目数量、总投资数、完成总投资数、年度投资计划、年度财务计划、总合同额、合同数量、部门数、用户总人数、登陆频率、查看频率、操作频率、收发文数量、会签次数等

续表

类型	分项	具体分析
安全、质量分析	安全、质量分析	安全相关包括国家及行业设计与施工规范、建筑结构应力、应变和位移数据、现场工人属性及不安全行为数据、作业环境数据以及与施工事故相关的其他数据。施工质量相关数据包括国家及行业设计与施工规范标准、工人属性及作业数据、机械设备属性及作业数据、工程材料数据、施工工艺及方法数据、施工作业环境数据等数据。 具体实践中可自动抽取安全质量隐患排查系统的基础数据，数据处理得到安全质量隐患排查相关信息，结合工人不安全行为、结构不安全状态、不安全的环境识别与预警分析，以支持施工安全管理，减少施工事故的发生
项目管理单位决策分析	成本分析	自动抽取预算、成本系统的基础数据，按照各公司任务预算情况、项目成本结算情况，进行数据挖掘，图形展示项目经理部的成本分析
	产值分析	对接财务系统获得项目收款情况，数据处理得到每月产值的计划和实际信息，按照分子公司、各专业、片区完成产值情况，进行数据挖掘，展示各项目经理部的相关产值分析
	经营分析	自动对接市场营销系统的基础数据，获取合同承揽信息，数据处理得到经营相关信息，分析各子分公司、各专业、各片区新签合同额完成情况，挖掘展示各项目管理项目经理部的经营分析
	综合分析	提取以上所有分析结果，并进行综合展示和分析，集中展现项目管理公司所有项目的数据情况

二、项目管理智能化

人工智能（Artificial Intelligence），英文缩写为 AI。它是研究、开发用于模拟、延伸和扩展人的智能的理论、方法、技术及应用系统的一门新的技术科学。人工智能是计算机科学的一个分支，它企图了解智能的实质，并生产出一种新的能以人类智能相似的方式做出反应的智能机器，该领域的研究包括机器人、语言识别、图像识别、自然语言处理和专家系统等。2017 年 7 月，国务院印发《新一代人工智能发展规划》，将发展人工智能提至国家战略高度。随着人工智能技术进一步成熟，实现判断、推理、证明、识别、感知、理解、通信、设计、思考、规划、学习和问题求解等思维活动的自动化水平不断提升，人工智能加速渗透到建筑工程行业，也将促进项目管理智能化、自动化水平。项目管理中应用人工智能，优势较为明显：一是可以提高管理效率。智能图像识别、语音识别、数据处理等能力是大大超越传统人工，用一个管理人员就可以替代几个甚至几十个管理人员，管理效率会大幅提高，也破解了人力资源不足的难题；二是可以降低管理失误。深度算法可以解决人为误差和信息偏差。同时，人工智能也可以实现对项目的主动预警，有效地减少管理失误。目前在工程项目管理中，人工智能用得较多的是视频智能分析、语音图片识别、遥感智能判别等。

（一）智能视频分析

智慧工地上部署了多点位、多角度的摄像头，通过对现场各要素的动态感知和深度学习，让工程项目现场更加安全、规范。例如，提取摄像头实时监测机械设备的运行状态和轨迹、人员体征和姿态等作业行为数据，结合场地环境数据，通过对现场数据进行模拟仿真、状态描述，结合安全知识图谱，进行决策分析、预测性预警和指导性预控分析，预判可能的风险隐患，并及时采取措施进行防控，减少安全、质量事故的发生。

（二）智能化语音图片识别

人工智能对工程项目建设全过程中产生的语音、图片、文字、视频等资料进行分析和诊断，与人工处理相比，可以极大提高工作效率，同时也可以收到人工难以达到的效果。例如：利用语义识别技术，对招标投标文件、施工合同等进行初步的自动分析审阅等，能提高工程项目管理效率。人工智能处理结果为工程项目管理提供实时反馈和决策建议，提高项目管理水平。

（三）遥感智能判别

传统遥感图像识别时基本上是人工识别加现场踏勘确认的方式，这种解译方式对精准快速的处理效果不理想，同时会产生人力资源制约。特别是近年来遥感数据的多元异构化：空间时间光谱分辨率、精度、时效性多样；遥感平台多样如无人机、临近空间飞艇、低轨卫星、高轨卫星；载荷成像机理多样如可见光、SAR、高光谱。以上都给遥感数据的处理带来巨大挑战。在前述章节已经讲到遥感技术在项目管理中的应用，然而一是项目管理人员需要处理事务繁多，且不是专业的遥感人才，无法有充裕时间来进行专业的遥感图像处理；二是项目管理的进度管理对时间频率要求高，因此人工或者半人工的遥感图像判别制约了遥感技术在项目中的应用。而人工智能时代的来临，给遥感图像的自动判别起到了极大的推动作用。遥感+人工智能对海量遥感数据进行智能解译的基础是前置的对同样海量的特定解译对象已标注样本的训练工作，形成样本集合成库，训练出有效的解译模型，进而实现自动判别。遥感＋人工智能解放了劳动力，使遥感项目管理应用成本从经济上和专业性上得到了大幅降低。项目管理实践中，通过定期获取无人机或者卫星遥感影像，通过人工智能技术的快速判别，即能很直观地展现项目的进度，校核施工单位所报的进度报告，多期图像判别的结果叠加，即可制作进度动态图集。

从周口店北京人遗址到中国发射“天问一号”，项目的发展和管理技术的进步均超出了想象。明天，项目管理信息化与新技术的应用，就像今天我们看“北京人”对新技术的惊讶一样超乎我们的想象。科技发展和人类前进的脚步难以阻挡，让我们热情拥抱信息化时代的到来，积极探索新技术的应用，共促项目管理的发展。

参考文献

[1] 全国造价工程师执业资格考试培训教材编审委员会 . 建设工程计价 [M]. 北京：中国计划出版社，2013.

[2] 财政部国库司 . 财政部法条司 . 中华人民共和国政府采购法实施条例释义 [M]. 北京：中国财政经济出版社，2015.

[3] 国家发展和改革委员会法规司 . 国务院法制办公室财金司 . 监察部执法监察司 . 中华人民共和国招标投标法实施条例释义 [M]. 北京：中国计划出版社，2012.

[4] 中华人民共和国住房和城乡建设部、中华人民共和国国家质量监督检验检疫总局 . 建设工程 5. 项目管理规范（GB/T 50326—2017）[S]. 北京：中国建筑工业出版社，2017.

[5]（美）项目管理协会 . 项目管理知识体系指南 [M]. 北京：电子工业出版社，2009.

[6] 中国优选法统筹法与经济数学研究会项目管理研究委员会《中国现代项目管理发展报告》[M]. 北京：中国电力出版社，2016.

[7] 周和生，尹贻林 . 以工程造价为核心的项目管理——基于价值、成本及风险的多视角 [M]. 天津：天津大学出版社，2015.

[8] 吴玉珊，韩江涛，等 . 建设项目全过程工程咨询理论与实务 [M]. 北京：中国建筑工业出版社，2018.

[9] 王江容 . 业主方的项目管理 [M]. 南京：东南大学出版社，2015.

[10] 王革平，黄胜春 . 浅谈代建项目中的投资管理 [J]. 中国工程咨询，2015（1）.

[11] 王革平，吴振全 . 谈工程咨询行业高质量发展的能力建设 [J]. 中国工程咨询，2020（2）.

[12] 马航海，纳丽萍 . 价值工程的理论发展及其在建筑业的应用 [J]. 甘肃科技，2007(1).

[13] 张峻清 .《政府投资条例》对 PPP 模式的影响 [J]. 中国招标，2019(28).

[14] 杨柳 . 浅谈政府投资建设项目管理特性与策划 [J]. 招标采购管理，2019(11).

[15] 我国建设工程项目管理 WBS 分解结构的探讨，2005，第八届全国建设领域信息化与多媒体辅助工程学术交流会 .

[16] 孙建荣 . 建设项目合同网络计划研究 [J]. 建筑经济，2019(11).

[17] 杜宇，韩甜 . 项目施工图深化设计与施工工艺 [M]. 北京：北京理工大学出版社，2018.

[18] 袁熙志 . 工程设计管理概论普通高等教育“十三五”规划教材 [M]. 北京：冶金工业出版社，2017.

[19] 张春阳 . 建筑工程设计与管理指南 [M]. 北京：中国建筑工业出版社，2019.

[20] 袁志超 . 现代政府投资建设项目管理研究 [M]. 哈尔滨：哈尔滨工程大学出版社，2000.

[21] 王新征 . 政府投资建设项目投资优化控制理论与方法 [M]. 北京：化学工业出版社，2019.

[22] 肖凤桐，赵旸洋，王忠诚，等 . 项目决策分析与评价咨询工程师（投资）职业资格考试参考教材 [M]. 北京：中国统计出版社，2018.

[23] 卞正军 . 建设项目涉及阶段投资管控存在的问题及对策 [J]. 中国史研究经营管理，2013(3).

[24] 王吉飞 . 建设工程设计阶段的投资管控思考 [J]. 工程管理，2017(10).

[25] 李剑波，王其章，鲍可庆 . 建设工程设计阶段投资管控的探讨 [J]. 建筑管理，2008(5).

[26] 刘娟 . 代建制下前期设计管理工作的几点建议 [J]. 工程经济，2019(11).

[27] 姚传勤 . 从限额设计谈投资管控 [J]. 建筑经济与管理，2006(3).

[28] 孙华强 . 房地产开发项目涉及限额控制与研究 [J]. 房地产导刊，2019(30).

[29] 冯为民，王名晖 . 工程限额设计的合理实施 [J]. 广西城镇建设，2006(3).

[30] 陈启民 . 关于如何建立有效限额设计、优化设计机制的思考 [J]. 工程项目管理，2006(3).

[31] 王浩 . 基于 LCC 限额设计的工程项目成本优化 [J]. 探讨与研究，2008(2).

[32] 魏建军 . 政府投资的代建制基建项目推行限额设计的思考 [J]. 工程建设，2018(19).

[33] 王远新 . 初步设计概算在建设工程项目管理中的作用 [J]. 项目管理技术，2018(7).

[34] 王小妹 . 如何提高初步设计概算质量与有效控制工程造价 [J]. 工程管理，2019(19).

[35] 邢华峰 . 全过程造价管理是造价咨询单位面临的新课题 [J]. 建材发展导向，2011(7).

[36] 柳清源 . 工程建设项目涉及阶段工程造价控制研究 [J]. 工程建设与设计，2019(2).

[37] 朱德燕，陆秋云，方明，等 . 浅谈可行性研究投资估算审核的重要性 [J]. 广西电业，2017(6).

[38] 周俊华 . 价值工程在公路工程可行性研究方案设计中的应用 [J]. 中国公路，2019(11).

[39] 孙长江 . 工程设计变更对造价管理的影响 [J]. 探讨与研究，2006(1).

[40] 朱韬 . 从施工图预算的角度浅谈工程造价的控制实际应用价值分析 [J]. 建材与装饰，2016(3).

[41] 张栋良 . 施工图预算在投资管控过程中的承上启下作用 [J]. 上海公路，2012(2).

[42] 李翊豪 .EPC 模式下市政工程设计管理 [J]. 低碳世界，2019(6)：108-109.

[43] 王凯等 . 设计牵头的工程总承包模式中的设计管理研究 [J]. 建筑经济，2018(9)：31-34.

[44] 蔡秋琦 . 探究全过程项目管理服务中的设计管理措施及重点 [J]. 建设监理，2019(7)：9-12.

[45] 崔旸等 . 基于 BIM 的深化设计研究 [J]. 建设科技，2015(15)：117-119.

[46] 王海平 .EPC 总承包项目实施中设计管理问题及对策分析 [J]. 建筑设计管理，2019(3)：41-43.

[47] 李秀寿 . 建筑工程设计管理问题要点探讨 [J]. 建筑技术研究，2019(1)：11-12.

[48] 韦国燕 . 建筑工程造价的设计管理要点 [J]. 建筑设计管理，2012(1)：32-34.

[49] 罗彩琴 . 论深化设计在室内装饰工程中的发展和应用 [J]. 建筑与装饰，2018(11)：2-3.

[50] 高仝 . 建设项目设计管理的分析 [J]. 建设科技，2017(18)：88-89.

[51] 胡顺兵 .EPC 工程项目设计管理中的问题及应对策略 [J]. 工程建设与设计，2019(19)：232-234.

[52] 吴振全，张建圆 . 工程建设项目暂估价招标管理要点探讨 [J]. 工程经济，2016(11).

[53] 吴振全 . 工程建设项目设计招标文件编审思路与要点 [J]. 招标采购管理，2016(9).

[54] 吴玉珊，韩江涛等 . 建设项目全过程工程咨询理论与实务 [M]. 北京：中国建筑工业出版社，2018.

[55] 周和生，尹贻林 . 以工程造价为核心的项目管理——基于价值成本及风险的多视角 [M]. 天津：天津大学出版社，2015：311-357.

[56] 朱迎春 . 建设工程招标活动成功实施影响因素评价 [J]. 价值工程，2018(6).

[57] 张小红 . 工程建设项目竣工结算审核风险 [J]. 黑龙江科学，2019，10(20)：130-131.

[58] 余游，马英斌，毕明智 . 工程竣工结算审核与造价控制研究 [J]. 价值工程，2015(5)：116-117.

[59] 沈中友，余嘉 . 建设工程造价风险分析与管理研究 [J]. 煤炭工程，2010(11)：122-124.

[60] 谢家慧 . 建筑工程施工项目结算管理难点分析 [J]. 工程管理，2018(07)：113.

[61] 陈清珍 . 建筑工程造价指标体系构建与应用探究 [J]. 工程管理，2019(11)：309-310.

[62] 闫君 . 浅谈建设项目的竣工决算编制与竣工决算审计 [J]. 财务管理，2015，10.

[63] 中国信通院 . 新型智慧城市发展与实践研究报告 [R]. 2018.

[64] 刘陈，景兴红，董钢 . 浅谈物联网的技术特点及其广泛应用 [J]. 科学咨询，2011(9)：86-86.

[65] 周一青，潘振岗，翟国伟，等 . 第五代移动通信系统 5G 标准化展望与关键技术研究 [J]. 数据采集与处理，2015(4)：714-724.

[66] 2019 年广联达科技股份有限公司 / 中国联合网络通信有限公司华为技术有限公司 / 中国联合网络通信有限公司网络技术研究院 .《5G 与数字建造——5G 技术引领建筑业数字化发展白皮书》. 2019.

[67] 杨青，武高宁，王丽珍 . 大数据：数据驱动下的工程项目管理新视角 [J]. 系统工程理论与实践，2017(3).

[68] 王江汉 . 移动互联网概论 [M]. 成都：电子科技大学出版社，2018.